Annette Holzapfel

KulturSchock Peru

001pu Foto: lg

„Das peruanische Territorium vereint Sandflächen an seiner Küste, die wie die trockenen Wüsten Afrikas sind, ausgedehnte Hochebenen wie die monotonen Steppen Asiens; die hohen Gipfel seiner Gebirgsketten sind wie die kalten Polarregionen und die dichten Wälder des Amazonastieflandes wie die üppige Vegetation der Tropen."

Antonio Raimondi, italienischer Wissenschaftler,
er kam 1850 nach Peru und erforschte bis zu seinem Tod 1890
Völker und Natur des Amazonastieflandes

Impressum

Annette Holzapfel
KulturSchock Peru

erschienen im
Reise Know-How Verlag Peter Rump GmbH
Osnabrücker Str. 79
33649 Bielefeld

3., neu bearbeitete und komplett aktualisierte Auflage 2013

Gestaltung
Umschlag: G. Pawlak (Layout), K. Werner (Realisierung)
Inhalt: G. Pawlak (Layout), A. Medvedev (Realisierung)
Fotos: siehe Bildnachweis S.11
Landkarte: C. Blind

Lektorat: A. Buchspieß
Lektorat (Aktualisierung): amundo media GmbH

Druck und Bindung
Wilhelm & Adam, Heusenstamm

ISBN 978-3-8317-1413-1
Printed in Germany

Dieses Buch ist erhältlich in jeder Buchhandlung Deutschlands, der Schweiz, Österreichs, Belgiens und der Niederlande.
Bitte informieren Sie Ihren Buchhändler über folgende Bezugsadressen:

Deutschland
Prolit GmbH, Postfach 9, D-35461 Fernwald (Annerod) sowie alle Barsortimente

Schweiz
AVA Verlagsauslieferung AG
Postfach 27, CH-8910 Affoltern

Österreich
Mohr Morawa Buchvertrieb GmbH
Sulzengasse 2, A-1230 Wien

Niederlande, Belgien
Willems Adventure, www.willemsadventure.nl

Wer im Buchhandel trotzdem kein Glück hat, bekommt unsere Bücher auch über unseren
Büchershop im Internet: www.reise-know-how.de

002pu Foto: lg

Wir freuen uns über Kritik, Kommentare und Verbesserungsvorschläge, gern auch per E-Mail an info@reise-know-how.de.

Alle informationen in diesem Buch sind von der Autorin mit größter Sorgfalt gesammelt und vom Lektorat des Verlages gewissenhaft bearbeitet und überprüft worden.

Da inhaltliche und sachliche Fehler nicht ausgeschlossen werden können, erklärt d Verlag, dass alle Angaben im Sinne der Produkthaftung ohne Garantie erfolgen und dass Verlag wie Autorin keinerlei Verantwortung und Haftung für inhaltliche und sachliche Fehler übernehmen.

Die Nennung von Firmen und ihren Produkten und ihre Reihenfolge sind als Beispiel ohne Wertung gegenüber anderen anzusehen. Qualitäts- und Quantitätsangaben sind rein subjektive Einschätzungen der Autorin und dienen keinesfalls der Bewerbung von Firmen oder Produkten.

Annette Holzapfel

KULTURSCHOCK PERU

„Bienvenidos al Perú" – „Willkommen in Peru"

¿De dónde es usted? – „Woher stammen Sie?"; *¿Le gusta el Perú?* – „Gefällt Ihnen Peru?" Wenn Hoteliers, Taxifahrer, Reiseleiter, Marktfrauen oder Kellner ausländische Touristen dies fragen, schwingt in Erwartung einer positiven Antwort Freude mit. Die meisten Peruaner fühlen sich durch die Touristen aus Übersee geehrt, beweist deren Interesse an ihrem Land doch, dass nicht nur die wertvollen Bodenschätze Menschen aus aller Herren Länder anlocken, sondern gleichermaßen die Vielfalt von Landschaften, Fauna und Flora, die herrlichen Sandstrände ebenso wie die malerischen Gebirge und bezaubernden Wälder, auch der kulturelle Reichtum – selbst kleine Orte haben ihre eigenen farbenprächtigen Tänze und kunsthandwerklichen Traditionen – und die Ruinenstätten als Zeugen einer über 5000-jährigen Geschichte.

„Mit Stolz bin ich Peruaner und ich bin glücklich darüber,
in diesem wundervollen Sonnenreich geboren zu sein,
wo der ungebändigte Inka, dadurch, dass er diese Region
für seinen Tod wählte, meiner Rasse das große Erbe
seiner Tapferkeit hinterließ.
Herrliches Waldland, wundervolle Ländereien, anmutige Strände:

So ist mein Peru!
Fruchtbare Erde, schneebedeckte Gipfel, Flüsse und Schluchten:
So ist mein Peru!
Erhaben und demütig ist meine Rasse seit Urzeiten,
aber auch rebellisch, wenn ihre Freiheit mit Gewalt bezwungen wird;
dann zersprengt sie, indem sie Seele, Geist und Herz vereint,
die Ketten im Angesicht des Todes."

(Auf Familienfeiern häufig angestimmtes Lied,
Text: *Manuel Chato Raigada*)

Das Verhältnis vieler Peruaner zu ihrer *Patría* („Vaterland") ist zwiespältig: Die liebevolle Beziehung zur Heimat und die Überzeugung vom kulturellen Reichtum ihres Landes vermischen sich mit der Verbitterung über die vermeintliche Misswirtschaft korrupter Politiker und der Ansicht, das einfache Volk sei unfähig, die Richtigen an die Macht zu wählen.

Je größer die eigene Not, desto mehr leiden Peruaner darunter, dass ihr Land es schwer hat, sich einen Platz in der globalisierten Welt zu erobern, und umso sehnsüchtiger wünschen sie sich, es möge im Ausland Wertschätzung erfahren. Für Peruaner aller Schichten sind die Ankünfte ausländischer Touristen und die Veranstaltung überregionaler Gipfeltreffen für Vertreter aus Wirtschaft und Politik in ihrer Hauptstadt Lima gleichbedeutend mit einer Aufwertung ihres Heimatlandes auf internationalem Parkett.

Peru gilt nur deswegen als „indianisch", weil die spanischen Eroberer sich in Indien glaubten und die einheimischen Völker fälschlicherweise „Indianer" bzw. „Indios" nannten. „Indio" ist in Peru ein grobes Schimpfwort. Die Vielfalt der Ethnien und Kulturen aber ist beeindruckend. Zu entdecken ist ein Land, in dem kulinarische Köstlichkeiten aus Afrika, Europa, Nordamerika und der Inka sich bereitwilliger mischten als seine Menschen aus fünf verschiedenen Kontinenten.

Aber die Durchmischung von Menschen und Kulturtraditionen schreitet voran, sodass das, was heute Wirklichkeit ist, morgen schon der Geschichte angehören kann. Was ein Reisender jetzt sieht, wird der zukünftige Besucher vielleicht nicht mehr vorfinden. Sprachen, die heute gesprochen werden, können morgen ausgestorben sein. In der Auseinandersetzung mit dem bewunderten „entwickelten" Ausland kämpfen ganze Völker um ihr Überleben, um den Erhalt ihrer Lebensgrundlagen und den Fortbestand ihrer Kulturen – oder sie geben ihre traditionellen Lebensweisen auf für die Anerkennung und die Teilhabe an der „modernen" Welt.

Inmitten solch gewaltiger Probleme faszinieren die Lebensfreude der Peruaner, ihre außergewöhnliche Fähigkeit, die angenehmen Seiten des

Lebens auszukosten und ihre immense Zuversicht, ihre Hoffnung auf ein besseres Leben, ihre Ausdauer, ihr Durchhaltevermögen und ihre Kreativität, um dieses Ziel zu verwirklichen.
Aus der Ferne ist es kaum vorstellbar, dass in einem Land, das sich noch bis zum Beginn der 1990er-Jahre in inneren Kriegen zerfleischte, die Menschen liebenswürdiger sind als in vielen anderen Regionen dieser Erde. Wer nach Peru kommt, wird herzlich und gastfreundlich empfangen. Andersartigkeit und Unkenntnis der einheimischen Sitten werden dem Fremden allzu gern verziehen. Verfügt der Reisende jedoch über Kenntnisse ihrer Kulturen, sind die Peruaner voll des Lobes.

Der peruanische Schriftsteller *José María Arguedas* äußerte einmal, Peru übertreffe andere Nationen an „folkloristischem Reichtum". Die bewegte Geschichte des Landes stellt sich in der Folklore dar. Tänze mit fakirmäßiger Akrobatik erfordern den Pakt mit dem Teufel. Hinter schweren Holzmasken mit Riesennasen verbergen sich Tänzer, die die spanischen Invasoren darstellen. Christus wurde zum „Herrn der Erdbeben" oder zum „Herrn der Wunder". Aus einer Verbindung christlicher und altperuanischer Glaubensvorstellungen heraus wagen im Süden des Landes alljährlich über 20.000 Pilger den Anstieg auf den 6000 Meter hohen Berg Ausangate. Die Verehrung christlicher Heiliger und Opferrituale aus der Inkazeit stellen für viele Menschen keinen Widerspruch dar. Wer durch Lima spaziert, kann an Laternenpfählen Aufkleber entdecken, mit denen Zauberer, Hexer oder Naturheiler für ihre Künste werben. Der Ausspruch des italienischen Forschers *Antonio Raimondi* nach zahlreichen Reisen durch Peru – „Mir scheint, ich habe nicht Augen genug, um alles zu sehen." – ist immer noch zutreffend.

Heutzutage sollten Reisende darüber hinaus stets zwei wachsame Augen haben, weil Gefahren in Form von Taschendieben überall lauern können. Das ständige Auf-der-Hut-Sein mag für Ungeübte permanente Anstrengung und Anspannung bedeuten – es lohnt sich jedoch.

Die Autorin dieses KulturSchock-Bandes lädt die Leser ein, in die peruanische Wirklichkeit einzutauchen, ihr Herz für neue Erfahrungen zu öffnen, empfänglich zu werden für die Sympathie und die Offenheit der Menschen, vorurteilsfrei Neues zu erkunden und dabei eine liebevolle und zugleich kritische Beziehung zu Land und Leuten zu entwickeln. Sie möchte Wegbereiterin sein. Entdecken und staunen werden die Reisenden gewiss, wenn sie vor Ort sind.

Annette Holzapfel

Danksagung

Ich danke meinen Compadres *Dilma Salinas* und *Eufronio Obispo* sowie allen Campesinos, die mich in die bäuerliche Lebenswelt der Anden einführten. Bei *Olga Alvitez, Juan Alvitez* (†), *Graciela Barrantes de Alvitez* (†), *Marina Tong, Rosa Aquino* und *Alfredo Chang* bedanke ich mich dafür, dass sie mich wie ein Familienmitglied aufnahmen. *Julia Vera, Anita Pacheco, Rosemarie Werner, Guilianna Aguirre, Sonia del Castillo, Carla Fidel, Lidia Grande, Luis Gamero, Tony Berthel, Edgar Müller, Rolf Becker, Peter Scheid* und *Claudia Gottmann* haben mir wertvolle Anregungen gegeben. *Luis Gamero* und *Bernd Pullig* haben viele Fotos für das Buch zur Verfügung gestellt. Für Details über religiöse Anschauungen und Praktiken danke ich *Peter Masson,* für Einsichten in das Leben der „schwarzen Peruaner"danke ich *Monica Grados,* für Informationen über die jüdische Gemeinde *Helga Diamantstein de Feldman,* der Deutsch-Peruanischen Industrie- und Handelskammer für Wirtschaftsinformationen. Für das kritische Lesen des Manuskripts der ersten Auflage danke ich *Monika von Wedel* und für das kritische Lesen der dritten Auflage *Maria José Nägler.*

Agradecimiento

Quisiera expresar mi agradecimiento muy especial a mis compadres *Dilma Salinas* y *Eufronio Obispo* y todos los campesinos, sobre todo de San Pedro de Casta, que me introdujeron al mundo rural andino. Agradezco a *Olga Alvitez, Juan Alvitez* (†), *Graciela Barrantes de Alvitez* (†), *Marina Tong, Rosa Aquino* y *Alfredo Chang,* quienes me acogieron como un miembro de sus familias. A *Julia Vera, Anita Pacheco, Rosemarie Werner, Guilianna Aguirre, Sonia del Castillo, Carla Fidel, Lidia Grande, Luis Gamero, Tony Berthel, Edgar Müller, Rolf Becker, Peter Scheid* y *Claudia Gottmann* por sus interesantes conversaciones y sugerencias, a *Luis Gamero* y *Bernd Pullig* por la gran cantidad de fotos. Por la información que recibí sobre prácticas religiosas agradezco a *Peter Masson.* Doy las gracias a *Monica Grados* por haberme hecho conocer la vida de los „peruanos negros". Igualmente quisiera agradecer a *Helga Diamantstein de Feldman* por la información sobre la comunidad judía. Agradezco a la Cámara de Comecio e Industria Peruano-Alemana por la información suministradad sobre la economía del Perú. A *Monika von Wedel* por la lectura crítica del manuscrito para la primera edición y a *María José Nägler* por la lectura crítica del manuscrito para la tercera edición.

Inhalt

Exkurse zwischendurch

208pu Foto: ah

Bildnachweis

Die Kürzel an den Abbildungen stehen für folgende Personen, Firmen und Einrichtungen. Wir bedanken uns für ihre freundliche Abdruckgenehmigung.

ah	Annette Holzapfel (die Autorin)
ap	Andrés Pedemonte
bp	Botschaft der Republik Peru in Berlin
jm	José Meza
lg	Luis Gamero, inkl. Titelfoto
mg	Monica Grados
mw	Margret Weiler
pd	Patrick Darlot
pg	Renate und Bernd Pullig

Ambulante Händler sind in Peru stets zur Stelle

DE
1698

Geschichte

„Peru war zum Zeitpunkt seiner Eroberung durch die Spanier das am weitesten entwickelte Land auf dem amerikanischen Kontinent. Mein aufrichtiger Wunsch ist, dass eine fortschrittliche Regierung den Peruanern diesen Rang unter den Nationen der Neuen Welt wiedergibt."

(Die franko-peruanische Schriftstellerin *Flora Tristán* in einem 1836 veröffentlichten Reisebericht)

◁ Prachtvolle Kirchen künden von der Christianisierung durch die Spanier (003pu Foto: ah)

Vorinka- und Inkazeit

Einigen Forschern zufolge kamen die **ersten peruanischen Siedler** um 10.000 v. Chr. aus Südasien und der Pazifikregion. Ihnen sollen Einwanderer aus Sibirien gefolgt sein, die über die Beringstraße auf den amerikanischen Kontinent gelangten. Andere Forscher kamen zu dem Ergebnis, dass vier unterschiedliche asiatische Völker zwischen dem 21. und dem 14. vorchristlichen Jahrtausend nach Peru wanderten. Höhlenmalereien zeugen noch heute von der Besiedlung der Anden.

Spätestens ab dem siebten vorchristlichen Jahrtausend begannen die Andenbewohner, Tiere und Pflanzen zu züchten. Meerschweinchen lieferten Fleisch, Lamas und Alpakas zusätzlich Leder, Wolle, Knochen sowie Brennmaterial, außerdem dienten sie als Lasttiere. Zum Anbau von Kürbissen, Bohnen, Quinoa, Pfefferschoten und Mais kamen später Kartoffeln und andere Knollen hinzu.An der Küste betrieben die Siedler neben dem Fischfang, der durch das Auftreten des Niño-Phänomens (s. den Exk. „La Costa – die Küste") in unregelmäßigen Abständen beeinträchtigt wurde, ebenfalls Ackerbau. Sie bauten Maniok und Süßkartoffeln und seit der Mitte des dritten vorchristlichen Jahrtausends Baumwolle an. Die Möglichkeit, Seile und Taschen aus diesem Material anzufertigen, veränderte das Leben der Menschen.

Die ersten großen **Stadtkulturen** entstanden an der Küste. Ab etwa 3000 v. Chr. wurden die Grundsteine zum Bau der **Lehmpyramiden von Sechín Bajo** im Casma-Tal nördlich von Lima gelegt. Auch im 200 km nördlich von Lima gelegenen Caral gibt es sechs Pyramiden. Die 3000 Einwohner beherbergende Stadt wurde um 2600 v. Chr. errichtet. Sie hatte keine Verteidigungsanlagen, dafür aber ein aufwendiges Bewässerungssystem.

Wasser und Regen spielen im Leben der Peruaner von jeher eine herausragende Rolle.

Das ca. 3000 Jahre alte (ab 1000 v. Chr.) **Chavín de Huantar** in 3000 Metern Höhe im nördlichen Bergland stand architektonisch in der Tradition der Küstenkulturen. Den beträchtlichen Schwankungen der Wassermengen in den Flüssen begegnete man mit dem Bau von Kanälen und der Kanalisierung von Flüssen, was sowohl der Versorgung der Tempel mit Wasser als auch dem Hochwasserschutz diente.

Die **Scharrbilder** in der Wüste von **Nazca** (Naszca-Kultur 100 v. Chr.–600 n. Chr.) hat die deutsche Mathematikerin *Maria Reiche* im vorigen Jahrhundert mit der Sorge um ausreichende Wasserkapazitäten in Verbindung gebracht. Mit der ab 500 n. Chr. sich verschärfenden Wasserknappheit wanderte die Bevölkerung in Richtung Anden aus. Ihre Riesenbilder, mit denen sie möglicherweise ihre Götter um Regen anflehten, hinterließen sie vielleicht als gigantische Dokumentationen des Klimawandels.

In den Anden selbst waren ebenfalls große Kulturen entstanden, die **Tiwanaku-Kultur** (ca. 100 v. Chr.–1000 n. Chr.) mit Schwerpunkt um den Titicacasee und die **Wari-Kultur** (ca. 600–1200 n. Chr.). Das Wari-Reich umfasste zu seiner Hochzeit weite Teile des heutigen Peru.

Die hier genannten sind nur wenige der Zivilisationen, die auf dem Territorium des heutigen Peru existierten. Immer wieder dringen neue Erkenntnisse über die Kulturen und Lebensformen im alten Peru ans Tageslicht. 1985 wurden in Karija riesige mit Lehm überzogene Strohskulpturen entdeckt, die Mumien als Sarkophage dienten und die zum Totenkult der **Chachapoyas-Kultur** (1000–1400 n. Chr.) gehörten. Im Jahr 1963 wurde die vom Urwald überwucherte Ruinenstadt Gran Pajatén derselben Chachapoyas-Kultur ausgegraben. 1987 entdeckte ein peruanischer Forscher in der Nähe der nordperuanischen Stadt Chiclayo das Pyramidengrab des „Fürsten von Sipán", dessen goldene Grabbeigaben weitere Einblicke in die nordperuanische **Moche-Kultur** (100–800 n. Chr.) zuließen. Wenig später machte die Entdeckung des ähnlich reich ausgestatteten Grabes des „Fürsten von Sicán" Schlagzeilen. Häufig werden Funde von peruanischen Archäologen wieder in der Erde verscharrt, weil ihnen das Geld für die Fortsetzung der Grabungen fehlt und sie Plünderungen fürchten.

In der gesamten Küstenregion, sogar im Stadtgebiet von Lima, stößt man auf im Volksmund *Huacas* genannte Pyramidenruinen, Überreste von Verwaltungs- und Begräbnisstätten unterschiedlicher Kulturen. Riesige Friedhöfe und Grabbeigaben in Form wunderschöner Textilien sind aus der nach der gleichnamigen Halbinsel benannten **Parácas-Kultur** (ca. 800–200 v. Chr.) bekannt.

Die letzte Hochkultur vor der Ankunft der Spanier war das *Tawantinsuyu* (1200–1532 n. Chr.), das aus den vier Teilreichen *Chinchaysuyu, Kollasuyu, Antisuyu* und *Kuntisuyu* bestehende **Reich der Inka.** Das Volk der Inka drang in die Gegend des heutigen Cusco ein, unterwarf die ansässigen Völker und gründete dort die Reichshauptstadt Qosqo. **Quechua** wurde zur Amtssprache. Herrscher des Inkareiches war der „Inka". Thronfolger wurden aus dem Kreis der Adligen auf der Grundlage herausragender physischer Eigenschaften und besonderer moralischer Qualitäten auserwählt. Diese von ihrem Volk angebeteten „Söhne der Sonne" galten als Mittler zwischen Himmel und Erde. Neben der feierlichen Eröffnung der landwirtschaftlichen Aktivitäten widmeten sie sich hauptsächlich der Kriegsführung, wodurch die Ausmaße des Inkaimperiums weit **über das Gebiet des heutigen Peru hinaus** reichten. Priester, die die religiösen Praktiken kontrollierten, halfen, die Herrschaft über die eroberten Gebiete zu festigen; auch die Siedlungspolitik diente diesem Zweck: *Mitmaqkuna* nannte man diejenigen, die entweder zwangsweise umgesiedelt oder damit für besondere Verdienste belohnt wurden.

Den **Anführern der einzelnen Volksgruppen** *(Kurakas)* unterstanden auf der untersten Ebene in Familiengruppen *(Ayllus)* organisierte unfreie Bauern, die ihr Leben lang zu Frondiensten in der Landwirtschaft sowie zum Bau und zur Instandhaltung von Brücken, Straßen, Speichern und anderen öffentlichen Gebäuden verpflichtet waren. Dafür erhielten sie das Recht, das ihnen zur Nutzung überlassene Ackerland zu bestellen. Verwaltungsangestellte überwachten die Gemeinschaftsarbeiten, nahmen Tribute ein und rekrutierten Soldaten für die Berufsarmee ihres Inka.

Was wir über die Inka wissen, stützt sich auf archäologische Funde sowie die in Spanisch verfassten mehrbändigen Werke zweier Persönlichkeiten: **Inca Garcilaso de la Vega** und **Guaman Poma de Ayala.** Auf den 1300 Textseiten und 400 Zeichnungen seiner „Nueva Crónica y Buen Gobierno" beschreibt der dem Inkaadel entstammende *Guaman Poma de Ayala* die noch lebendigen Inkatraditionen der frühen Kolonialzeit. *Inca Garcilaso de la Vega,* der Sohn eines Spaniers und einer Inkaadeligen, der als 21-Jähriger nach Spanien zog, nahm eine stärker von Europa beeinflusste Sichtweise ein. Dennoch zeichnete er in seinen „Comentarios Reales de los Incas" ein positiveres Bild der Kulturtraditionen als andere Autoren seiner Zeit, bis hin zur Idealisierung des Inkareiches.

In ländlichen Gebieten der Anden werden Traditionen und geschichtliche Ereignisse bis heute in der Form von Liedern, Tänzen und Mythen überliefert. In ihnen geben die Menschen ihre eigene Interpretation der Geschichte wieder.

Während die Kulturen des Amazonastieflandes relativ unabhängig blieben, wurde das Inkareich mit den von den Inkas eroberten Völkern **dem spanischen Kolonialreich einverleibt.** Bis zur Kolonialzeit unterstanden formal alle peruanischen Völker den Königen von Spanien.

Die Eroberung des Inkareiches durch die Spanier

Angetrieben vom Wunsch nach schnellem Reichtum machte der spanische Rittmeister **Francisco Pizarro** sich 1524 gemeinsam mit seinem Freund *Diego de Almagro* und *Hernando de Luque,* einem spanischen Priester, sowie 112 Soldaten, Kriegshunden und Pferden auf, um ein „südlich von Panama" gelegenes Land, in dem es Gold im Überfluss geben sollte, zu finden und zu erforschen. Mehrere zunächst erfolglose **Expeditionen** folgten einander. 1528 erreichten *Pizarros* Truppen die Küste des Inkareiches, jedoch ohne dies selbst zu wissen. Auf die folgende Expedition nahm *Pizarro* seine drei Brüder mit und ein Heer von 217 Soldaten mit Kriegserfahrung. Alle waren arm und berauscht von der Vorstellung, in Amerika ein Leben zu führen, wie es in Spanien nur den Reichen vergönnt war. Im Mai 1532 erreichten *Pizarros* Leute den Ort Poechos im Norden des heutigen Peru. Der Lokalfürst *Maizavilca* gab ihnen Detailinformationen über das Inkareich. Außerdem bot er ihnen einen Verwandten als Dolmetscher an. Kurze Zeit darauf brachen die Pizarro-Brüder mit einem 168 Mann starken Heer vom nordperuanischen Piura in Richtung des in den Anden gelegenen Cajamarca auf, fest entschlossen, das Inkareich einzunehmen. Nach dem Tod des Inka *Huayna Capac* (1527 n. Chr.) hatten dessen rivalisierende Söhne *Huascar* und *Atahualpa* das Reich unter sich aufgeteilt. In der Nähe der Inkastadt Cajamarca trafen die Spanier **Atahualpa,** den Monarchen, der das nördliche Tawantinsuyu regierte. Sie vereinbarten ein Treffen mit ihm am folgenden Tag. So ließ der Inka *Atahualpa* sich am 16. November 1532, einem Samstag, von seinen Untertanen auf einer goldenen Sänfte auf den Hauptplatz von Cajamarca tragen. *Fray Vicente Valverde,* der spätere erste Bischof von Peru, hielt *Atahualpa* ein Exemplar der Bibel vor sein Gesicht. *Atahualpa* begriff nicht, worum es sich handelte, packte das „heilige Buch" und schmetterte es zu Boden. Das nahmen die Spanier zum Anlass, um die überraschten Untertanen mit ihrem gesamten Waffenarsenal zu beschießen. Es gab viele Tote und *Atahualpa* wurde in das Gefängnis *Amaru Huasi* (quechua: Schlangenhaus) geworfen. Dort versprach er, in der Hoffnung, seine Freiheit wiederzuerlangen, den goldhungrigen Spaniern ein Zimmer mit Gold und zwei mit Silber füllen zu lassen. Trotzdem verurteilten die Spanier *Atahualpa* zum Tod auf dem Scheiterhaufen. In einem internen Bürgerkrieg hatte *Atahualpa* seinen Bruder *Huascar,* der über das südliche Tawantinsuyu geherrscht hatte, töten lassen. Die Spanier klagten *Atahualpa* in einem **Prozess** des Aufruhrs, Hochverrats, Mordes, Ehebruchs und der Ketzerei an. An die Stelle des Scheiterhaufens trat kurzfristig die bei christlichen Kriminellen angewandte Würgeschraube, weil der Inkamonarch seine christliche Taufe akzeptiert hatte. Bei dem gesamten Prozess dolmetschte der von *Maizavilca* den Pizarro-Brüdern zur Verfügung gestellte junge **Felipillo.** „Felipillo" nennt man im heutigen Peru einen Menschen, der seine eigenen Leute verrät. Die Ermordung *Atahualpas* wird von den Campesinos im nordperuanischen Bergland der Departements Lima und La Libertad bis auf den heutigen Tag in Tänzen und Theateraufführungen betrauert.

Das nächste Ziel der Spanier war die **Eroberung der alten Inkahauptstadt Cusco.** Sie wurde am 14. November 1533 eingenommen. Die Spanier hatten es bei ihrem Eroberungsfeldzug so leicht, weil der Bruderkrieg das Inkareich gespalten und geschwächt hatte. Zudem empfingen Völker, die wenige Jahrzehnte zuvor von den Inkas erobert worden waren, die Fremden als Befreier vom Inkajoch. Am 25. April 1534 gründeten die Konquistadoren im Land der Huanca, denen die Inkas verhasst waren, die Stadt **Jauja als erste Hauptstadt von „Neuspanien".** Am 18. Januar 1535 legten sie den **Grundstein für die Stadt Lima** an der Pazifikküste, die spätere Landeshauptstadt. Als Peru bereits den Königen von Spanien unterstellt worden war, war der Widerstand der indigenen Bevölkerung noch nicht völlig gebrochen. Bis in die Kolonialzeit hinein führten Inkaadelige Feldzüge gegen die spanischen Besatzer. Erst mit der öffentlichen Hinrichtung des Inkaprinzen *Tupac Amaru I.* im Jahr 1572 wurde der Inkawiderstand erheblich geschwächt.

Mit den Eroberern kamen auch **europäische Krankheiten,** gegen die die einheimische Bevölkerung keine Widerstandskraft hatte. Man kann heute davon ausgehen, dass mindestens die Hälfte der in Amerika lebenden Menschen an Windpocken, Masern und Grippe starb. Einigen Schätzungen zufolge waren es weitaus mehr, doch niemand kann dazu genaue Angaben machen.

Kolonialzeit

Die spanische Kolonialzeit hat das heutige Peru stark geprägt und peruanischen Wissenschaftlern zufolge ist der Kolonialismus immer noch in den Köpfen vieler Peruaner verankert. Da die Konquistadoren die Eroberten nicht als gleichwertige Menschen in die Monarchie integrieren wollten, teilten sie das Vizekönigreich Peru in eine **„Republik der Spanier"** und eine **„Republik der Indios".** Diese Aufteilung entsprach dem damaligen Bild von der unterschiedlichen Wertigkeit der Menschen. Die beiden „Republiken" existierten nebeneinander und nahmen nur Notiz voneinander insofern es den wirtschaftlichen Aufschwung der Spanier betraf, der auf der Arbeitsleistung und den steuerlichen Abgaben der indigenen Bevölkerung basierte. Jene **gesellschaftliche Zweiteilung** wirkt sich bis heute auf das Denken und Verhalten vieler Peruaner aus.

Die indigene Bevölkerung empfand die *Conquista* (Eroberung) – auch wenn sie die Spanier teilweise anfänglich als Befreier gefeiert hatte – letztlich wie ein *Pachacuti* (kosmisches Desaster). Die neuen Herren teilten das Land unter sich auf. Sie zwangen die indigene Bevölkerung, ihre Siedlungen aufzugeben, das Land ihrer Ahnen und ihre Kultstätten zu verlassen und in von den Kolonialherren gegründete **Reduktionsdörfer** zu ziehen, in denen diese sie besser kontrollieren und im christlichen Glauben unterweisen konnten. Die Spanier führten dort die Verwaltung des spanischen Dorfes sowie spanische Heiratsvorschriften ein. Spanische Priester ließen sich in diesen Dörfern nieder und überwachten das Verhalten der Bevölkerung.

Durch die Aufgabe ihrer traditionellen Wohngebiete sowie lokaltypischer Lebensweisen und Organisationsformen wurden zu jener Zeit die Voraussetzungen für eine Art panandine Identität geschaffen. Die Kolonialherren verlangten den Bauern **Tribute und Frondienste** ab. Viele wurden gezwungen, für eine gewisse Zeit im Jahr in den Bergwerken zu arbeiten, aus denen die Reichtümer nach Europa verschifft wurden. Wohn- und Arbeitsbedingungen in den Minen machten sie krank, das zu Tage geförderte Blei vergiftete viele, der Alkohol, den sie vorher nicht gekannt hatten, zerstörte sie, Kälte und schlechte Ernährung bedeuteten für die meisten einen sehr frühen Tod. Wie grausam das **koloniale Regime** war, lässt sich kaum in Worte fassen. Aber die Tatsache, dass das Tawantinsuyu im Jahr seiner Eroberung durch die Spanier neun Millionen Einwohner zählte und von diesen im Jahr 1720 – also beinahe 200 Jahre später – nur noch 600.000 übrig waren, verdeutlicht das Ausmaß der Auswirkungen von **Mord, Vertreibung und Zwangsarbeit.**

In ihren Mythen trösteten sich die Indigenen damit, dass sogar die Götter sich aktiv für sie einsetzen. So berichten die Campesinos von Q'ero (Südperu), dass der große und berühmte Berggott *Apu Ausangate* zusammen mit dem Berggott *Apu Wamanripa* zur Regierung ging, um dort (erfolgreich) gegen die Ausbeutung der indigenen Bevölkerung durch die fremden Gutsherrn zu protestieren.

Bedingt durch die Verbreitung der „Comentarios Reales" von *Inca Garcilaso de la Vega* glorifizierte der Inkaadel die Inkaherrschaft, aber auch die unterste Schicht der Urbevölkerung idealisierte die Inkaherrscher. Andine Eliten und indigene Zwangsarbeiter sehnten sich nach der „guten alten Zeit". So entstanden utopische Projekte, deren Ziel die Wiedereinführung der Inkaherrschaft war. In über 100 Aufständen lehnte die indigene Bevölkerung sich gegen das grausame Regime der Spanier auf. Aber die meisten **Rebellionen** erlangten keine überregionale Bedeutung.

Erst die Revolution des aus Tinta (bei Cusco) stammenden **José Gabriel Condorcanqui Tupac Amaru II.** – er gab sich diesen Zunamen in Erinnerung an *Tupac Amaru I* – von 1780 erfasste weite Bevölkerungsteile. Die Absicht des Inkaadligen war die Wiederherstellung des Inkareiches, dem er selbst als Monarch vorstehen wollte. Zu diesem Zweck sollten sich „Indios", „Mestizen", „Schwarze" und „Kreolen" (in Peru geborene Nachfahren der spanischen Einwanderer) verbünden und die Herrschaft der europäischen Spanier abschütteln. Der von *Tupac Amaru II.* und seiner Lebensgefährtin *Michaela Bastidas* angeführte Aufstand schlug jedoch fehl. *Tupac Amaru II.* wurde auf dem Hauptplatz von Cusco gevierteilt. Seine Familie wurde ausgerottet, der indigene Adel entmachtet und in der Folge wurden die Hispanisierung und Ausrottung der indigenen Kultur massiv vorangetrieben. Mit *Tupac Amarus* Tod wurde die Möglichkeit eines nationalen indigenen Projektes zerstört und somit auch die Aussicht auf die Gründung eines von Spanien unabhängigen Staates, in dem alle Ethnien gleichberechtigt leben würden.

Vom Vizekönigreich zur Republik

Das **koloniale Handelsmonopol** begünstigte die reichen Händler in Lima und benachteiligte die Kreolen im Landesinnern. Während die herrschende Schicht von Lima in vollkommener Abhängigkeit von der spanischen Krone lebte, sahen die Kreolen in der Provinz ihren wirtschaftlichen Aufstieg im **illegalen Schmuggel** mit englischen Waren. Der verbotene Handel mit englischen Gütern hatte die Hafenstädte Buenos Aires und Caracas zu bedeutenden Metropolen aufsteigen lassen. So stellte das dortige Handelsbürgertum, das **von Spanien unabhängig** werden wollte, schließlich die **Armeen,** mit denen der Venezolaner **Simon Bolivar** und der Argentinier *San Martin* aufbrachen, um den Kontinent von der spanischen Herrschaft zu befreien.

Am 28. Juli 1821 rief **San Martin** – mit einer Armee aus dem Süden des Kontinents kommend – die Prominenz von Lima zu einer öffentlichen Versammlung und schlug ihr vor, der spanischen Krone die Unabhängigkeit zu erklären. Die Prominenz beschloss die **Unabhängigkeitserklärung.** Und obwohl die spanischen Truppen noch in den Anden kämpften, rief *San Martin* die Unabhängigkeit aus. Zwischen 1822 und 1823 wurde die erste verfassungsgebende Versammlung abgehalten. *San Martin* plädierte

☐ Simon Bolivar (1783–1830) kämpfte für die Aufhebung der kolonialen Strukturen

005pu Foto: lg

für ein Königreich, verließ aber Peru. 1824 kam *Bolivar* mit seinem Heer aus dem Norden des Kontinents. Seinen Truppen gelang es, die Spanier aus Lateinamerika zu vertreiben. Beiden Politikern war Peru sehr wichtig, weil es das Zentrum der spanischen Macht dargestellte. Beide waren an der Aufhebung der kolonialen Strukturen und an Reformen interessiert. Diese ließen sich jedoch in Peru am wenigsten durchsetzen. Die Mehrheit der peruanischen Kreolen hatte nämlich lediglich im Sinn, die Kolonialbürokratie an sich zu reißen und die Besitztümer der europäischen Spanier zu übernehmen. Die Kreolen der peruanischen Küstenregion nannten sich „amerikanische Spanier" und fühlten sich den Spaniern in Europa und den kolonialen Traditionen stark verbunden, während sie mit der als „Indios" bezeichneten Urbevölkerung keine Gemeinsamkeiten verbanden. Sie konnten sich nicht vorstellen, mit den so andersartigen „Indios" eine gemeinsame Nation zu bilden und waren an Reformen, die zudem ihre Wirtschaftsmacht einschränken würden, nicht interessiert.

Als *Bolivar* 1825 die Abschaffung der Frondienste, die die Urbevölkerung verrichten musste, die Abschaffung der lokalen Macht der Kaziken sowie die Verteilung des Landes an die indigene Bevölkerung proklamierte, erreichte er das Gegenteil dessen, was er beabsichtigt hatte. Der Machtverlust der Kaziken schwächte die gesamte indigene Bevölkerung; die armen Bauern vermochten ihr Ackerland nicht gegen die Inbesitznahme durch die Kreolen zu verteidigen. So verloren sie ihr bestes Ackerland an die kreolischen Grundbesitzer und wurden gezwungen, sich in unfruchtbare unwirtliche Höhen auf schwer zu bearbeitendes Terrain zurückzuziehen. Und die **Frondienste nahmen nicht ab,** sondern zu. Auch dem ersten peruanischen Staats- und Außenminister *Bernardo Monteagudo,* der von *San Martin* eingesetzt wurde, war es unmöglich, Reformen zur Verbesserung der Lebensbedingungen der indigenen Bevölkerung durchzusetzen. Die 1821 von *San Martin* außer Kraft gesetzte Verpflichtung aller Indigenen zur Tributzahlung an die Herrschenden wurde 1826 von der kreolischen Elite als „persönlicher Beitrag" faktisch wieder eingeführt und erst 1854 abgeschafft. Außerdem wurde die indigene Bevölkerung in der jungen Republik zu unbezahlten Dienstleistungen verpflichtet.

Die neuen Machthaber waren – wie die Kolonialherren – von der biologischen und intellektuellen **Minderwertigkeit der indigenen Bevölkerung** überzeugt. Die Formierung der peruanischen Nation sahen sie deshalb nicht in der Entwicklung eines gemeinsamen Projektes durch alle Völker Perus, sondern in zwei anderen Alternativen: der Ausrottung der „Indio-Rasse", wobei die spanischstämmige Elite die vermeintlichen Erfolge anderer amerikanischer Länder bewunderte, oder in der Vermischung der gesamten Bevölkerung mit der in ihren Augen höherstehenden „weißen Rasse". Für diese zweite Alternative entschied man sich. Daraus erklärt sich, dass Peru im 19. Jahrhundert zum „leeren Land" erklärt wurde, das besiedelt werden sollte, und dass aus diesem Grund die **Einwanderung aus Europa vorangetrieben** wurde. (Auf derselben Ideologie basierte im 20. Jahrhundert die staatliche Förderung der Besiedlung *(colonización)* des bereits von vielen indigenen Völkern bewohnten Amazonastieflandes.) Mit der Förderung europäischer Einwanderer wollte die europäischstämmige Elite im 19. Jahrhundert langfristig ihre Vorherrschaft über die indigene Bevölkerung zementieren. Im Rahmen dieser rassistischen Tendenzen entwickelte sich kein peruanisches Nationalbewusstsein. Dieses entstand erst in Verbindung mit Perus Kriegen mit seinen Nachbarländern, in denen peruanische Soldaten unterschiedlichster Herkunft für „ihr Vaterland" gegen einen ihnen allen gemeinsamen Feind kämpften.

Der **Krieg mit Chile** (1879–1884) traf Peru empfindlich. Er stürzte den jungen Staat in eine wirtschaftliche, soziale und politische **Krise.** Ein großer Teil der produktiven Infrastruktur wurde zerstört. Innerhalb der indigenen Bevölkerung, die viele Truppen stellte und den Feind direkt erlebte, begann damals ein Nationalbewusstsein zu entstehen. Der Volkstanz des „Awqa Chileno", der in jener Zeit entstand, wird noch heute bei vielen Festen aufgeführt. Eine Verbesserung ihrer Lebensbedingungen brachte die Teilnahme an den Kriegen der indigenen Bevölkerung aber nicht. Die Elite war weiter bestrebt, das Land „weiß zu machen" und während der sogenannten **„Aristokratischen Republik"** (1895–1919) erreichte das **rassistische Gedankengut** seinen Höhepunkt. Es betraf die indigene Bevölkerung und die als Arbeitskräfte nach Peru gebrachten Afrikaner und Asiaten in gleicher Weise. In den Augen der herrschenden Elite konnte die peruanische Nation sich nur positiv entwickeln, wenn die Indios allmählich verschwanden (entweder durch Ausrottung oder durch Einwanderung von Europäern und Nordamerikanern). Daneben gab es Stimmen, die forderten, den „Indio" durch erzieherische Maßnahmen, d.h. auf dem Wege der Zerstörung seiner Kultur, auszulöschen.

20. und 21. Jahrhundert

Auch im 20. Jahrhundert kam die Integration der verschiedenen Bevölkerungsgruppen nicht zum Abschluss. Der große Reformer des Bildungswesens, *Alejandro Deustea,* war sogar der Überzeugung, die indigene Bevölkerung solle von der Bildung ausgeschlossen werden. Erst der **Indigenismus,** eine kulturelle und teilweise politische Strömung zugunsten der Erhaltung und Förderung indigener Kulturtraditionen, vertrat eine andere Position. Dem Druck der Indigenisten folgend verabschiedete die peruanische Regierung **Gesetze zum Schutz der indigenen Bevölkerung.** Sie erwiesen sich jedoch als kontraproduktiv, denn sie behandelten die Nachkommen der Urbevölkerung wie unmündige Kinder. Außerdem idealisierten die Indigenisten den „Indio" und sahen in ihm nicht den realen Menschen in den Anden (den sie meistens gar nicht persönlich kannten), sondern den Abkömmling der in ihren Augen großartigen Inkakultur.

Der peruanische Marxist *José Carlos Mariátegui* gab als einer der ersten den Anstoß, das sogenannte „Indio-Problem" als ein **sozioökonomisches Problem** zu betrachten. Da jedoch die marxistische Ideologie von der fortschreitenden Homogenisierung aller Kulturen ausging, setzte er wie andere peruanische Marxisten voraus, dass die kulturellen Eigenarten der „Indios" irgendwann ausgelöscht würden.

Authentische Beschreibungen der damaligen Lebensbedingungen der „Indios" finden sich in den Novellen von **José María Arguedas.** *Arguedas,* der im südandinen Andahuaylas geboren wurde, war seiner Stiefmutter so verhasst, dass er unter denselben miserablen Bedingungen aufwuchs wie die indigenen Bediensteten. Er lernte Quechua und lebte mit den Dienern deren Kulturtraditionen. Er studierte Anthropologie und beschrieb in seinen Büchern Leben und Kultur der Indigenen. Für viele Menschen sind seine Bücher noch heute Selbstfindung und Erleben der eigenen Geschichte. *Arguedas* traf die traurige Voraussage, dass die Diskriminierung der indigenen Bevölkerung erst dann aufhören werde, wenn diese ihre eigene Kultur aufgeben und die dominante Kultur vollständig assimilieren würde. Die Entwicklung scheint *Arguedas* insofern Recht zu geben, als dass dies der Weg ist, für den viele Nachkommen der Urbevölkerung sich in der Gegenwart entscheiden. Ausgelöst durch die Industrialisierung und die Vernachlässigung der ländlichen Zonen, erfolgte die massenhafte **Abwanderung der indigenen Bevölkerung in die Küstenstädte** (zwischen 1961 und 1972 wuchs die Bevölkerung in den Städten zehnmal so schnell wie die bäuerliche Bevölkerung). So nahm der Anteil der Indigenen an der Gesamtbevölkerung nicht durch biologische Vermischung ab, sondern durch demografische Prozesse und die damit einhergehende Akkulturation.

Mit seiner Niederlage im Peruanisch-Chilenischen Krieg hatte Peru einen großen Teil seiner Infrastruktur und die Kontrolle über seine Schlüsselindustrien verloren. Die neue Rolle sowie die veränderten weltwirtschaftlichen Rahmenbedingungen missfielen der Elite. Der **Bürgerkrieg,** in dem *Nicolás de Piérola* 1895 *Andrés Avelino Cáceres* besiegte, schuf die **Grundlagen für eine oligarchische Gesellschaft,** die bis zur Militärrevolution von *Juan Velasco Alvarado* (1968–1975) bestehen blieb. Sie setzte sich zusammen aus limensischer Plutokratie, Großgrundbesitzern und Agroexporteuren. Zur selben Zeit entstanden in Lima große Textilfabriken. Als Arbeiter, Handwerker und eine kleine Mittelschicht nach der Meinung der Regierenden zu viel an Bedeutung gewannen, schafften sie oppositionelle Intellektuelle ins Ausland: *Haya de la Torre* wurde nach Mexiko deportiert und *Mariátegui* finanzierte die peruanische Regierung einen längeren Europaaufenthalt. Die Landwirtschaft im Hochland wurde weiter vernachlässigt. Die meisten Gutsbesitzer suchten ihre Ländereien nur noch sporadisch auf, um sich von den abhängigen Bauern, die das Land wie Selbstständige bewirtschafteten, den Tribut für den Boden abzuholen. Als Mitte des 20. Jahrhunderts im ganzen Land heftige **Bauernrevolten** losbrachen, waren die *Hazendados* geschwächt und viele an ihren Ländereien kaum noch interessiert. So setzten sie der Agrarreform der Militärregierung von *Velasco Alvarado* kaum etwas entgegen. Eine **schwere Wirtschaftskrise** war dem Militärputsch des Generals vorausgegangen. Seine **linksgerichtete Militärregierung** verstaatlichte Schlüsselbranchen wie die Erdölindustrie, Bergbau, Fischerei und Bankwesen, führte Reformen im Bildungswesen durch und erklärte Quechua zur zweiten offiziellen Landessprache. Am 24. Juni 1969 leitete die Regierung *Velascos* eine der radikalsten **Landreformen** Lateinamerikas ein. Große und mittlere Ländereien wurden enteignet und an ihre Stelle traten landwirtschaftliche Kooperativen und Produktionsgenossenschaften. General *Velasco* und seine Leute strebten eine Revolution von oben an. Ihr autoritäres Regime, Überwachung und Bespitzelung sowie zahlreiche falsche Annahmen über die Denk- und Lebensart der armen Bevölkerungsgruppen, ließen

006pu Foto: lg

das Projekt scheitern. General *Morales Bermudez,* der *Velasco* ablöste, machte viele Reformen rückgängig und rief **1980 demokratische Wahlen** aus, die der Architekt *Fernando Belaúnde Terry* gewann.

Zu den Problemen, die die Militärs hinterließen, kamen eine hohe Auslandsverschuldung sowie ab 1980 Guerillaaktivitäten und im Jahr 1983 die Auswirkungen des Niño-Phänomens auf die peruanische Wirtschaft, Herausforderungen, die *Belaúnde* nicht bewältigen konnte und die populistischen Tendenzen den Weg ebneten.

1985 errang der rhetorisch begabte 35-jährige **Alan García** im ersten Wahlgang der Präsidentschaftswahlen einen spektakulären Stimmenanteil von 48 Prozent. In Peru muss ein Kandidat 50 Prozent der Stimmen auf sich vereinen, um Präsident zu werden. Deshalb findet normalerweise ein zweiter Wahlgang statt. *Garcías* Gegenkandidat zog jedoch seine Kandidatur zurück, weshalb keine Stichwahl mehr durchgeführt und *García* Präsident wurde. Als er ankündigte, die **Auslandsschulden** nicht zu zahlen, trug ihm dies anfänglich Sympathien im Land ein – auf internationaler Ebene förderte es seine Isolierung. *Garcías* Versuch, die Banken zu verstaatlichen, brachte die Opposition gegen ihn auf. Hyperinflation und die „Politik der verbrannten Erde" zur Bekämpfung der Subversion, ebenso wie der Anstieg des Drogenhandels, Produktionsstillstände und die drohende Staatspleite erregten auf internationaler Ebene Besorgnis.

1990 besiegte der damals weitgehend unbekannte Rektor der Agraruniversität von Lima, **Alberto Fujimori,** in der Stichwahl den Schriftsteller **Mario Vargas Llosa,** der während des Wahlkampfs die Durchführung eines neoliberalen Schockprogramms angekündigt hatte. Der Literatur-Nobelpreisträger ging wieder ins Ausland. Seine Wahlkampferfahrungen hat er in dem Buch „Der Fisch im Wasser" beschrieben. Gründe für **Fujimoris** spektakulären Sieg – im Volksmund „tsunami" genannt – waren vor allem sein Versprechen, keinen neoliberalen Schock durchzuführen, und sein Habitus als ein einfacher Mann aus dem Volk. Unterstützt wurde er von dem Geheimdienstmann und Militär **Vladimiro Montesinos.** Mit dem *fujichoque* brach *Fujimori* sein wichtigstes Wahlversprechen. Um sein **hartes Sanierungsprogramm** durchzusetzen, löste er 1992 das Parlament auf, setzte die Verfassung außer Kraft und unterdrückte die politische Opposition. Im Kampf gegen den Terrorismus gelangen ihm von Anfang an spektakuläre Erfolge. Durch die Festnahme des Anführers der Guerrillaorganisation „Leuchtender Pfad" stellte die Mehrheit der Mitglieder dieser Gruppe ihre Aktivitäten ein. Allerdings ging die Bekämpfung der Terroristen

⊲ Jahrzehntelang waren die Linken Hoffnungsträger für viele Menschen

durch *Fujimori* und *Montesinos* mit offenkundigen **Menschenrechtsverletzungen** einher. *Fujimori* erreichte die Wiedereingliederung in die internationale Finanzwelt, was die Beliebtheit des Präsidenten ansteigen ließ. *Fujimori* wurde zweimal wiedergewählt, was nur durch eine Verfassungsänderung ermöglicht wurde. Berichte über angebliche Wahlfälschungen lösten Mitte 2000 massive Demonstrationen aus wie schon unter *Alan García Perez.* Bei einem Brand, der *Fujimoris* Geheimdienst zugeschrieben wurde, starben sieben Menschen, 197 Personen wurden verletzt, 35 galten als verschwunden. Im selben Jahr zeigte ein Fernsehsender ein Video, das einen handfesten Beweis für die Bestechung politischer Gegner durch *Montesinos* lieferte. Während *Fujimori* Neuwahlen ausrief, floh *Montesinos* ins Ausland. Im November 2000 nahm der Präsident nach einer Auslandsreise Zuflucht in Japan. Über seinen Rücktritt informierte er das peruanische Volk per Fax. Im Juni 2001 wurde *Montesinos* in Venezuela aufgegriffen und nach Peru überführt. *Montesinos* wurde des Waffenschmuggels, der Korruption, Bestechung und der Verschwörung angeklagt und **zu 20 Jahren Zuchthaus verurteilt.** *Fujimori* wurde 2005 in Chile verhaftet und Peru übergeben. Für seine Menschenrechtsverletzungen erhielt er 25 Jahre Zuchthaus. Sollte er seine Strafe überleben, könnte er 2032 als 93-Jähriger entlassen werden.

Die Wahlen, die die Übergangsregierung *Paniagua* 2001 ausrief, gewann der aus einem indigenen Dorf stammende **Alejandro Toledo,** der mit seinem Wirtschaftsstudium in den USA und seiner Tätigkeit bei der Weltbank punktete. Im Amt, wurde sein moralisches Verhalten heftig kritisiert, wobei auch rassistische Motive seitens der Elite eine Rolle gespielt haben könnten. *Toledos* Beliebtheit sank, stieg aber am Ende seiner Amtszeit wieder auf 50 Prozent an. Erneut kandidieren durfte er jedoch nicht, da die Verfassung dies verbot.

2006 gehörte der aus dem Ausland heimgekehrte Ex-Präsident **Alan García** zu den drei aussichtsreichsten Kandidaten. Zum ersten Mal bewarb sich in Peru eine Frau um das höchste Amt im Staat, die Rechstanwältin **Lourdes Flores** von der Christlichen Volkspartei PPC.

Der dritte Kandidat mit Erfolgsaussichten war der aus dem Ausland zurückgekehrte ehemalige Oberst **Ollanta Humala Tasso.** Er war im Oktober 2000 berühmt geworden, als er mit seinem Bruder *Antauro* und 60 Soldaten eine Kupfermine besetzt und den Rücktritt des damaligen Präsidenten *Alberto Fujimori* gefordert hatte. *Antauro* sitzt seitdem im Gefängnis,

⊡ Präsident Humala wurde vor allem mit den Stimmen der indigenen Bevölkerung gewählt

Ollanta wurde ins Ausland geschickt. *Humala* und *García* schafften es 2006 in die Endrunde. Bei der **Stichwahl** siegte *Alan García* mit einem Stimmenanteil von 53 Prozent. *Humalas* Niederlage hing damit zusammen, dass er politisch in die Nähe des venezolanischen Präsidenten *Hugo Chávez* gerückt wurde. Außerdem stieß die Ideologie des **Ethnocacerismo,** einer von *Humalas* Vater gegründeten Bewegung, die die indigene Bevölkerung und ihre Kulturen überbewertet und für die Wiederherstellung des Inkareiches in seiner ursprünglichen Ausdehnung eintritt, auf wenig Sympathie. *García* setzte die liberale Politik seiner Amtsvorgänger fort. Bei den **Wahlen 2011** schafften *Humala* und die liberale *Keiko Fujimori,* Tochter des ehemaligen Präsidenten *Fujimori,* es bis zur Stichwahl. *Humala* gewann die Stichwahl aufgrund der Stimmenmehrheit in sehr armen, indigenen Hochlandregionen. Er trat mit der „Alianza Gana Perú", einem Bündnis aus seiner „Partido Nacional" und Parteien der Linken, an. Mit gemäßigtem Image und Distanzierung von den radikalen Positionen des *Ethnocacerismo* warb er für eine „nationale Marktwirtschaft" mit einem starken Staat, präsentierte sich als Anwalt der Armen und trat für die Respektierung von Multikulturalität, Mehrsprachigkeit und der natürlichen Umwelt ein. Nach der ersten Wahlrunde erklärten die Bergbaukonzerne sich bereit, *Humala* bei der Einlösung eines wichtigen Wahlversprechens zu unterstützen: Sie wollten ihre Abgaben erhöhen, um dem Staat Investitionen in soziale Programme zu ermöglichen. Allerdings stellt der Spagat zwischen der angekündigten „großen Transformierung" mit Inklusion der Armen einerseits und der Zufriedenstellung der Unternehmer andererseits die Regierung vor kaum lösbare Aufgaben. Wegen vermeintlich absehbarer Umweltschäden sowie Auswirkungen auf die Wasserreserven im Zusammenhang mit dem Minenprojekt „Conga" kommt es immer wieder zu massiven Protesten mit Toten und Verletzten. *Humalas* wichtigster Wahlberater und Premierminister *Salomon Lerner Ghitis* trat bereits 2011 zurück und es wurden mehrere Minister ausgetauscht. *Humalas* Image hat im ersten Jahr seiner Amtszeit stark gelitten und er wird sogar von seiner eigenen Familie öffentlich kritisiert.

200pu Foto: bp

Völker und Kulturen Perus

⊠ Dorfautoritäten beim Besuch von
Papst Johannes Paul II. in Cusco im Jahr 1985
(008pu Foto: ah)

Vielfalt ohne Einheit: die Entstehung der peruanischen Nation

Als *„la ciudad de todas las sangres"* – **„Stadt aller Blute"** – wird die peruanische Hauptstadt Lima in Anlehnung an *José María Arguedas* berühmten Roman „Todas las Sangres" oft bezeichnet; damit ist gemeint, dass alle Ethnien und Kulturen des Landes auch in Lima vorkommen. Wer sich zur „Plaza de Armas" im historischen Stadtzentrum von Lima oder zum „Parque de Miraflores" begibt, ist beeindruckt von den vielen verschiedenen Hautfarben der Menschen, ihren unterschiedlichen Gesichtszügen, die europäische, asiatische, „indianische" und afrikanische Merkmale kombinieren. Völker aus fünf verschiedenen Kontinenten, Nachkommen der indigenen Urbevölkerung mit ihren unterschiedlichen Kulturtraditionen, Menschen mit Vorfahren aus Asien, Europa, Afrika, Ozeanien und Nordamerika leben mit- oder nebeneinander: Teilweise wollen sie nichts miteinander zu tun haben und grenzen sich ab; andererseits haben viele sich im Verlauf der Jahrhunderte so sehr vermischt, dass ihre Abstammung sich kaum mehr herleiten lässt. Eindeutige Zuordnungen zu einer einzigen Gruppe sind heute schwer möglich. Eigen- und Fremdzuordnung können zudem differieren. Auch spielen neben der ethnischen Herkunft soziale und kulturelle Kriterien eine wichtige Rolle.

Die indigene Bevölkerung

Den eingesessenen Völkern, die vor Jahrtausenden aus Asien eingewandert waren und sich auf dem amerikanischen Kontinent niedergelassen hatten, wurde im 16. Jahrhundert von den spanischen Eroberern der Sammelname **„Indianer" bzw. „Indios"** aufgedrückt. Dabei handelte es sich um unterschiedliche **Völker mit vielen verschiedenen Sprachen und Kulturen,** von denen etwa 100 von den Inkas erobert und beherrscht worden waren, während die Amazonasvölker Eroberungsfeldzügen durch Inka und Spanier erfolgreich Widerstand geleistet hatten. Die europäischen Einwanderer entwickelten zwar Verhaltensweisen zur „Reinhaltung" ihrer „Rasse", konnten aber die Vermischung von Eroberern und Urbevölkerung nicht verhindern. Eine weitere Vermischung kam dadurch zustande, dass unter der spanischen Kolonialverwaltung die Elite des Inkareiches wirtschaftlich und sozial aufstieg, sich in den Städten ansiedelte, Teil der

☒ Bergarbeiterfamilien in Tintaya bei Cusco

neuen Oberschicht wurde und teilweise gemeinsam mit den Europäern die indigene Unterschicht unterjochte.

091pu Foto: ah

Die indigene Bevölkerung der Anden

Die unteren Schichten des Inkareiches blieben nach der Eroberung durch die Spanier unfreie Arbeiter auf den Landgütern der neuen Herren oder sie wurden von ihrem fruchtbaren Ackerland in unwirtliche Höhen vertrieben und in reservatsähnlichen **Reduktionsdörfern** zusammengefasst. Dort missionierten die Spanier sie, zerstörten ihre Kulturtraditionen, verboten einheimische Kulte, religiöse und medizinische Praktiken sowie den Verzehr bestimmter Nahrungsmittel. Sie führten Elemente der spanischen Dorfverwaltung ein, die mit der Zeit feste Bestandteile der andinen Dorforganisation wurden, und heute oft fälschlicherweise für Organisationsformen vorspanischen, typisch andinen Ursprungs gehalten werden.

Die Menschen in den Reduktionsdörfern gehörten zu den am meisten verachteten Peruanern. Sie hatten keine Chance, aus ihrem Elend herauszukommen und keine Möglichkeit, auf die Entwicklung des Landes Einfluss zu nehmen oder von ihr zu profitieren. Als Schuldknechte auf den Plantagen der Küstenregion oder als Bergleute in den Gold-, Silber-, Kupfer- oder Quecksilberminen trug die indigene Bevölkerung unterdessen zum Erfolg der peruanischen Exportwirtschaft bei. Bis zur Mitte des 19. Jahrhunderts blieb sie vom städtischen Leben ausgeschlossen und hatte **keinen Zugang zu Bildung und Rechtsprechung.** Aus Unkenntnis dieser historischen Gegebenheiten geben heute viele Angehörige der städtischen Mittel- und Oberschicht den Menschen in den Bergdörfern die alleinige Schuld an ihrem menschenunwürdigen Leben, eine Meinung, die nicht ohne Einfluss auf das Denken der andinen Bauern selbst geblieben ist.

Ähnliche Lebensbedingungen, ihr niedriger Sozialstatus sowie die von der linkspopulistischen Militärregierung in den 1960er-Jahren eingeführte Bezeichnung **Campesino** für alle andinen Kleinbauern haben deren gemeinsame Identität gefördert und kulturelle sowie sprachliche Unterschiede in den Hintergrund treten lassen. Gleichzeitig verbesserte die

Agrarreform der Militärregierung den gesellschaftlichen Status der Kleinbauern und wertete sie als Menschen auf.

Quechua, die Sprache der Inka, wird noch in mehreren Hochlanddepartements gesprochen, **Aymara** am Titicacasee, **Kauki** im andinen Hinterland von Lima; alle anderen Sprachen sind ausgestorben und die übrige Andenbevölkerung spricht heute Spanisch. Auch in der Küstenregion starben die indigenen Sprachen aus. Wer keine „indigene" Sprache mehr spricht, gilt unter Wissenschaftlern als „Nicht-Indigener", ungeachtet des Fortbestehens „indigener Kulturtraditionen".

Gemeinsam sind der bäuerlichen Bevölkerung des Andenhochlandes **typische Organisationsformen und Institutionen** wie das *ayni,* der gegenseitige Austausch der Arbeitskraft zwischen den Familien oder die *minka,* auch spanisch *faena* genannt, die Gemeinschaftsarbeit bei Instandsetzungsarbeiten oder infrastrukturellen Maßnahmen zum Wohl der gesamten Dorfbevölkerung. Wissenschaftler, insbesondere die peruanischen Indigenisten, sowie auch die Autoren der Agrarreform und Mitglieder von Entwicklungshilfeorganisationen leiteten daraus ab, die Menschen in den Andendörfern seien besonders solidarisch und hätten einen ausgeprägteren Gemeinschaftssinn als andere Personen. Dies entspricht in keiner Weise der Realität. Die andinen Kleinbauern lieben ihr Privateigentum nicht weniger als Menschen anderswo auf der Welt und gerade dort, wo große Armut herrscht, gibt es Neid und die Leute schaden einander, weil einer dem anderen nicht gönnt, dass es ihm ein wenig besser geht. Und auch die Ärmsten unterscheiden noch zwischen „Armen" und „Reichen".

Die indigene Bevölkerung des Amazonastieflandes

Einige Tieflandvölker gehören zu den **ältesten Einwohnern Perus.** Die Arawak leben seit ca. 5000 Jahren im zentralen und südlichen Amazonastiefland. In der Mitte des 17. Jahrhunderts lernten sie von spanischen Missionaren Eisen zu schmelzen und sicherten sich dadurch ihre Unabhängigkeit von „westlichen" Märkten. Nach mehreren Kriegen schlossen sie ihre Grenzen bis zum Ende des 17. Jahrhunderts; 1742 unterstützten sie die multiethnische Erhebung von *Juan Santos Atahualpa* gegen die spanischen Kolonialherren; anschließend brachen sie für 100 Jahre jede Verbindung zu den Spaniern ab.

Für andere Tieflandvölker wurden die Kontakte mit den Fremden lebensbedrohlich: Sie wurden von Missionaren zur Arbeit auf Zuckerrohrplantagen verpflichtet, von Kautschukhändlern teilweise verschleppt und zur Fronarbeit gezwungen und waren aus Europa stammenden neuen Krankheiten ausgesetzt. Auseinandersetzungen mit Zuwanderern aus dem Hochland, die Anspruch auf ihre Gebiete erhoben, und in neuester

Zeit dem Vordringen von Erdöl-, Erdgas- und Holzfirmen ausgeliefert, starben manche Völker aus; andere sind vom Aussterben bedroht.

Heute leben ca. **50 verschiedene Völker** im Amazonastiefland. Sie machen aber nur ca. ein Prozent der peruanischen Bevölkerung und nur 12 Prozent der Tieflandbevölkerung aus. Viele indigene Völker bezeichnen sich in ihren Sprachen als „die Leute" oder benennen sich nach mythischen Vorfahren. Sogenannte **„Kontaktlose"** sind indigene Gruppen, die sich entschieden, ohne Kontakt zur Außenwelt – auch ohne Kontakt zu anderen indigenen Völkern – weiterhin als Halbnomaden im Wald zu leben. Die meisten Indigenen sind heute sesshaft; sie leben in Dörfern und haben sowohl kulturellen als auch wirtschaftlichen Austausch mit der restlichen peruanischen Bevölkerung. Einzelpersonen oder Familien, die keine Lebensperspektive für sich sahen, sind in andere Regionen oder in die Städte abgewandert. Manche haben dabei ihre eigene Sprache verloren, weshalb sowohl Wissenschaftler als auch andere Indigene sie nicht mehr als **„Indigene"** (ein von der internationalen Arbeitsorganisation und anderen internationalen Organisationen verwendeter Terminus) anerkennen. Für den Einzelnen ist das zum Teil sehr schmerzhaft, da ihm der Verlust seiner kulturellen Identität von außen suggeriert wird und er mitunter nicht in den Genuss der Unterstützung durch die indigenen Organisationen kommt. Innerhalb der peruanischen Gesellschaft stehen die Indigenen, die noch oft mit dem Vorurteil der Wilden, rückständigen „Nicht-Zivilisierten" oder angeblichen Naturbewahrer belegt werden, auf der niedrigsten Stufe. Viele nehmen sich selbst als **Menschen zweiter Klasse** wahr: Sie gehen zu Fuß oder fahren mit einem kleinen Boot, während andere Leute mit dem Flugzeug kommen. Trotzdem sind sie stolz auf ihre profunden Kenntnisse der Ressourcen des Urwaldes und ihre Fähigkeiten, diese optimal zu nutzen. Sie schätzen auch die Vorteile des Lebens innerhalb der eigenen Gruppe. Allerdings wünschen viele sich für ihre Kinder ein anderes Leben: dass sie die Gemeinschaft verlassen, Werte oder Verhaltensweisen einer anderen Kultur annehmen, es in der Stadt zu etwas bringen oder sogar in die Landeshauptstadt gehen und dort einen Beruf erlernen. Viele junge Indigene, die in die Tieflandstädte abgewandert sind, bilden dort jedoch die ärmste und am geringsten geachtete Bevölkerungsgruppe.

Immer mehr Indigene sind hin- und hergerissen zwischen der Bewahrung ihrer Sprache und Kultur und dem Versuch der **Anpassung an die „westliche" Kultur,** die ihnen bessere Verdienstmöglichkeiten bietet. So opfern viele das, was ihnen vielleicht noch ein wenig Halt geben könnte. Manche glauben auch, ihre indigenen Werte spielten in ihrem Leben eine große Rolle, in Wirklichkeit haben sie aber bereits ein fremdes Wertesystem übernommen, ohne sich dessen so recht bewusst zu sein, und eine

010pu Foto: lg

lange Wunschliste materieller Güter, für deren Kauf sie das Geld niemals haben werden.

Die Tüchtigsten schaffen es in der Hauptstadt auf eine Universität, schließen sogar ein Studium ab und schätzen sich glücklich, wenn sie von internationalen Organisationen als legitime Vertreter ihrer Völker ins Ausland eingeladen werden. Indigene, die der spanischen Sprache mächtig sind und sich in der Stadt auskennen, werden von ihren Gemeinschaften zu offiziellen Vertretern in den **indigenen Dachorganisationen** ernannt. Diese haben ihren Hauptsitz in Lima und ihr deklariertes Ziel ist, für die Rechte aller peruanischen „Indigenen" zu kämpfen. Die Organisationen sind aber in sich und miteinander zerstritten. Es gibt Zwiste, die Völker und sogar Familien entzweien. Zwischen denen, die im Dorf bleiben und denen, die überwiegend in einer Stadt leben, liegen Welten; gemeinsame Interessen verbinden sie nur selten. Da es aber auch für die Tüchtigen in der Hauptstadt kaum möglich ist, eine Anstellung zu finden, streiten viele *líderes* (Anführer) erbittert um die finanzielle Projekthilfe, die internationale Organisationen ihnen zur Verfügung stellen. Viele merken schnell, dass Indigene bei internationalen Organisationen gut ankommen. Von den Daheimgebliebenen entfernen die *líderes* sich zunehmend sozial und kulturell, obwohl sie persönlich davon profitieren, dass sie als ihre Interessenvertreter gelten. So haben diejenigen in den Urwalddörfern nicht die Bildung und oft keine Fürsprecher, die sich dafür einsetzen, dass sie ihre Lebensgrundlagen behalten und sich ihre Lebensbedingungen verbessern; selten besitzen sie die Kenntnis darüber, wie und was bezüglich ihres Schicksals verhandelt wird. Geht es um den Vorstoß einer Erdölexplorationsfirma, so klaffen die Interessen von Daheimgebliebenen und abgewanderten indigenen Vertretern oft auseinander.

⌃ Ein Janesha-Mädchen aus dem Amazonastiefland

Nordamerikaner

Nach der Unabhängigkeit von Spanien förderte die peruanische Regierung die Einwanderung weißer Westeuropäer und Nordamerikaner. Die neuen Machthaber wollten Menschen mit hohem technologischen Wissen und Kapital ins Land locken; außerdem war die peruanische Elite der Meinung, die Mehrheit der Peruaner sei von Natur aus faul und rückständig; durch die Aufnahme einer als höherwertig geltenden „Rasse" glaubten sie die Entwicklung des Landes vorantreiben zu können. So kamen bereits in der ersten Hälfte des 19. Jahrhunderts neben den angeworbenen Europäern auch **Einwanderer aus den USA** nach Peru.

Der berühmteste unter ihnen dürfte der aus New York stammende Ingenieur *Henry Meiggs* gewesen sein, der den Bau von Eisenbahngleisen in geographisch schwierigen Regionen leitete und die Stadtplanung von Lima modernisierte. US-Amerikaner gründeten die erste Freimaurer-Loge in Peru. Heute sind die Motive der Nordamerikaner, die nach Peru kommen, in der Regel geschäftlicher und touristischer Natur. Einige sind evangelikale Missionare, Entwicklungshelfer oder Berater in der Drogenbekämpfung.

Europäer

Zunächst kamen sie aus **Spanien.** In Peru geborene hießen „Kreolen". Aus anderen europäischen Ländern kamen Zuwanderer insbesondere seitdem die Einwanderung staatlich gefördert wurde. Sie ließen sich vor allem in den Städten nieder. Einige gründeten dort Banken, Versicherungen und Handelsunternehmen; sie investierten in Bergwerke, Häfen, Eisenbahnen, Baumwoll- und Zuckerrohrplantagen. Die Europäer bestimmten das Wirtschaftsleben und einige brachten es schnell zu Reichtum. Ihre Arbeitskräfte waren zuerst die indigene Bevölkerung, dann schwarze Sklaven und schließlich auch chinesische Kulis.

Aus **Beziehungen zwischen Eroberern und Zuwanderern** mit der einheimischen Bevölkerung gingen gemeinsame Kinder hervor. Heute führen viele Peruaner ihre *piel canela* (zimtfarbene Haut) stolz als Indiz dafür an, dass ihre Vorfahren zwei verschiedenen Kontinenten und Kulturkreisen entstammten. Allerdings haben **Reinhaltungspolitik** und Abgrenzungsmechanismen der eingewanderten Familien innerhalb der peruanischen Oberschicht eine Hautfarbe bewahrt, die wesentlich heller ist, als die der Bevölkerungsmehrheit.

Und die **reichsten und angesehensten peruanischen Familien** leiten bis heute ihre Herkunft aus Europa, v. a. aus Spanien und Italien her. So heißen die wohlhabendsten Familien Banchero, Benavides, Brescia, Cilloniz, Graña y Montero, Nicolini, Olaechea, Picasso, Prado, Raffo, Roggero, Romero, Seminario, Wiese usw. Diese Familien betreiben die Schlüsselindustrien; sie besetzen Schaltstellen in Politik und Wirtschaft. Durch verwandtschaftliche und freundschaftliche Beziehungen verbunden, bestimmen sie das Wirtschaftsleben. Sie erteilen sich gegenseitig Aufträge, treffen Preisabsprachen, vergeben wichtige Ämter untereinander und bestimmen über die Gremien und die Regierung die Entwicklung des Landes. Aufgrund ihres Familiennamens stehen ihnen sämtliche Türen offen. Meist ehelichen sie ihresgleichen und bevorzugen Geschäftspartner aus ihrem Kreis. Aufgrund ihrer Herkunft werden ihnen gut dotierte **Positionen in Wirtschaft und Politik** angeboten.

Juden

Die ersten Juden kamen mit den spanischen Eroberern nach Peru. Diejenigen, die kurze Zeit darauf vor der Inquisition aus Spanien flohen, wurden in Peru von der Inquisition eingeholt. So flüchteten viele ins Landesinnere und konvertierten „offiziell" zum Katholizismus: ein Schritt, den ihre Nachkommen heute rückgängig machen möchten. Zu Beginn des 19. Jahrhunderts wanderten Juden aus verschiedenen europäischen Ländern nach Peru ein; die meisten wurden im Handel oder im Finanzsektor aktiv. Aus den USA wanderten in der Mitte des 19. Jahrhunderts Juden ein. Zwischen 1925 und 1930 kamen viele Juden aus Osteuropa auf der Suche nach einem besseren Leben sowie auf der Flucht vor Pogromen. Zu Beginn der 1930er-Jahre flohen westeuropäische Juden vor dem Nationalsozialismus nach Peru. Neue jüdische Einwanderer kamen nach dem Zweiten Weltkrieg nach Peru, weil sie nicht mehr länger in Europa bleiben wollten. Inzwischen lassen sich auch junge Leute aus Israel, die Peru bereist haben, denen das Land gefällt und die dort für sich gute Geschäftsmöglichkeiten sehen, in Peru nieder. Sie betreiben Diskotheken, Versicherungen, Sicherheitsgesellschaften oder werden im Finanzsektor aktiv. Anfangs entwickelten die Juden ihre wirtschaftlichen Aktivitäten vor allem in der Fischerei, der Textilindustrie, im Baugewerbe und dem Telekommunikationssektor. Heute sind sie in allen Wirtschaftssektoren aktiv. Junge Leute bevorzugen BWL-, VWL- und Ingenieursstudiengänge, junge Frauen auch Psychologie. Da aber die wirtschaftliche Situation in Peru vielen jungen Hochschulabsolventen nicht die Möglichkeiten bietet, die sie sich nach einer guten Ausbildung erhoffen, wandern sie in die USA, nach Kanada, Großbritannien und in andere lateinamerikanische Staaten aus. Die Peruaner jüdischer Herkunft bezeichnen sich selbst als **peruanos judíos** („jüdische Peruaner").

Die „Comunidad Judía" („Jüdische Gemeinde") verfügt über eine eigene Schule, einen Friedhof, Kulturvereine und eine Synagoge. Mit nur noch ca. 2500 Personen ist sie klein, hält aber zusammen und ihre Mitglieder fühlen sich in ihr geborgen. Arme Juden werden unterstützt. Aber die Gemeinde übt auch Druck auf ihre Mitglieder aus: Da der Messias aus dem Leib einer jüdischen Frau geboren werden soll, verlangt die Gemeinde von Nicht-Jüdinnen, die einen jüdischen Mann heiraten, den jüdischen Glauben anzunehmen. Von jüdischen Frauen, die der Gemeinde angehören, erwartet man, dass sie jüdische Männer heiraten. Die Rabbiner wachen darüber, dass die Gemeinde jüdisch bleibt, trotzdem können sie Mischehen nicht verhindern. Obwohl die jüdische Gemeinde heutzutage relativ klein ist, besetzen peruanische Juden hohe Positionen in Politik und Wirtschaft sowie im privaten Bildungswesen.

Deutsche in Peru

Bereits 1802 traf der preußische Freiherr **Alexander von Humboldt** in Begleitung des französischen Botanikers *Aimé Bonpland* in Peru ein. *Humboldt* erforschte Kultur, Kunst, Sprachen und Geschichte der peruanischen Völker, Flora, Fauna, Vegetations- und Klimastufen sowie den **Guano,** ein Gemisch aus Calciumphosphaten, das aus flüssigen Exkrementen lokaler Seevögel entsteht. *Guano* wurde daraufhin zu einem wichtigen Exportprodukt. *Humboldt* maß die Temperaturen des nach ihm benannten *Humboldtstroms,* der maßgeblichen Einfluss auf die Wasser- und Lufttemperatur an der peruanischen Pazifikküste hat. Eine der bekanntesten deutschen Schulen in Lima und der Humboldt-Pinguin sind nach ihm benannt. Schon früh taten sich in der Archäologie Forscher aus deutschsprachigen Ländern hervor: *Middendorf, Uhle, Brüning, Tschudi* und viele andere. Und auch im peruanischen **Wirtschaftsleben** gelangten Deutsche

012pu Foto: ah

› Nachkommen deutscher Einwanderer in Pozuzo

011pu Foto: lg

zu Ruhm. Im 19. Jahrhundert gründete die Familie *Pflücker* eine bedeutende Bergbaufirma. *Ernst Günther* legte den Grundstein für eine Brauerei und engagierte sich in der Züchtung neuer Getreidesorten sowie der Verbesserung der landwirtschaftlichen Produktion. Seine Urenkel, die Familie *von Wedemeyer,* baute das Unternehmen zu einem Konzern mit Firmen in verschiedenen Branchen aus. Die Familie *Gildemeister* schuf eine weitgefächerte Gruppe von Unternehmen. Sie gehörte zu den bedeutendsten Zuckerproduzenten der Welt.

Die **„deutsche Kolonie"** wurde anfänglich hauptsächlich von Kaufleuten gebildet. Ihnen folgten Bergleute und andere Berufsgruppen. In den Städten heirateten viele Deutsche in peruanische Familien ein, wodurch Ursprungskultur und Sprache verloren gingen. Die Deutschen stiegen jedoch nicht in die höchsten gesellschaftlichen Kreise auf und hielten sich aus der Tagespolitik zurück. Mitte des 19. Jahrhunderts wurden Einwanderer aus dem Rhein-Mosel-Gebiet und aus Tirol auf Plantagen eingesetzt, was aufgrund ihres „Rassenbonus" einen Skandal auslöste. Anschließend schickte die peruanische Regierung die Armutsflüchtlinge ins Tiefland, um dieses zu kolonisieren. In einem abgelegenen Urwaldtal gründeten die Deutschen die nebeneinander befindlichen Dörfer **Pozuzo und Prusia** (span. „Preußen"). Noch heute zeugen die beiden Ortschaften von einer typisch deutschen Organisationsform. Obwohl sich die Eingewanderten mit Zuwanderern aus dem Andenhochland vermischten, haben sie Sprache, Lieder, Tänze und **Trachten aus Tirol** bis heute bewahrt. Fernab vom wirtschaftlichen Geschehen der Landeshauptstadt, die nur wenige mittels einer beschwerlichen Zweitagesreise aufsuchen, sind die ländlichen Deutschperuaner bis heute arm geblieben.

Während des Zweiten Weltkrieges wurden viele deutschstämmige Peruaner ausgewiesen oder wirtschaftlich geschädigt. Deutsches Vereinseigentum wurde beschlagnahmt und die deutsche Sprache verboten.

Dass nach dem Krieg Deutsche und Deutschstämmige wieder gern gesehen waren, liegt zum einen an dem **positiven Deutschenbild** der Peruaner, das die Kriege überdauerte, sowie an den hohen Verdiensten mancher Deutscher in Wirtschaft und Politik. *Taddhäus Haenke* stellte der peruanischen Regierung seine Entdeckung der Salpeterumwandlung unentgeltlich zur wirtschaftlichen Nutzung zur Verfügung. Der deutsche Militärspezialist Baron *Althaus* unterstützte Peru im Unabhängigkeitskrieg. Der Großunternehmer *Albrecht* rettete die Stadt Trujillo vor chilenischer Besatzung, indem er die geforderte Kriegskontribution aus eigener Tasche bezahlte. Die Familie *Gildemeister* errichtete in Trujillo ein großes Stadion und stellte beträchtliche Beträge für Wohlfahrt und Kultur zur Verfügung. Die Familie *von Wedemeyer* engagierte sich im Bildungssystem des südperuanischen Arequipa.

Deutsche Arbeitgeber sind in Peru beliebt. Sie gelten als strenge, gerechte und wohlwollende Vorgesetzte. Die ersten **deutschen Schulen** entstanden am Ende des 19. Jahrhunderts, an ihnen werden die Schüler heute in Deutsch, Spanisch und Englisch unterrichtet. In Lima zählen zu den bekanntesten deutschen Schulen das *Colegio Humboldt,* das *Colegio Weberbauer,* das *Colegio Santa Ursula* und das *Beata Imelda*. Gefördert von der deutsch-peruanischen Industrie- und Handelskammer und dem Land Baden-Württemberg gewinnt seit einigen Jahrzehnten das deutsche duale Bildungssystem Einfluss auf die Berufsausbildung.

Afrikaner

Für die Arbeit auf den Küstenplantagen verschleppten die spanischen Kolonialherren zunächst Frauen und Männer aus Afrika als **Sklaven.** 1630 arbeiteten 30.000 schwarze Sklaven in Peru. Zeitweise waren 80 Prozent

< Pozuzo: Die Nachkommen der deutschsprachigen Einwanderer haben sich mit der indigenen Bevölkerung vermischt

der Bevölkerung schwarz. Dies änderte sich im Laufe der Zeit mit der Vermischung der Bevölkerung. Durchschnittliche Landbesitzer hatten in der Regel nicht die finanziellen Mittel, um sich so viele Sklaven zu kaufen, wie sie Arbeitskräfte benötigten; deshalb zeugten sie mit ihren schwarzen Sklavinnen Kinder, die sie später als Arbeitskräfte einsetzten.

Viele Schwarze entflohen den unmenschlichen Lebensbedingungen auf den Ländereien und gründeten in entlegenen ländlichen Gegenden **Palenques,** Fluchtburgen, in denen sie gemäß ihren afrikanischen Traditionen lebten und die sie mit Waffengewalt verteidigten. Um zu überleben, überfielen und beraubten sie die indigene Bevölkerung. Sie ahmten sogar die Grausamkeiten ihrer weißen Dienstherren nach, indem sie indigene Männer um- und deren Frauen in ihre Gewalt brachten. Zudem hatten die Spanier es verstanden, Indigene und Schwarze gegeneinander aufzuhetzen, damit sie sich nicht verbündeten. Neuere Forschungen haben allerdings Beispiele dafür zu Tage gefördert, dass Schwarze und Indigene auch friedlich zusammengelebt haben und sogar verwandtschaftliche Beziehungen eingingen. Die Bevölkerungsgruppen beeinflussten einander kulturell: Im gesamten Andenraum werden Tänze der „Schwarzen" („Los Negros", „Los Negritos") aufgeführt und die „schwarze Folklore" enthält auch andine Elemente.

Die Anführer der **schwarzen Deserteure,** sogenannte *Cimarrones* wurden mit der Zeit mächtig. Jeder von ihnen scharte eine große Zahl bewaffneter Ex-Sklaven um sich. Sie verbrannten Plantagen und befreiten mit ihren Armeen weitere Sklaven. Bald kämpften einige mächtige Cimarrones gegeneinander. *Chavelilla,* der aus Angola stammte, und *Francisco Congo* aus dem Kongo stritten solange um die Vorherrschaft in der Palenque von Huachipa (bei Lima), bis *Congo* schließlich *Chavelilla* besiegte und ihn tötete. Wären sich die großen peruanischen Cimarrones einig gewesen, hätten sie vielleicht gemeinsam einen großen Aufstand der schwarzen Sklaven anführen und damit die Befreiung aller Schwarzen einleiten können. Cimarrones und schwarze Sklaven unterstützten zu Beginn des 19. Jahrhunderts den Krieg der Kreolen für die Unabhängigkeit vom spanischen Königreich in der Hoffnung, sie würden anschließend freigelassen. Diese Hoffnung wurde jedoch enttäuscht. Erst im Jahr 1854 schaffte *Ramón Castilla* die Sklaverei ab. In die **Freiheit** entlassen, wollten viele Schwarze, die so hart gearbeitet hatten, nun gar nicht mehr arbeiten. Der Text eines afroperuanischen Liedes lautet „Negro no va a trabajar porque

☒ Kinder im schwarzen Dorf „El Carmen"

C13pu Foto: ah

Ramón Castilla nos dio la libertad. Ahora debajo el Huarangal mis frejoles voy a comer sin trabajar ..." („Der Schwarze geht jetzt nicht mehr arbeiten, weil Ramón Castilla uns die Freiheit gegeben hat. Jetzt werde ich unter dem Huarangal meine Bohnen essen ohne zu arbeiten ..."). Ein Großteil der ehemaligen Sklaven sehnte sich nach dem Faulenzen. Zudem fanden viele freie Schwarze **keine alternativen Arbeitsmöglichkeiten;** sie sahen sich gezwungen, sich von ihren ehemaligen Dienstherren als Diener einstellen zu lassen oder in die Städte abzuwandern und dort, wenn sie keine Arbeit fanden, zu stehlen. Diejenigen, die auf dem Lande blieben, kamen später in den Besitz eigener Grundstücke. Bis 1930 hatte die schwarze Bevölkerung keinen Zugang zur Bildung. Schwarze Kinder begleiteten als Diener die weißen Kinder der Oberschicht. So saßen sie neben ihnen auf der Schulbank und lernten mit – manche gaben den weißen Kindern sogar Nachhilfe. In der Hafenstadt El Callao und in Lima lebt die schwarze Bevölkerung heute vor allem in den Distrikten La Victoria, Barranco, Barrios Altos, El Rimac und Breña. Eine starke schwarze Bevölkerung gibt es außerdem in den Provinzen Chincha und Nazca im Süden von Lima sowie im Norden bei Piura und Chiclayo. In den Städten lebt die schwarze Bevölkerung vielfach bis heute in den ärmeren Vierteln. Ihr **Widerwille gegen Stress und Disziplin** dauert bis heute an. Sozial und wirtschaftlich sind die meisten nicht aufgestiegen. Nur im Sport und in der Unterhaltungsindustrie sind Afroperuaner erfolgreich; in guten Positionen in Wirtschaft oder Politik, im Bildungs- oder Gesundheitssystem sind sie jedoch nicht zu finden. Bei ihrer Ankunft in Peru waren einige Schwarze Moslems, andere brachten afrikanische Kulte mit. Heute sind alle Katholiken und sprechen Spanisch. Afrikanische Kulturtraditionen, die in den Palenques noch gepflegt wurden, haben sich später verloren. Die schwarze Bevölkerung schuf aber in Peru, indem sie afrikanische und spanische Musiktraditionen verschmolz, typisch afroperuanische Tänze wie „Landó", „Alcatráz" oder „Festejo". Auch der peruanische „Vals" und das „kreolische Lied" *(canción criolla)* sind stark afroperuanisch geprägt.

Chinesen

Nach dem Verbot der Sklaverei suchte die peruanische Oligarchie nach neuen Wegen der Arbeitskräftebeschaffung. Das vom peruanischen Kongress 1849 verabschiedete **„Chinesen-Gesetz"** erlaubte den Menschenhändlern, **Hungerflüchtlinge aus Südchina** nach Peru zu bringen. Die chinesischen Kulis wurden von chinesischen und portugiesischen Zwischenhändlern mit Methoden rekrutiert, die denen von Sklavenhändlern glichen. In Peru waren die Arbeitsbedingungen der chinesischen Arbeitskräfte ähnlich hart wie die der afrikanischen Sklaven. Die Kulis schufteten in der Landwirtschaft, beim Eisenbahnbau und dem Abbau des in Europa als Dünger begehrten Guano. Als die Einwanderung 1874 verboten wurde, waren 92.530 Kulis in Peru registriert.

Nach Ablauf ihrer Arbeitsverträge (5–8 Jahre) zogen die meisten Chinesen in die Hauptstadt und gründeten das *barrio chino* (Chinesenviertel). Dort sind noch heute die Läden, Wohltätigkeitsvereine und Restaurants in chinesischer Hand. Ihre Wohnungen haben die Nachkommen chinesischer Einwanderer allerdings in reichere Stadtviertel verlegt. Viele Familien haben den wirtschaftlichen und sozialen Aufstieg erfolgreich gemeistert, da die Eltern ihren Kindern schulische Bestleistungen abverlangten. Außerdem investierten sie in florierende Geschäfte. Dabei half und hilft ihnen ein System der privaten Kreditvergabe *(pandero)*, das auf dem gegenseitigen Vertrauen innerhalb der *colonia china* (chinesische Kolonie) basiert.

Die **größte chinesische Kolonie Lateinamerikas** wächst auch heute noch durch Migration: Neue Armutsflüchtlinge aus der Volksrepublik China werden in der Gastronomie und einem von chinesischen Investoren

[>] Söhne der Unternehmerfamilie Wong

betriebenen Bergwerk beschäftigt. Diese neuen Zuwanderer beherrschen die spanische Sprache kaum. Allerdings sprechen auch nicht alle, die bereits in der zweiten Generation in Peru ansässig sind, gut Spanisch. Der Kontakt zur chinesischen Gemeinde ist vielen wichtig, weil diese Schutz gewährt und Mitgliedern in Not hilft. In den chinesischen Schulen wird heute nicht Kantonesisch, die Sprache der Großeltern, sondern Mandarin unterrichtet.

Der chinesische Einfluss zeigt sich außer in der Medizin vor allem in der peruanischen Küche, wo der Reis die Kartoffel als wichtigstes Nahrungsmittel verdrängt hat. *Comer chifa* („ins Chinarestaurant gehen"; „chinesische Gerichte essen") ist unter allen Peruanern eine der beliebtesten Freizeitaktivitäten. *Chifa* (eine Vielzahl in Peru bekannter Gerichte chinesischen Ursprungs) gilt sogar als eine Art „peruanisches Nationalgericht". Sojasoße *(Siyau)* und Ingwer gehören zur Grundausstattung peruanischer Küchen in der Küstenregion.

Insgesamt sind die **chinesischstämmigen Peruaner heute angesehen.** Es gab bereits Minister und Vizeminister unter ihnen. Zu den erfolgreichsten chinesischstämmigen Unternehmern gehört **die Familie Wong,** deren Ketten „E. WONG" und „METRO" aus einem kleinen Lebensmittelgeschäft hervorgingen. Wenn Familienmitglieder in den gut sortierten Supermärkten nach dem Rechten schauten, nahmen sie dies zum Anlass,

014pu Foto: ah

Kunden persönlich zu bedienen. Auf besondere Kundenwünsche gingen auch die Angestellten gern ein, die innerhalb des Unternehmens Weiterbildungsmöglichkeiten und gute Aufstiegschancen hatten. Patriotismus bewies die Familie an jedem 28. Juli, dem peruanischen Nationalfeiertag, durch die Organisation eines zwölfstündigen Umzugs durch Lima, in dem sich Angestellte als Akrobaten und Tänzer präsentierten und der mit einem großen Feuerwerk endete. Ende 2007 löste der Kauf der Firma durch einen chilenischen Unternehmer in der Bevölkerung große Betrübnis aus. Viele empfanden den Verkauf als Verlust peruanischen Kulturgutes.

Bei der Eröffnung einiger neuer Supermärkte kamen **alte chinesische Riten** zur Anwendung, unter chinesischstämmigen Geschäftsleuten kein ungewöhnliches Verhalten. Auch im Alltag der Nachkommen der asiatischen Einwanderer leben Traditionen aus der Heimat ihrer Eltern fort. Wenngleich sie sich als Peruaner betrachten, beziehen sie ihre Identität ebenso aus ihrer chinesischen Abstammung. Als die britische Kolonie Hongkong an die Volksrepublik China ging, feierten viele chinesischstämmige Peruaner das Ereignis im Rahmen einer Festveranstaltung mit Feuerwerk im Barrio Chino.

Maori

1862 verschleppten peruanische Menschenhändler 3000 Maori von den Marquisen, Tuamotu, Tonga, den Tokelau- und Cook-Inseln sowie insbesondere von der Osterinsel als Arbeitskräfte für die Küstenplantagen nach Peru. Nach den ersten Transporten protestierten die französische und die britische Regierung gegen die Versklavung der Maori, weil die Inseln in ihrem Einflussbereich lagen; deshalb stellte Peru diese Aktivitäten ein. Noch heute erinnern sich die Rapa Nui auf der Osterinsel daran, dass ihre Großväter als Arbeitssklaven nach Peru gebracht wurden. 80 Prozent der Verschleppten starben noch bevor sie in Peru zur Zwangsarbeit eingesetzt wurden. Einige wurden später in ihre Heimat zurückgebracht. Diejenigen, die blieben, sind heute nicht mehr als Maori zu erkennen.

Japaner

Wegen eines Konfliktes mit China konnten die Hazendados keine Kulis mehr nach Peru holen. Gleichzeitig stieg der Arbeitskräftemangel auf den Zuckerrohr- und Baumwollplantagen der peruanischen Küstenregion. Da kam der peruanischen Agrarelite zupass, dass 1873 ein Friedensabkommens zwischen Peru und Japan unterzeichnet wurde und nun **arme japanische Bauern** nach Peru auswandern durften. Zwischen 1899 und 1941 kamen 29.000 japanische Armutsmigranten – größtenteils von der Insel Okinawa – zum Arbeiten nach Peru, zunächst nur Männer und ab 1903 auch Frauen. Die ersten japanischen Einwanderer arbeiteten auf den Küstenplantagen und in der Kautschukgewinnung im tropischen Regenwald. Im Unterschied zu den Chinesen hatten sie ihre Arbeitsverträge jedoch freiwillig unterschrieben; aus diesem Grund reagierten sie, wenn ihnen das „koloniale System" aufgezwungen wurde, immer wieder mit Arbeitsniederlegungen, Flucht oder Vertragsbruch. 1899 kam es zum ersten **Streik der japanischen Arbeiter:** Sie verlangten höhere Löhne und Vorschüsse für den Kauf von Lebensmitteln. Japanische Arbeiter kämpften mit für die Einführung des 8-Stunden-Tages in Peru. Nach Ablauf ihrer Arbeitsverträge durften die Japaner in Peru bleiben. Die meisten gingen auf denselben Plantagen neue Arbeitsverhältnisse ein, einige wurden Händler. Diejenigen, die in die Städte abwanderten, gründeten dort Friseurläden, Cafés, Imbissstuben, Schenken und Geschäfte, für die sie kein großes Startkapital benötigten. Da sie bald als besonders zuvorkommend und zuverlässig galten, gewannen sie schnell Kunden. Viele brachten es zu Wohlstand. Dabei half ihnen die traditionelle Einrichtung des **tanomashi:** Ähnlich wie die chinesischen Einwanderer liehen sie sich für die Eröffnung eines Geschäftes das Geld nicht von einer Bank, sondern voneinander, indem jeweils eine Gruppe von Personen größere Summen zusammenlegte, die jeden Monat einem anderen für eine Investition zur Verfügung gestellt wurde. Bei diesem Verfahren bestand keine Gefahr, dass jemand mit dem Geld durchbrannte: Das Ehrgefühl sowie die Tatsache, dass jeder innerhalb der japanischen Gemeinde bekannt und auf den Schutz der Gemeinde angewiesen war, verhinderte dies. Aus einigen dieser Geschäfte entwickelten sich Handelshäuser, deren Namen in Lima jeder kennt, weil sie sich früh auf den Import neuer Technologie aus Asien spezialisierten.

1970 gründete die japanische Gemeinde eine **Spargenossenschaft.** Sie gab eigene Zeitungen und Zeitschriften heraus und produzierte Rundfunkprogramme. Da die Eltern Wert darauf legten, dass ihren Kindern die japanischen Werte, Traditionen und die Sprache beigebracht wurden, gründeten sie zahlreiche japanische Schulen. Schon früh entstanden Nachbarschafts-, Sport- und Kulturvereine. Zur Einweihung des japanischen Kulturinstituts reiste 1967 das japanische Kaiserpaar nach Peru. Die japanische Regierung unterstützte den Bau von Kliniken in der peruanischen Hauptstadt.

Nach den furchtbaren Verfolgungen der Nachkommen der japanischen Einwanderer in Peru während des Zweiten Weltkrieges wollten die japanischstämmigen Peruaner möglichst unauffällig bleiben; deshalb hielten sie sich der Politik fern. Erst der aus einfachen Verhältnissen stammende

Alberto Fujimori durchbrach diese Tradition, als er 1990 für das höchste Amt im Staat kandidierte. Die japanische Gemeinde unterstütze *Fujimoris* Kampagne allerdings nicht, weil sie ähnliche Verfolgungen für den Fall befürchtete, dass *Fujimori* als Präsident die damalige katastrophale Lage des Landes nicht verbessern würde. Als *Fujimori* mit den Stimmen der nicht-japanischstämmigen Peruaner die Wahl gewann, sah die „japanische Kolonie" darin ein Zeichen dafür, dass das peruanische Volk sie nun als gleichwertige Peruaner akzeptierte. Somit hatte **Fujimoris Wahlsieg** großen Einfluss auf ihre neue Identität. Dass bald Söhne und Töchter japanischer Einwanderer wichtige Ämter in der Politik bekleideten, begründete man innerhalb der japanischen Kolonie damit, dass *Fujimoris* Sieg unter den japanischstämmigen Peruanern ein größeres Verantwortungsgefühl für das „peruanische Vaterland" weckte.

Die Regierung *Fujimori* baute die **Handelsbeziehungen zu Japan** aus und das ostasiatische Land wurde zu einem wichtigen Migrationsziel für Peruaner. Zwischen 35.000 und 70.000 Peruaner gingen zum Arbeiten nach Japan. Wer seine japanische Abstammung mittels entsprechender Geburtsurkunden nachweisen konnte *(koseki)*, erhielt von der japanischen Regierung eine befristete Arbeits- und Aufenthaltserlaubnis als sogenannter *dekasegi*. In Japan hatten die Migranten lange Arbeitstage, bekamen aber (für peruanische Verhältnisse) sehr hohe Gehälter. Es gab auch Peruaner, die sich eine japanische Abstammung erkauften – diese mussten dann für weniger Geld härter arbeiten. Die Peruaner empfanden die Arbeitsbedingungen als ungleich härter als in ihrer Heimat und das Verhalten der Japaner ihnen gegenüber als diskriminierend oder ablehnend. Dennoch sprechen viele nach ihrer Rückkehr mit Hochachtung von der japanischen Gesellschaft. Die größere Disziplin, die geringere Streikbereitschaft und die konsequente Bestrafung bei Diebstahl imponierten den japanischstämmigen Peruanern ebenso wie der industrielle Fortschritt.

Peru hat heute nach Brasilien die **zweitgrößte japanische Kolonie Lateinamerikas.**

Traditionen, Gerichte, Lieder und Tänze wurden bis in die sechste Generation beibehalten. Den Familien ist sowohl die Anpassung an die peruanische Gesellschaft als auch die Pflege der japanischen Kultur wichtig und die Eltern legen – ähnlich wie die chinesischen Einwanderer – großen Wert auf eine gute Ausbildung ihrer Kinder. Die Heirat innerhalb der „Kolonie" ist beliebt; erst in jüngster Zeit heiraten junge Frauen Männer nicht-japanischer Abstammung, was den Verzicht auf moralische und wirtschaftliche Unterstützung durch die Gemeinde nach sich zieht. In Peru wurden die japanischstämmigen Peruaner zum Katholizismus bekehrt. So gibt es heute keine Buddhisten oder Shintoisten mehr unter ihnen, allerdings wurden Elemente des japanischen Ahnenkults bewahrt und die in neuester Zeit in Japan entstandenen Religionsgemeinschaften „Nichiren Soshun" und „Seicho-no-ie" finden innerhalb der japanischen Kolonie Anhänger.

Andere Völker

Vorfahren arabischstämmiger Peruaner kamen zu Beginn des 19. Jahrhunderts – vor allem aus dem **Libanon** – nach Peru und bauten dort bedeutende Textilunternehmen auf. Sie sind katholisch und in das peruanische gesellschaftliche Leben integriert.

Argentinier, Kubaner und Chilenen kamen v. a. aus politischen Gründen nach Peru, **iranische Bahai** aus religiös-politischen Gründen. **Sinti und Roma** besitzen heute die peruanische Staatsangehörigkeit. Wer in Peru geboren wird, ist automatisch Peruaner. Darüber hinaus kann man durch Heirat zum Peruaner werden. Präsident *Fujimori* bot in den 1990er-Jahren Großinvestoren aus Asien – vor allem aus Korea – die peruanische Staatsbürgerschaft an. Allerdings ist Peru kein Einwanderungsland mehr und für Zuwanderer aus Europa nicht mehr attraktiv.

Religion

Die Christianisierung Perus

Das Christentum – in seiner besonderen Form des **iberisch geprägten Katholizismus** – erreichte Peru im unmittelbaren Gefolge der spanischen Eroberung. Unter *Pizarros* Begleitern befand sich der Dominikanerpater *Vicente Valverde,* einer der eifrigsten Befürworter der Ermordung des Inka *Atahualpa* durch den Vorwand eines auf Mordanklage gestützten Scheinprozesses. Als erster Mönchsorden widmeten die **Dominikaner** sich der Indianermission, gefolgt von den **Franziskanern.** Die alteingesessene Bevölkerung hatte weder Gelegenheit, sich mit der neuen Religion auseinanderzusetzen, noch durfte sie sich für oder gegen einen Übertritt zum Christentum entscheiden. Sie wurde in neu angelegte Reduktionsdörfer zwangsumgesiedelt und dort „missioniert". Die flächendeckende **Missionierung im Andenhochland** ging einher mit der konsequenten „Ausrottung von Götzendiensten": Die Eroberer verboten Glaubensvorstellungen und religiöse Praktiken, zerstörten Anbetungsstätten und religiöse Zentren von regionaler Bedeutung. Wo alte indigene Gottheiten verehrt wor-

015pu Foto: lg

den waren, bauten die Spanier christliche Kirchen an ihrer Stelle auf. Dadurch prägten mit der Zeit sakrale Mischwesen die religiösen Vorstellungen der Bevölkerung. Verstärkt wurde diese Tendenz durch andine Priester, die „heidnische" Praktiken unbemerkt zelebrieren und ihren religiösen Vorstellungen treu bleiben wollten, aus Angst vor Folter und Tod durch Kampagnen zur „Ausrottung der Götzendienerei" die alten Gottheiten aber mit christlichen Namen oder christliche Gottheiten mit andinen Wesenszügen versahen. So verschmolzen alte Naturgottheiten mit christlichen Heiligen, Maria und Christus erhielten Eigenschaften andiner Götter und die Menschen schufen sich neue Heilsbringer, die teils andine, teils christliche Züge trugen.

Viele Menschen, die unter schwerer Ausbeutung litten, oft auch unter der Zwangsarbeit zusammenbrachen, suchten Trost bei dem neuen Gott. Wenn sie von ihren Vorgesetzten ausgepeitscht wurden, **identifizierten sie sich mit dem gegeißelten Christus.** Südlich von Cusco erschien einem Minenarbeiter, der vor den brutalen Peitschenhieben flüchtete, der gegeißelte Christus, aus dessen Wunden frisches Blut strömte. Pilger aus Südperu und Bolivien kommen seitdem jedes Jahr in die kleine Kirche, die erbaut wurde, wo einst der „Señor de Huanca" (span./quechua: „Herr vom Stein") erschienen war. Christus wurde auch zum Erlöser mit indigenen Charakteristika. Der „Señor de Qoyllur Rit'i" (quechua: „Herr vom Sternglanzschnee") wird in der Nähe einer der höchsten Berggottheiten

(Apu Ausangate) und in Verbindung mit dieser in der bedeutendsten jährlichen andinen Pilgerfahrt verehrt.

In einigen Gegenden des Andenhochlandes entstand als Gegenbild zum „bösen Christus", dem Symbol der Unterwerfung und des Völkermords ein mythisch heroisierter „Inkarebell". Dieser hatte halbchristliche Züge und wurde *Inkarrí* (Inkakönig) genannt. Der Legende zufolge soll er vom bösen *Ispañarrí* (Spanien-König) oder vom „bösen Christus" zerstückelt und weitverstreut vergraben worden sein. Unter der Erde soll er wieder zusammenwachsen und eines Tages als Heilsbringer wiedergeboren werden.

Die **parallele Verehrung christlicher und nicht-christlicher Gottwesen** stellt bis heute in den Anden für die Menschen auf dem Lande und in der Stadt keinen Widerspruch dar.

Kritik an der Art und Weise, wie das Christentum der einheimischen Bevölkerung und den schwarzen Sklaven nahe gebracht wurde, äußern Peruaner auf dem Land und in den ärmeren Stadtvierteln nicht direkt, aber ihre Tänze, Theateraufführungen und Lieder illustrieren es. Mit den Worten *„España nos llevo Cristo, pero también el patrón. El patrón igual que que a Cristo al negro lo crucificó"* („Spanien brachte uns Christus, aber auch den Dienstherrn. Der Dienstherr kreuzigte den Schwarzen genauso wie Christus gekreuzigt worden war") rückt ein afroperuanisches Lied in den Vordergrund, dass das Christentum zur Rechtfertigung von Versklavung und Ausbeutung nicht-weißer Völker herangezogen wurde.

Einige Völker Amazoniens wurden im 16. und 17. Jahrhundert in das kolonial-spanische Wirtschafts- und Arbeitssystem einbezogen. In der Mitte des 17. Jahrhunderts errichteten **Jesuiten** am oberen Urubamba Zuckerplantagen, um ihre Schulen in Cusco zu finanzieren, gründeten aber dort damals keine Missionen. Andere Amazonasvölker wurden im 17. und 18. Jahrhundert von Franziskanern und Jesuiten missioniert, in der Regel ohne nachhaltigen Erfolg. Mitte des 20. Jahrhunderts begann das evangelikale Summer Linguistic Institute die Völker an Urubamba und Ucayali zu missionieren. Evangelikal-fundamentalistische Religionsgemeinschaften mit ausgebildeten Seelsorgern erzielten beträchtliche Bekehrungsresultate. Ihnen folgten katholische Missionsorden mit geringerem Erfolg in der Christianisierung, aber sehr aktiver Sozial- und Entwicklungsarbeit. Alle Christianisierungsprozesse haben jedoch die traditionelle Kosmovision mit ihren religiösen und mythischen Bezügen nicht vollständig zerstören können. Mit katholischen und evangelikalen Missionaren unterzeichnete das peruanische Erziehungsministerium ein Abkommen, das ihnen den of-

[<] Ein Curandero während eines nächtlichen Rituals

Eine wilde Horde bringt eine neue Religion ins Land der Inka

Wenn die Bauern in einem Dorf des andinen Hinterlandes von Lima in 3200 Meter Höhe am 16. Juli das Fest der „Lieben Frau vom Berge Carmel" feiern, spielen sie im „Inka"-Tanz die Geschichte der Eroberung des Inkareiches nach: Während Inka Atahualpa im Gefolge von „Ñustas" (Inkaprinzessinnen) und „Chipis" (Leibgarde des Inka) wohldiszipliniert und würdevoll über den Dorfplatz schreitet, prescht eine wild-chaotische Reitertruppe, bestehend aus schmutzigen, schlampig gekleideten Männern mit schwarz bemalten Gesichtern - Pizarro mit seinen spanischen Soldaten - vor und zerstört die Harmonie. Im Handumdrehen töten die Eindringlinge den Gottkönig und seine Armee. Ein junger Mann mit Spitznamen Castigo („Strafe") - die blinde Mutter eine streng gläubige Adventistin, er selbst unreligiös und ungläubig, aber aufgrund seines angenehmen Wesens bei der Bevölkerung beliebt - stellt den „spanischen Priester" dar. Er hat sich ein Gewand übergeworfen und führt nun Massentaufen durch. Das ganze Dorf ist auf dem Hauptplatz versammelt und bricht in herzhaftes Gelächter aus. Die nachgespielte Taufaktion wirkt lächerlich und primitiv. Der Priester erweckt den Eindruck, als verstehe er die Kultur seiner Täuflinge nicht. Alle Anwesenden, die ein rotes Kleidungsstück tragen, werden von den Eroberern zur „mesa de la inquisición" (Inquisitionstisch) gezerrt. Dort wirken Inka, „Ñustas" und „Chipis" gefasst und stolz.

fiziellen Auftrag gibt, die indigene Tieflandbevölkerung via Schulbildung im „westlichen" Wertesystem zu unterweisen. Die politischen Urheber dieser Maßnahme glaubten, die „unzivilisierten" Indigenen müssten erst in die peruanische Gesellschaft integriert werden. Die Idee, indigene Werte als gleichwertig in ein nationales Wertesystem zu integrieren, kam ihnen nicht. Die Schulen veranlassten viele Indigene, ihre halbnomadische Lebensweise aufzugeben. So ist die Sesshaftigkeit eine unmittelbare Folge der Missionierungsbestrebungen.

› Prozession für Peter und Paul in einem Andendorf

Das Christentum im heutigen Peru

Rund 90 Prozent der Peruaner sind **katholisch.** Über sechs Prozent der Bevölkerung gehören protestantischen Kirchen, insbesondere der israelitischen, adventistischen sowie den Pfingstkirchen an. Viele Peruaner und sogar Fachpublikationen bezeichnen die anderen christlichen Glaubensgemeinschaften als „andere Religionen“. **Andere Religionen** wie Judentum, Islam und Bahaismus haben in Peru nur wenige Anhänger.

Die peruanische Verfassung gesteht den Einwohnern des Landes **Glaubensfreiheit** zu. 1980 wurde die **Trennung von Kirche und Staat** in die Verfassung aufgenommen und Schulen sind nicht mehr zur Erteilung von katholischem Religionsunterricht verpflichtet. Allerdings erkennt die peruanische Verfassung die katholische Kirche ausdrücklich als „wichtiges Element für die Kulturgeschichte und Entwicklung der Moral in Peru“ an und verleiht dem Katholizismus einen Sonderstatus: Es ist ein fester Brauch, dass jeder peruanische Staatspräsident am 28. Juli, am Nationalfeiertag, dem vom Kardinal von Lima zelebrierten Te Deum beiwohnt. An allen wichtigen Feiertagen nehmen die peruanischen Streitkräfte an einer katholischen Messe teil. Die Militärkapläne sind katholisch. Bei der Einweihung von öffentlichen Gebäuden ist mit den Vertretern des Staates immer ein katholischer Geistlicher anwesend, der das neue Gebäude segnet. Staatspräsident und Minister schwören in ihrem Eid bei Amtsantritt auf Gott. Obwohl in Peru Religionsfreiheit herrscht, erwarten die Schulleitungen der staatlichen, nicht konfessionell gebundenen Schulen, dass Eltern, die einer nicht-katholischen christlichen Glaubensgemeinschaft angehören und nicht möchten, dass ihre (minderjährigen) Kinder am Religionsunterricht teilnehmen, das dem Schulleiter schriftlich mitteilen. Dieser informiert den Klassenlehrer schriftlich und das Kind wird vom Religionsunterricht befreit.

016pu Foto: ah

Peru hat eine große Zahl an **katholischen Schulen,** die in der Regel privat sind, und mehrere private katholische Universitäten. Die katholische Kirche mit dem Erzbischof von Lima, den Bischöfen, Ordensvertretern sowie Vertretern in verschiedenen Gremien und auch die Vertreter des **Opus Dei** haben Einfluss auf Politik, Bildung und Wirtschaft. Die Befreiungstheologie spielt trotz ihres peruanischen Mitbegründers, *Pater Gutierrez,* keine bedeutende Rolle in Peru. Viele Dörfer werden von katholischen Priestern nur an großen christlichen Festtagen aufgesucht. Die Geistlichen zelebrieren dann die Messe und auch Taufen. So bezeichnen viele Leute in den Dörfern sich als katholisch, wissen aber nicht allzu viel über die Lehre der katholischen Kirche. Sie verehren neben Gott, Jesus, der Jungfrau Maria sowie verschiedenen christlichen Heiligen viele spirituelle Wesen, denen ihre Vorfahren bereits vor der Ankunft der Spanier huldigten.

Allgemein spielt die **christliche Religion im Alltag der Peruaner** eine bedeutende Rolle. Christlicher Glaube und Religiosität ziehen sich in Peru quer durch alle Schichten. Mehr Wohlstand bedeutet nicht weniger Religiosität. Die meisten Peruaner betrachten Gott als den Lenker ihres Schicksals. Manche ertragen ihre Armut dadurch leichter, dass sie Gott im Himmel, Christus oder Maria ihr Leid klagen. Der Glaube an Gott hilft den Menschen, schwierige Lebenssituationen zu ertragen und durchzustehen. Aus dem Gebet und dem Vertrauen auf die Hilfe von Gott, Christus, Maria und den Heiligen schöpfen viele Peruaner Kraft bei Krankheit oder Tod und die Hoffnung auf Rettung in Notsituationen.

Von den vorgeschriebenen Riten werden Taufe, Trauung und Beerdigung wichtig genommen. Dem allsonntäglichen Kirchgang oder der Beichte messen die meisten Peruaner keine große Bedeutung bei. Sie betrachten sich aber deshalb keineswegs als schlechte Christen.

Die **christlichen Gebote** erhalten in Peru teilweise eine andere Gewichtung: Wenn verheiratete Männer Freundinnen haben, wird das nicht als „Sünde“ betrachtet. Selbst polygame Priester erschüttern den Glauben der Menschen nicht und für viele Peruaner ist es wichtiger, einen Menschen nicht zu verletzen, als immer die Wahrheit zu sagen. Schlimm ist hingegen, offen zuzugeben, Atheist zu sein. Das bekam sogar der peruanische Schriftsteller *Mario Vargas Llosa* während seiner Präsidentschaftskandidatur zu spüren.

Andere christliche Glaubensgemeinschaften

Nicht-katholische christliche Glaubensgemeinschaften gewinnen vor allem in den Andendörfern und den städtischen Armensiedlungen an Bedeutung. Dort haben viele Menschen den Eindruck, dass der katholische

☒ In vielen Dörfern werden die Kirchen nur an besonderen Feiertagen aufgesucht

Glaube ihnen keinen Ausweg aus dem Elend weist, weil katholische Priester sich selten blicken lassen oder ihnen zu wenig praktische Hilfestellung anbieten, um ihre Lebenssituation zu verändern. Verinnerlichte Unterlegenheitsgefühle gegenüber den höheren Schichten sowie das Gefühl einer dauerhaften Marginalisierung machen sie empfänglich für Kirchen, die ihnen das Bewusstsein vermitteln, einen besonderen Status erlangen zu können.

Adventisten, **Baptisten und „Israeliten"** stellen dabei die größten Glaubensgemeinschaften. Geringere Bedeutung haben Mormonen, Evangelisten, Methodisten, Zeugen Jehovas sowie einige andere. In sozialer Hinsicht weit bedeutender als die „Israelitas" sind die „Pentecostales", die **Pfingstkirchen.** In eine Vielzahl größerer und kleinerer Freikirchen aufgesplittert, stellen sie den am stärksten und dynamischsten wachsenden Sektor innerhalb der evangelikal-fundamentalistischen Protestanten dar. Eine lange Tradition in Peru haben die **Adventisten.** Ausgehend von den USA, missionierten sie mit gewissen Erfolgen bereits seit dem letzten Jahrzehnt des 19. Jahrhunderts in der Region des Titicacasees. Seit einigen Jahrzehnten werden viele alte Kinos zu „Tempeln" umfunktioniert und es werden große neue Kirchen gebaut. Prediger aus dem In- und Ausland (vor allem aus den USA) werben auch in den Medien (Fernsehen und Radio) um neue Anhänger.

017pu Foto: ah

Die „Evangelikale Vereinigung der Israelitischen Mission des Neuen Universal-Bundes"

Die christliche Religionsgemeinschaft „Asociación Evangelista de la Misión Israelita del Nuevo Pacto Universal", kurz **AEMINPU** genannt, entstand in Peru. Sie geht auf den quechuasprachigen Bauernsohn *Ezequiel Ataucusi Gamonal* zurück, der, 1955 durch schwere Krankheit geläutert, berichtete, Gott sei ihm erschienen und habe ihn beauftragt, die Menschheit zu evangelisieren und zu erretten.

1968 gründete **Ataucusi,** der eine Zeit lang zu den Adventisten gehörte und von diesen stark geprägt, vermutlich aber auch von den Zeugen Jehovas beeinflusst wurde, seine eigene Glaubenskongregation und begann mit der Bekehrungsarbeit rund um Lima. AEMINPU spricht von 200.000 Mitgliedern in Peru. Wenn die Angabe stimmt, handelt es sich um die zweitgrößte Glaubensgemeinschaft Perus nach der katholischen Kirche.

Die „israelitische" Gemeinde nennt ihren Gott Jehová; in der Hauptstadt Lima besteht sie vor allem aus Zuwanderern aus den Anden. Äußerlich unterscheiden diese sich von ihren Landsleuten dadurch, dass die Männer ihren spärlichen Bartwuchs nicht abrasieren und die Frauen lange Gewänder tragen sowie ihr Haar stets bedecken. *Bruder Ezequiel* galt der Gemeinschaft als der „Christus des Ostens" und die Wiedergeburt Jesu Christi. Die „israelitische" Lehre bezeichnet die Peruaner als „einen der Stämme Israels" und erklärt Peru zum „auserwählten Land". Die Lehre basiert zu einem großen Teil auf dem Alten Testament. Materieller Reichtum gilt als erstrebenswert, solange die Anhäufung von Geld nicht den wichtigsten Stellenwert im Leben eines Menschen einnimmt. Dankbarkeit gegenüber Gott betrachten die Israeliten als oberstes Gebot. Sie kommt zum Ausdruck in Gebeten, Tieropfern, dem Studium der Bibel und den religiösen Hymnen, in denen sich andiner Huayno und Yaravi, die „Chicha"-Musik der Migranten und Rock vermischen. Den Samstag wahren die „Israelitas" als Ruhetag. Sie begehen einige christliche Feste wie Ostern oder Pfingsten und daneben eigene wie das „Fest des Mondes". Die Taufe wird erst ab dem achten Lebensjahr in aller Öffentlichkeit in einem Fluss vollzogen.

Da *Ataucusi* eine „alternative Gemeinschaft" aufbauen wollte, ohne Kriminalität und Gewalt, ohne „verlassene Ehefrauen" und „obdachlose Kinder" gelten für die Gläubigen **strenge Regeln.** Alkoholismus, Drogenkonsum und Ehebruch sind verboten. Der „Prophet" sprach sich sogar für die Einführung der Todesstrafe aus sowie für die Steinigung bei Ehebruch und das Abschlagen der Hand bei Diebstahl. Empfängnisverhütung lehnen die „Israelitas" ab. Das wichtigste Gesetz der Inka *„Ama suwa, ama qella, ama llulla"* (quechua: „Sei kein Dieb, kein Faulenzer und kein Lügner") haben sie übernommen. Arbeit, insbesondere landwirtschaftliche, hat einen hohen Stellenwert. Um eine Gesellschaft ohne Hunger und Armut zu schaffen mit dem Ziel der völligen Autarkie gründete die Glaubensgemeinschaft in der peruanischen Hauptstadt Handwerks- und Handelsgenossenschaften und nahm im Amazonasgebiet die Urbarmachung und Besiedlung neuer Gebiete in Angriff. Dabei ging die israelitische Führung jedoch von falschen Voraussetzungen aus. Konflikte mit indigenen Ureinwohnern, Streitigkeiten untereinander sowie Hunger waren die Folgen dieser Siedlungspolitik. AEMINPU kritisiert die Macht der großen Konzerne und fordert die Verteilung von Nahrungsmittelüberschüssen an die Armen. Um ihre politischen Forderungen durchzusetzen, wurde 1984 eine eigene Partei gegründet, die FREPAP und *Ezequiel Ataucusi* ließ sich 1990, 1995 und 2000 – jeweils völlig ohne Aussicht auf Erfolg – als Präsidentschaftskandidat aufstellen. Es gelang der FREPAP jedoch, einen Sitz im Parlament zu gewinnen.

Das **Weltbild der „Israelitas"** gliedert die Geschichte der Menschheit in drei Zeitalter. Das erste begann mit Adam und Eva und endete mit der Sintflut. Das zweite ging von Noes Nachkommen bis zur „Feuerflut" von Sodom und Gomorra. Das dritte begann nach Abraham und dauert bis heute an. Ein viertes Zeitalter lässt sich ihrer Meinung nach nur dadurch herbeiführen, dass die Menschen eine profunde Änderung ihres spirituellen Lebens und ihrer Moral vollziehen. Die Apokalypse am Ende des dritten Zeitalters kündige sich bereits an. Hungersnöte, Erdbeben, furchtbare Krankheiten (Pest, AIDS u. a.), Wolkenbrüche und Überschwemmungen würden die Menschen peinigen. Danach werde die Sonne der Erde so nahe kommen, dass jegliches Wasser versiegen sowie Ernten und Menschen verbrennen würden. Die „Israelitas" glauben, dass die Verschlechterung der Lebensbedingungen sowie die Zunahme der sozialen Konflikte in Peru besonders drastisch sind und dass deshalb die Rettung der Menschheit von Peru ausgehen wird. Nur durch die Schaffung einer gerechten Gesellschaft sowie von Frieden und Harmonie könne Gott motiviert werden, die Katastrophe abzuwenden und ein viertes glückliches Zeitalter anbrechen zu lassen.

Ataucusi wurde von seinen Anhängern vergöttert. Sie gingen davon aus, dass er am Kreuz sterben und am dritten Tag wieder auferstehen werde. Als der **„Prophet"** dann am 21. Juni 2000 an einem Herzinfarkt starb, balsamierten sie seinen Körper ein und betteten ihn in einen durchsichtigen Sarg. Als am dritten Tag nichts geschah und der Körper nach 14 Tagen verfiel, begruben sie ihn so wie andere Tote begraben werden. Noch zu Lebzeiten hatte *Ataucusi* seinen Sohn zum Nachfolger ernannt. Ihm hinterließ er ein beträchtliches Erbe, u. a. Grundstücke und Besitz im Ausland. Die

Kritik der Medien hatte jedoch schon mit den Problemen der Urwaldsiedlungen eingesetzt. Schwere Vergehen wie Sexualdelikte wurden dem „Propheten" unterstellt; Untersuchungen erbrachten keinen Beweis. *Ataucusis* Sohn *Jonas Ataucusi Molina* bezeichnet sich selbst als Nachfolger des „Propheten". Es ist jedoch in Peru recht still geworden um die Glaubensgemeinschaft und es dringen nur noch wenige Informationen nach außen.

Evangelikale und geschäftlicher Erfolg

Während die „Israelitas" neue Lebensgemeinschaften bilden, wohnen die bekehrten Evangelikalen weiter innerhalb ihrer dörflichen oder urbanen Gemeinschaft. AEMINPU und andere evangelikale Glaubensgemeinschaften lehnen ausgelassenes Feiern und Alkoholkonsum ab, AEMINPU darüber hinaus die „westliche, blinde Fortschrittsgläubigkeit". Mitglieder geben gewohnte soziale Verbindungen und kulturelle Gewohnheiten auf: ihre Mitgliedschaft in Heimatvereinen und Selbsthilfeorganisationen, die Mitarbeit bei der Organisation von Stadtviertelfesten sowie den Kontakt zu andersgläubigen Verwandten und die rituelle Verwandtschaft mit den Paten ihrer Kinder.

Viele evangelikale Prediger und „israelitische" Priester *(pastores)* favorisieren den wirtschaftlichen Erfolg. Mitunter erhalten die Bekehrten sogar finanzielle Unterstützung. Durch den Verzicht auf die Teilnahme an Feiern oder Freundesrunden, bei denen Alkohol getrunken wird, stehen den Evangelikalen mehr Zeit und Geld zur Verfügung. Sie bauen sich Geschäfte auf und verdienen Geld, während Katholiken feiern und ihr Geld ausgeben. Nicht nur dadurch ziehen sie Neid und Kritik von katholischen Nachbarn auf sich. An vielen traditionellen Festen nehmen die Bekehrten zunächst nicht mehr teil, weil ihre Religion solche „heidnischen Bräuche" verbietet. Da aber viele traditionelle Dorffeste die Menschen verbinden und ihnen Identität geben, etwas, das manche Evangelikale nach einiger Zeit vermissen, nehmen sie an den Veranstaltungen wieder teil und nennen sich *adventista criollo* (kreolischer Adventist) oder *evangelista criollo,* womit sie eine peruanisierte weniger strenge Ausrichtung des aus dem Ausland stammenden religiösen Regelsystems praktizieren.

Die sakrale Welt

Das **Pantheon** ist komplex und variiert je nach Landesregion. Es vereint **christliche und nicht-christliche Wesen,** die parallel verehrt werden, bzw. göttliche Wesen, die aus einer Verschmelzung christlicher und nichtchristlicher Gottheiten hervorgingen. In vielen Regionen haben Maria und Christus die Züge altperuanischer Gottheiten angenommen. In der Vor-

Die landwirtschaftliche Kooperative „Atahualpa Jerusalén"

Die Gemeinde von Porcón im nordperuanischen Andenhochland in der Nähe der Stadt Cajamarca hat sich in das moderne Wirtschaftssystem integriert wie kein anderes Dorf in Peru. Einen großen Teil des Gemeindelandes bedeckt ein riesiger Pinienwald. Mehrere Hektar Wald wurden von der Dorfbevölkerung in Gemeinschaftsarbeit gepflanzt. Der Erlös aus dem Verkauf des Holzes übersteigt ihre Einnahmen aus der regulären Landwirtschaft um ein Vielfaches.

Quer über die Wege, die in und durch den Ort führen, sind breite Tücher gespannt, auf denen Bibelsprüche zu lesen sind. Während der Woche arbeiten die Bauern von früh bis spät auf privaten und Gemeinschaftsfeldern. Am Sonntagmorgen ist die ganze Gemeinde in der Kirche und singt aus voller Inbrunst selbst komponierte religiöse Lieder, deren Melodien und Rhythmen der andinen Musik angepasst sind.

Nach der Agrarreform hatte jede Familie in Porcón ein Stück Land bekommen. Alejandro Quispe Chilón, ein tiefgläubiger Evangelikaler, selbst Bauer aus Porcón, ohne Grundschulabschluss - selbstbewusst gibt er zu, dass er kaum lesen und schreiben kann -, hatte damals Weitsicht. Außerdem bezog er aus seiner tiefen Religiosität die Kraft und die Ausdauer, um die anderen Bauern davon zu überzeugen, dass das Bestellen eines kleinen Grundstückes langfristig für ein menschenwürdiges Leben nicht ausreichen werde, dass man sich zusammenschließen und gemeinsam einer Erfolg versprechenden wirtschaftlichen Aktivität nachgehen müsse.

Quispe führte unzählige harte Auseinandersetzungen mit seinen Widersachern, verlor den Mut aber nicht. Heute gehören alle Einwohner von Porcón dem evangelikalen Glauben an. Mit der Geste eines modernen Managers überreicht Quispe mir eine Visitenkarte und lädt mich zum Mittagessen in das kommunale Restaurant ein. Nüchtern und bescheiden berichtet er von seiner Vorgehensweise und den Erfolgen, von denen jeder große Anstrengungen gekostet hat. Er erzählt von seinen zähen Verhandlungen mit dem Wirtschaftsministerium in Lima, damit die EU-Gelder, die zur Förderung der Landwirtschaft in Porcón bestimmt waren, nicht versickerten.

Die in Peru einzigartige Erfolgsstory einer Bauerngemeinde mit einer funktionierenden kommunalen landwirtschaftlichen Kooperative, „Atahualpa Jerusalén", bedurfte der unermüdlichen Überzeugungsarbeit von Quispe.

stellung vieler Menschen nehmen christliche und nicht-christliche Gottheiten in gleicher Weise Einfluss auf ihr Leben, weshalb beide nach Verehrung und Opfergaben verlangen. Heute tolerieren auch viele katholische Geistliche den Glauben und die Praktiken nicht-katholischen Ursprungs.

Peruanische christliche Heilige

Ähnlich wie die Menschen auf der iberischen Halbinsel verehren die Peruaner eine Vielzahl von Heiligen. Die meisten **Heiligen wurden von den Spaniern mitgebracht.** Mithilfe von leicht zu transportierenden *retablos* machten die spanischen Priester die christlichen Heiligen bis ins abgelegenste Dorf bekannt. *Retablos* sind bunt bemalte verschließbare Holzkästchen, in deren Innern kleine aus Gips gefertigte Figuren auf der unteren Ebene das irdische Leben und auf der oberen Ebene Heilige darstellen. Heute sind die *retablos* Bestandteil der Volkskunst von Ayacucho.

Kunsthandwerker modellieren viele profane Situationen. In den 1980er-Jahren wurden auch die Grausamkeiten von Terroristen und Militär dargestellt. Die *retablos* werden heute ausschließlich als Andenken für die Touristen verkauft. Neben den spanischen Heiligen hat **Peru auch seine eigenen Heiligen** hervorgebracht. Die bekanntesten sind Santa Rosa de Lima, San Martín de Porres und Sarita Colonia.

018pu Foto: ah

Einfluss der Naturgewalten auf die Götterwelt

Die Naturgewalten haben seit eh und je einen großen Einfluss auf das Leben der Peruaner gehabt. Erdbeben erschüttern die Städte an der Küste und im Andenhochland. Das Niño-Phänomen erwärmt das Meer und löscht den Fischreichtum aus, es ruft übermäßig starke Regenfälle und Fluten an der Küste hervor und löst im Andenhochland Trockenperioden aus.

In Jahren, in denen es im Hochland übermäßig viel regnet, zerstören *huaycos* (Erdrutsche) Weiden, Äcker und Häuser. Manchen Menschen bringen sie den Tod und es kommt vor, dass ein *huayco* ein ganzes Dorf mit sich reißt.

Santa Rosa de Lima

Die Tochter eines Puertorikaners und einer Limenserin ist die Schutzpatronin Perus (sowie der Philippinen). Außerdem verehrt die peruanische Polizei sie als ihre Patronin, deshalb wird am 30. August, am Todestag von Santa Rosa, auf den Polizeiwachen gefeiert und Bier getrunken. Bereits im Jahr 1671 heilig gesprochen, war Rosa die erste christliche Heilige der „neuen Welt". Sie verkörperte viele Eigenschaften der zu ihrer Zeit als ideal angesehene Peruanerin. Rosa war anmutig, ihr Gesicht war oval, ihre Haut weiß und rosig, sie war groß und sehr sanft; der katholische Glaube war das Wichtigste in ihrem Leben. Nach ihrem Eintritt in das Kloster der Dominikanerinnen in Lima verbrachte sie neben dem Beten einen großen Teil ihrer Zeit mit Hand- und Gartenarbeiten. Ihr Leben weihte sie ganz und gar Gott. Sie unterhielt eine natürliche Beziehung zur Gottesmutter, mit der sie täglich sprach, und zu den Engeln, besaß eine profunde Kenntnis der christlichen Lehre und hellseherische Fähigkeiten. Rosa tat oft Buße, fastete viel, legte sich selbst Kasteiungen auf und half den Armen. Nach ihrem Tod wurde die Nonne in ihrem Kloster in Lima begraben. In vielen Fällen, in denen sie angerufen wurde, wurden Kranke auf wundersame Weise geheilt. Das Dorf Quives, in dem Rosa konfirmiert wurde, ist heute ein beliebtes Ausflugsziel.

San Martín de Porres

Er wurde als uneheliches Kind eines spanischen Ritters und einer schwarzen Sklavin geboren. Der Vater schämte sich seines mulattischen Kindes. Der junge Martín erlitt aufgrund seiner Hautfarbe Beschimpfungen und wurde nach seinem Eintritt in das Dominikanerkloster nicht zum Priestertum zugelassen. Allerdings verwandelte der gelernte Bader durch seine Heilkräfte das Kloster in ein berühmtes Spital, in dem der Vizekönig ein häufiger Gast war und wo die Kranken, selbst wenn sie verschiedenen Ständen angehörten, in denselben Trakten untergebracht wurden. San Martín de Porres wurden zahlreiche Wunder zugeschrieben. 1962 heilig gesprochen zählt er zu den berühmtesten Heiligen des Landes. Außerdem ist er der erste „schwarze" Heilige der katholischen Kirche.

◁ Julio Urbano Rojas, Begründer einer Kunsthandwerkschule, mit seinem Retablo

Die „Besitzer" von Ackerland und Flüssen

Viele Campesinos betrachten weder sich selbst noch die Gemeindeverwaltungen als die eigentlichen Eigentümer des Ackerlandes. Vielmehr betrachten sie die Gentiles (vorchristliche „Heiden") als die wirklichen Besitzer.

„Die Gentiles waren kräftige, fähige und fleißige Menschen, die in den Anden lebten, bis die spanischen Eroberer kamen. Sie verehrten Naturgottheiten wie Sonne und Mond. Als die Spanier kamen, hatten sie große Angst vor der Taufe. Sie glaubten, dass es Sklaverei geben würde. Deshalb töteten viele sich selbst. Andere glaubten, die schlimmen Zeiten würden eines Tages vorbei sein. Sie versteckten sich im Erdinnern und vergruben ihren Schmuck. Dort starben sie später. Dann kam das Gesetz der Spanier. Dann wurde getauft. Mehrere Dörfer wurden zu einem einzigen zusammengefasst und dem gab man dann den Namen eines Heiligen. Die Gentiles finden wir hier und dort, hier ein paar Knochen, da ein paar Knochen, einige Gebrauchsgegenstände oder Handarbeiten, Ponchos, Decken." Das berichtete 1990 eine Bäuerin in einem Andendorf.

Ein Gentil, der Eigentümer eines Grundstücks ist, muss von den Menschen, die es zum ersten Mal landwirtschaftlich nutzen, um Erlaubnis gebeten werden. Kokablätter oder Ähnliches müssen geopfert werden. Andernfalls kann der Gentil Rache nehmen und zum Beispiel ein Kind des Bauern erkranken lassen.

„Im Amazonastiefland hatte ein Vater zu viele Fische derselben Art gefangen und nun war diese vom Aussterben bedroht. Die zuständige Gottheit rächte sich, indem sie einem seiner Kinder das Leben nahm und es in einen Fisch verwandelte. Seitdem schwimmt das Kind als Fisch durch die Gewässer." Das berichtete 2003 Arlen Ribeira, Student in Lima, vom Volk der Huitoto über ein Ereignis in seiner Heimat.

Eine blutsaugende „Gringa"

Sie hat Macht über das Leben spendende Wasser, ohne das keine Pflanze gedeiht. Und wenn die Pflanzen nicht gedeihen, haben Mensch und Tier nichts zu essen. Vor langer Zeit war sie einmal eine lebendige schöne Bäuerin, betrübt, weil alle ihre Pflanzen verdorrten. Da bat sie einen mächtigen Gott um Wasser. Der gab ihrem Wunsch statt, ließ Wasser aus der Erde quellen, forderte aber dafür eine Liebesnacht mit ihr. Sie wollte nicht und lief fort. Sie lief und lief und schließlich verwandelte sie sich in einen Stein, sodass der Gott ihr nichts mehr anhaben konnte.

Jene Frau könnte die Guanakirma sein, vor der die Leute in San Pedro de Casta, einem Dorf im andinen Hinterland von Lima, großen Respekt haben.

Wenn das nächtliche Ritual zu Beginn des Wasserfestes zu Ende geht, dürfen nur die Männer hinaus in die Berge. Eine Frau könnte an der Stelle ausrutschen, an der Guanakirma, die schöne Frau mit der hellen Haut - deshalb wird sie „gringa" genannt - sich in einen Stein verwandelte. Die „Gringa Guanakirma" würde das Blut aus dem Körper der Frau saugen und sie würde innerhalb von 24 Stunden sterben.

„Pariapunko" – der Wasserspender

Wenn im Oktober die Trockenzeit zu Ende geht, bitten die Bauern im Hinterland von Lima ihre alten Gottheiten um ausreichende Regenfälle, damit alles, was sie anbauen, gedeiht, sodass Menschen und Vieh genug zu essen haben. Während eines achttägigen Festes singen sie Lieder zu Ehren der Quellen, reinigen ihre Bewässerungskanäle und bringen den Gottheiten, die mit Quellen, Wasserfällen, Flüssen und dem Regen in Verbindung stehen, Opfer dar. Ein traditioneller Heilkundiger, der auch Erscheinungsformen von Christus anruft, sagt voraus, ob es ein gutes Jahr werden wird. Nichtsdestotrotz begeben sich die traditionellen Autoritäten während der Reinigungsarbeiten zur Höhle des Regenspenders Pariapunko. Nur die Würdenträger dürfen ins Innere der Höhle. Dort stoßen sie mit Schnapsgläschen an und rufen mit tiefer Stimme „Wasser Pariapunko!" - das beflügelt ihre Hoffnung auf ein regenreiches Jahr. Meist fallen die ersten Tropfen bereits, wenn das Fest noch in vollem Gange ist.

Vom Blitz Getroffene

Der erste Blitz tötet, der zweite zerlegt den Körper in Einzelteile, der dritte fügt die einzelnen Körperteile wieder zusammen und gibt dem Menschen seine ursprüngliche Gestalt zurück. Während seiner Bewusstlosigkeit erfährt der Auserwählte die Namen seiner Schutzgeister sowie der Apus (Berggottheiten), die ihn bei seinen zukünftigen Heilungen unterstützen werden. So schildern es traditionelle Heilkundige in den Departements Apurimac und Cusco.

Frauen sind unter den traditionellen Heilern selten. Grimalda war bereits im Mutterleib vom Blitz berührt worden. Die schwangere Mutter hatte sich während des Gewitters in eine Höhle geflüchtet, blieb aber unversehrt. Grimalda arbeitet mit Karten, diese seien jedoch nur ein Hilfsmittel, dass durch jedes beliebige ersetzt werden könne. Wirklich wichtig seien die Apus, die sie anruft und denen sie immer ein wenig Chicha (Maisbier) opfert, bevor sie mit einem Heilritual beginnt, Geheimnisse lüftet und Zusammenhänge aufdeckt, die der Klient noch nicht kennt.

„Pachamama" – die Mutter Erde

Die Pachamama ist die am weitesten verbreitete andine Gottheit. Sie wird in verschiedenen Gegenden des Andenhochlandes verehrt, allerdings nicht in allen. Die Zeit, in der sie den Menschen gefährlich werden kann, Opfer verlangt und beschwichtigt werden muss, ist der Monat August. Dann stellen Marktfrauen despachos, kleine Päckchen zusammen, die alles das enthalten, was die Pachamama besonders erfreut. Traditionelle Heilkundige beherrschen den pago a la tierra (Zahlung an die Erde): Es ist die Kunst des richtigen Opferns von despacho, Kokablättern, Maisbier und Schnaps. Die Pachamama verlangt Respekt; sie duldet kein übermäßiges „Herumwühlen" in ihrem Innern. Bergwerke dürfen nur von Männern, niemals aber von Frauen betreten werden, da die Göttin kein weibliches Wesen in ihren „Eingeweiden" duldet. Manche Bauern meinen, dass ausländische Unternehmer durch die Missachtung der göttlichen Gebote Unheil verursachen. Die Pachamama ernährt die Menschen, aber sie verschlingt sie auch: Sie liebt sie so sehr, dass sie sich einverleibt, indem sie sie tötet. So jedenfalls erklären die Bauern manchen plötzlichen Tod draußen auf dem Feld. Diese Krankheit nennen sie pachaq hap'isqan (von der Erde ergriffen).

Bis heute werden **Götter aus vorchristlicher Zeit** angerufen, die die Naturkräfte beeinflussen sollen. Ihnen werden Opfer gebracht, die sie beschwichtigen sollen. Abbilder des gekreuzigten Christus sowie Christuserscheinungen, die Naturkatastrophen wie Fluten und Erdbeben abwenden sollen, werden ebenfalls in vielen Orten verehrt.

Die Menschen im Andenraum und im Amazonastiefland betrachten sich als tiefgläubige Christen und sind gleichzeitig von der Präsenz zahlreicher nicht-christlicher mächtiger Wesen überzeugt, die ihnen Respekt, Zeremonien und Opfergaben abverlangen, weil die Erd- und Naturgottheiten als die „Besitzer" der beseelten und unbeseelten Natur gelten.

Wird die **Harmonie zwischen Mensch und Kosmos** beeinträchtigt oder das Gleichgewicht innerhalb der Natur gestört oder werden die Götter auf eine andere Weise erzürnt, rächen diese sich und bestrafen die Menschen. Die Örtlichkeiten, an denen die Götter sich aufhalten, gelten als heilig und dürfen von Menschen nicht leichtfertig betreten werden. Es gibt Naturgottheiten, die nach Opfern verlangen, um Regen zu schicken, Quellen oder Flüsse nicht versiegen zu lassen und dadurch eine gute Ernte zu ermöglichen.

Aus **Furcht vor der Rache göttlicher Wesen** rotten Menschen in den Anden und im Amazonastiefland keine Tierart aus. Sie sind bemüht, die Gottheiten nicht zu erzürnen, um nicht krank zu werden oder flehen sie mit der Hilfe eines traditionellen Heilkundigen um die Wiederherstellung ihrer Gesundheit an. Sie veranstalten Rituale für ihre Tiere. So bitten die Bauern im Andenhochland des Departements Lima am christlichen Johannistag am 24. Juni um Gesundheit und Fruchtbarkeit ihrer Tiere. Jedem Tier wird ein Stückchen aus dem Ohr herausgeschnitten, dieses wird im Boden begraben, sozusagen als Opfer für die Gottheiten, die für die Vermehrung der Tiere zuständig sind.

Manifestationen und Orte heiliger Kraft und Macht

Dem **Blitz** kommt als Naturgewalt eine besondere Bedeutung zu: Wenn der Blitz eine schwangere Frau berührt, ist das Kind nach der Geburt Mittler zwischen irdischer und überirdischer Welt. Wenn der Blitz den Menschen zerstückelt und dann wieder zusammensetzt, wacht dieser wieder auf mit der Fähigkeit, die Verbindung zur Götterwelt herzustellen; er wird zum Heilkundigen und Wahrsager. In einigen Regionen kommt dem Donner besondere Verehrung zu. Innerhalb der Tierwelt nimmt der Kondor eine Sonderstellung ein: Götter, Heiler und Wahrsager können seine Gestalt annehmen.

Neben dem Blitz ist der **Regenbogen** (quechua: *kuychi*) (mit einer symbolischen Beziehung zur mythisch-kosmischen Schlange *amaru*) ein nicht ungefährliches Wesen.

Besonders geformte Felsen (quechua: *qaqa, wanka*), Quellen (quechua: *puqyu*) und Hochgebirgsseen (quechua: *qucha,* spanisch: *laguna, cocha*) sind göttliche, zumindest übermenschliche Wesen und damit zugleich **heilige Orte.** Die Seen, die in Beziehung zu den Berggottheiten stehen, sind wie diese männlich oder weiblich, oft eigensinnig oder eifersüchtig. Mit im Wasser golden und silbern funkelnden Gegenständen locken sie Menschen an, die sie haben wollen (als Sexual- bzw. Lebenspartner) und verschlingen sie mit plötzlichen Wogen, lassen sie nur sehr selten und nach einiger Zeit wieder entkommen, gewinnen sie meistens für immer. Ungewöhnlich geformte kleinere Steine oder Knollenfrüchte haben ihre eigene Mächtigkeit, werden zu sakralen Objekten.

Berggötter

Mitunter bezeichnen traditionelle Heilkundige, die Mittler zwischen Mensch und Gott sind, den **„Roal“** als ihren höchsten Gott. Sie rufen ihn an bei Heilritualen oder wenn sie die Zukunft voraussagen wollen. „Roal“, „Apu“, „Auki“ oder „Wamani“ sind Gattungsnamen für die Gottheiten, die den Spitzen der hohen Berge innewohnen und mit ihnen identisch sind. Je-

Der Berggott „Wamani" verkörpert sich im „Scherentänzer"

In Ayacucho und Huancavelica weiht der Scherentänzer, der sogenannte Danzaq, sein Leben dem Wamani. Manchmal ist auch vom Pakt mit dem Teufel die Rede. Diese Inbesitznahme durch ein übernatürliches Wesen bei einer „Danza de la Tijera" („Tanz der Schere") zu beobachten, ist ein ganz besonderes Erlebnis.

Die akrobatischen Bewegungen des Danzaq werden immer mutiger, während Geige und Harfe immer schneller werden. Die beiden Hälften einer Riesenschere, die der Danzaq im Rhythmus bewegt und die unentwegt aneinander stoßen, klirren laut und schrill. Das Weinen der Geige wird penetranter. Nun gelangt der Scherentänzer in Trance; er sticht sich große Nadeln durch Wangen und Zunge, hängt gar Geige und Harfe daran auf. Viele Zuschauer leiden mit ihm; aber der Danzaq hat nicht wirkliche Qualen. Es fließt kein Blut.

Es ist nicht mehr der Tänzer, der sich bewegt, sondern der Wamani, der Berggott. Dem hat der Danzaq sich anvertraut, ihm hat er sein Leben geweiht. Der Wamani gibt ihm übernatürliche Kraft, deshalb spürt der Danzaq keine Schmerzen: Es fließt kein Blut und es bleiben auch keine Wunden zurück.

Immer wetteifern zwei Danzaqs miteinander. Am Ende geraten die beiden Tänzer in Ekstase. Die Zuschauer sind begeistert, applaudieren und leiden schon zu Beginn mit, wenn jeder Tänzer den anderen mit seinen akrobatischen Meisterstücken übertreffen will und sich beide heftig auf ihre Knie fallen lassen.

Wer als Kind von seiner Gemeinschaft zum Danzaq bestimmt wurde oder sich selbst dazu entschied und sein Leben lang das heilige Ritual der „Danza de la Tijera" vorführt, muss rein sein. Er muss ein vorbildliches Leben führen, darf nicht viel Alkohol und keine Drogen zu sich nehmen. Die „Danza de la Tijera" wird stets in der Öffentlichkeit aufgeführt. Dabei ist kein Ort zu heilig und keiner zu profan. Aber der Danzaq nimmt an christlichen Feiertagen nicht an der Festmesse teil, denn nach traditioneller Vorstellung hat er mit dem Herrn des Innern der Erde und der Bodenschätze, den die christliche Evangelisation mit dem Teufel gleichgesetzt hat, einen Pakt geschlossen, um übermenschlich virtuos tanzen zu können und möglichst auch zu siegen.

der von ihnen hat verschiedene Aufgaben und Zuständigkeiten. Solche Berge gibt es im ganzen Land. So kommt es, dass ein Heiler in Quillabamba den „Cerro San Cristobal" in Lima anruft. Mancherorts betrachten die Menschen es als Unrechtshandlung, wenn ein christlicher Priester einen „Apu" (Berggott) zu bezwingen versucht, indem er ein christliches Kreuz auf seiner Spitze aufstellen lässt. Jedoch wiegt der christliche Glaube im Endeffekt mehr als alte andine Vorstellungen: Als Papst *Johannes Paul II* 1985 Cusco besuchte, protestierte niemand gegen die Errichtung eines Kreuzes auf dem Berg Saqsahuaman.

Traditionelle Weltsicht im Amazonasgebiet

Religiöse Orientierungen und Weltsicht der verschiedenen indigenen Völker im östlichen Tiefland Perus zeigen eine Vielfalt von Vorstellungen, Bildern, Symbolen, Ideen über Transformationen und damit verbundene Geschichten. Der innere Reichtum allein einer einzelnen Kultur und Sprache zeugt davon, dass es sich, wie schon im Andenraum, insgesamt um lange dauernde, zumindest mehrtausendjährige Prozesse der **Auseinandersetzung von Menschen mit Pflanzen- und Tierwelt, Naturkräften und übermenschlichen Phänomenen** (als Wesen erlebt) wie auch mit anderen Menschen handeln muss. Es zeigt außerdem, dass die Umgangsarten mit den natürlichen Gegebenheiten überwiegend erfolgreich und nachhaltig gewesen sein müssen.

Auf der einen Seite beweisen jüngste archäologische Entdeckungen, dass besonders an Flussläufen durch eine raffinierte agrartechnologische Erfindung und Anpassungsleistung der Vorzeit (die sog. „Schwarzerde", durch eine Kombination von Brandrodung und künstlich homogenisierter Bodenmischung mit Holzkohle) ein „menschengemachter", nachhaltig fruchtbarer Boden (der außer bestimmten periodisch überschwemmten Geländeformen sonst in Amazonien nicht vorhanden ist) erzeugt wurde. Auf der anderen Seite kann man aber an vielen Erzählungen, mythischen Geschichten und dokumentierten religiösen Vorstellungen bei amazonischen Ethnien erkennen, dass dichterer Regenwald und tieferes Wasser sehr stark angstbesetzt sind.

Eine **Vielzahl von Buschgeistern** kann den Menschen überraschen, ihn krank machen und allmählich oder sofort töten. Die Anakonda, als im Wasser jagende Riesenschlange, hat kosmische Bezüge und wird im Fluss, in Fluss-Seen und an Ufern gefährlich; in mächtigen Strudeln kann man in eine Wasser-Unterwelt hinabgezogen werden. Im Wald werden nicht nur Jaguar, Puma, Giftschlangen und zwei Arten von in Rotten äußerst aggressiver Pekaris (Nabelschweine) gefährlich, sondern eine Vielzahl von Dämonen und Monstern. Dennoch ist der Wald als Nahrungs- und Roh-

Der „Herr vom Sternglanzschnee" und die Eroberung der Kathedrale

Die Verehrung des „Señor de Qoyllur Rit'i" in den südperuanischen Anden vereint Christus und nicht-christliche Gottwesen: Kurz nach der Niederschlagung des Aufstandes von José Gabriel Condorcanqui, der sich in Anknüpfung an den inkaischen Widerstand gegen die spanische Eroberung Tupac Amaru II. nannte, erschien gegen Ende des 18. Jahrhunderts einem Hirtenjungen an einem Hang eines 6340 m hohen Berges in den südperuanischen Anden das „Kind Emmanuel". Der Berg, genannt „Ausangate", wurde damals bereits als Berggott „Apu Ausangate" verehrt. Vor Fronleichnam begeben sich jährlich über 20.000 Pilger, Gläubige, Tänzer und Hunderte von sogenannten „Ukukus" zu der in 4500 m Höhe gelegenen Kirche. Ukukus („Bärenmenschen") haben ihr Leben dem Berggott „Apu Ausangate" geweiht. Mit Trillerpfeifen musizieren sie in der Prozession, in der ein christlicher Priester das Sinnbild des „Señor de Qoyllur Rit'i" (das 1985 auch Papst Johannes Paul II. in Cusco traf) trägt. Nachts erklettern sie den Gletscher. Stürzt dabei ein Ukuku in die Tiefe, wird er zum Helden. Dessen Tod gereicht der Bevölkerung seines Heimatdorfes zur Ehre und bei den folgenden Pilgerreisen führen die Tanzgruppen sein Foto mit auf den Berg. Der Apu verlangt seine Opfer und die Pilger lassen gern zu, dass er sich seine menschlichen Opfer nimmt. Die Gläubigen aus den vier „Suyus", den vier Teilen des Inkareiches, beten und büßen. Sie bitten um die Erfüllung ihrer materiellen Wünsche und nehmen das Gletscherwasser, dem Heilkraft zugesprochen wird, mit nach Hause. Fester Bestandteil der religiösen Zeremonien und einer fast endlosen Prozession ist eine Vielzahl andiner Tänze. Die urbane Reproduktion des Festes nimmt durch die Zuwanderung aus den Anden jedes

stoffquelle wichtig. An bestimmten Flussabschnitten gewinnen die Frauen Lehm und Ton als Töpfererde für ihre Keramik. Der „Herrin" der Töpfererde und den „Herren" der (jagdbaren) Tiere (und mancher Bäume und Pflanzen) muss man danken und darf sie nicht verärgern. Dieser „Wildnis" steht als „zivilisiert" oder „kultiviert" der (immer gereinigte) Platz menschlicher Behausung oder Siedlung sowie menschliche Anbaufläche (Pflan-

[>] Bei dem andinen Fest Qoyllur Rit'i holen die Bauern Eisblöcke vom Gletscher des heiligen Berges Ausangate

Jahr an Bedeutung zu. Messfeiern auf Spanisch und Quechua, Festschmäuse, Tanzdarbietungen, laute Musikbands und eine Prozession durch das Zentrum von Lima zwingen alteingesessenen Limensern und dem Kardinal die Akzeptanz der religiösen Praktiken aus den Anden auf.

Zehn Tage nach Fronleichnam „bringt" eine Abordnung das Fest vom Ausangate nach Lima. Dort wächst die Zahl der „devotos" (fromme Anhänger) von Jahr zu Jahr. 1998 berichteten die Medien von 5000 Menschen, die an der Messe im Freien teilnahmen und anschließend ihrem Lieblingsheiligen durch die Straßen der Hauptstadt folgten. Einige trugen riesige Spruchbänder, Bilder oder religiöse Fahnen. Tanzgruppen und unterschiedliche Bands marschierten durch das Stadtzentrum, das für mehrere Stunden für den Verkehr gesperrt wurde. Als die Prozession die Kathedrale erreichte und die Gläubigen den Erzbischof von Lima am Fenster seiner Residenz neben der Kathedrale erblickten, riefen sie mehrmals laut „queremos la catedral" („wir wollen die Kathedrale"). Angesichts des vehement geäußerten Wunsches beharrte der Erzbischof nicht länger darauf, die „heidnischen Riten und Volkstänze" aus der Kathedrale zu verbannen. Seitdem stellt er „seine" Kathedrale für die größte quechuasprachige Messfeier, die andine Christuserscheinung, die traditionellen Tänze und Musikbands zur Verfügung.

019pu Foto: ah

zung, Obst- und Gemüse-Garten) gegenüber. Diesen entsprechen andere übermenschliche Wesen mit auf sie gerichteten Riten. Wichtige soziale Einrichtungen und Verhaltensweisen, die Sexualität, die bedeutenden Anbaupflanzen, aber auch Fischfang, Sammeln, Jagd, natürliche Gegebenheiten, Flussverläufe und andere lebensrelevante Phänomene wurden nach mythischen Geschichten von vorzeitlichen Heroen eingeführt, geschaffen oder geordnet. Häufig waren dies menschengestaltige Zwillinge, die mächtige kosmische Jaguare oder Riesenschlangen bändigten, einsperrten oder töteten, mit anderen Wesen viel bösen Schabernack trieben, denen dennoch die Menschen (zumindest der eigenen Gemeinschaft) nahezu alles verdanken, und die am Ende ihrer Taten und Wege zum Himmel aufstiegen, zu Morgen- und Abendstern oder Sonne und Mond wurden. Ihnen gilt zumeist keinerlei Kult, aber manchen Wesen der Wildnis, des Wassers, einigen Wetterphänomenen und Wesen der organisierten pflanzlichen Reproduktion gelten durchaus rituelle Aufmerksamkeit, zumindest aber Etikette- oder Vermeidungs-Regeln.

Für das Heilen von Krankheiten, die Abwendung von Schadenszauber und die Wiederherstellung gestörter Beziehungen zu übermenschlichen Wesen gibt es Spezialisten, die man aufgrund der von ihnen verwendeten Methoden (Hilfsgeister, magische Objekte, Ekstasetechniken) und dem Stil ihrer „Ursachenschau" mittels Trance und „Seelenreise" als **„Schamanen"** bezeichnen kann. Ein derartiger Spezialist, der fast immer „bei und von einem anderen gelernt hat", hat manchmal auch soziale bzw. im Kern politische Macht. Er beschützt eine Gemeinschaft oder Verwandtschaftsgruppe, gilt aber Außenstehenden gleicher Sprache und Kultur häufig als schwarzmagischer Schadensverursacher und potenziell durch Hexerei Mordender. Er schießt unsichtbare, kleine magische Pfeile oder Steinchen in die Körper seiner Opfer oder verwandelt sich nachts in einen schwarzen Jaguar, der im Wald oder vor den Behausungen Menschen reißen kann. Bei Todesfällen kann in dieser Lebens- und Ideenwelt ein Spezialist häufig herausfinden, wer der hexerische Mörder ist. Bei Krankheiten kommt es darauf an, ob er in einem Kampf in tiefer Trance den anderen Zauberer besiegen kann.

Madonnenverehrung

Maria wird in manchen Gegenden liebevoll *Virgencita* (span.: „geliebte kleine Jungfrau"), *Mamacita* („kleine Mutter"), *Mamacha* („liebe Mutter") oder *Mamacita Virgen* („Mütterchen Jungfrau") genannt. Maria hat Verständnis für die Not der Menschen. Man kann sich bei ihr ausweinen und ihr von seinem Elend berichten. Ihr vertrauen die armen Menschen ihre Sorgen und Nöte an. Von ihr erhoffen sie sich Genesung oder die Erfüllung ihrer materiellen Wünsche, indem sie eine Marienstatue in einer Prozession ein Stück weit tragen, sie durch Tanz oder Gesang ehren, sie berühren oder ehrfurchtsvoll unter einem von ihr getragenen Mantel niederknien. Umgekehrt empfindet aber auch die Gottesmutter Mitleid für die Menschen. In den zahlreichen Verehrungs- und **Erscheinungsformen der Gottesmutter** verschmolzen christliche mit indigenen Glaubensvorstellungen. So ist die Rede von „Jungfrauen", die nicht in der Kirche bleiben, sondern in ihre Lagunen zurückkehren wollten, oder von solchen, die echte Tränen weinten. Selbst peruanische Fernsehsender berichteten während der Wirtschaftskrise der 1980er-Jahre von weinenden Madonnenfiguren.

Marienfeste werden in der Regel mehrere Tage lang gefeiert. Dabei scheinen die von Musikkapellen, Tänzern und Sängern begleiteten Prozessionen den Gläubigen wichtiger zu sein als die abendlichen Messen. Auf dem Land bieten die Feste Heimkehrern aus den Städten die Gelegenheit, durch Spenden für neue Marienkleider, Finanzierung von musikalischen Darbietungen oder Festgelagen allen im Dorf zu zeigen, dass sie in der Stadt sozial und wirtschaftlich aufgestiegen sind.

020pu Foto: ah

In der Stadt führen die Feste Menschen aus derselben Herkunftsregion zusammen und halten die Erinnerung an den eigenen Geburtsort bzw. an die Heimat der Eltern oder Großeltern wach.

Zu den **bekanntesten peruanischen Marienfesten** gehören das für die „Virgen de la Candelaria", das im Februar in Puno und Umgebung mehrere Tage lang zum wirtschaftlichen Stillstand führen kann, sowie das Fest der „Virgen del Carmen" bzw. „Mamacha del Carmen", das Mitte August in Paucartambo bei Cusco stattfindet. Solche Feste locken mit einem sensationellen Aufgebot an Tänzen, Wettkämpfen und Theateraufführungen Besucher an. Überregionale Bedeutung haben auch das Fest der „Virgen de la Nieves" in Tinta südlich von Cusco in der ersten Augustwoche, der „Virgen de la Natividad" am 8. September im Almudena-Viertel in Cusco und im Dezember das Fest der „Virgen de la Puerta", die die nordperuanische Stadt Otuzco im 17. Jahrhundert vor einem Räuberangriff bewahrt haben soll. Auch die aus Europa stammenden „Virgen de las Mercedes", „Virgen de Fatima" und „Virgen de Lourdes" werden gefeiert, letztere in der Woche vor Fronleichnam auf dem 6000 Meter hohen Ausangate.

⌃ Madonnenprozession in Cusco

Christus in Peru

Bald nachdem der Glaube an Jesus Christus aus Spanien nach Peru gelangte, nahm die eroberte Bevölkerung den Sohn Gottes liebevoll in ihre Herzen auf. Unter dem grausamen Regiment der neuen Herrscher wurde Jesus für sie zum Trostspender und zur Identifikationsfigur. Mit Jesu Christi Leiden identifizierten die Menschen sich, wenn sie unter der Last der unmenschlichen Arbeitsbedingungen zusammenbrachen. Einem andinen Bergwerksarbeiter, der den Auspeitschungen seines Patrons nicht mehr standhielt und floh, erschien auf der Anhöhe von Huanca bei Cusco **der gegeißelte Christus,** aus dessen frischen Wunden Blut floss. An jener Stelle wurde eine Wallfahrtskirche gebaut und zum „Señor de Huanca" pilgern seitdem Menschen aus dem gesamten Bereich der südperuanischen Anden. Noch heute trifft man im Andenhochland auf Wallfahrten Campesinos, die unter Tränen über ihr Elend klagen und Jesus am Ziel ihrer Pilgerreise davon berichten möchten. Christus hat in Peru viele eigene Varianten, die auf geschichtliche Ereignisse wie große Erdbeben oder die Niederschlagung von Aufständen zurückgehen. Dabei vermischten sich Historie und Legende. In Cusco verehren die Menschen den „Señor de los Temblores" („Herr der Erderschütterungen"). Der „Señor de Qoyllur Rit'i" zieht in der Woche vor Fronleichnam Tausende Pilger an, die die mühsame Reise auf den über 6000 m hohen Berg Ausangate südwestlich von Cusco nicht scheuen. Der „Señor de los Milagros" („Herr der Wunder") wird im Oktober in Lima mit zahlreichen Prozessionen gefeiert.

Überall im Land nehmen die Menschen **die Karwoche, die „Semana Santa",** sehr wichtig. In dieser Zeit verlangt Jesus Christus auch den Ärmsten Opfer und Buße ab. In den Dörfern schleppen abgearbeitete, ausgemergelte Menschen in Bußgewändern, die sie bis auf Schlitze für die Augen verhüllen, zu herzbewegenden Melodien Traggestelle durch ihre Orte, auf denen sich Holzfiguren des gekreuzigten Christus befinden. Wie begehrt das Schultern der Christusstatuen ist, zeigt sich in den stetig wachsenden Mitgliederzahlen der Bruderschaften. Solche Bruderschaften, *hermandades* genannt, bereiten Feiern und Prozessionen vor. Sie engagieren Musikkapellen und Tanzgruppen, sorgen für die Verpflegung der Gläubigen und organisieren das Tragen der Statue. Meist werden die *hermandades* von *devotos* unterstützt, Spendern, die sich dem jeweiligen Christus besonders verbunden fühlen, weil sie ihm beispielsweise die

☒ Die Prozession des „Herrn der Wunder" zählt zu den größten in Südamerika

020pu Foto: ah

wundersame Heilung von einer schweren Krankheit verdanken. **Großzügige Spenden** sind Ausdruck tiefer Religiosität. Gleichzeitig dienen sie dazu, erworbenen Reichtum und die eigene gesellschaftliche Stellung zur Schau zu stellen, ohne dass der Neid der Gemeinschaft auf sich gezogen wird. Außerdem steigern sie das Ansehen innerhalb der eigenen Gruppe. Deshalb wetteifern die *devotos* miteinander. Das erklärt, warum solche Feste in den Städten und von peruanischen Migranten im Ausland von Jahr zu Jahr pompöser gefeiert werden. An den Tagen vor Ostern erwecken Lima, Cusco oder Ayacucho den Anschein, ihre gesamte Bevölkerung sei unterwegs. Abends finden große Prozessionen statt. In Lima schreibt der Brauch vor, am **Gründonnerstag** sieben Kirchen zu besuchen. Um den Ansturm zu bewältigen, weisen Lotsen den Gläubigen den Weg in die Gotteshäuser, aus denen die Menschen durch den Druck der Nachfolgenden wieder hinausgeschoben werden. Am **Karfreitag** pilgern Tausende auf den mitten in der Stadt gelegenen Cerro San Cristobal, auf dessen Gipfel drei große Holzkreuze errichtet werden. Die Menschen legen den Weg zu Fuß zurück, was an jedem anderen Tag aufgrund der hohen Kriminalität gefährlich wäre. Am Wegrand verkaufen bolivianische Händler allerlei Glücksbringer, Händlerinnen bieten Getränke oder Speisen feil. Je weiter man nach oben kommt, desto schwieriger gestaltet sich der Aufstieg wegen der Menschenmenge auf dem schmaler werdenden Pfad. Die Leute weichen zurück, sobald Polizisten sie auffordern, den Weg für Christus und sein Gefolge frei zu geben. Römische Soldaten peitschen und geißeln den Mann mit dem Kreuz so heftig, dass er immer wieder stürzt. Auf dem Gipfel des Cerro San Cristobal wird die Kreuzigung Christi von zwei peruanischen Schauspielern nachgestellt. *Mario Valencia* spielt seit 1987 den „mestizischen Christus", *Carlos Guerra* seit 1983 den „armen Christus". Als prächtigste Osterprozessionen gelten die von Ayacucho und Cusco. Dort begleitet den Gekreuzigten eine Vielzahl von Heiligen und Madonnen aus den Kirchen der Stadt.

An den ersten Maifeiertagen feiern die Menschen in vielen Orten die **„Velación de la Cruz"** oder **„Cruz Velacuy"** (*velar,* span.: „verhüllen", „bewachen"). Dabei vermischen sich alte andine Glaubensvorstellungen mit dem Gedenken an die christliche Missionierung, bei der das Kreuz wichtigstes Symbol für die Unterwerfung der eroberten Bevölkerung war. Viele Kreuze waren von den Spaniern dort aufgestellt worden, wo sich „heidnische" Heiligtümer befunden hatten. Jene Örtlichkeiten draußen in der Natur sind es, zu denen die Menschen heute – von Musikern und Tänzern begleitet – an den ersten Maitagen ziehen.

Als um das Jahr 1600 für die nordperuanische Küstenregion eine schlimme Erdumwälzung mit Erdbeben und Fluten vorausgesagt wurde, begaben sich die Menschen zu einer Berggrotte, in der ein Eremit ein Kreuz errichtet hatte. Sie brachten das Kreuz ins Tal, feierten die Messe und brachten es dann wieder zurück in die Grotte. So wurde ihrer Meinung nach die Katastrophe verhindert. Um sich auch weiterhin des Schutzes dieser Christuserscheinung sicher zu sein, veranstalten die Menschen in der Gegend von Chiclayo jedes Jahr in der ersten Augustwoche eine Pilgerreise zu dem heiligen Berg. Dass die Schutzfunktion des Kreuzes im Volksglauben Erweiterungen erfährt, zeigen der Name eines nordperuanischen Busunternehmens, „Cruz de Chalpón" oder die Namensgebung eines limensischen Armenviertels, das nach dem heiligen Berg **„Cruz de Motupe"** genannt wurde.

Der in Cusco verehrte „Señor de los Temblores" (**„Herr der Erderschütterungen"**) wird als Gekreuzigter durch die Straßen der Andenstadt getragen und alles, was Amt und Würde hat, wohnt der großen Prozession bei. Er soll die Menschen in Cusco vor Erdbeben schützen.

Der Gedächtnistag des „Señor de los Milagros" (**„Herr der Wunder"**) im Oktober gibt Anlass für eine der größten Prozessionen in Südamerika, bei der das Abbild des „Cristo moreno" („brauner Christus") auf einer zwei Tonnen schweren Sänfte 24 Stunden lang durch das Zentrum von Lima getragen wird. Die Prozession wird an mehreren Tagen wiederholt und bringt jedes Mal den Verkehr zum Erliegen. Die Gläubigen nennen das Abbild des Gekreuzigten „Señor de los Milagros", „Señor de Pachacamilla" oder „Cristo moreno". Es geht auf die Wandmalerei eines aus Angola stammenden Sklaven im Ort Pachacamilla bei Lima zurück. Bei dem heftigen Erdbeben im Jahr 1746 wurden alle Häuser in der Umgebung, nicht aber die Wand, auf der sich das Gemälde befand, zerstört. Kurz darauf entstand aus einer Initiative der schwarzen Sklaven die „Bruderschaft des Herrn der Wunder". Die Bruderschaft zieht inzwischen Mitglieder aus allen sozialen Schichten an, die es als hohe Ehre betrachten, die Christusfigur mit durch die Straßen der peruanischen Hauptstadt zu tragen. Selbst

Ex-Staatspräsident *Alan García* gehört zu ihren Mitgliedern so wie auch die Spieler des *FC Alianza Lima*. Die Anhängerschaft des „Cristo moreno" umfasst auch viele Frauen, die während des ganzen *mes morado* (violetter Monat) – so wird der Oktober genannt – eine violette Kutte tragen.

„Corpus Christi" (Fronleichnam) ist in den Anden und ganz besonders in der Stadt Cusco ein Fest von zentraler Bedeutung. Viele Heilige und der Bischof werden auf Sänften in einer Prozession über den Hauptplatz getragen. 1533 wurde das Fest in den peruanischen Anden eingeführt.

Die sakrale Bedeutung der Koka: Opfer und Orakel

Eine besondere religiöse Bedeutung haben im Andenhochland die Blätter der Koka, die bei sakralen wie alltäglichen Anlässen (Arbeitspausen) „gekaut" werden. Das **Kokakauen** ist aber eigentlich kein Kauen der Blätter, sondern ein Auslutschen, indem im zentralen und südlichen Peru mittels kleiner Stückchen eines Aschekuchens aus bestimmten Pflanzen, in Nord-Peru mittels einer kleinen Portion gebrannten Kalks, zusammen mit dem Speichel geringe Mengen zweier Alkaloide aus dem in einer Backentasche eingeweichten und ausgedrückten Blätter-„Pfriem" gelöst werden. Es lassen sich keinerlei religiös-spirituell nutzbare oder sonstige Rauschzustände durch Koka erreichen, wie auch keinerlei wahrnehmungsverändernde, bewusstseinsmodifizierende oder Visionen erzeugende Wirkungen. Koka kann beruhigend und emotionell stabilisierend wirken, es kann Hunger- und Durstgefühle mindern und Schwächezuständen entgegenwirken.

In **Opferhandlungen** an andine Gottheiten spielen Koka-Blätter eine bedeutende Rolle. Die Pflanze selbst wird als ein göttliches Geschenk empfunden, sodass man von der Ernte an die Gottheiten Blätter zurückgibt. Außerdem dienen die Blätter in einem äußerst komplexen Deutungssystem (Farbe, Form, Ober-/Unter-Seite, Risse, Brüche und Lageposition geworfener Blätter) für eine traditionelle Form des Orakels, durch das religiöse Spezialisten Auskunft geben können über den Verbleib verloren gegangener oder gestohlener Tiere, Gegenstände etc., über Verursacher von Schadenszauber, kulturspezifische Erkrankungen, abwesende Angehörige und vieles mehr. In der gemeinschaftsstiftenden Funktion des Kokakauens – im Kontext wichtiger Feste, nach Gemeinschaftsarbeiten oder bei Dorfversammlungen – gibt es eine religiöse Dimension, wenn man anderen Blätter anbietet und von diesen dann wieder Blätter angeboten bekommt und nimmt.

Jahreszeitlich **wiederkehrende Riten,** die mit Aussaat und Ernte oder der Vermehrung der Nutztiere zu tun haben, sind ohne Koka-Opfer und Kokakauen unvorstellbar. Die rituelle und alltägliche Nutzung der Koka (die nur in den tief gelegenen Andentälern sowie in den Tälern der höhergelegenen Teile des Amazonasgebiets traditionell angebaut und gepflückt wird) ist – ebenso wie ihr Verkauf auf den regionalen und dörflichen Märkten – für die Hochlandbewohner in Peru und in Bolivien absolut legal.

Viele falsche Vorstellungen über Koka beruhen auf der **Verwechslung von Koka mit Kokain.** Das letztere wird zwar mittels chemischer Prozesse aus riesigen Mengen der ersteren gewonnen, stellt jedoch eine Substanz vollkommen anderer Wirkung dar. Kokain euphorisiert stark und der Gebrauch zieht – so ergaben Forschungen in den letzten Jahrzehnten– sehr gefährliche Langzeitwirkungen und Spätfolgen für Nervensystem, Herzfunktion, den Organismus und das Leben insgesamt nach sich. Im traditionellen Leben der andinen Bauern kommt Kokain nicht vor (es sei denn, sie werden als Migranten in den – illegalen – Anbaugebieten in die – vollkommen illegale und offiziell verfolgte – Produktion dieser Droge verwickelt). Somit gibt es auch keine Verwendung des Kokains zur Erzeugung von Visionen oder veränderten Bewusstseinszuständen bei den andinen Bauern.

Drogen für spirituelle Visionen und schamanistische Sitzungen

Zu Erzeugung von spirituellen Visionen, schamanistischer Trance und „übermenschlichen" Bewusstseinszuständen dienen im Andenhochland wie im Amazonasgebiet und im Bereich der Nordküste **verschiedene Pflanzen.** Bei der Einnahme von Blättern, Wurzeln, Strünken oder Früchten treten schwere wahrnehmungs- und bewusstseinsändernde Wirkungen auf. Im Andenhochland sind dies vor allem der San-Pedro-Kaktus und die Brugmansia arborea (früher: Datura arborea; in Peru bekannt unter den Namen Huántuc oder Floripondio; bei uns als Zierstrauch oder -baum auch Engelstrompete genannt).

022pu Foto: ah

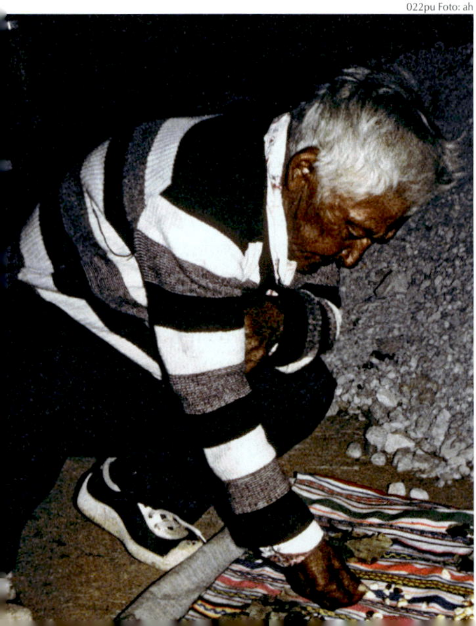

Im Amazonasgebiet wird aus verschiedenen Lianen der Gattung Banisteriopsis und anderen Pflanzen ein konzentrierter Sud hergestellt, der nach einer der namengebenden

Magie im Geschäft

Bei der Eröffnung eines Geschäftes werden manchmal spezielle Rituale durchgeführt. Sie können indigenen, christlichen oder auch asiatischen Ursprungs sein. Es werden dabei Schutzgottheiten angerufen oder Götter beschwichtigt. Dadurch sollen Geld und Kunden angezogen, Misserfolg und Pech abgewendet werden. Viele Taxi- und Busfahrer hängen christliche Symbole oder kleine Heiligenfiguren an ihre Frontscheibe, weil sie sich davon besonderen Schutz versprechen.

Sowohl für den Taxifahrer als auch für den kleinen Geschäftsmann ist der erste Kunde besonders wichtig. Sobald dieser bezahlt hat, bekreuzigt sich der Händler oder spricht ein Gebet, damit ihm Gottes Glück während des ganzen Tagesgeschäftes zuteil wird. Damit das geschäftliche Glück sich besonders schnell einstellt, ist so mancher Geschäftsmann bestrebt, das erste Geschäft möglichst früh und schnell abzuschließen. Dem Kunden bleiben dann oft Preisverhandlungen erspart und er bekommt einen günstigen Preis.

Lianen Yajé oder Ayahuasca genannt wird. Daneben gibt es noch weitere Pflanzen mit wahrnehmungs- und bewusstseinsverändernder Wirkung.

Alle diese Visionen erzeugenden **Pflanzen sind als hochgiftig einzustufen.** Ihr nach den traditionellen Vorstellungen richtiger Gebrauch bei verschiedenen indigenen Ethnien und Bevölkerungen ist kulturell eingebettet und kontrolliert und bedarf für jeden „Einzuweihenden" einer längere Zeit dauernden Anleitung durch einen religiösen Spezialisten. Unkontrollierter Gebrauch kann zu mehrfach bis immer wiederkehrenden „Horror-Trips", zur Auslösung von Psychosen, zum Gedächtnisverlust, zu bleibender Hirnschädigung oder im Extremfall zum Tod führen.

Magier und traditionelle Priester

Der Glaube an die Umwandelbarkeit von Unglück in Glück nährt sich aus dem **Glauben an die Effizienz der Magie.** In ihr fließen in Peru christliche, orientalische und indigene religiöse Vorstellungen zusammen. In allen Schichten gibt es Menschen, die sich ihre Zukunft voraussagen lassen oder einen Zauberer beauftragen, mit einem Wunschpartner eine unauf-

☐ Mit Kokablättern und Maiskörnern sagt ein Dorfheiler die Zukunft voraus

lösliche Liebesbeziehung herzustellen oder aber einem Feind Übles anzuhexen. In allen gesellschaftlichen Kreisen gibt es Menschen, die Hexerei für real halten. So erfuhr die gesamte Nation via abendliche Fernsehberichterstattung vom Schicksal eines Textilunternehmers, dem angeblich von seiner neidischen Schwägerin eine seltsame Krankheit angehext worden war, an der er auf elende Weise zugrunde ging. In der peruanischen Magie werden Gegenstände verwendet, von denen Heilkraft oder eine Schutzfunktion ausgehen soll: Talismane mit christlichen, indigenen und orientalischen Elementen, metallene Fingerringe, an denen Verwünschungen abprallen sollen. Die in den Anden innen über der Eingangstür aufgehängte Aloe Vera soll die Familie vor Schadenszauber schützen: Vertrocknet die Pflanze schnell, so wird das als Zeichen dafür gewertet, dass neidische Bekannte Schadenszauber in Auftrag gegeben haben. Umgekehrt gibt es auch Nahrungsmittel oder tote Tiere, die, in die Wohnung des Feindes gestreut, diesem Unglück bringen.

Die Magier sind Menschen mit **anerkanntem religiösen Sonderstatus,** die je nach Landesregion unterschiedliche Aufgaben haben und deren Bezeichnungen variieren: Der Begriff *Brujo* (spanisch: Hexer) bezeichnet an der nordperuanischen Küste alle Heilkundigen, *Brujo* oder *Layqa* (quechua: Hexer) steht allerdings in anderen Regionen nur für Spezialisten, die Schadensmagie ausführen. *Curandero* (Heiler), *Curioso* (kleiner Heiler, Mensch mit Wissensdurst) oder *Hampiq* (quechua: Heilkundiger) sind allgemeine Bezeichnungen. Die Begriffe *Paqo* (Priester), *Pampamisayoq* (andiner Priester mit begrenzter Kompetenz) oder *Altomisayoq* (andiner Priester mit höchster Kompetenz) verwendet man in der Region Cusco. Von *Shamenes* spricht man in einigen Tieflandregionen, neuerdings aber auch im Andenhochland. Bei den Anrufungen christlicher oder anderer göttlicher Wesen, Weissagungen sowie Opfern verwenden die religiösen Spezialisten Gegenstände und Pflanzen, denen eine besondere Kraft innewohnen soll. Bei den Andenbewohnern hat die Koka als heilige Pflanze eine herausragende Bedeutung (vermutlich seit mehreren Jahrtausenden). In der Küstenregion verlangen viele Magier Geld für ihre Dienste – oft beträchtliche Summen, die ihre Klienten sparen oder leihen müssen. In den Anden, wo viele Magier es ihren Kunden überlassen, selbst über die Entlohnung zu entscheiden, werden sie oft mit Naturalien bezahlt.

Das große **Interesse esoterisch orientierter Touristen** hat in den letzten Jahren das Heiler- und Schamanenwesen zu einem blühenden Geschäft werden lassen. In Amazonien wie im Andenraum und auch in Lima kann man sich neuerdings für Geld als „Schamane" ausbilden lassen oder zum „spirituellen Heiler" initiieren lassen, ohne die Glaubensvorstellungen der jeweiligen Gruppe zu teilen.

Peruanische Eigenschaften

Selbstverständlich gibt es keine Eigenschaften und Verhaltensweisen, die allen Menschen eines Landes gemeinsam sind; schließlich macht das Zusammenspiel von kulturellen, regionalen, sozialen und individuellen Faktoren jeden Menschen einzigartig. Trotzdem finden sich in jedem Land Denk- und Verhaltensweisen, die seine Einwohner besonders charakterisieren. Peruaner sind Europäern zugleich fremd und doch vertraut, es kommt darauf an, mit wem man es zu tun hat und wo man sich befindet. D i e peruanische Mentalität gibt es nicht, aber es gibt sehr wohl Unterschiede zu Europa und auch zu anderen lateinamerikanischen Ländern.

Die **Stadtbevölkerung,** die ihre Lebensformen und Traditionen aus Europa herleitet, ist den **Europäern sehr ähnlich.** Aber für die schwarze Stadtbevölkerung, die Zuwanderer aus den Anden in den Städten, die Menschen asiatischer Abstammung und auch für Einwohner der kleineren Küstenorte trifft das weniger zu.

Generell sind die Menschen in der Küstenregion offener, extrovertierter und spontaner als die Bewohner des Andenhochlandes. Sich selbst bezeichnen die **Küstenbewohner** gern als *sociables* (gesellig) oder *amigueros* (Personen, die schnell Freundschaften schließen) und meinen damit sowohl ihre Kontaktfreudigkeit als auch die Tatsache, dass sie sich rasch auf andere einstellen können, Gemeinsamkeiten suchen und mit Fremden auch spontan etwas unternehmen. Herzlichkeit wird gern einmal theatralisch zur Schau gestellt, vorgetäuscht oder unehrlich ist sie aber nicht. In der Regel sind Peruaner anderen Kulturen gegenüber extrem tolerant und aufgeschlossen.

Im **Tiefland** fallen die **Unkompliziertheit der Menschen** im Umgang mit anderen sowie die selbst den schwierigsten Lebensumständen trotzende Fröhlichkeit und die **positive Lebenseinstellung** auf. Allerdings haben Offenheit und Aufgelegtsein zu Scherzen auch ihre Kehrseiten: Die Menschen sind in emotionaler Hinsicht leicht verletzbar und leiden schnell und mitunter auch lange unter Kränkungen. Traurigkeit wird spontan empfunden und ausgedrückt.

Stirbt in einem indigenen Dorf ein Mensch, dann kommt oft das ganze Dorf zur Beerdigung und alle weinen. Anders als beim Verlust eines geliebten Menschen, ein Anlass, bei dem Trauer und Tränen gezeigt werden dürfen, lernen bereits Kinder, dass man bei persönlichen Schwierigkeiten nicht klagen oder weinen, sondern Stärke beweisen soll. So schärfen Eltern ihren Söhnen ein *„tienes que ser muy macho“* und ihren Töchtern *„tienes que ser muy macha“,* was in diesem Kontext bedeutet „du musst tapfer sein“, aber nichts mit dem Machismo zu tun hat.

Für Peruaner ist es wichtig, stets ruhig zu bleiben und sogar dann noch die **Regeln der Höflichkeit** zu beachten, wenn sie von Vorgesetzten oder Angestellten einer Behörde unhöflich oder abweisend behandelt werden. Nur Oberschichtsangehörige machen ihrem Ärger in solchen Situationen durch besondere Lautstärke Luft. Insbesondere Unterschichtsangehörige aber nehmen Unverschämtheiten und laute Kritik stillschweigend hin, reagieren nicht, sondern gehen innerlich auf Distanz. Auch die ärmsten Peruaner gelten als „wohlerzogen", weil sie höflich, dienstbereit und entgegenkommend sind und niemals jemanden mit „du" anreden, selbst dann nicht, wenn sie selbst geduzt werden. Wer sich einmal länger in einem armen Stadtviertel aufhält, kann dort vernehmen, dass die Menschen einander stets respektvoll mit *usted* („Sie"), *Señora* bzw. *Señor* oder *Don* anreden. Dasselbe gilt übrigens für spanischsprachige Andendörfer. Anders ist es im Amazonastiefland, wo man, ebenso wie in bestimmten Kreisen der peruanischen Hauptstadt, schneller beim „du" ist.

Peruaner machen einander gern Mut. Die Äußerung *„tengo fe que lo va a lograr"* („ich bin zuversichtlich, dass Sie es schaffen werden") kann man oft hören. Dabei stützen sie sich selten auf eine objektive Analyse der Möglichkeiten. Wichtiger ist ihnen, ihr Gegenüber emotional zu stärken, damit es in schwierigen Situationen nicht verzagt. Außerdem möchten sie sich ein wenig einschmeicheln, wenn sie dem anderen zu verstehen geben, dass sie auf seine Fähigkeiten und sein Glück vertrauen. Eigenschaften wie *calidez* (menschliche Wärme), Höflichkeit, Dankbarkeit und Gastfreundschaft haben in der peruanischen Gesellschaft einen höheren Stellenwert als Ehrlichkeit und Wahrheitsliebe. Die Probleme des Alltags und der harte Kampf um ein menschenwürdiges Leben bringen für viele so viel Leid mit sich, dass die Peruaner der unteren Schichten im Umgang miteinander – und auch mit Fremden – darauf bedacht sind, dass ihre Worte nicht verletzten. Sie ziehen die *mentira piedadosa* (fromme Lüge) der Wahrheit vor, weil sie ihrem Gegenüber nicht wehtun wollen und oft auch, weil sie Auseinandersetzungen scheuen. Werden sie aber selbst verletzt, so fällt es vielen schwer, dies offen anzusprechen. Sie trauen sich nicht oder schämen sich, jemandem etwas Negatives ins Gesicht zu sagen. Wenn man jemanden verletzt hat, wird einem das sehr oft nur indirekt mitgeteilt oder man kann es nur daraus schließen, dass der andere sich ohne offensichtliche Begründung zurückzieht. Der Umgang mit der Wahrheit führt auch schon einmal dazu, dass jemand sich in einem regelrechten Lügengeflecht verstrickt; das ist aber nicht der Normalfall. Es heißt auch nicht, dass Peruaner generell unehrlich sind. Unehrlichkeit steht lediglich im Zusammenhang mit Schamgefühlen, der Furcht vor offenen Konflikten und damit, dass man andere Menschen nicht verletzen möchte.

Die **Gastfreundschaft** der Peruaner ist hingegen ehrlich, wenn auch nicht gerade überschwänglich. In manchen Fällen hat der ausländische Gast den Eindruck von Gefühlskälte oder Unhöflichkeit. So werden Gäste zunächst in ein Zimmer gebeten, in dem sie erst mal allein sitzen. Nach einer Weile werden sie in das Wohn- oder Esszimmer gebeten, in dem entweder die Gastgeberfamilie versammelt ist oder dem Gast eine Mahlzeit serviert wird, die er allein einnimmt. Mitunter unterhalten die Gastgeber sich auch eine längere Zeit mit dem Gast, ehe sie ihm etwas anbieten. Wenn die Gastgeber einen schon länger kennen, kann es sogar passieren, dass sie einen zum Essen einladen, selbst aber nicht zu Hause sind, wenn man eintrifft. Der Gast wird dann von einem Kind oder dem Dienstmädchen ins Wohnzimmer gebeten und wartet dort darauf, dass die Gastgeber vom Einkauf oder von ihrer Arbeit nach Hause kommen.

Viele **Peruaner der Unter- und Mittelschicht,** deren Familien aus dem Landesinnern zugewandert sind, betrachten sich als „hart arbeitende Menschen", die vor großen Anstrengungen nicht zurückschrecken und bereit sind, alles aus sich herauszuholen. Für die Kleinbauern in Andendörfern ist hartes Arbeiten so selbstverständlich, dass die Eigenschaft ihnen gar nicht erwähnenswert erscheint.

Kreolen (mit diesem Wort werden heute alteingesessene Limenser bezeichnet) gelten als faul, aber schlau und gerissen. Die beiden Wörter *criollo* und *vivo* stehen im heutigen Peru gleichermaßen für „gerissen". Ein typischer Criollo überlegt, wie er aus einer Sache den größtmöglichen Vorteil für sich herauszieht, auch wenn er notfalls den Anderen kräftig über das Ohr haut. Ein Mensch, der diese Eigenart ganz besonders stark verkörpert, ist ein *criollazo* (Superkreole) oder ein *vivazo* (ganz Gerissener). Zum Criollo gehört, dass er ausgesprochen kreativ im Hinblick auf das Aufspüren von Möglichkeiten des Geldverdienens ohne allzu große Anstrengungen ist. Mit dem Ausdruck *a la criolla* (auf kreolische Weise) bringen Peruaner zum Ausdruck, dass sie alles irgendwie hinkriegen. Darauf sind viele stolz und manche übersehen dabei, dass der globalisierte Markt kein Irgendwie toleriert und dass internationale Konkurrenzfähigkeit nicht nur Geschicklichkeit, sondern auch ein Höchstmaß an Präzision verlangt.

Im Alltag, wo es für viele schwer ist, sich ihren Lebensunterhalt zu verdienen, ist das *ingenio* (Flexibilität und scharfsinnige Kreativität) eine unabdingbare Eigenschaft. Das Wort *chicha,* das eigentlich Getränke aus Mais bezeichnet – Perus Alternative zu den importierten Softdrinks – bezieht sich auch auf eine in Peru entstandene Musik sowie auf Gebrauchsgegenstände, die ein Resultat typischen peruanischen Erfindergeistes sind. Wer keine Arbeit hat, kreiert sich selber eine und wer auch das nicht schafft, findet immer noch einen Weg des Geldverdienens: *Recursearse* bedeutet

„sich zu helfen wissen" durch die Nutzung jeder nur erdenklichen Ressource; ungewöhnlichen Ideen sind dabei keine Grenzen gesetzt.

Die *viveza criolla* (kreolische Schläue) spielt auch im Geschäftsleben und gegenüber Fremden eine Rolle. Manche Peruaner empfinden Mitleid mit den „unschuldigen" oder „naiven" Ausländern, die darauf nicht immer vorbereitet sind. Manchmal ist aber die Schläue auch so plump, dass ein Fremder sie gar nicht als solche erkennt. Wenngleich die Eigenschaft als typisch peruanisch gilt, trauen Peruaner auch Ausländern zu, dass sie sich „kreolische" Eigenschaften aneignen; damit meinen sie die Schläue, den unkomplizierten Umgang mit anderen und die Fähigkeit, ausgelassen zu feiern. Ein *acriollado* (kreolisch gewordener Mensch) ist jemand, der sich vieles der peruanischen Lebensart angeeignet hat. Das wird von Peruanern gern gesehen und als positiv gewertet, weil sie darin die Wertschätzung ihrer Kultur sehen und weil es ihnen den Umgang leichter macht.

Bei **Feiern** im großen Freundes- und Bekanntenkreis verfliegt die sonst übliche Zurückhaltung. Insbesondere Küstenbewohner, die die kreolische Kultur ihr eigen nennen, und Afroperuaner bezeichnen sich als *jaraneros. Jarana* bezeichnet die lärmende Fröhlichkeit, die entsteht, wenn viele Menschen sich bei einer Riesenfete mit lauten, erotisierenden Rhythmen bis in die frühen Morgenstunden vergnügen und dabei alle Sorgen schlicht vergessen oder verdrängen. Wer mit Peruanern befreundet ist, wird bei solchen Feiern eingeladen und voll integriert; ein Abend mit viel Spaß und Lebensfreude ist dann garantiert.

Auch im Andenhochland stehen Dorffeiern Fremden zur Teilnahme offen. **Fremde** werden von der Dorfbevölkerung in der Regel sehr freundlich, aber beim ersten Besuch keineswegs mit offenen Armen aufgenommen. Eine mehrere Jahrhunderte andauernde Erfahrung der Überrumpelung hat die Menschen vorsichtig und auch misstrauisch werden lassen. So beobachten sie Fremde zunächst, begegnen ihnen mit Argwohn oder nähern sich ihnen nur, weil sie von ihrem vermeintlichen Reichtum profitieren wollen. Auf den ersten Blick wirken manche **Andenbewohner** verschlossen, schweigsam und herb, ja sogar unfreundlich. Erst wenn sie Vertrauen zu einem Menschen gewinnen, sind sie äußerst liebenswürdig. Sie beschützen den Fremden vor möglichen Gefahren und erzählen hingebungsvoll von Annehmlichkeiten in ihrem Leben und vom vielen Leid, das sie erfahren haben; sie laden ihn zu ihren Festen und Familienfeiern ein. Der Fremde sollte sich dankbar erweisen, keine ihm angebotenen Speisen ablehnen (der Widerwille gegen Speisen, die man anfänglich nicht zu mögen glaubt, schwindet schneller, als man denkt) und mittrinken.

Wenn peruanische Huayno-Sängerinnen und -Sänger Lieder von enttäuschter Liebe singen, schwingt in den Melodien der Ausdruck von tiefer

Zuneigung und zerstörerischem Leid mit. Die Aufforderung *ama waqaspalla* (quechua: „weine nicht“) nimmt Bezug darauf, dass manch einer nah am Wasser gebaut hat. Wer aber das Bild des schmächtigen, leidgeprüften, resignierten und passiven Andenbewohners im Kopf hat, der wird bei näherem Kontakt eines Besseren belehrt. **Stärke und die Fähigkeit „aushalten“** *(aguantar)* sind angesichts des kargen Lebens derart wichtig, dass Kinder sehr früh lernen, bei Schmerz, Krankheit und Müdigkeit weder zu klagen noch zu weinen. Wenn die Kinder das schaffen, sind sie stolz auf sich und werden gelobt als *muy fuerte* (sehr stark) oder als *muy macho* (sehr tapfer). Im Allgemeinen sagen die Andenbewohner von sich, dass sie *fuertes* sind. Schließlich hat die Geschichte das auch bewiesen und ihre Gewissheit, dass sie unter härtesten Bedingungen leben und überleben können, erfüllt sie mit Stolz. Nicht zuletzt belegen die unzähligen Erfolgsgeschichten andiner Migranten in den Küstenstädten, dass Ausbeutung, Unterdrückung und jahrhundertelanges Ausharren in extremer Armut viele *serranos* („Bergbewohner“) zäh und ausdauernd gemacht hat. Andine Tänze wie der Huaylarsh oder der Santiago aus dem zentralperuanischen Hochland, die Tuntuna oder die Diablada aus dem Altiplano zeigen einen kraftvollen, rebellischen Menschen.

Wohl gibt es in den Anden Menschen, die aus ihrem Elend keinen Ausweg sehen und Feste und Feiern nutzen, um sich zu betrinken oder sogar an normalen Werktagen billigen **Alkohol** konsumieren. Aber selbst die *borrachera* („Besoffensein“ oder „Besäufnis“) hat je nach Kontext auch eine positive Komponente. Männer zeigen dabei, wie sensibel sie sind, spielen sich nicht als Macho auf, sondern gestehen ihre Schwächen ein und das macht sie in den Augen mancher Frau sympathisch. Betrunkensein kann von Traurigkeit und Wehmut begleitet sein ebenso wie von Freude und Jubel, dann nämlich, wenn Campesinos miteinander trinken, weil sie eine tiefe Verbundenheit mit ihrer Erde, ihren Gottheiten und ihren Traditionen empfinden. Und es gibt Huaynos und andere traditionelle andine Lieder sowie an der Küste von Zuwanderern komponierte Chicha-Lieder, die die *borrachera* sogar verherrlichen.

Viele Küstenbewohner betrachten Menschen aus dem andinen Hinterland als einfältig und leichtgläubig. Die Zuordnung dieser Eigenschaften muss dabei im nationalen Kontext gesehen werden. Menschen aus den Bergen ließen sich leicht betrügen, weil sie die städtischen Umgangsformen nicht kannten und das Verhalten der Städter sowie die Folgen mancher Situationen schlecht einschätzen konnten. Inzwischen dürfte dies auf die Mehrheit der Andenbevölkerung aufgrund von Migration und dem leichteren Zugang zu Informationen und modernen Kommunikationsmitteln wohl kaum mehr zutreffen.

EL INDOMITO
PUEBLO DE TACNA

Die peruanische Gesellschaft heute

[<] Heldenmonument in der südperuanischen Stadt Tacna (088pu Foto: ah)

Gesellschaft und Politik

Seit dem Ende der spanischen Kolonialherrschaft und der Gründung des unabhängigen Staates Peru haben demokratische Regierungen, Diktaturen sowie rechte und linke Militärregierungen einander abgelöst. Peru ist heute eine **präsidiale Republik.** Staatsoberhaupt ist der mit weitgehenden Vollmachten ausgestattete Präsident, der auf fünf Jahre direkt gewählt wird.

In Peru besteht **Wahlpflicht.** Das bedeutet, das Wahlberechtigte ab dem 18. Lebensjahr mit Strafzahlungen rechnen müssen, wenn sie nicht wählen. In allen Bevölkerungsgruppen gibt es jedoch Menschen, die von den Politikern so enttäuscht sind, dass sie am liebsten nicht zu den Wahlen gehen würden.

Laut einer Umfrage vom März 2010 haben 83 Prozent der Bevölkerung von Lima kein oder **wenig Vertrauen in die Regierung.** 84 Prozent gaben an, generell kein oder wenig Vertrauen in politische Parteien und ihre Politiker zu haben. Mit dem Funktionieren der Demokratie in Peru waren 61 Prozent unzufrieden. Einer anderen Umfrage ebenfalls vom März 2010 zufolge meinten 58 Prozent der Bevölkerung, das Wählen solle freiwillig sein.

Geringer Kontakt zwischen Bevölkerung und Parteien sowie die weitverbreitete Sichtweise, dass eine kleine Schicht die demokratischen Einrichtungen zur persönlichen Bereicherung nutzt, prägen die **politische Kultur.** Die meisten Medien bieten wenig Information und noch weniger politische Analysen. In ländlichen Regionen kommen Printmedien oft gar nicht an.

Die politische Selbsteinschätzung vieler Peruaner bewegt sich zwischen zwei Extremen: Einerseits ist die Meinung, kein Peruaner sei in der Lage, das Land aus dem Elend zu befreien, weitverbreitet. Andererseits herrscht der große Wunsch, an die Möglichkeit einer besseren Zukunft zu glauben, sodass die Gewinnchancen charismatischer Populisten bei Wahlen hoch sind.

Vor den **Präsidentschaftswahlen** steigt regelmäßig die Zahl neu gegründeter Parteien und Bewegungen. Den meisten davon gelingt es jedoch nicht, sich zu konsolidieren. Nicht selten wechseln Abgeordnete ihre Partei während einer Legislaturperiode. Auch entstehen vor den Wahlen die unterschiedlichsten Parteienbündnisse. Am Ende einer Legislaturperiode sind die Menschen oft so enttäuscht, dass die Partei des scheidenden Präsidenten auf einen verschwindend geringen Stimmenanteil sinkt. Dadurch gelingt es keiner Partei, sich dauerhaften Rückhalt in der Bevölkerung zu bewahren.

Alianza Popular Revolucionaria Americana (APRA, „Revolutionäre amerikanische Volksallianz")

Im 19. Jahrhundert beeinflussten zwei Persönlichkeiten die Meinungsbildung und das politische Geschehen ganz besonders. Einer von ihnen, **Victor Raúl Haya de la Torre** (1895–1979), gründete im mexikanischen Exil die antioligarchische „Alianza Popular Revolucionaria Americana", kurz APRA oder PAP. Die Partei stand lange für nationale Unabhängigkeit, gegen den ökonomischen Einfluss der USA und für eine stärkere staatliche Kontrolle über die Wirtschaft, insbesondere über ausländische Investitionen. Sie rief eine Vielzahl parteieigener Verbände ins Leben und schuf dadurch unter ihren Mitgliedern das Gefühl der Zusammengehörigkeit sowie einen Fanatismus, den keine andere Partei erreichte.

Die APRA war maßgeblich an der Durchsetzung besserer Arbeitsbedingungen in der nordperuanischen Landwirtschaft beteiligt, sowohl auf den Zuckerrohrplantagen der Küste als auch im andinen Hinterland. Deshalb sind in Nordperu viele Menschen der APRA bis heute treu, unabhängig davon, ob sie die Handlungen ihrer jeweils an der Macht befindlichen Politiker billigen.

Die APRA musste lange warten, bis sie endlich die Macht im gesamten Land übernehmen konnte. Erst 1985 gelang dem charismatischen **Alan García** ein spektakulärer Wahlsieg. Mit 35 Jahren wurde er der erste von der APRA gestellte Präsident. Seine rhetorisch geschickt vorgetragenen linkspopulistischen und nationalistischen Ideen sprachen direkt die geheimen Wünsche vieler Peruaner an. *García* verspielte seinen Vertrauensvorschuss jedoch in seiner Amtszeit vollständig und hinterließ 1990 ein Land im wirtschaftlichen und politischen Chaos. Dass er 2006 erneut Präsident wurde, lag einerseits daran, dass die größtenteils jungen Wähler keine Erinnerung mehr an seine Regierung hatten, und andererseits daran, dass sein Gegenspieler bei der Stichwahl als größeres Übel betrachtet wurde. *Garcías* zweite Amtszeit orientierte sich weniger an ursprünglichen Idealen der APRA als vielmehr an der durch seine Vorgänger vorgegebenen wirtschaftsliberalen Politik.

Izquierda Unida (IU, „Vereinigte Linke")

In den 1960er-, 1970er- und 1980er-Jahren erlebte die peruanische Linke eine Art Hochkonjunktur. Viele junge Leute fühlten sich von den sozialistischen, marxistischen, trotzkistischen und maoistischen Ideen angezogen. Sie schöpften daraus Kraft und Optimismus. Manche glaubten sich einem revolutionären Umsturz der Gesellschaft sehr nahe.

Der wichtigste Vordenker der peruanischen Linken war der 1894 in dem südperuanischen Andenstädtchen Moquegua geborene **José Carlos Mariátegui.** Der Autodidakt und Journalist plädierte in seinem mehrbändigen Hauptwerk „Sieben Essays zur Interpretation der peruanischen Wirklichkeit" und in zahlreichen Artikeln für eine Revolution mit peruanischem Charakter, bei der die Kulturtraditionen der andinen Bevölkerung sich unmittelbar in die sozialistische Gesellschaft einfügen sollten. *Mariátegui* sah in der Benachteiligung der „Indios" und der ungleichen Verteilung des Landbesitzes die Hauptprobleme Perus. 1928 gründete er die „Partido Socialista Peruano", die 1930 in „Partido Comunista del Perú", kurz PCP, umbenannt wurde. Die Partei hatte maßgeblichen Einfluss auf die Entstehung von Bewegungen, die die Landbesetzungen und Rebellionen gewerkschaftlich organisierter Bauern und Plantagenarbeiter im Andenhochland der 1960er-Jahre vorantrieben. So schuf *Luis de la Puenta Uceda* 1962 die „Movimiento de Izquierda Revolucionaria" („Bewegung der revolutionären Linken"), die ebenso wie die von *Hugo Blanco* gegründete trotzkistische Partei Bauernaufstände gegen die erste Regierung *Belaúnde* anführte.

Flügel- und Richtungskämpfe, Abspaltungen und Umorientierungen ließen in den folgenden Jahren immer wieder neue linke Parteien entstehen, darunter zum Beispiel die anfänglich stark maoistisch ausgerichtete „Patria Roja" („Rotes Vaterland").

Viele linke Parteien förderten den Aufbau von Basisorganisationen unter der armen Bevölkerung. Dadurch vergrößerten sie ihren politischen Einfluss und unterstützten zugleich den Kampf der Armen für neue Rechte. In den Städten halfen sie bei der Besetzung von ungenutztem Wüstenland, auf dem später riesige Wohnviertel entstanden. Linke Parteien gründeten die großen **Arbeiter- und Bauerngewerkschaften.** Sie erstritten arbeitsrechtliche Vorteile für Fabrik- und Bergbauarbeiter und riefen zu Streiks und Blockaden auf, wenn Politiker Entscheidungen trafen, die für die Arbeiter von Nachteil zu sein schienen.

Die Mobilisierung der Bevölkerung angesichts des Vorhabens bedeutende Gasvorkommen in Camisea durch ausländische Konzerne fördern zu lassen und im Zusammenhang mit den Auswirkungen des Goldbergbaus auf die Landwirtschaft der Kleinbauern in der Gegend um Cajamarca verdeutlichte, wie sehr die **Aktivitäten ausländischer Konzerne** als Teil des Konfliktes „Reich gegen Arm" verstanden wurden. In beinahe allen peruanischen Universitäten war der Marxismus fester Bestandteil der Vorlesungsinhalte. Das änderte sich mit dem Fall der Berliner Mauer und dem Vordringen wirtschaftsliberaler Ideen seit dem Beginn der 1990er-Jahre.

1980 bildeten mehrere linke Parteien zum Zweck besserer Chancen bei Wahlen die Allianz **„Izquierda Unida", kurz IU.** Ihr Präsident, *Alfonso Barrantes Lingán,* ein gemäßigter Linker, der einst Miglied der APRA gewesen war, trat bei nationalen und kommunalen Wahlen an. Als Bürgermeister von Lima schuf er das Programm *Vaso de Leche,* bei der Umsetzung erhielten Kleinkinder in Armenvierteln täglich „ein Glas Milch". Für die Zubereitung aus dem von der Stadt gelieferten Trockenmilchpulver war die Mobilisierung der Mütter erforderlich. Dadurch sollte eine solide Basisorganisation unter den städtischen Armen ins Leben gerufen werden.

025pu Foto: lg

In den 1980er-Jahren errangen linke Parteien hohe Stimmenanteile bei Kommunalwahlen. Inzwischen sind die Glanzzeiten der Linken jedoch vorbei. Die „Vereinigte Linke" ist seit 1993 aufgelöst und die linken Parteien **spielen keine große Rolle mehr.** „Patria Roja" beherrscht noch die Lehrergewerkschaft SUTEP („Sindicato Unitario de Trabajadores de la Educación del Perú"), ist aber bei vielen Lehrern der staatlichen Schulen unbeliebt und wird von diesen der Korruption, Selbstbedienung aus der Lehrersparkasse, Verweigerung konstruktiver Kritik sowie ablehnender Haltung gegenüber Bildungsreformen bezichtigt.

Während einige linke Parteien das Gedankengut von *Mariátegui* bewahren, gehören Mitglieder von „Patria Roja" der „Movimiento Nueva Izquierda" („Bewegung Neue Linke") an, gemeinsam mit Bewunderern des venezolanischen Staatschefs *Hugo Chávez* und „Ethnocaceristas". Das Parteiprogramm propagiert keine kommunistische Wirtschaftsweise mehr, sondern die „Peruanisierung durch Nutzung der kulturellen, natürlichen und moralischen Ressourcen" des Landes.

⌃Alfonso Barrantes, Präsidentschaftskandidat der „Vereinigten Linken", hatte als junger Mann der APRA angehört

Chamaco

„Ein Priester war mein Klassenlehrer an der katholischen Sekundarschule. Er unterrichtete uns in Religion, Philosophie und er lehrte uns die Lebenswirklichkeit der Armen, der Proletarier. Er forderte diejenigen, die sich als Christen betrachteten, auf, an den Wochenenden die Müllhalde in El Agustino wegzuräumen. Da es für die Armen keine Müllabfuhr gab, warfen die Leute ihren Abfall in unmittelbarer Nähe ihrer Wohnungen weg; jede Menge Fliegen gab es dort. Wir arbeiteten mit Schaufeln. Zum ersten Mal in meinem Leben hatte ich Blasen an meinen Händen. Danach brachte der Lehrer uns nach Musa zu den Ziegelsteinfabrikanten. Wir schleppten die frisch gebrannten Ziegelsteine von den Öfen zu den Lastwagen, sozusagen als Solidaritätsgeste. An unseren Händen bildeten sich Blasen, Schwielen und Hornhaut. In der Klasse unterschieden wir, die wir an den Wochenenden solche Arbeiten ausführten, uns von Mitschülern, die zu Hause blieben. Wir unterschieden uns dadurch voneinander, ob wir Hornhaut hatten oder nicht. Dann gingen wir in die Schlachtereien und arbeiteten dort. Wir gründeten einen Debattierklub, lasen Mariátegui und verschiedene internationale Ökonomen. Wir diskutierten die Probleme unseres Landes und suchten nach Lösungen. Nachdem ich 1972 die Aufnahmeprüfung an der Staatlichen Ingenieurshochschule bestanden hatte, wollte ich unbedingt Mitglied in einer linken Partei werden, weil ich die Lage meines Landes ändern wollte. Ich beschäftigte mich mit verschiedenen Ideologien und entschied mich für den Trotzkismus, weil diese peruanische Partei die Militärregierung nicht unterstützt hatte. Meine Jugend widmete ich dem Einsatz für meine Partei. Vergnügungen gab es nicht für mich und ich vernachlässigte sogar mein

Die „antioligarchische Revolution"

Am 3. Oktober 1968 putschte eine kleine Gruppe linksgerichteter Offiziere um **General G. J. Velasco Alvarado** diesen an die Macht. Militärs hatten in Peru schon oft die Regierung an sich gerissen. Diesmal wurde der Putsch von jungen Offizieren mit linken Ideen angeführt, die mit einem „sozialistischen Reformprojekt" die peruanische Wirtschaft und die Gesellschaft durch eine Revolution von oben grundlegend verändern wollten. Ziel dieser „antioligarchischen Revolution" war die Beseitigung der Herrschaft der Reichsten. In der Folge wurde in Peru eine der weitreichendsten Landreformen Lateinamerikas durchgeführt. Unter der Regierung *Velasco* wurden aus den Latifundien Genossenschaften, Schlüsselin-

Studium. Wir bildeten Arbeiterzellen. Ich fuhr morgens früh in die Fabriken auf der Avenida Argentina; dort betreute ich zwei Zellen in zwei Fabriken. Ich ging mit den Arbeitern nach Hause, verbrachte die Nächte in ihren Hütten und lernte das Proletarierleben kennen. Unser Ziel war die Identifikation mit den Arbeitern. Wir wollten als Vertreter der peruanischen Arbeiter die Revolution anführen und die Macht im Land übernehmen. Wir wollten die ganze Bevölkerung von unseren Idealen überzeugen, eine verfassungsgebende Versammlung einberufen und uns dann an die Neuorganisation des Landes machen, Rechtsprechung, Polizei und Bildungswesen neu organisieren. Um aber die Arbeiterschaft anzuführen, mussten wir so werden wie sie. Die Arbeiter hatten existenzielle Probleme, die kurzfristig nach konkreten Lösungen verlangten. Deshalb organisierten wir Streiks. Die Arbeiter machten mit, weil sie bessere Löhne wollten. Die Durchführung der Revolution war ein langfristiges Ziel, von dem wir die Arbeiter nicht überzeugen konnten, denn sie waren verzweifelt, weil sie Hunger hatten. Viele hatten Tuberkulose. Ich steckte mich an und erkrankte 1975; ich spuckte Blut, wurde dünn, schwach und bettlägerig. Meine Universität stieß mich wegen schlechter Noten aus und ich habe mein Studium nicht abgeschlossen. Meine Partei hatte sich zwischenzeitlich gespalten und betrieb ihre Politik nicht mehr mit derselben Ernsthaftigkeit wie zuvor. Jeder x-Beliebige konnte Parteimitglied werden, die Disziplin war verschwunden.

Als die Berliner Mauer fiel, war ich glücklich, weil die Trotzkisten Recht gehabt hatten. Andere Linke verwandelten sich damals in Bourgeois. Aber auch unsere Genossen hatten sich verschlissen. Sie hatten die Hoffnung schon aufgegeben, denn die Revolution erschien ihnen in zu weiter Ferne. Viele wollten endlich das Leben genießen."

dustrien, darunter die großen Bergwerke, wurden verstaatlicht. Durch Reformen des Bildungssystems sollte die Voraussetzung für eine nationale Integration geschaffen werden. Dieses Ziel wurde jedoch ebenso wenig erreicht, wie eine Steigerung der Wirtschaftskraft. Da die neuen Eigentümer der Genossenschaften weder über Kenntnisse noch das Kapital für eine rentable Produktion verfügten, veraltete Technologien nicht mehr durch moderne ersetzten und Forschungen zur Steigerung der landwirtschaftlichen Produktivität einstellten, büßte Peru an Wirtschaftskraft ein. Viele Familien mit ausgeprägten unternehmerischen Fähigkeiten wanderten ins Ausland ab und ihr Erfahrungsschatz ging der peruanischen Wirtschaft verloren. Zudem entsprach die genossenschaftliche Wirtschaftsweise keineswegs, wie die Militärs zunächst angenommen hatten, dem Denken der ehemals Landlosen oder einfachen Bauern, sondern sie wurde von den Menschen als Unterdrückungsmechanismus empfunden. Wie brutal manche von der Militärregierung in ländlichen Regionen eingesetzte Verwalter von Produktionsgenossenschaften gegen die Bauern vorgingen, verdeutlicht der Film „El caso Huayanay" („Der Fall Huayanay").

In der Industrie führten Enteignungen und Verstaatlichungen sowie die neuen Formen der Mitbestimmung zum Produktionsrückgang. Das **„System zur Regierungsunterstützung",** SINAMOS, geriet in den Ruf eines Apparates zum Ausspionieren aller Arbeiter und Bauern. Durch die neuen Besitzverhältnisse im Andenhochland und das Ende der Willkür seitens der Großgrundbesitzer wurden die Menschen in den Anden aber selbstbewusster und freier. 1975 trat General *F. Morales Bermudez,* der sich ebenfalls an die Macht putschte, *Velascos* Erbe an. Er verfolgte bis 1980 eine liberale Wirtschaftspolitik.

Acción Popular – („Aktion des Volkes")

Im Jahre 1980 fanden freie Wahlen statt, die **Fernando Belaúnde Terry,** der bereits vor der Machtübernahme durch die Militärs einmal das Land regiert hatte, gewann. 1956 hatte er die Partei **„Acción Popular"** („Aktion des Volkes"), kurz **AP** genannt, gegründet. *Belaúnde* setzte die Reprivatisierungspolitik von General *Bermudez* fort. Auch Zeitungen sowie Rundfunk- und Fernsehsender wurden ihren alten Eigentümern zurückgegeben. Exportmonopole wurden abgeschafft. Bergbau und Erdölsektor wurden wieder für ausländische Investitionen geöffnet. Im Bankenbereich wurde wieder ausländisches Kapital zugelassen.

Die Arbeiter auf den von der Regierung *Velasco* geschaffenen landwirtschaftlichen Kooperativen hatten das Recht, das Land in kleine private Grundstücke unter sich aufzuteilen. Von Beruf Architekt, legte *Belaúnde* während seiner Amtszeit großen Wert auf den Ausbau der Infrastruktur. Er ließ Wohnungen für schlecht gestellte Familien in den Städten bauen und förderte den landesweiten Bau neuer Straßen. Außerdem rief er die Stadtbevölkerung auf, das vermeintlich „unbesiedelte" Amazonastiefland zu „kolonisieren". Noch bevor *Belaúnde* im Amt war, hatte im Gebirgsdepar-

> Eigenorganisation zur Verteidigung bäuerlicher Rechte auf einem Bauernkongress 1986

tement die Guerilla-Bewegung „Sendero Luminoso" („Leuchtender Pfad") mit ihren Aktivitäten begonnen. Die Regierung *Belaúnde* nahm die Gefahr jedoch nicht wirklich ernst und so konnte die Bewegung landesweit Basen aufbauen und ihre gewaltsamen Aktionen ausdehnen. Seit dem Ende seiner zweiten Amtszeit hat die AP politisch keine Bedeutung mehr. *Belaúnde* selbst wird hoch angerechnet, dass er sich persönlich niemals aus der Staatskasse bedient hat.

Partido Popular Cristiano (PPC, „Christliche Volkspartei")

1966 gründete **Luis Bedoya Reyes** die „Partido Popular Cristiano", kurz PPC. Sie ging aus der älteren „Democracia Cristiana" hervor und basiert wie diese auf der christlich-sozialen Doktrin. 1990 schloss sich die PPC mit der „Acción Popular" und der Bewegung „Movimiento Libertad" zusammen (siehe unten). 2006 bewarb sich die PPC innerhalb des Parteienzusammenschlusses „Unidad Nacional" („Nationale Einheit") mit *Lourdes Flores* als Kandidatin um die **peruanische Präsidentschaft.** Wichtige Punkte des Regierungsprogramms waren die Einführung der sozialen Marktwirtschaft, soziale Verantwortung durch die Unternehmer, Reformen in der Bildungspolitik und Chancengleichheit.

089pu Foto: ah

Frente Democrático („Demokratische Front")

Der Versuch von APRA-Präsident *García,* die peruanischen Banken zu verstaatlichen, gab 1987 den Anstoß zur Gründung der **„Movimiento Libertad"** („Bewegung Freiheit"), an der viele peruanische Unternehmer beteiligt waren. Zusammen mit der Partei „Acción Popular" und der „Partido Popular Cristiano" wurde 1990 das Wahlbündnis „FREDEMO" gebildet, mit *Mario Vargas Llosa* als Präsidentschaftskandidaten. *Vargas Llosa* plädierte u. a. für die Befriedung des Landes, die Anwerbung von Kapital und moderner Technologie sowie für die Einführung von Besitztiteln unter Kleinbauern. Zudem warb er für ein neoliberales Schockprogramm. „Movimiento Libertad" und „FREDEMO" lösten sich nach der Wahlniederlage von *Vargas Llosa* und dessen Rückkehr ins Ausland wieder auf. Einer der Hauptdenker der Bewegung, der Ökonom *Hernando de Soto,* beriet später die Regierung *Fujimori,* die das Schockprogramm durchführte.

Cambio 90 („Wandel 90")

1990 riefen der Rektor der staatlichen Hochschule für Landwirtschaft, **Alberto Fujimori,** und der aus einem Andendorf stammende Brotmaschinenfabrikant *Maximo San Román* sowie andere Personen die **„Movimiento Independiente Cambio 90"** („Unabhängige Bewegung Wandel 90") ins Leben. Im Wahlkampf erteilte *Fujimori* einem neoliberalen Schockprogramm eine Absage. Allerdings hofften nicht wenige Peruaner, er könne aufgrund seiner japanischen Abstammung Peru in einen lateinamerikanischen „Tigerstaat" (nach dem Vorbild der asiatischen „Tigerstaaten") verwandeln. *Fujimoris* Engagement in den Armenvierteln und die Einbindung armer Menschen in Aktivitäten zur Verbesserung ihrer eigenen Lebensbedingungen entzog der Linken die Basis. Sogar Menschen, die vorher mit einer Guerillabewegung sympathisiert hatten, verschrieben sich dem **„Fujimorismo",** einer Politik, die für eine autoritäre Innenpolitik in Kombination mit einem erfolgreichen neoliberalen Wirtschaftsprogramm stand. Als die Regierung *Fujimori* 1999 die Privatisierung bzw. die Konzessionsvergabe von Schlüsselindustrien einleitete, gab Wirtschaftsminister *Boloña* der Pres-

› Regierungsberater Vladimiro Montesinos
(1. von links, sitzend) mit US-amerikanischen Drogenberatern

se stolz die Höhe der Einnahmen bekannt und kündigte die Schaffung neuer Arbeitsplätze sowie die Begleichung von Staatsschulden durch die Einnahmen aus Privatisierungen an. In wessen Taschen ein Großteil des Geldes tatsächlich floss, ahnte damals kaum jemand.

1992 wurde die Partei in **„Nueva Mayoria"** („Neue Mehrheit") umbenannt. Im selben Jahr tötete ein Mordkommando nachts Studenten und Professoren, vermeintliche Mitglieder der Terrororganisation „Leuchtender Pfad", im Schlafsaal einer staatlichen Universität. Als staatliche Sicherheitskräfte 1997 ein Geiseldrama in der Residenz des japanischen Botschafters beendeten, ohne dass eine einzige Geisel getötet wurde, stieg *Fujimoris* Beliebtheit. Obwohl die Terroristen an Ort und Stelle exekutiert wurden und der Präsident bei einer Besichtigung verächtlich seinen Fuß auf die Leichname stellte, rief dies zwar Abscheu in der Bevölkerung hervor, doch nahm seine Popularität keinen Schaden.

Trotz zahlreicher Menschenrechtsverletzungen und der starken Einschränkung der Pressefreiheit während seiner Amtszeit gibt es in Peru in allen sozialen Schichten immer noch Leute, die *Fujimori* sofort wieder ins Präsidentenamt wählen würden, wenn dies möglich wäre. Seine politische Bewegung wird seit seiner Flucht ins Ausland und seiner späteren Inhaftierung von seiner Tochter, **Keiko Sofía Fujimori,** geleitet.

027pu Foto: lg

Perú Posible („Peru ist möglich")

Der Ökonom **Alejandro Toledo** und der Arzt *Luis Solari* gründeten diese Bewegung 1995, als *Toledo* zum ersten Mal gegen *Fujimori* antrat. Sie war wirtschaftsliberal orientiert, warb aber für einen „Kapitalismus mit menschlichem Antlitz". In seiner Amtszeit lehnte *Toledo* sich außenpolitisch stark an die USA an und versuchte deren Interessen auch im Inneren entgegenzukommen. Er unterstützte Pläne für einen gemeinsamen amerikanischen Markt. Wie *Fujimori* konnte auch *Toledo* ins Ausland abgewanderte Fachkräfte zur Rückkehr und Übernahme hoher Regierungsämter bewegen.

Konsequent durchgeführte **Dezentralisierung** und die Einrichtung von Lokalregierungen wirkten sich in ländlichen Regionen vorteilhaft auf Munizipien und kommunale Regierungen aus. Dort wurden Gelder der Interamerikanischen Entwicklungsbank für die Verbesserung des Schulwesens, der Viehzucht und dörflicher Infrastruktur genutzt. Campesinos in den Anden äußerten, dass sich noch nie eine Regierung so sehr für die Verbesserung ihrer Lebensbedingungen engagiert hatte. In der Einführung der Frauenquote sahen Amtsinhaberinnen in armen Dorfgemeinden neue Chancen für das Land. Auch im Zusammenhang mit *Toledo* fiel manches Mal der Name *Pachacutec.* Meist nannten die Leute ihn aber *Choledo;* darin steckt das Wort *cholo* (kultureller Mischling).

Partido Nationalista Peruano („Nationale Partei Perus")

2005 wurde die *Partido Nationalista* von Major *Ollanta Humala* und seiner Frau *Nadine Heredia* als Reaktion auf die Kritik an der neoliberalen Wirtschaftspolitik und zwecks Kandidatur *Humalas* für das Amt des Staatspräsidenten gegründet. Die Partei greift, indem sie sich auf *Mariátegui* und *Haya de la Torre* beruft, sozialistische und marxistische Ideen auf sowie Gedankengut der von *Humalas* Vater gegründeten Bewegung des **„Ethnocacerismo".** Der *Ethnocacerismo* sieht sich in der Tradition von *Andrés Avelino Cáceres,* einem Feldherrn und späteren Staatspräsidenten, der im 19. Jh. gegen die chilenischen Invasoren kämpfte. Aus Furcht, seine Bauernarmee könnte die großen Ländereien besetzen, verbündeten sich peruanische Großgrundbesitzer mit dem chilenischen Feind. Der *Ethnocacerismo* propagiert rassistische und nationalistische Ideen bei gleichzeitiger Forderung nach Restauration des Inkareiches und Legalisierung des Kokaanbaus.

Die Nationale Partei strebt eine Neugründung des peruanischen Staates unter Berücksichtigung der ethnischen Zusammensetzung an, um den Peruanern „ihre Würde zurückzugeben". Innerhalb der Partei gibt es allerdings unterschiedliche Strömungen. In ihr finden sich u. a. Anhänger des linken Militärdiktators *Velasco Alvarado*, Bewunderer des venezolanischen Staatschefs *Hugo Chávez* sowie auch Verehrer des kubanischen Revolutionärs *Fidel Castro*. *Ollanta Humala* selbst distanziert sich in der Öffentlichkeit von vielen Ideen des *Ethnocacerismo*.

Während sein Wahlprogramm 2011 der Wertschätzung der andinen Kulturen innerhalb der peruanischen Gesellschaft eine große Bedeutung gab, erfahren sie in der aktuellen Politik wenig Berücksichtigung.

Sendero Luminoso (SL, „Leuchtender Pfad")

Der Philosophieprofessor *Abimael Guzmán* und andere peruanische Intellektuelle, unter ihnen die Universitätsdozenten *Antonio Diaz Martinez* und *Osman Morote Best*, gründeten 1970 in der Andenstadt Ayacucho die „Partido Comunista Peruano – Sendero Luminoso". Die Partei **maoistischer Ausrichtung** wurde von ihren Mitgliedern – zu Beginn Schüler und Studenten aus Ayacucho – kurz „PC del P", im Volksmund meist „Sendero Luminoso" oder „SL" genannt. Außerhalb von Ayacucho blieb die Organisation zunächst unbemerkt, bis sie 1980 die peruanische Öffentlichkeit mit spektakulären Sabotageakten im Departement Ayacucho auf sich aufmerksam machte. In der Folge riefen die *Senderistas* die Bevölkerung immer wieder zum Wahlboykott auf, später auch mit Todesdrohungen.

Die peruanische Regierung schätzte die Partei anfänglich als bedeutungslos ein, behauptete sogar, die Unruhen würden vom Ausland geschürt – und unternahm nichts. Einige Jahre später versetzte der SL jedoch die Mehrheit der Peruaner in Angst und Schrecken durch Morddrohungen, Bombenattentate und **„Volksgerichte"**, bei denen sogenannte Klassenfeinde bestraft oder zum Tode verurteilt und anschließend getötet wurden. In den Städten legten häufige *apagones* (Stromausschaltungen) durch von Terroristen zum Umstürzen gebrachte Hochspannungsmasten, die Ausrufung „bewaffneter Streiks" und Dynamitattentate einen Teil des Lebens lahm.

Wer im Anschluss an eine erfolgreich bestandene Mutprobe oder nach Prüfung seiner politischen Ansichten als „Kamerad" in die kadermäßig organisierte Partei aufgenommen wurde, brach sein Studium oder seine Berufsausbildung ab, um sich vollständig der *lucha armada* **(bewaffneter Kampf)** zu widmen. Die Revolution sollte nach maoistischem Vorbild vom Land in die Stadt getragen und das Bürgertum nach marxistischem Verständnis entmachtet werden. Im weiteren Verlauf der Revolution sollte auch das städtische Proletariat gewonnen werden. Die *Senderistas* lehnten alle anderen linken Parteien und die von ihnen geschaffenen Basisorganisationen als „revisionistisch" ab.

Bei Überfällen auf Polizeistationen erbeuteten sie Waffen, bei Überfällen auf Banken oder reiche Unternehmer Geld. Flohschwärmen gleich schlug diese **Guerilla** zu, wann und wo es niemand erwartete. Ihr Vorgehen war mit normaler Logik nicht nachvollziehbar. Prävention war deshalb kaum möglich. Immer wieder provozierten die *Senderistas* die staatlichen Sicherheitskräfte. Diese waren schlecht ausgebildet und auf solche Anschläge nicht vorbereitet. Zudem waren sie nicht in der Lage, Schuldige von Unschuldigen zu unterscheiden. Dies führte mit dazu, dass Armee, Marine, Polizei und *Sinchis*, eine zur Terrorismusbekämpfung geschaffene Spezialeinheit, brutal gegen viele unbeteiligte Bauern vorgingen, denen sie eine Unterstützung der Guerilla unterstellten.

Im Andenhochland nahm die Guerilla abgelegene Dörfer militärisch ein und erklärte sie zu „befreiten Gebieten". Sie versuchte, Kleinbauern auf ihre Seite zu ziehen, was ihr jedoch nur in geringem Umfang gelang, weil die Bauern ihre Ideologie nicht verstanden oder Angst vor dem Kommunismus hatten, der – so meinten einige – ihnen ihre Hütten und Felder als Eigentum wegnehmen würde. Mit den Alltagssorgen der Kleinbauern setzten sich die *Senderistas* nicht auseinander. Unterdessen weiteten sie ihre Aktivitäten auf das gesamte Land aus. Sie lieferten sich Gefechte mit den *Sinchis,* der peruanischen Armee und mit einigen **„rondas campesinas".** Solche von den Kleinbauern ursprünglich zur Verteidigung gegen Viehdiebe geschaffenen Organisationen wurden vom Militär in die Terrorismusbekämpfung eingebunden. Zwischen den grausa-

men Aktionen seitens der unterschiedlichen peruanischen Sicherheitsorgane, den *Senderistas* sowie auch Drogenhändlern und gewöhnlichen Kriminellen, die sich als Terroristen ausgaben, wollten viele Bauern nicht länger in Angst und Schrecken leben. Sie flüchteten in die Städte und es wurden **ganze Landstriche entvölkert.** In anderen Gegenden brachten Eltern ihre Kinder zu städtischen Verwandten, weil sie fürchteten, dass sie sonst von der senderistischen Armee eingezogen würden.

In den Städten wurden viele **Bombenattentate** von weiblichen Mitgliedern der Guerilla durchgeführt mit dem Argument, es habe sich herausgestellt, dass Frauen mutiger seien. Wie es im Inneren der Organisation um die Gleichberechtigung bestellt war, lässt sich daran ablesen, dass bis zum Schluss ein Mann an der Spitze der Organisation stand, *Guzmán,* inzwischen *Presidente Gonzalo* genannt (*Gonzalo* war sein Tarnname). Gerüchten zufolge ermordete er seine erste Frau, weil sie ihm auf ideologischem Terrain widersprochen hatte.

Bei der Rekrutierung neuer Mitglieder in den Städten spielte der **Mangel an beruflichen Perspektiven** eine Rolle. Mutproben, die Initiationsriten gleichkamen, dürften bei vielen Jugendlichen das Bedürfnis nach der Anerkennung befriedigt haben, die die Gesellschaft ihnen verweigerte. Unter den städtischen Intellektuellen gab es ebenfalls Sympathisanten. Es fand sogar eine **Verklärung** statt, die sich in Volksliedern ausdrückte, die von Guerillapoeten handelten, von jungen Männern, die sich von ihren Geliebten verabschiedeten, um in den bewaffneten Kampf zu ziehen und von Tötungsaktionen der *Sinchis.* Sogar ein Gedicht der ermordeten SL-Kämpferin *Edith Lagos* wurde vertont. Solche Lieder wurden im Nationaltheater insbesondere von der in der Schweiz lebenden peruanischen Sängerin *Martina Portocarrero* vorgetragen, obwohl die Sängerin weder ideologisch noch politisch der Guerilla nahe stand. Die bäuerliche Bevölkerung stand der Guerilla bis zum Schluss mehrheitlich verständnislos gegenüber. Sie hatte keine Ahnung, was die *comités populares* („Volkskomitees") sein sollten, für die die *Senderistas* auf ihren Häuserwänden warben. Auch die indigene Bevölkerung im Tiefland stand der Guerilla ablehnend gegenüber. 1989 belebten die beiden Völker Asháninka und Amuesha ihre aus dem 18. Jahrhundert stammende Allianz neu und führten **Krieg gegen den „Leuchtenden Pfad"** und die zweite Guerilla, die MRTA. Nach der Ermordung zweier Asháninka-Häuptlinge am 15. De-

☒ Der „Leuchtende Pfad" warb auf
Hauswänden für „lucha armada" (bewaffneter Kampf)

zember 1990 durch ein MRTA-Kommando und nachdem viele Indigene von Terroristen niedergemetzelt worden waren, zwangen überwiegend mit Pfeil und Bogen bewaffnete Asháninka in wenigen Wochen beide Guerillaorganisationen zum Rückzug und befreiten viele Dörfer von den Terror-Kommandos.

Unterdessen war die Regierung kaum noch Herr der Lage im Land. 1986 ließ sie 373 Gefangene auf der Gefängnisinsel *El Frontón* bei Lima ermorden. Eine vermeintliche Revolte senderistischer Gefangener im Zuchthaus Canto Grande wurde später blutig niedergeschlagen. Dort warben *escuelas populares* (Schulen für das Volk) vormals unbeteiligte Gefangene und sogar Besucher für ihre Ziele.

Polizisten und Soldaten hatten nicht nur große Angst, sie wussten auch häufig nicht, wie sie sich verhalten sollten. So gewährten Ordnungshüter Terroristen Unterschlupf oder ließen sie ungehindert an ihren Wachtposten vorbeiziehen. Andererseits gehorchten sie ihren Vorgesetzten, die von ihnen verlangten, abgeschnittene Köpfe oder Ohren vermeintlicher Terroristen von Strafaktionen mitzubringen. Fallschirmspringer mochten nicht gegen diejenigen vorgehen, denen sie sich ethnisch verwandt fühlten. Viele junge Soldaten mussten auf Befehl eigene Landsleute erschießen, was sie psychisch nicht verkrafteten, zumal der Staat ihnen anders als den *Sinchis* keine regelmäßigen Psychotherapien verabreichte. Als ein ehemaliger *Sinchi* zu einem Lied von *Martina Portocarrero,* das ein Straßenhändler im Zentrum von Lima abspielte, in aller Öffentlichkeit weinte, wurde einmal mehr das **Ausmaß der psychischen Schäden** durch die Antiterrorismuspolitik bekannt. In Lima wurde das Leben durch die Zunahme von Bombenattentaten und vermehrten Angriffen auf die Stromversorgung immer unerträglicher. Die Regierung verhängte eine Ausgangssperre. Abend- und Nachtleben kamen zum Stillstand.

Als Präsident *Fujimori* 1992 dem „Leuchtenden Pfad" (SL) durch die Gefangennahme von *Abimael Guzmán* einen Todesstoß versetzte, atmeten viele Peruaner auf. *Guzmán* rief seine Anhänger vom Gefängnis aus zur **Einstellung des bewaffneten Kampfes** auf. *Feliciano,* der nach *Guzmáns* Verhaftung die Führung übernommen hatte, wollte weiterkämpfen, konnte aber nur eine Minderheit hinter sich versammeln. So stellte der *Leuchtende Pfad* 1992 seine Aktivitäten ein. Seitdem operieren einige Mitglieder der Organisation im Nachbarland Bolivien.

2001 schuf die peruanische Regierung die „Kommission für Wahrheit und Versöhnung" und beauftragte sie mit der **Dokumentation der Menschenrechtsverletzungen** in den Jahren von 1980 bis 2000. In dieser Zeit wurden 70.000 Menschen umgebracht, zum einen von den Terroristen, mehrheitlich aber wohl von den Sicherheitskräften.

Die Frage, wie die Opfer entschädigt werden sollen, ist noch offen. Mit einer deutschen Spende von 1,56 Mio. Euro soll in Ayacucho ein *Museo de la memoria* („Gedächtnismuseum") zur Ehrung der Bürgerkriegsopfer gebaut werden. Präsident *García* lehnte das finanzielle Angebot zunächst ab, was gewiss mit dem Vorgehen der Armee während seiner ersten Amtszeit zusammenhing. *Mario Vargas Llosa* gelang es schließlich, *García* umzustimmen.

Movimiento Revolucionario Tupac Amaru (MRTA, „Revolutionäre Bewegung Tupac Amaru")

Die Bewegung, kurz **MRTA** genannt, wurde 1984 von **Victor Polay,** vormals Mitglied der APRA, gegründet. Namensspender war der Inka-Adlige **Tupac Amaru,** der im 18. Jahrhundert Krieg gegen die spanischen Kolonialherren führte und eine Gesellschaft schaffen wollte, in der alle Ethnien gleichberechtigt sein sollten.

Polay und *Nestor Serpa* ordneten Aktionen an wie Überfälle auf Supermärkte mit anschließender Verteilung der Lebensmittel, Bombenanschläge auf ausländische Fast-Food-Ketten und Geiselnahmen bekannter Industrieller. Terroristen schafften es durch Androhung von Waffengewalt bei Fernsehsendungen oder in der Halbzeitpause eines Fußballspiels Kommuniqués zu verlesen. Die MRTA zeigte Interesse an politischen Debatten der parlamentarischen Linken und gab eine politische Wochenzeitschrift heraus. Insgesamt waren ihre Aktionen der Bevölkerung leichter zu vermitteln und die Bewegung war nicht so verhasst wie der „Leuchtende Pfad".

Weltweites Aufsehen erregte die Gruppe, als sie im Dezember 1996 in der Residenz des japanischen Botschafters 600 Geiseln nahm, von denen sie nach kurzer Zeit die meisten freiließ. 126 Tage dauerte die **Geiselnahme.** Nicht wenige Peruaner aus Unter- und Mittelschicht nahmen mit Genugtuung zur Kenntnis, dass die Diplomaten von den Terroristen zur regelmäßigen Toilettenreinigung verpflichtet wurden. Durch die Stürmung der Residenz beendete die peruanische Regierung am 22. April 1997 mit der berühmt gewordenen **„Operación Chavín"** das Geiseldrama fast ohne Blutvergießen: Ein Polizist starb bei der Aktion, der peruanische Außenminister wurde verletzt, alle anderen Geiseln wurden unversehrt in Sicherheit gebracht. Die spektakuläre Rettungsaktion wurde vollständig im Fernsehen übertragen. Am darauf folgenden Tag erfuhr die Öffentlichkeit, dass die Terroristen vor Ort erschossen worden waren. Der Regierung *Fujimori* war es gelungen, den terroristischen Aktivitäten der MRTA ein Ende zu setzen.

Ethnien, Kulturen und soziale Schichten

Viele Peruaner unterteilen ihre Nation in Gruppen auf der Grundlage von Abstammung, Kulturtraditionen, Hautfarbe, Identität und Herkunftsregion und betrachten sich selbst als der einen oder anderen Gruppe zugehörig. Dabei herrscht aber weder in populären noch in wissenschaftlichen Kreisen Einigkeit über die Aufteilung bzw. die Zuordnung von Individuen zu einer bestimmten Gruppe.

Eine gängige Aufteilung ist die in Weiße, Schwarze, Mestizen, Andenbewohner, Tieflandindigene sowie Menschen ostasiatischer Abstammung. Allerdings machen das überaus **komplexe System von Eigen- und Fremdzuweisungen** sowie die starke Durchmischung es unmöglich, die peruanische Gesellschaft in eindeutige ethnische oder kulturelle Gruppen zu unterteilen, und es ist erst recht nicht möglich, ihre zahlenmäßige Stärke zu beziffern. So gibt die Hautfarbe eines Menschen nicht unbedingt Auskunft darüber, welcher Gruppe er sich zugehörig fühlt. An der Hautfarbe lässt sich auch nicht zwangsläufig ablesen, welcher sozialen Schicht jemand angehört. Man trifft in Peru sogar Personen mit heller Haut, die sich als „schwarz" bezeichnen, weil viele ihrer Vorfahren aus Afrika stammten und weil ihre Vorliebe der „schwarzen" Kultur gilt. Die cusqueñische Oberschicht verweist mit Stolz auf ihre Abstammung von den Inka

030pu Foto: ah

und grenzt sich gleichzeitig entschieden gegen die bäuerliche Bevölkerung der Umgebung ab.

Die **ethnische und kulturelle Vielfalt** stellt für Peru kaum eine Bereicherung dar und viele Peruaner sehen in der faszinierenden Vielfalt kein positives Entwicklungspotenzial, sondern eher Modernisierungshemmnisse. Quer durch die peruanische Gesellschaft ziehen sich **tiefe Gräben:** zwischen Armen und Reichen, zwischen dunkel- und hellhäutigen Menschen, zwischen den Bewohnern der Hauptstadt und den Menschen im Landesinnern, zwischen Menschen mit „westlichem" und „nicht-westlichem" Wertesystem. Hautfarbe, Herkunft, nachweisliche oder vermutete Abstammung, Kleidung und Sprache bilden die Grundlagen für Vorurteile, Diskriminierung und Rassismus. Für die einen bergen sie dauerhafte Benachteiligungen, während die anderen daraus ihre gesellschaftlichen Privilegien ableiten, so als seien es natürliche Rechte. Es erscheint als ausgemacht, wer für welche Arbeiten herangezogen wird, wer für welche Positionen in Betracht kommt, wer mit „Du" und wer mit „Sie" angeredet wird. Wenn bei Stellenangeboten eine *buena presencia* (gepflegtes Äußeres) verlangt wird, so ist oft die helle Hautfarbe gemeint.

Der soziale Aufstieg bzw. die **Zugehörigkeit zur Oberschicht** lässt sich am Benehmen, an der Wohngegend, der Kleidung oder dem Besitz eines Geländewagens ablesen. Das alles nützt dem gesellschaftlichen Ansehen aber manchmal nicht, wenn man nicht in die Oberschicht hineingeboren wurde und nicht die „richtige" Hautfarbe oder das „richtige" Wertesystem hat. Dann schafft man es trotz wirtschaftlichen Aufstiegs allenfalls bis zur „Oberschicht zweiter Klasse".

Am peruanischen Nationalfeiertag und im Ausland fühlen alle in Peru Geborenen sich als Peruaner und viele lassen auf ihr Land nichts kommen. Zu Hause begreifen sie sich jedoch nicht als Einheit. Viele Peruaner fühlen sich in ihrem eigenen Land rassistisch diskriminiert und dauerhaft benachteiligt.

Die **Mitglieder der verschiedenen Schichten und Ethnien** wachsen in der Regel in großer räumlicher Entfernung auf und haben oft ihr ganzes Leben lang **keinen Kontakt** zueinander. Ihre Meinung vom jeweils Anderen gründet sich oft ausschließlich auf tradierte Vorurteile. Damit hängt es zusammen, dass die peruanische Bevölkerung bis heute kein gemeinsames Verantwortungsbewusstsein für ihre Nation gefunden hat.

☐ Ein junger Vater mit seinen beiden Kindern

„Campesinos" – Hochlandbauern

Im peruanischen Hochland leben im **einstigen Hauptlebensraum des Inkareiches** etwa fünf Millionen Kleinbauern, die sich – egal ob sie quechua-, kauki-, aymara- oder spanischsprachig sind – in erster Linie als *campesinos* („Landbewohner", „Bauern") verstehen. Sie leben in „Comunidades Campesinas" („bäuerliche Gemeinden"), deren Rechte in der peruanischen Verfassung festgeschrieben sind, oder in „caseríos" („Weilern"). In Höhen von ca. 2500 bis über 4500 Metern betreiben die peruanischen Campesinos Ackerbau und Viehzucht. Klima und Oberflächengestalt stellen dabei besondere Herausforderungen dar. Die Bauern sind abhängig vom Regen und ihre **Arbeitsbedingungen sind außergewöhnlich hart.** Die Technik der Feldbearbeitung mit *chaquitaqlla* (Grabstock) und Krummhacke hat sich seit dem Ende des Inkareiches im 15. Jahrhundert nicht verändert, da auf den meist an abschüssigen Berghängen befindlichen Feldern keine Maschinen eingesetzt werden können. Die Männer suchen sich insbesondere nach Dürrejahren zusätzlich Arbeit außerhalb der Dörfer. Armut, Perspektivlosigkeit und Desinteresse seitens der meisten Regierenden sind die allen Campesinos gemeinsame Situation. Ihre **Kulturtraditionen** – Feste, Gemeinschaftsarbeiten, Arbeitskräfteaustausch, Tauschhandel *(trueque)* und vieles mehr – sind sehr ähnlich. So bilden die wirtschaftliche Lage und ihre Kulturtraditionen die Basis für ihre gemeinsame Identität. Sprache und Abstammung (von unterschiedlichen Völkern) spielen für ihre Identität eine untergeordnete Rolle. Mit der Conquista setzte die Übernahme von Organisationsformen des iberischen Dorfes ein. Der **Einfluss der urbanen „westlichen" Kultur** durch Fernsehen oder Reisen in die Stadt ist heute im Andenland überall deutlich zu spüren. Es handelt sich also bei den „Comunidades Campesinas" keineswegs um kulturelle oder soziale „Inseln", in denen integere altperuanische Kulturen überleben. Und bei den jüngeren Leuten haben die alten Kulturtraditionen nur noch einen sehr niedrigen Stellenwert.

Die **städtische Gesellschaft** empfindet die Campesinos mehrheitlich als fortschrittshemmenden Störfaktor und bringt ihrer Kultur gegenüber **keinerlei Wertschätzung** entgegen. Die europäisch geprägte Denk- und Lebensweise gilt als überlegen, die indigene als rückständig. Viele Menschen, die sich als Nachkommen der Urbevölkerung betrachten, haben deshalb oft ein zwiespältiges Verhältnis zu ihrem indigenen Kulturerbe.

[>] Die Kulturtraditionen der verschiedenen Comunidad Campesinas ähneln sich

Mit dem von außen an sie herangetragenen Sammelnamen **„Indios“** haben sie sich nie selbst identifiziert. Das Wort *indio* wurde von den peruanischen Indigenisten, die sich zu Fürsprechern der armen Andenbevölkerung machen wollten, mit einer positiven, paternalistischen Bedeutung verwendet. Heute ist es jedoch meist gleichbedeutend mit einfältig, rückständig, Bauerntölpel, schmutzig und hässlich und wird von Mitgliedern der Mittel- und Oberschicht fast ausschließlich als Schimpfwort benutzt. Auch der **Ausdruck „indianische Rasse“** ist in Peru ausschließlich negativ besetzt. In der Kriegsmarine, die in der Vergangenheit fast nur hellhäutige Menschen aufgenommen hat, gab es in der Zeit des Terrorismus sogar hier und da die Meinung, man solle die „indianische Rasse“ zusammen mit den Terroristen ausrotten, weil sie der Modernisierung des Landes im Wege stehe. Die Meinung, dass die Menschen in den armen Andendörfern an ihrem Elend einzig und allein selbst schuld sind, wird von einigen Städtern vertreten.

031pu Foto: ah

Vielen Städtern ist das Schicksal ihrer Landsleute in abgelegenen Gebieten ihres Landes gleichgültig. Teile der städtischen Mittel- und Oberschicht zeigten keinerlei Interesse, als Mitte der 1990er-Jahre im Zuge bevölkerungspolitischer Maßnahmen in armen Hochlandregionen junge Frauen sterilisiert wurden und als im Jahr 2000 die Existenz eines ganzen Tieflandvolkes von einer ansteckenden Hepatitis bedroht war. Durch die Weitergabe rassistischer Vorurteile hat die Elite ihre privilegierte Position zementiert. Das hat unter den Nachkommen der Urbevölkerung dazu geführt, dass viele ihre **eigene Kultur oder Sprache ablehnen.** Einigen peruanischen Wissenschaftlern zufolge vernachlässigen solche Menschen aus genau diesem Grunde ihr Äußeres.

Während das Wort „Indio“ in Peru lediglich demütigend benutzt wird, verschiebt sich **im Ausland** die Gewichtung. In Europa und den USA merken Peruaner schnell, dass „indianisch" dort als schick gilt, dass „Indios" als moralisch starke Unterdrückte mit einem alternativen „besseren" Lebensentwurf betrachtet und als Naturbewahrer verehrt werden. Sie stellen fest, dass ihre dunkle Hautfarbe in Verbindung mit der Eigenbezeichnung „Indio" bei europäischen Frauen eine Aura des Vitalen, Exotischen und erotische Attraktivität erzeugt.

Eine Unterteilung in „Indios" und „Nicht-Indios" ist ebenso wie eine in „Indigene" und „Nicht-Indigene" äußerst problematisch. Wegen der ethnischen und kulturellen Vermischung, der Übernahme fremder Kulturtraditionen über lange Zeiträume und der zunehmenden sozialen Mobilität werden derartige Aufteilungen der peruanischen Wirklichkeit im Grunde nicht gerecht. Für die Menschen, die in den Anden das Land bearbeiten, ist ihre Eigenbezeichnung „Campesinos" somit am zutreffendsten.

„Cholos" – städtische Indigene

Als die Menschen aus den Anden in Massen in die Städte abwanderten, machten sie dort die Erfahrung, dass sie Diskriminierungen mindern konnten, wenn sie urbane Normen, Werte und Verhaltensweisen annahmen und dass sie umso erfolgreicher waren, je mehr sie ihre mitgebrachte Kultur, ihre Muttersprache oder ihre andine Aussprache des Spanischen sowie typische Ausdrucks- und Verhaltensweisen aus ihrer Heimat ablegten. „Sozial aufsteigen kann nur, wer kulturell umsteigt", so beschreiben *Helga* und *Thomas Müller* es in ihrem Buch über die Q'ero. Menschen zweiter Klasse bleiben die Zuwanderer aus den Anden in der Regel trotz ihres wirtschaftlichen Aufstiegs, denn sie können ihre Haut nicht weiß waschen und ihre andinen Familiennamen nicht ablegen. Wer Condori, Cusihuaman, Huaman, Huancaruna, Huarcaya, Huicho, Mamani, Mayta oder Quispe heißt, wird in Peru leicht Opfer von Benachteiligungen, selbst wenn er ein angesehener Rechtsanwalt, Unternehmer oder Politiker ist. Die Reaktionen der Migranten, die arm bleiben, sind unterschiedlich: Manche benehmen sich extrem unterwürfig; viele arrangieren sich mit den Diskriminierungen und meistern dennoch ihren Weg nach „oben"; andere protestieren geradezu heimlich, indem sie Menschen mit weißer Hautfarbe schon einmal mit Wonne Schaden zufügen. Der Mensch aus den Anden, der urbane Vorstellungen in sein Wertesystem integriert, heißt in Peru *cholo,* darunter ist ein „kultureller Mischling" zu verstehen.

Ursprünglich bezeichnete der Cholo den „ein wenig zivilisierten Indio", heute meint man damit allerdings den „Ex-Indigenen", der aus den Anden oder dem Tiefland stammt, sich dauerhaft in der Stadt niedergelassen hat und sein ursprüngliches Wertesystem duch ein städtisches Wertesystem ersetzt hat. Er hat städtische Verhaltensweisen, Sprache, Kleidung und Lebensform angenommen, springt aber noch zwischen zwei Kulturen hin und her: Sobald er in seine Heimat zurückkehrt oder ausschließlich von Leuten aus seiner Heimat umgeben ist, legt der Cholo die städtisch-westlichen Verhaltensmuster wieder ab. Wer zum Cholo wird, eignet sich die *viveza* (Schläue) der Städter an.

Heute hat das **Wort cholo noch weitere Bedeutungen:** Städter mit heller Hautfarbe drücken damit ihre Verachtung gegenüber dem Hinterwäldler aus und mit dem verniedlichenden *cholito* (kleiner Cholo) bringen sie zum Ausdruck, dass ein Mensch als schmächtig und harmlos betrachtet wird. Liebespaare oder Freunde verwenden *cholito* (weibl. *cholita*) als Kosewort. Wird man von einem Peruaner auf freundliche Weise als *cholo* oder *chola* angesprochen, so ist das als großes Kompliment zu werten, da der Sprecher darin seine Hochachtung vor der Anpassungsfähigkeit des Fremden zum Ausdruck bringt.

Der kulturelle Mischling wurde sich selbst zum Feind, denn er legte seine Ursprungskultur ab, um eine fremde Kultur anzunehmen. Viele Cholos sahen auf die in der Heimat Gebliebenen und die vermeintliche altmodische, rückständige Ursprungskultur herab. Allerdings schufen sie in der Stadt **Heimatvereine,** in denen sie ihre mitgebrachten Kulturtraditionen lebten. Infolge der Globalisierung erhalten aber heute die heimatlichen Traditionen und damit die Vereine eine andere Gewichtung.

Aufgrund der Migration stellen die Cholos heute die **Bevölkerungsmehrheit,** weshalb Peru manchmal als *nación chola* bezeichnet wird. Sogar ihre Musik ist heute teilweise schon in höheren Schichten gesellschaftsfähig. Die aus den Anden stammende Volkssängerin *Dina Paucar* trat beispielsweise 2009 in einem Restaurant auf, das hochrangige Politiker und Unternehmer frequentieren, und die Aufwertung, die die „Cholokultur" in einigen Kreisen erfährt, machte es möglich, dass der aus einem armen Andendorf stammende *Alejandro Toledo* es bis an die Staatsspitze schaffte.

„Negros" – Schwarze

Peruaner, die ihre Abstammung von afrikanischen Vorfahren ableiten, bezeichnen sich selbst als *negros* (Schwarze). Dass die peruanischen Schwarzen **von den Kulturen ihrer Herkunftsländer nichts bewahrt** haben und auch nicht genau wissen, aus welchen afrikanischen Ländern ihre Urgroßeltern stammten, macht ihnen die Suche nach ihrer Identität schwer. Die schwarze Journalistin *Monica Grados* bezeichnet die schwarzen Peruaner als „Volk ohne Geschichte".

Immer noch nehmen viele Schwarze die **Vorurteile der peruanischen Gesellschaft** passiv hin. Schwarze stellen sich nicht-schwarzen Peruanern oder Fremden sogar mit den Worten *„disculpe el color"* („Entschuldigen Sie die Hautfarbe") vor, wenn sie ein Anliegen vorbringen. Das Wort *negro* wird von anderen Bevölkerungsgruppen abschätzig verwendet. Immer noch schämen viele schwarze Peruaner sich ihrer Hautfarbe, ihrer breiten Nase, ihrer wulstigen Lippen oder ihrer krausen Haare. Seit der Mitte des 20. Jahrhunderts sind allerdings viele schwarze Vereine, Tanz- und Theatergruppen sowie **Organisationen gegen Diskriminierung** entstanden. Ihre Ziele sind u.a. die Aufwertung der schwarzen Bevölkerung, die Erforschung und Verbreitung der schwarzen Kultur, die Aufklärung der schwarzen Bevölkerung über ihre Rechte und der Kampf gegen Rassismus. **Schwarze Künstlerinnen** wie die in allen Bevölkerungsschichten beliebte *Eva Ayllon* oder *Susana Baca* zeigen, dass man stolz auf seine schwarze Hautfarbe und Kultur sein kann. Die afroperuanische Bevölkerung hat viele Rhythmen, Lieder und Tänze geschaffen, die bei Peruanern aller Schichten und in allen Landesregionen beliebt sind und die darüber hinaus als Teil der Nationalkultur betrachtet werden. Sie geben durchaus das *Lebensgefühl* vieler Peruaner wieder und nicht nur das der schwarzen Bevölkerung.

Erst am 5. Dezember 2009, als sich die Abschaffung der Sklaverei zum 155. Mal jährte, **entschuldigte sich der peruanische Staat** in einer offiziellen Erklärung bei der afroperuanischen Bevölkerung für alle Diskriminierungen und Misshandlungen.

„Criollos" – Kreolen

Vom 16. bis zum 18. Jahrhundert bezeichneten die **in Peru geborenen Spanier** sich selbst als *criollos* (Kreolen). Auch Kinder, deren einer Elternteil aus Spanien stammte und ein anderer indigen war, wurden Kreolen genannt. Heute hat das Wort allerdings eine andere Bedeutung: Viele Küstenbewohner sind stolz darauf, Kreolen zu sein und betrachten sich als echte Peruaner. Ein Kreole wird eher akzeptiert als ein Cholo: Der Kreole praktiziert Elemente der schwarzen Kultur ohne seine Identität aus Afrika herzuleiten; er gehört nicht der „schwarzen Rasse" an und gilt als der „weißen Rasse" näherstehend als der Cholo. **Menschen, die in Lima geboren und aufgewachsen sind,** nennen sich *criollo,* unabhängig von der sozialen Schicht, der sie angehören. Ihre **urbane mediterrane Kultur** ist zum Teil afroperuanisch mitgeprägt, sie haben eine starke Bindung an ihr Viertel und beherrschen die *jerga* (Gassensprache), sie lieben den *vals* (wörtl. „Walzer", eine afroperuanisch überprägte Variante einer europäisch-lateinamerikanischen Musikmode des 19. und frühen 20. Jahrhunderts) und afroperuanische Lieder. Sie gelten als *vivos* (schlitzohrig), Lebenskünstler und Schwätzer, die viel erreichen ohne sich anzustrengen. Sie verfügen über eine *boca suelta* (loses Mundwerk) und großes Redetalent. Man sagt ihnen nach, sie seien begabte Herzensbrecher. Ehrlichkeit und Zuverlässigkeit gelten nicht als ihre Stärken. Über das Volkstümliche hinaus versteht man unter kreolisch die nationale peruanische Kultur und Lebensart im Gegensatz zum „Andinen".

Weitere Stereotypen

Als **pituco** bezeichnen die Peruaner einen Oberschichtangehörigen mit eitlem Lebenswandel, der seinen Reichtum bis zur Lächerlichkeit zur Schau stellt. Der **huachafo** ist der neureiche Snob. Das Alltagsvokabular kennt Ausdrücke wie **negro feo** (hässlicher Schwarzer), **chino cochino** (dreckiger Chinese), **chuncho** (Wilder aus dem Urwald) oder **charapa,** womit der angeblichen Heißblütigkeit der Menschen im Tiefland Ausdruck verliehen wird.

Provinciano (Provinzler) ist identisch mit „Hinterwäldler" und wurde lange ausschließlich abschätzig verwendet. Inzwischen verkündet mancher Zuwanderer in Lima mit Stolz, dass er ein *provinciano* ist.

Darüber hinaus gibt es regionale Stereotypen wie etwa die Arequipeñer, die Menschen aus der Stadt Arequipa, die als stolz und arrogant betrachtet werden. Die Menschen aus Puno, die Puneños, gelten als besonders ambitionierte und geschäftstüchtige Cholos. **Chino** („Chinese") bezeichnet völlig neutral alle Personen, die „Schlitzaugen" haben. So hieß der japanischstämmige Präsident *Alberto Fujimori* im ganzen Land nur *el chino.*

Lebenswelten in Stadt und Land

In manchen peruanischen Büchern ist ein armer „Indio" zu sehen, der, auf einem Goldberg sitzend, den Reichtum seines Landes nicht nutzt. Diese Darstellung geht auf einen Ausspruch des berühmten aus Italien stammenden Forschers *Raimondi „El Perú es un mendigo sentado en un banco de oro"* („Peru ist ein Bettler, der auf einer Goldbank sitzt") zurück und spielt darauf an, dass die hohen Einnahmen aus der Förderung der Bodenschätze dem Land nicht zugute kommen. Die Darstellung reflektiert auch die Meinung, dass viele Peruaner sich selbst als die Angeschmierten betrachten, die zwar über bedeutende Rohstoffvorkommen verfügen, die Ausbeute aber schlaueren oder gewiefteren Fremden überlassen. Was sei-

Peru geografisch

Peru gliedert sich in drei Hauptregionen: Küste (Costa), Gebirge (Sierra) und Urwald (Selva), und man kann noch eine vierte hinzufügen: die Ceja de Selva, die „Augenbraue des Tieflandes", womit die östlichen Andenabhänge gemeint sind. Peru verzeichnet 84 der 104 ökologischen Lebenswelten, die auf der Erde vorkommen. Die geografische und klimatische Vielfalt findet ihre Entsprechung in einer Vielfalt unterschiedlicher Kulturen und Mentalitäten sowie in krassen wirtschaftlichen und sozialen Gegensätzen. So vielfältig wie die ökologischen Zonen sind, so gegensätzlich sind Lebensbedingungen und Lebensqualität.

Das Reisen zwischen und innerhalb der einzelnen Landesregionen ist aufgrund der extremen Höhenunterschiede, der wenig entwickelten Infrastruktur und ungünstigen Flugverbindungen beschwerlich. Reiche Peruaner ziehen es vor, ihre Ferien im Ausland zu verbringen anstatt ihr eigenes Land zu bereisen. Die überwiegende Mehrheit der Peruaner hat jedoch weder das Geld noch die Zeit zum Reisen. So haben in der Regel nur Handelsreisende und Soldaten die Gelegenheit, andere Landesregionen und ihre dort ansässigen Landsleute zu erleben. Die verschiedenen ethnischen oder kulturellen Gruppen kennen deshalb einander kaum, wissen oft wenig voneinander und begreifen sich nicht wirklich als Einheit.

ne Bodenschätze sowie sein land- und forstwirtschaftliches Potenzial betrifft, ist Peru ein sehr reiches Land. Im Hinblick auf die **Lebensbedingungen der Bevölkerungsmehrheit** gehört Peru **zu den ärmsten Ländern Lateinamerikas.** Weniger als fünf Prozent der Bevölkerung gilt als reich, über die Hälfte der 28 Millionen Peruaner kann ihre Grundbedürfnisse nicht decken. Viele Menschen leben in prekären Behausungen, haben weder Zugang zu fließendem Wasser, sauberem Trinkwasser oder Abwasserentsorgung. Vier Millionen Peruaner gelten sogar als „extrem arm": Sie müssen mit einem Dollar pro Tag auskommen. Die Mittelschicht ist dünn und so sind die Gegensätze zwischen Armen und Reichen besonders krass. Zugleich ist Peru ein junges Land: Jeder zweite Peruaner ist jünger als 24 Jahre, jeder dritte jünger als 14 Jahre. Das hat den Anstieg von Unterbeschäftigung und Arbeitslosigkeit zur Folge und somit eine weitere Verarmung.

Besonders groß sind die **Unterschiede zwischen Stadt und Land.** Am krassesten sind die Unterschiede in der Lebensqualität zwischen der Landeshauptstadt *(la capital)* und dem Landesinnern *(la provincia)*. In Lima gibt es Stadtteile, die vollkommen europäisch wirken; aber nur wenige Autostunden von Lima entfernt befinden sich Ortschaften, die wie eine völlig andere Welt anmuten. Während die peruanischen Städte - insbesondere Lima und El Callao - Fortschritt und Aufstiegschancen repräsentieren, stehen die Dörfer für Armut, Stillstand und Chancenlosigkeit. 70 Prozent der Andenbevölkerung gelten als arm. In den ärmsten Departements Huancavelica (Hochland), Huanuco (Andenabhänge) und Amazonas (Tiefland) beträgt der Anteil der armen Bevölkerung sogar über 80 Prozent. Der Landesdurchschnitt liegt bei 54 Prozent. Im zentralistischen Peru konzentrieren Fortschritt und Wohlstand sich auf die Hauptstadt. Je weiter die Menschen von ihr entfernt leben, desto geringer sind ihre Möglichkeiten, daran zu partizipieren. Deshalb stellen die Städte der Küstenregion attraktive Zuwanderungsziele für die Menschen aus den andinen Dörfern dar. 1940 lebten 65 Prozent der Peruaner auf dem Land, heute sind es nur noch ca. 30 Prozent und 70 Prozent der peruanischen Bevölkerung lebt in Städten.

Die peruanische Küste – „la Costa"

Heute lebt bereits über die Hälfte der Peruaner in der Küstenregion. Da die **bedeutendsten Städte** an der Küste liegen, nimmt das Bevölkerungswachstum an der Küste überproportional zu. Die nordperuanische Stadt Chiclayo z. B. hat in manchen Jahren ca. 40.000 neue Einwohner hinzu bekommen. Diesem **rapiden Bevölkerungswachstum** können die städtischen Kommunen nicht mit der Versorgung von Strom und Wasser nachkommen, was Folgen für Lebensqualität und Gesundheit der Zuwanderer hat. Die ehemaligen andinen Kleinbauern, die sich in kleinen Ortschaften niederließen und dort von der Landwirtschaft leben, haben kein leichtes Leben. Ihre Lebensqualität befindet sich in krassem Gegensatz zu der erfolgreicher Agrarunternehmer, die in der Küstenregion für den Export produzieren und ihren Wohnsitz meist in Lima haben.

Lima

Das koloniale Lima war einst der Kopf des eroberten Landes und seine Pracht lebte von Tribut und Zwangsarbeit in Bergbau und Landwirtschaft. Die **peruanische Hauptstadt** liegt mitten in der Wüste an drei Flüssen, ca. 150 Meter über dem Meeresspiegel. Aufgrund des kalten Humboldtstroms betragen die Temperaturen im Sommer in der Regel nicht mehr als 30 Grad Celsius. Im Winter sinken sie auf 15 Grad, da aber die Luftfeuchtigkeit stets sehr hoch und die Sonne von April bis Oktober fast nie

Landschaft und Natur

Die Küstenregion „La Costa" macht 11 Prozent des Staatsgebietes aus. Dort leben ca. 60 Prozent der Bevölkerung. Flüsse, die im Andenhochland entspringen und in den Pazifik münden, führen meist wenig Wasser, deshalb besteht ein großer Teil der Küste aus Wüste und in den Städten stellt die Trinkwasserversorgung ein Problem dar. Der Pazifik hat vielfältige Auswirkungen auf das Leben der Menschen in der Küstenregion.

„El Niño" *(„das Christkind"), die stärkste kurzfristige Klimaschwankung, äußert sich als großskalige Erwärmung des oberen Ozeans im tropischen Pazifik. Das Phänomen kehrt durchschnittlich alle vier Jahre wieder. In „normalen" Jahren bläst der Südostpassat im Bereich des Äquators von Osten nach Westen; kaltes nährstoffreiches Wasser bewegt sich von Westen nach Osten. Vor der Küste Südamerikas gelangt das Wasser in den Auftriebsgebieten an die Oberfläche. Deshalb befindet sich vor Peru der kalte Humboldstrom, der mit dafür sorgt, dass es im Sommer an der Küste nicht so heiß wird wie in anderen Regionen desselben Breitengrades. Durch das Ausbleiben der Passatwinde in El-Niño-Jahren gelangt warmes Oberflächenwasser nach Südamerika und verdrängt den Humboldtstrom. Die erhöhte Wassertemperatur löst Naturkatastrophen aus. Die Fische finden keine Nahrung mehr, die von Fischen abhängigen Tiere sterben oder suchen sich neue Lebensräume. Die peruanische Fischindustrie erleidet Einbußen. In der Küstenregion kommt es zu sintflutartigen Regenfällen. Große Bäche verwandeln sich in wenigen Stunden in reißende Flüsse, in denen Brücken und Straßen versinken. Im Andenhochland reißen „huaykos", gewaltige Erdrutsche, Häuser, Menschen und Tiere mit sich in die Tiefe. Seinen Namen erhielt das Klimaphänomen von peruanischen Fischern, die es sarkastischer Weise so nannten, weil es um die Weihnachtszeit am stärksten ist.*

Östlich der Küste schließen sich die ***Anden*** *an. Die* ***Cordillera Blanca*** *im Norden ist mit 180 km, dem 6768 m hohen Huascarán und weiteren mehr als 50 Bergen die höchste Gebirgskette des amerikanischen Kontinents. Der Name („Weiße Gebirgskette") deutet auf eine starke Vergletscherung hin. Aufgrund der Klimaerwärmung geht die Schneebedeckung vieler Berge seit den 1980er-Jahren zurück. Die* ***Cordillera Negra*** *verläuft parallel zur Pazifikküste. Zwischen beiden Gebirgsketten liegen tiefe Täler. Die* ***Sierra*** *(spanisch „Gebirge") macht 30 Prozent des Staatsgebietes aus. Dort leben ca. 30 Prozent der Bevölkerung in Dörfern und Städten zwischen 2500 und 4800 m Höhe. In unmittelbarer Nähe vieler Ortschaften, in denen Klein-*

⊡ Andendorf: Tarsila bringt Futter für ihr Vieh

bauern durch Ackerbau und Viehzucht auf abschüssigem Terrain Erträge erzielen, die gerade zum Leben ausreichen, befinden sich die bedeutendsten Bergbauzentren des Landes.

Vor der peruanischen Küste schieben sich die sogenannte Nazca-Platte und die Südamerikanische Platte aufeinander zu, was immer wieder zu **Erdbeben** führt, insbesondere in der Küstenregion. Das stärkste Beben ereignete sich 1868. Es erreichte einen Magnitudenwert von 9 (Richterskala) und verursachte einen Tsunami, der entlang der Küste Tausende tötete. Am 31. Mai 1970 zerstörte ein Beben der Stärke 7,9 in der nordperuanischen Andenregion Ancash die Stadt Yungay. Am 23. Juni 2001 wütete ein Beben der Stärke 8,4 in den südperuanischen Regionen Arequipa, Moquegua und Tacna. Am 15. August 2007, an Christi Himmelfahrt, starben 500 Menschen in einer Kirche in einer Kleinstadt südlich von Lima. Zwischen den großen „terremoto" genannten Beben, entlädt sich die Erde in kleineren sogenannten „temblores", bei denen in der Regel niemand zu Schaden kommt. Cusco erlebte am 31. März 1650 ein furchtbares Erdbeben. Von den Spaniern errichtete Gebäude stürzten ein, während die Grundmauern der Inka-Paläste und Tempel, die die Zerstörung durch die Spanier überstanden hatten, dem Beben widerstanden. Damals erinnerte die Bevölkerung sich an eine in Vergessenheit geratene Christusstatue, ein Geschenk des spanischen Königs Carlos V., und führte sie in einer Prozession durch die Stadt; die Erde hörte auf zu beben. Die Statue erhielt den Namen „Taytacha Temblores" (Spanisch-Quechua „Lieber Herr der Beben") und wurde zum Schutzpatron der Andenstadt.

032pu Foto: ah

Ganz im Osten liegt das **Amazonastiefland** mit dem tropischen Regenwald, der von breiten Flüssen durchzogen wird. Diese bilden bei Iquitos den Amazonas. Die größten Städte sind Iquitos, Pucallpa und Puerto Maldonado. Das Amazonastiefland macht etwa 60 Prozent der Fläche Perus aus. Dort leben etwa 10 Prozent der Bevölkerung, was die Regierung der 1980er-Jahre dazu verleitete, durch den Bau von Straßen die Besiedlung durch Menschen aus der Küsten- und der Andenregion zu fördern. Dies führte in einigen Regionen zu Konflikten mit der Urbevölkerung.

scheint, klagen viele Limenser über „unerträgliche Kälte", weil es in den Wohnungen keine Heizungen gibt. Der Winter ist eine unangenehme Jahreszeit, denn es ist oft diesig und selten richtig hell. Die Limenser genießen den Sommer (Dezember bis Februar) mit seinem Strandwetter. Die Strände südlich von Lima sind besonders beliebt; die der Hauptstadt unmittelbar vorgelagerten empfehlen sich wegen der starken Verunreinigung des Meerwassers durch Abwässer nicht zum Baden.

Von allen peruanischen Städten hat Lima den **höchsten Lebensstandard.** Lima bietet die besten Möglichkeiten für Beruf, Geschäfte, Ausbildung und Zugang zu Information. Die Metropole am Pazifik ist Sitz der Regierung. Etwa zwei Drittel der wirtschaftlichen Aktivitäten konzentrieren sich auf die Region, alle wichtigen Unternehmen haben dort ihren Hauptsitz. Lima hat die besten Schulen und Universitäten, sowie die besten Ärzte und Kliniken. Die reichsten Familien haben dort ein Haus.

Lima ist eine **Stadt mit großen Gegensätzen:** Noch ist die prächtige Kolonialstadt mit ihren architektonisch einzigartigen Prachtbauten erkennbar; daneben entstanden moderne Einkaufszentren wie „Camino Real", „Jockey Plaza", „Caminos del Inca", Cafés und Restaurants der Schickeria sowie die Villenviertel der Reichen (7,8 % der Bevölkerung). Die Armen leben in baufälligen Häusern in den alten Stadtvierteln und in selbst gegründeten Vierteln an den Stadträndern. Über ein Drittel der peruanischen Bevölkerung lebt in Lima und El Callao, dabei sind die Vororte der beiden Städte nicht mit eingeschlossen.

2009 lebten acht Millionen Menschen in Lima und El Callao. Aufgrund des Geburtenrückgangs nimmt die Bevölkerung der Hauptstadt nur geringfügig zu. Die Zuwanderer kommen aus allen Landesteilen. Menschen aus allen sozialen und ethnischen Gruppen treffen aufeinander. Darum gilt Lima als ein Abbild der peruanischen Gesellschaft, als *„ciudad de todas las sangres"* (wörtlich „Stadt aller Blute").

Als *Augusto Salazar Bondy* den Begriff „Lima die Schreckliche" (1964 erschien sein Buch „Lima la horrible") prägte, machte er deutlich, dass die Reichen in den besseren Stadtteilen ihre Augen nicht mehr vor den **wachsenden sozialen Spannungen** verschließen konnten. Die *tugurización* (Überbesiedlung und Zerstörung von Wohnraum), die wachsende Zahl von Bettlern, Dieben, Prostituierten und fliegenden Händlern war zu offensichtlich. Während die Händler tagsüber ganze Bürgersteige zum Feilbieten ihrer Waren in Beschlag nahmen, wurden Staus und Verkehrschaos zur Normalität. Das 1984 erschienene Buch „El desborde popular" („Das Überschwappen des einfachen Volkes") von *José Matos Mar* verdeutlicht, dass Ober- und Mittelschicht die Zuwanderung aus dem Hinterland als Bedrohung empfanden. Die Bessergestellten arrangierten sich jedoch mit dem „Eindringen" neuer kultureller Eigenheiten, mit Armut, Schmutz, Chaos und Gewalt nicht wirklich. Sie zogen fort in ruhigere Stadtteile mit guter Infrastruktur und meiden seitdem das Zentrum. Unterdessen überfordert das Bevölkerungswachstum von Lima und El Callao die Entwicklungsmöglichkeiten der Stadt. Die Aktivitäten terroristischer Gruppen machten die Situation in der Hauptstadt Ende der 1980er-Jahre dann völlig unerträglich.

Ende des 20. Jahrhunderts gelang es Bürgermeister *Alberto Andrade,* dem **historischen Stadtkern** wieder mehr Ansehen und Würde zu verleihen. Plätze und historische Gebäude wurden restauriert. Seine Maßnahmen forderten auch große menschliche Opfer. Mit nächtlichen Einsätzen der „Stadtpolizei" wurden Bettler, Prostituierte, Drogenabhängige, Taschendiebe und Hunderte von Straßenhändlern aus dem Zentrum vertrieben. Den Straßenhändlern wurde eine über viele Jahre aufgebaute Existenzgrundlage entzogen. Bei den Aktionen gab es zahlreiche Verletzte. Durch kulturelle Angebote wertete *Andrade* den historischen Stadtkern auf. Seine *policia municipal* machte ihn sicherer. Davon profitieren heute sowohl die Bewohner als auch die Touristen. Aber die Oberschicht meidet das Zentrum weiterhin mit Ausnahme der Mitglieder des exklusiven „Club Nacional" an der Plaza San Martín.

An den **Stadträndern** gab es oft Auseinandersetzungen, da ungenutzte Wüstengrundstücke mit ganzjährig mildem Klima sowohl von den Reichen als auch von den Armen begehrt wurden. Und wenn die Armen mit der Besiedlung schneller waren – teilweise übernahmen Politiker die Organisation, um sich Wähler zu sichern –, kam es nicht selten zu gewalttätigen Auseinandersetzungen zwischen Armen und Sicherheitskräften. Viele Reiche treffen Vorsichtsmaßnahmen, um das Vordringen armer „Invasoren" zu verhindern. Krassestes Beispiel dafür ist eine lange Mauer im Süden der Stadt, die quer über einen Hügel verläuft und Arme und Reiche trennt. Auf der einen Seite befinden sich prachtvolle Villen, die von Gärten mit großen Bäumen und Sträuchern umgeben sind, die täglich gegossen werden. Auf der anderen Seite reihen sich Schilfmattenhütten auf 90-Quadratmeter-Grundstücken aneinander, vor denen rostige Blechtonnen stehen, in denen die Bewohner ihr kostbares Trink- und Brauchwasser aufbewahren.

In den **Stadtvierteln der Reichen** vollzieht sich das Leben der Familien abgeschirmt. Die Villen liegen hinter hohen Mauern und sind für Passanten nicht sichtbar. Elektrische Zäune und Wachpersonal schützen die Häuser vor Einbrechern. Auch die Autos werden hinter den Mauern geparkt. Die schicken Autos fahren über breite, flache Straßen zwischen Haus und Supermarkt hin und her oder bringen ihre Eigentümer zu den schicken Cafés, denen es auch vormittags nie an Kundschaft mangelt. Die

Gäste unterhalten sich lautstark und ohne Eile mit den Anwesenden und in ebensolcher Lautstärke über Handy, bestellen exquisite *sandwiches* und Kaffeespezialitäten. Sie demonstrieren den Kellnern mit Befehlston, wer sich als Herr im Lande betrachtet.

Den **Vierteln der Mittelschicht** sieht man die Verarmung der letzten Jahrzehnte an. Wenn die Fassade des Hauses nicht mehr frisch gestrichen oder wenn das Auto verkauft wird, sieht man, dass (wieder) ein Familienmitglied arbeitslos geworden ist. Öffentliche Parkanlagen, Vorgärten und Cafés fallen bescheidener aus. Manche Häuser, die früher eine einzige Familie bewohnte, wurden in winzige Wohnräume zerteilt und an eine Unzahl von Mietern vergeben. So setzt auch dort die *tugurización* ein, während für Pflege und Instandhaltung der Häuser kein Geld mehr da ist.

Das Zentrum von Lima, einst Sitz der Oligarchie, wurde von dieser zugunsten neuer Wohnviertel auf den umliegenden, ganzjährig von der Sonne beschienenen Hügeln aufgegeben und einer Vielzahl von armen Mietern überlassen. Die hygienischen Verhältnisse in den großen Häusern im Stadtzentrum sind katastrophal; viele Häuser sind heute so baufällig geworden, dass die Stadtverwaltung die Bewohner zur Umsiedlung zwingt.

096pu Foto: pg

Zur Miete zu wohnen ist in Lima ein unsicheres Unterfangen. Die Kinder werden in ihrer Bewegungsfreiheit eingeschränkt, manche Vermieter stellen – wohlwissend, dass ihre Mieter nicht in der Lage sind, höhere Mieten zu zahlen – diesen Strom und Wasser ab, um sie dadurch zu zermürben und zum Auszug zu bewegen.

Da die meisten Menschen keine feste Arbeit und kein regelmäßiges Einkommen haben, ist es für sie umso wichtiger, ein eigenes Dach über dem Kopf zu haben. Und das können viele nur bauen, indem sie gemeinsam mit anderen Menschen ein Stück ungenutztes Land besetzen und dort ihre eigenen vier Wände errichten. Sie schließen sich zusammen und gründen eine **asentamiento humano** (menschliche Ansiedlung).

Was in Deutschland als „Elendsviertel" bezeichnet wird, ist in Peru oft keine Endstation, sondern in der Regel Zwischenstation: Entweder wandern seine Bewohner irgendwann in „bessere" Viertel weiter oder sie verwandeln ihr Viertel in ein „besseres". Der Ausdruck „Elendsviertel" wird daher irgendwann unzutreffend. In jedem Fall empfinden die Menschen, die dort leben, ihn als diskriminierend. Kurz nach der Landbesetzung bauen die Siedler sich kleine Hütten aus Schilfmatten. Sie legen fest, wo sich Straßen und Plätze befinden sollen und geben dem neu gegründeten Viertel einen Namen wie „Cruz de Motupe", „José Carlos Mariátegui", „Huascar", „Huanta", „Bayovar", „Susana Higuchi". Die Namen reflektieren Glaubensvorstellungen, Herkunftsorte, bezeichnen historische Persönlichkeiten, verraten politische Standpunkte oder sie verfolgen einen bestimmten Zweck: Mit dem Namen der japanischstämmigen Präsidentengattin hofften die Bewohner auf Entwicklungshilfegelder aus dem reichen Japan.

Jedem Siedler stehen ca. 80–90 Quadratmeter zur Verfügung. Darauf errichtet er eine **provisorische Behausung.** Am Anfang gibt es weder Strom noch Wasser. *Aguateros* (Wasserhändler) bringen Trink- und Brauchwasser mit dem Tanklastwagen, später werden Strom- und Wasserleitungen illegal angezapft. (Siehe dazu auch das Kap. „Hygiene".) Trink- und Brauchwasser wird in dünnen Eisentonnen oder selbst gebauten Reservoiren aus Ziegelsteinen und Zement aufbewahrt. Trinkwasser muss daher immer abgekocht werden, da eine hohe Infektionsgefahr besteht. Der Boden in den Hütten besteht aus Lehm oder Sand. Feuchtigkeit dringt im Winter in die Wohnungen. Die Wege zu den Arbeitsstätten sind sehr weit (mehrere Stunden), die Busverbindungen schlecht. Viele junge

[<] Plaza de Armas in Lima

097pu Foto: pg

Mütter sind abends so erschöpft, dass sie kaum noch Kraft und Zeit für ihre Kinder haben. Allmählich schichten die Familien Ziegelsteine vor ihren Häusern auf; dann leben sie sparsamer und die Ernährung der Kinder verschlechtert sich. Sonntags veranstalten die Familien *parrilladas* (kleine Grillfeste), dabei nehmen sie Geld für den Kauf weiterer Ziegelsteine und Eisenträger ein. Beim Bau des ersten Stockwerks aus festen Steinen greifen die Familien auf die Nachbarschaftshilfe zurück. Beginnen können sie aber erst, wenn das Grundstück ihnen als Eigentum zugesprochen wurde. Solange das nicht der Fall ist, ziehen sie es vor, in Schilfmatten zu leben, obwohl ihnen diese Behausungen keinerlei Schutz vor Regen, Kälte und Einbrechern bieten.

Es gibt Viertel, die schneller infrastrukturell erschlossen werden, mehr Fortschritte machen als andere und deren Bevölkerung schneller die Eigentumstitel erhält. Das hängt mit ihrer effizienteren **Eigenorganisation** zusammen, mit fähigen und weitsichtigen Distriktbürgermeistern, engagierten, intelligenten gewählten Vertretern und deren Verhandlungsgeschick oder einfach der Gunst der Stunde wie besonders günstigen politischen Umständen. Die Vertreter werden von der Bevölkerung in regelmäßigen Abständen auf demokratische Weise gewählt. In sonntäglichen **Gemeindeversammlungen** fasst die Bevölkerung Beschlüsse zur Lösung ihrer dringendsten Probleme und setzt die Organisation der Gemeinschaftsarbeiten fest, zu denen alle verpflichtet sind. Erreicht ein *asenta-*

Denkmalschützerin Teresa Reyes

Die 64-jährige Teresa lebt mitten in Lima. Während sie in einer winzigen Wohnung im zweiten Hinterhof heranwuchs, verfiel das historische Gebäude vor ihren Augen. Kriminalität und Armut stiegen, die Wohlhabenden flüchteten aus der Innenstadt. 1991 erklärte die UNESCO das Zentrum der Hauptstadt zum Weltkulturgut und viele öffentliche Gebäude erstrahlten in neuem Glanz.

Bei Teresa Reyes fällt jedoch der Putz von den Wänden. Die Treppen drohen unter ihren Füßen zusammenzubrechen. Die Säulen drohen einzustürzen. Deshalb gründete sie mit 53 Familien einen Nachbarschaftsverein, um Respekt für ein menschenwürdiges Leben einzufordern. Und sie hat Erfolg. Mit Hilfe von Misereor entstehen Duschen, Wasserklosetts und Waschplätze. Die Säulen werden restauriert und die Innenhöfe gepflastert. Als nächstes müsste das Obergeschoss renoviert werden. Aber dafür fehlt das Geld. (Constanze Bandowski, kontinente 3-2012)

miento humano am Ende langer Verhandlungen mit der Stadtverwaltung Grundbesitztitel für die Bewohner, können diese auch Kredite für ein festes Dach beantragen. Nach mehreren Jahren wird dann ein zweites Stockwerk auf das Dach draufgesetzt, irgendwann ein drittes. Die Leute wissen nie genau, wann sie weiterbauen können, denn ihre Verdienste sind unregelmäßig und unvorhersehbar. Deshalb befinden die meisten Häuser sich dauerhaft in einem provisorischen Zustand: Außen sind sie unverputzt, die Wände nur zur Hälfte oder nicht an allen Seiten hochgezogenen, Fensterrahmen und Scheiben fehlen, im Innern sind die Bäder nur notdürftig hergerichtet.

In Lima gehen aus einigen Elendsvierteln **prosperierende Stadtviertel** hervor. Den Anfang bilden kleine Betriebe wie Schuhwerkstätten, Schneidereien oder Busunternehmen. Aus Diskotheken entsteht später eine erfolgreiche Unterhaltungsindustrie, die auch Leute aus anderen Stadtteilen anzieht. Mit der Zeit lässt aber auch die Qualität der Eigenorganisation nach. Solange die Eigenorganisation gut funktioniert, wird die Kriminalität erfolgreich bekämpft durch Selbstjustiz und manchmal auch Lynchjustiz.

[<] Geschäftsstraße im Zentrum von Lima

Die **Armenviertel** von La Victoria, El Agustino, dem Cerro San Cosme, Cerro San Cristobal sowie Straßenzüge von Barrios Altos, wo Behausungen nach vielen Jahrzehnten immer noch in einem prekären Zustand sind und die Infrastruktur (Wasser, Strom, Abwasser, Straßen) defizitär ist, sollte man als Fremder besser meiden, denn dort ist die Kriminalität sehr hoch. Ansonsten lohnt sich aber sicherlich ein Besuch in einem *asientamiento humano*.

Wer gute Bekannte hat, die einen begleiten, sollte die Gelegenheit unbedingt nutzen. Im Gespräch mit den Bewohnern wird jeder ausländische Besucher überrascht sein, wie fortschrittlich die Menschen denken, wie gut sie ihre Zukunft planen und was sie alles gemeinsam unternehmen, um ihre Lebensbedingungen Schritt für Schritt zu verbessern.

Das peruanische Gebirgsland – „la Sierra"

Die Sierra war einmal die bevölkerungsreichste Landesregion, heute leben nur noch ca. 30 Prozent der Peruaner in den Anden. Wer von Lima aus nach Osten fährt, sieht wunderschöne Berglandschaften und gelangt in kleine Ortschaften und Dörfer, in denen die Menschen **in sehr einfachen Verhältnissen leben.** Die Häuser in den Dörfern sind aus *adobes* (luftgetrocknete Lehmziegel) oder großen Steinen, die Dächer aus Stroh, Wellblech oder Ziegeln. Die Behausungen in den noch höher gelegenen Bergwerkszentren haben Zement- und Wellblechwände, wodurch es im Innern nachts bitterkalt werden kann.

Die „Comunidad Campesina"

Die meisten Campesinos, leben in *Comunidades Campesinas* (Bauerngemeinden), in denen laut der peruanischen Gesetzgebung kein Land in Privatbesitz existiert. Viele der *Comunidades Campesinas* gehen auf **spanische Gründungen** zurück. Ihr Autoritätensystem ist spanischen und vorspanischen Ursprungs. Die Bewohner leben von der Landwirtschaft sowie vom Verkauf einiger ihrer landwirtschaftlichen Produkte.

Acker- und Weideland befindet sich in Gemeindebesitz. Das **Ackerland** wird größtenteils privatwirtschaftlich bearbeitet und sogar innerhalb der Familien vererbt, obwohl es rechtmäßig den Gemeinden gehört. Das Ackerland, das einer Familie zur Verfügung steht, unterschrei-

› Terrassenfelder in den Anden

098pu Foto: pg

tet meist einen Hektar und die Ernte reicht nicht aus, um die Familienmitglieder zu ernähren. Der Verkauf der eigenen Arbeitsleistung innerhalb und außerhalb des Dorfes, kurzfristige Beschäftigungen in weit entfernten Orten, der Verkauf von Heilkräutern und selbst hergestelltem Käse bessern die Familieneinkommen auf. Da die Campesinos nicht über Besitztitel verfügen, können sie keine Bankkredite bekommen, auch nicht, wenn sie unternehmerisches Talent haben und beispielsweise die Weiterverarbeitung und Vermarktung landwirtschaftlicher Produkte ausweiten wollen.

Überall in den Anden sind die Bauern abhängig vom **Klima:** Wenn der Regen ausfällt, fällt auch die Ernte aus. Dann haben die Menschen noch weniger zu essen und viele Männer suchen sich längerfristig außerhalb des Dorfes eine Arbeit.

Die Wege zu Weiden und Feldern sind weit und beschwerlich. Die Campesinos brechen am frühen Morgen auf, um tagaus, tagein dieselbe anstrengende **Arbeit auf den Feldern,** die meist an steilen Abhängen liegen, zu verrichten.

Alte Kanalsysteme dienen der **Bewässerung** der Felder. Damit Wasser nicht vergeudet wird, teilen kommunale Wasserausschüsse die Nutzrechte in Schichten rund um die Uhr ein und es kommt oft vor, dass ein Familienmitglied mitten in der Nacht ein Feld bewässern geht. In der Trockenzeit wird die Erde fest und trocken. Nach einiger Zeit ist die Erdkruste so hart geworden, dass bei der Ernte Kartoffeln und andere Knollen nur mit großer Mühe aus dem Boden gegraben werden können.

Im Winter sinken die Temperaturen nachts auf Null Grad Celsius. Dünne, abgetragene Kleidung, Schuhe aus dünnem Leder, Tierfell oder Autoreifen oder gar keine Schuhe, die **einfachen Häuser** aus Lehmziegeln oder Steinen bieten den Menschen wenig Schutz vor der Kälte. Im Innern teilen sich meist mehrere Personen einen Schlafplatz. Ihr Trink- und Brauchwasser holen die Campesinos aus Quellen, von öffentlichen Zapfstellen oder transportieren es mit Hilfe von Tieren sogar von weither. Die einfachen Wohnverhältnisse, Übermüdung, Wassermangel, schlechte Wasserqualität, Mangelernährung sowie Unwissenheit verhindern eine optimale Hygiene, insbesondere bei der Nahrungsmittelzubereitung und fördern die Ansteckung mit Atemwegs- und Durchfallerkrankungen. Verstärkt wird das Krankheitsrisiko durch herumstreunende Schweine sowie Plätze am Dorfrand, auf denen die Bewohner ihre Notduft verrichten.

Neben der harten Arbeit gibt es auf dem Land aber auch **Freiräume,** die eine Stadt nicht bietet. Campesinos, die das Stadtleben kennen gelernt und dort für einen Vorgesetzen arbeiten mussten, schätzen die „Freiheit“, ihre „eigenen“ Felder in Eigenregie zu bestellen und das Schwätzchen auf dem Dorfplatz nach verrichteter Arbeit ebenso wie die wunderschöne Landschaft, die sie umgibt und die Dorffeste, bei denen alle viel Spaß haben.

Einen Teil ihrer knapp bemessenen Freizeit verbringen die Dorfbewohner auf **Versammlungen,** auf denen sie Beschlüsse fassen, die das Gemeinwohl des Dorfes betreffen. Für die Ausführung sind gewählte Vertreter zuständig, die ihr Dorf auch nach außen vertreten. Häufige Themen sind Streitigkeiten mit Nachbardörfern, bei denen es um von beiden beanspruchtes Land oder den Zugang zu Wasserressourcen geht. Der Bau eines neuen Hauses oder Erntearbeiten werden im *ayni* (Austausch von Arbeitskraft zwischen verwandten oder befreundeten Familien) ausgeführt. Die Instandhaltung der öffentlichen Infrastruktur (Wege, Plätze, Ruinen, Bewässerungskanäle, Wasserauffangbecken) wird in **Gemeinschaftsarbeit** *(minka)* erledigt. Dabei singen, tanzen und trinken die Menschen – und so endet die harte Arbeit in einem Fest.

> Händlerinnen ziehen in den Anden von Ort zu Ort

099pu Foto: pg

Es bieten sich zahlreiche Gelegenheiten, bei denen die Menschen Nachrichten, Meinungen und Erfahrungen austauschen: Bei Festen und Beerdigungen kochen die Frauen in kleinen Gruppen, beim Waschen treffen sie sich am Fluss oder Kanal, wenn Männer und Frauen zu ihren Feldern oder Weiden unterwegs sind, gehen sie ein Stück des Weges gemeinsam und unterhalten sich.

Auch größere **Kinder und Jugendliche** arbeiten bereits auf Feldern und Weiden. Für manche Kinder ist die landwirtschaftliche Arbeit hart und unerträglich, von anderen wird sie als Abwechslung neben der Schule empfunden. Die Kinder sind stolz, dass sie ihren Eltern helfen. Manche Eltern betrachten ihre Kinder vornehmlich als Arbeitskräfte, für andere hat der Schulbesuch ihrer Kinder Vorrang, denn sie wünschen sich, dass ihre Kinder es einmal besser haben als sie.

Die Kinder trainieren aufgrund ihrer kargen Lebensbedingungen das *aguantar* (Aushalten, Ertragen): Sie lernen, weder zu murren noch zu klagen. Zähigkeit und Leidensfähigkeit werden zu ihren besonderen Stärken, die ihnen später (auch in der Stadt) helfen, Ziele zu erreichen, nicht zu verzagen und Widerstände zu überwinden.

Städte und Dörfer in den Anden sind **verkehrstechnisch schlecht erschlossen.** Es sind häufig große Höhenunterschiede zu überwinden und die Straßenverhältnisse stellen die bäuerlichen Busfahrer vor große Herausforderungen, die die meisten hervorragend bewältigen. Viele Bau-

036pu Foto: ah

Dilma

„Morgens stehe ich um drei Uhr auf. Dann koche ich. Wenn ich mit dem Kochen fertig bin, rufe ich die Peones (Tagelöhner, ebenfalls Bauern aus demselben Dorf), die mir an diesem Tag helfen werden und serviere ihnen und meinem Mann ein reichhaltiges Frühstück: Patachi, eine kräftige Suppe aus geschältem Mais oder Bohnen sowie Ziegen- oder Rinderfuß. Sobald sie auf dem Feld ankommen, gibt mein Mann jedem von den Peones Koka und Kalk zum Kauen. Dann beginnen die Männer mit der Arbeit. Mein Mann arbeitet mit und passt auf, dass alle gut arbeiten. Mit der Chaquitaqlla (Grabstock) lockern sie die harte Erdkruste. Ich serviere in der Zwischenzeit meinen Kindern auch Patachi und gebe ihnen Kräutertee. Dann wasche ich das Geschirr ab und verpacke die Verpflegung: gekochte Kartoffeln, gebratenes Meerschweinchen, Frischkäse, Maispudding, Chicha (Maisbier), Apfel- oder Quittensaft. Um neun breche ich zum Feld auf; nach elf Uhr bin ich dort. Ich lege ein Tischtuch aus und breite das mitgebrachte Essen darauf aus. Die Peones, die inzwischen das Feld umgegraben und das Unkraut entfernt haben, sind hungrig. Um zwölf bekommen sie ihr Essen. Nach einer halbstündigen Mittagspause arbeiten sie weiter bis vier oder sechs. Ich helfe ihnen bei der Arbeit, indem ich große Erdklumpen zerstoße und große Steine an den Rand des Feldes werfe. Nach verrichteter Arbeit essen wir noch einmal dasselbe Essen, das nun allerdings kalt ist. Was nicht gegessen wird, nehme ich wieder mit. Um acht Uhr sind wir alle wieder im Dorf. Ich bezahle die Peones und gehe in meine Küche. Dort zünde ich Feuer an und wärme die Reste für meine Familie auf. Ich reiche jedem seinen gefüllten Teller und bediene zuletzt mich selbst. Wenn alle gegessen haben, spüle ich und räume die Küche auf. Wenn ich zu Bett gehe, bin ich sehr müde.

Wenn ich mich um unser Vieh kümmere, stehe ich morgens um sechs Uhr auf. Ich bereite für meine Familie das Frühstück und das Mittagessen zu. Gegen neun breche ich gemeinsam mit meiner Mutter auf. Luzernen für die Tiere und Proviant für uns transportieren wir auf unserem Esel. Um halb zwölf kommen wir auf der Weide an. Mit dem Rufen, Suchen, Füttern und Melken der Tiere sind wir zwei Stunden beschäftigt. Anschließend geben wir ihnen zu fressen. Dann waschen wir unsere Hände, trinken frische Milch, essen Cancha (geröstete Maiskörner), die wir mitgebracht haben, manchmal auch Kartoffeln. Selten kochen wir die Kartoffeln vor Ort in einem Erdofen und essen sie dann mit Frischkäse. Am Nachmittag befestigen wir die Milchkannen auf dem Rücken des Esels. Gegen sechs oder sieben kommen wir im Dorf an. Dann muss ich Feuer machen und das Abendessen kochen. Während alle sich in der Küche unterhalten, wasche ich das Geschirr ab und räume auf. Gegen 22:00 Uhr gehe ich ins Bett. An manchen Tagen gehe ich erst um halb elf schlafen. Und manchmal kann ich nicht einschlafen.

Einmal pro Woche ist Waschtag. An manchen Tagen bleibe ich zum Waschen im Dorf. An anderen Tagen breche ich um zehn auf zu einem Feld, nehme Cancha und Früchte mit und wasche die Kleider im Fluss. Die gewaschenen Kleidungsstücke breite ich zum Trocknen auf den Sträuchern aus. Am frühen Nachmittag kehre ich mit der trockenen Wäsche ins Dorf zurück. Ich zünde das Feuer an und koche für meine Familie.

Freie Tage kenne ich nicht. An den Feiertagen koche ich besondere Gerichte, weil wir Besuch bekommen. Manchmal besuchen wir andere Familien. An den großen Festen koche ich gemeinsam mit den anderen Frauen in der Huayrona (Versammlungshaus). Beim Wasserfest bereite ich den ganzen Morgen über verschiedenste Leckerbissen für den großen Festschmaus zu.“

Eufronio

„Der Mann muss die Stütze seiner Familie sein. Die Frau ist für das Glück der Kinder verantwortlich. Ich bin glücklich, ein Campesino zu sein und ich bin zufrieden mit meinem Leben. Mich hat das Leben hart geschlagen und geprüft. Aber ich stehe zu meiner Herkunft, meiner Identität, meinen Werten und meinen Urteilen. Ich bin ein Mensch aus den Bergen, bin in den Bergen geboren und aufgewachsen. Ich hatte die Gelegenheit, mich hier in den Bergen zu entwickeln. Meine Werte: andere zu verstehen, zu teilen, zu helfen, mich zu organisieren und meine Zukunft zu planen. Ich habe mich immer von dem bäuerlichen Leben angezogen gefühlt. Büros gefallen mir nicht. Selbstverständlich hätte ich gerne mehr Land gehabt. Ich bilde mich stets weiter, lese viel und bemühe mich, den Anschluss an die Moderne nicht zu verlieren und gleichzeitig traditionelle Technologien wiederzubeleben. Es schmerzt mich, wenn fruchtbares Ackerland verloren geht, weil die Anbauterrassen nicht den Traditionen unserer Vorfahren gemäß instand gehalten oder die herkömmlichen Brachzeiten nicht mehr eingehalten werden. Ich ernähre mich mit dem, was hier gedeiht, so natürlich wie möglich. Von dem, was wir ernten, lege ich Vorräte an. Mit traditionellen Methoden halte ich das Ungeziefer davon ab, die Vorräte zu zerstören. Wenn der Mais geerntet wird, erhalten unsere Tiere die Blätter zum Fressen. Was sie ausscheiden, kommt als Tierdung auf die Felder. So ist es ein Kreislauf der Natur.“

‹ Dilma

ern sind nicht in der Lage, ein Fahrgeld von umgerechnet ein oder zwei Euro zu bezahlen. Deshalb und weil die Fahrzeuge selten fahren, legen sie weite Strecken mit schweren Lasten bepackt zu Fuß zurück. Während der Regenzeit, die in der Regel von November bis April dauert, gefährden *huaycos* (Erdrutsche) den Verkehr von Kleinbussen und Lastwagen, in denen sowohl Waren als auch Personen transportiert werden. In manchen Jahren werden nicht nur Straßenabschnitte die Berge hinuntergeschwemmt, sondern auch Behausungen, manchmal sogar halbe Dörfer. Dann verlieren die Menschen Hab und Gut sowie das Dach über ihrem Kopf.

Wer die **Anden bereisen** möchte, sollte dies nach Möglichkeit besser nicht während der Regenzeit tun. Und er sollte viel Flüssigkeit trinken sowie bei Essen, Bewegung und beim Tragen von Lasten Maß halten. Der Einfluss der Höhe auf den menschlichen Körper ist nicht zu unterschätzen: Die Luft ist dünner, die Verdauung ist langsamer und ab ca. 3000 Meter Höhe kann die Höhenkrankheit, der *sorroche,* Kopfschmerzen, Mattigkeit, veränderten Blutdruck und manchmal Atemnot oder Herzrasen hervorrufen. Nach wenigen Tagen stellt der Körper sich aber auf die neuen Gegebenheiten ein.

Cusco

Die Ruinen aus der Inkazeit, Kirchen und Paläste aus der Kolonialzeit sind die **touristischen Attraktionen** der 3300 Meter hoch gelegenen Stadt. Campesinos aus der Umgebung mit ihrer Kleidung in kräftigen Farben, ihren bunten Hüten und kleine Lamas werden für die Touristen zum Folklore-Dekor. In den Restaurants, Kneipen und *peñas,* die für die Touristen bestimmt sind, wird die Musik gespielt, die viele Ausländer fälschlicherweise für „Indiomusik" halten. Das Hilfspersonal rekrutiert sich aus der zugewanderten indigenen Bevölkerung. Cusco war die Hauptstadt des Inkareiches und viele Bewohner sprechen noch Quechua – manche Marktfrau und die vielen Campesinos in den umliegenden Dörfern verstehen gar kein Spanisch. Aufgrund ihrer geschichtlichen Erfahrung sind sie fremden „Eindringlingen" gegenüber sehr misstrauisch. An ihren Kulturtraditionen lassen sie die Fremden nicht so ohne weiteres teilnehmen. So gibt es einen Unterschied zwischen den Kulturtraditionen, die man den Touristen vorführt und den alten Traditionen, die die Menschen in den Dörfern der Umgebung noch pflegen, die sie aber nicht zur Schau stellen. Wenn zu Karneval der übliche Touristensturm den Sonntagsmarkt überschwemmt, dann erhalten die Fremden zwar einen Einblick und sehen auch die traditionellen Tänze; die eigentlichen Karnevalsfeierlichkeiten der Bewohner finden zu einer anderen Zeit an einem anderen Ort statt, dann, wenn alle Touristen wieder weg sind.

Den Touristen zuliebe muss die **„Indiokultur"** für das der Andenmetropole anhaftende Geheimnisvolle herhalten. Dabei werden neben den Ruinen auch traditionelle Heiler und die andine Mythologie von ausländischen Reiseveranstaltern erfolgreich vermarktet. Und die Menschen, die hier oben in den Anden in Armut leben, treten in den Hintergrund, während ihre Armut einen folkloristischen Anstrich erhält.

Die **Mehrzahl der Cusqueñer lebt unterhalb des Existenzminimums** und sogar diejenigen, die in warmen Lehmhäusern wohnen, ernähren sich neben einer dürftigen warmen Mahlzeit am Tag oft nur von trockenem Brot und gezuckertem Kaffee oder Kräutertee. Die Löhne von Hotel- und Restaurantangestellten sind niedrig und reichen kaum zum Leben. Kinder, Straßenhändler, Bettler und Diebe versuchen ein wenig vom Reichtum der ausländischen Besucher zu erhaschen. Wenn die Touristen in schönen beheizten Restaurants sitzen, klopfen Kinder an die Scheibe, deuten auf Bauch und Mund um mitzuteilen, dass sie hungrig sind. In den Armenvierteln an den Stadträndern wächst die Zahl der jugendlichen Diebe; für sie stehen die Zeichen angesichts der vielen ausländischen Besucher günstig.

Der peruanische Dschungel – „la Selva"

Im **tropischen Regenwald** – 59 Prozent der Landesfläche – leben nur 13 % der peruanischen Bevölkerung. Von der gesamten Tieflandbevölkerung gelten nur 12 % als indigen. Die Tieflandstädte Iquitos, Pucallpa und Puerto Maldonado sowie Tarapoto in der Ceja de Selva werden v. a. von Zuwanderern aus anderen Landesteilen bewohnt. Die Mehrheit der indigenen Bevölkerung hat ihre halbnomadische Lebensweise aufgegeben und ist in kleinen Siedlungen an den Flussufern sesshaft geworden. Meist ging die Sesshaftwerdung mit der Gründung von Schulen durch Missionare einher, die von der peruanischen Regierung beauftragt worden waren, die Indigenen durch die Vermittlung „westlicher" Werte in die nationale Gesellschaft zu „integrieren". Die Einrichtung von Gesundheitsstationen und kleinen Produktionsstätten mögen weitere Gründe für die Sesshaftwerdung gewesen sein. Die Bewohner der Flussufer haben den engsten Kontakt zur übrigen Landesbevölkerung, halbnomadisch lebende Gruppen den geringsten Kontakt zu Außenstehenden. Daneben gibt es **indigene Gruppen,** die sich gegen die „Zivilisation" entschieden haben – sie leben **in freiwilliger Isolation.** Über ihre Lebensweise ist wenig bekannt, vermutlich sind sie Jäger und Sammler. Sie wünschen weder Kontakt zu anderen Indigenen noch zu Menschen aus anderen Landesregionen. Das Vordringen von Fremden in ihre Gebiete wehren sie ab und Eindringlinge müssen mit kriegerischen Auseinandersetzungen rechnen, wenn sie sich in ihre Region wagen.

Peru hat die **Konvention 169 der Internationalen Organisation für Arbeit** ratifiziert und verpflichtet sich seiner indigenen Bevölkerung gegenüber zur Respektierung ihrer Kulturen, der Gewährung von grundlegenden Landrechten, dem Recht auf Bildung und dem Zugang zu natürlichen Ressourcen. Doch die Umsetzung bleibt schwierig und problematisch. Indigene gelten immer noch als Fortschrittshemmnisse und lange wurde die Besiedlung des Tieflandes durch Menschen aus anderen Landesregionen politisch gefördert. Oft werden wirtschaftliche Interessen in den Vordergrund gestellt und die Grenzen von Naturschutzgebieten werden so gelegt, dass Explorations- und Förderaktivitäten großer Konzerne nicht beeinträchtigt werden.

Unter der indigenen Bevölkerung finden sich zahlenmäßig **starke Ethnien** wie die Matsiguenka mit etwa 10.000 Personen oder die Aguaruna mit 14.000 Personen. Viele kleine Völker wie die Huachipairi mit nur 159 Personen, die Ucarina oder die Huitoto sind vom Aussterben bedroht.

Insbesondere in der **Region Iquitos** hatte der gegen Ende des 19. Jahrhunderts einsetzende Kautschukboom schwerwiegende Folgen für die indigene Bevölkerung: Zwangsarbeit, Schuldknechtschaft, Ermordungen und die Vertreibung aus den angestammten Gebieten. In jüngster Zeit hat der Abbau von Tropenhölzern viele Indigene aus ihren Lebensräumen vertrieben. Die Suche und Gewinnung von Erdöl und Erdgas zerstört Umwelt und traditionelle Lebensformen. In Peru wird seit den 1970er-Jahren in größerem Umfang Erdöl gefördert, zunächst durch einen staatlichen Konzern und seit der Privatisierung des Sektors durch internationale Konzerne. Bei Bekanntwerden der Funde hofften viele Indigene auf entlohnte Beschäftigung. Die Firmen stellen jedoch nur während der Explorationsarbeiten Indigene als Tagelöhner ein. Danach bringen sie fremde Facharbeiter ins Tiefland und die Indigenen sind enttäuscht, weil ihr entlohntes Beschäftigungsverhältnis endet. Die peruanische Umweltschutzgesetzgebung ist fortschrittlich, sie bleibt aber in ihrer Umsetzung völlig unzureichend. Die **Ölförderung hinterlässt gravierende Schäden:** Traditionell homogene Gebiete werden von einem auf den anderen Tag zweigeteilt, neue Krankheiten werden von den Ölarbeitern eingeschleppt, indigene Männer verlassen ihre Familien und lassen ihre Frauen mit der harten Arbeit in den Dörfern allein, Gewässer werden stark verschmutzt und das Trinkwasser verunreinigt, sexuelle Gewalt, Ent-

[>] Mütter und Kinder in einer Comunidad Nativa

037pu Foto: lg

führungen, Alkoholismus und Prostitution halten Einzug in die von Indigenen bewohnten Gebiete. Ein Problem für die traditionelle Lebensweise der indigenen Bevölkerung stellen auch die *colonos,* Zuwanderer aus Sierra oder Costa dar, die sich seit dem 20. Jahrhundert – teils aufgrund staatlicher Förderpolitik – im Amazonastiefland niederlassen, um sich eine bessere Zukunft aufzubauen. Sie betreiben kommerzielle Landwirtschaft, kleine Geschäfte, handeln mit Koka (lediglich mit den Blättern, die medizinische Qualitäten haben, nicht zu verwechseln mit der Droge Kokain, die daraus hergestellt wird) und mit Holz. Seit einigen Jahren gibt es – wie auch in der Küstenregion – eine Tendenz zur Wiederentstehung größerer landwirtschaftlicher Betriebe, die teilweise bis zu 10.000 Hektar umfassen.

Nur in wenigen Dörfern leben Indigene und Colonos seit vielen Jahren friedlich zusammen und haben kulturellen Austausch miteinander. In den meisten Gegenden sind die **Beziehungen zwischen Colonos und Indigenen** *(nativos)* sehr angespannt, denn die Indigenen beschuldigen die Colonos, ihnen ihr Land und damit ihre Lebensgrundlage weggenommen zu haben. In den 1960er-Jahren, als bereits Migranten aus den Anden Land in Besitz genommen hatten, vergab die Militärregierung Besitztitel, um dem Problem Einhalt zu gebieten. Dadurch wurden aber Territorien, die die Indigenen traditionell für ihre nomadische Lebensweise genutzt hatten, zerteilt. Die von der peruanischen Regierung vergebenen kommunalen Besitztitel erstrecken sich nur auf Land, das für Ackerbau und Viehzucht genutzt wurde; die Waldgebiete werden vom peruanischen Staat verwaltet und den Indigenen als Treugut zur Verfügung gestellt.

Seit Langem sind Regenwald und Menschen in Gefahr. Deshalb schuf die peruanische Regierung in verschiedenen Regionen zum Schutz von Bevölkerung und Umwelt auf rund 17 Mio. Hektar ein **System von Naturschutzgebieten** mit 54 Nationalparks, das der Zerstörung von Natur und Kulturen Einhalt gebieten soll. Das Leben in den Parks unterliegt den Bestimmungen des Naturschutzes und alle wirtschaftlichen Aktivitäten müssen dem Naturschutz untergeordnet werden. Aufgrund der Größe der Flächen steht dort den Indigenen zwar genug Land zur Verfügung, sie haben aber nicht das Recht, ihre natürlichen Ressourcen zu nutzen und zu verkaufen. Nicht alle Indigenen sind Naturbewahrer, nicht wenige möchten am Handel mit ihren eigenen Ressourcen viel Geld verdienen. So beteiligen sich außerhalb der Nationalparks auch Indigene an der Holzausbeute. Selbst der Handel mit *pasta básica,* chlorhydrierter Kokapaste, aus der Kokain hergestellt wird, ist für manche attraktiv, weil sich schnell viel Geld verdienen lässt.

Einige Reiseagenturen führen ihrer Kundschaft nicht nur seltene Tiere und Pflanzen vor, sondern auch die indigene Bevölkerung als weitere Attraktion. Auf der einen Seite gibt es indigene Gruppen, die mit Reisebüros zusammenarbeiten und sich für eine Aufwandsentschädigung den Fremden als „wilde Urwaldindianer" präsentieren, auf der anderen Seite setzten sich andere Gruppen mit Giftpfeilen zur Wehr, weil ihr Protest, dass sie gegen ihren Willen als etwas zur Schau gestellt wurden, was sie nicht sind, ungehört bleibt.

Eine Antwort auf solche Eingriffe in Kultur und Umwelt stellt der Ansatz der **„Empresa Multicomunal Matsiguenka"** dar, einem Unternehmen, an dem mehrere Matsiguenka-Gemeinden teilhaben und das eine Herberge im Naturschutzgebiet des Manu, die „Casa Matsiguenka" betreibt. Die Touristen dürfen nur in kleinen Gruppen anreisen, damit Tiere und Natur nicht gefährdet werden. Während der achtstündigen Bootsfahrt zur „Casa Matsiguenka" bringen die Matsiguenka den Touristen die wichtigsten Matsiguenkawörter bei. Spaziergänge im Urwald sind nur auf vorgegebenen Wegen erlaubt. Die Besucher haben die Möglichkeit, unter Anleitung Gebrauchsgegenstände der Matsiguenka selbst herzustellen.

Die „Comunidad Nativa"

In der „Comunidad Nativa" leben ausschließlich Indigene aus dem Amazonastiefland und keine Colonos. Die peruanische Gesetzgebung von 1974 und 1978 schuf die *Comunidad Nativa* („Eingeborenengemeinde") und ihre politische Struktur, die Generalversammlung, auf der die Bewohner Beschlüsse fassen und den „Präsidenten", der wie in der Andengemeinde dem Dorf vorsteht und von fremden Besuchern als erster kontaktiert werden sollte. Die politischen Ämter für den Kontakt mit der Außenwelt werden meist an junge Leute mit Spanischkenntnissen vergeben, die Ämter für die internen Angelegenheiten an alte, erfahrene Männer, die u. U. Heiler oder Schamanen sind.

An den Flussufern betreiben die Indigenen Brandrodung: Ein bis zwei Hektar große Felder werden drei bis fünf Jahre lang bestellt und danach dem Urwald übergeben, sodass an ihrer Stelle der Wald neu entsteht und die Erde ihre ursprüngliche Fruchtbarkeit wiedererlangt. Diese Wirtschaftsweise ist aber heute nur noch in Gegenden mit niedriger Bevölkerungsdichte möglich, wo ausreichend große Flächen zur Verfügung stehen. Die indigene Bevölkerung baut Maniok, Kochbananen, Ananas, Erdnüsse, Zuckerrohr, Mais und Gemüse für den Eigenbedarf an.

Die Colonos, die im Amazonastiefland oft in „Comunidades Campesinas" leben, bestellen ihr Land jedes Jahr, was zur Bodenversalzung führt. Sie ernten Kakao, Achiote, Gelbwurz sowie andere Gewürze, Reis, Bohnen und Kaffee für den städtischen Markt. Fischfang und das Erlegen von Urwaldtieren liefern Eiweiß. Seit Kurzem werden in einigen Gegenden auch Rinder gehalten, allerdings wird deren Fleisch nicht verzehrt, sondern sie dienen als Geldanlage und werden z. B. bei einem Krankheitsfall in der Familie oder zur Finanzierung der Ausbildung der Kinder verkauft.

In der traditionellen Arbeitsteilung übernehmen die Männer Jagd, Fischfang, Hausbau, Reparaturarbeiten sowie die Herstellung von Pfeilen, Bögen und Speeren, Frauen das Bestellen der Felder, Ernten, Kochen, Waschen, Reinigungsarbeiten, die Kindererziehung, Töpfern, Spinnen sowie die Anfertigung von Baumwolltaschen und Palmkörben. Innerhalb der Familie werden Kenntnisse über Nahrungspflanzen, Heilpflanzen, Tiere, Gesänge, Mythen, Legenden und traditionelles Kunsthandwerk vermittelt. Außer einem Kanu, Bögen, Pfeilen, Speeren, Kochtöpfen und Werkzeugen haben die meisten Indigenen nicht viel Besitz. Die Menschen sind aufeinander angewiesen; viele Indigene schätzen es, in ihrer dörflichen Gemeinschaft zu leben, weil sie dort mit der Hilfe ihrer Familienangehörigen oder Nachbarn rechnen können. Ist aber ein Dorfbewohner erfolgreicher als ein anderer, dann zieht er den Neid der anderen auf sich und wird von ihnen gemieden. So sind Solidarität und Missgunst auch in der Comunidad Nativa präsent. Die beste Ablenkung vom Alltag bilden für alle die Feste, bei denen zu traditionellen und modernen „tropischen" Rhythmen getanzt, viel *Masato* (alkoholisches Getränk aus gegorenem Maniok) und neuerdings auch Bier getrunken wird.

Das peruanische Bildungssystem

Bis zur Eroberung durch die Spanier gab es in Peru keine Schriftsprache. Im Inkareich wurden Kenntnisse, Gesetze und aktuelle Informationen mündlich übermittelt sowie mittels einer auf dem Dezimalsystem basierenden **Knotenschrift,** sogenannten *Khipus*. Diese bis zu vier Kilo schweren Geflechte aus verschiedenfarbigen Fäden und Knoten gaben Auskunft über historische Ereignisse, landwirtschaftliche Erträge, Lagerbestände, Steuereinnahmen und den Einsatz von Arbeitskräften. Bildliche Darstellungen auf Textilien informierten über Mythologie und Opferrituale. **Quechua** war die offizielle Sprache des Inkareiches. Die von den Inkas unterworfenen Reichsangehörigen sprachen wie auch die Völker des Amazonastieflandes verschiedene andere Sprachen und hatten keine Schrift.

Die spanischen Eroberer führten **das lateinische Alphabet,** ihre Sprache und teilweise auch Latein sowie iberisches Recht ein. Seit der frühen Kolonialzeit musste die indigene Bevölkerung sich mit spanischen Rechtsinstitutionen und den *Leyes de las Indias* (Rechtsnormen für die spanischen Territorien in der Neuen Welt) auseinandersetzen. Dank ihrer Spanisch-, Schreib-, Lese- und juristischen Kenntnisse verteidigten Angehörige der Inka-Elite, die dafür nach Spanien reisten, dort Landrechte der indigenen Bevölkerung. Das verdeutlichte den Menschen in den Anden die enorme Bedeutung des lateinischen Alphabets, der spanischen Sprache, von Kenntnissen der christlichen Weltanschauung und juristischem Wissen als Instrumente der Verteidigung ihrer Rechte und für ihre Emanzipation im kolonialen und post-kolonialen Peru. Das **Jurastudium** zog gesellschaftliches Prestige nach sich, öffnete Karrierechancen und die Möglichkeit, die Tricks der im Rechtssystem üblichen Korruption zu erlernen und gleichzeitig die Hoffnung, die Rechte der eigenen Familien oder Gemeinden zu verteidigen.

Seit 1946 haben alle Peruaner das Recht auf schulische Bildung bis zum Abschluss der Sekundarschule (11 Jahre). Vor der Agrarreform reflektierte die Realität dies allerdings kaum. Heute sehen die meisten Eltern in den *Comunidades Campesinas* und *Nativas* den Weg ihrer Kinder in eine bessere Zukunft im Schulbesuch und dem Beherrschen der spanischen Sprache. Daraus resultiert einerseits, dass quechuasprachige Eltern (mit ausländischen Geldern finanzierten) Angeboten zweisprachiger Erziehung ablehnend gegenüberstehen, andererseits aber auch eine hohe Ein-

[›] Schulkinder in Apurimac

schulungsquote. Einer Untersuchung des peruanischen Bildungsministeriums zufolge besuchten 93 Prozent aller 6- bis 11-Jährigen im Jahr 2004 eine Primarschule, wobei Bildungsforscher keine Unterschiede zwischen Jungen und Mädchen feststellten.

Ab dem 3. Lebensjahr können Eltern ihre Kinder in eine *inicial* schicken, die in Peru auch **„Kindergarten"** genannt wird, aber eher Vorschulcharakter hat. Viele *iniciales* sind privat und häufig wird hier schon eine Art Englischunterricht angeboten. Das peruanische Erziehungsministerium richtete in Kooperation mit UNICEF Kinderhorte in städtischen und ländlichen Armensiedlungen ein, sogenannte **„wawa wasi"** (quechua: „Häuser für Kinder"), für die die Interamerikanische Entwicklungsbank und die Europäische Union Gelder zur Verfügung stellten. Die Kinder erhalten Mahlzeiten und ihnen werden Kenntnisse von kurzzeitig geschulten Frauen vermittelt, die für ihre Tätigkeit ein Taschengeld erhalten.

Ab dem 6. Lebensjahr gehen Kinder in die **Escuela Primaria** (Grundschule). Sie dauert sechs Jahre und ist für alle gleich.

Daran schließt sich die fünfjährige **Escuela Secundaria** oder das **Colegio** an. Die Sekundarschule ist für alle Schüler gleich, eine Unterteilung in Gymnasium, Real- und Hauptschule gibt es in Peru nicht. Allerdings bestehen große Qualitätsunterschiede, je nachdem ob es sich um eine staatliche oder private Schule handelt. Der Abschluss der *Escuela Secundaria* berechtigt zum Studium an einer Universität in Peru. Deutsche Hochschulen nehmen peruanische Schulabgänger jedoch nicht auf, es sei

038pu Foto: lg

„Unsere Kinder sollen es einmal besser haben als wir"

Loyer, Elton, Dorly und Vanessa sollten ihr Leben meistern. Sie sollten es einmal besser haben als ihre Eltern Dilma und Eufronio. Sie sollten ihre eigenen Fähigkeiten entdecken und nutzen, einen guten Schulabschluss machen und dann eine Ausbildung. Diesem Ziel ordnete das Campesino-Ehepaar alles andere unter.

Dilma: „Ich war gerade 18, als ich heiratete und ich bin nur fünf Jahre zur Schule gegangen; ich hätte gern mehr gelernt. Deshalb habe ich meinen Töchtern immer geraten, die Sekundarschule abzuschließen, dann eine Ausbildung zu absolvieren, eigene Erfahrungen zu machen und erst dann zu heiraten. Ich bin immer früh aufgestanden. Ich lehrte meine Kinder – zwei Söhne und zwei Töchter – zu essen, zu sprechen, was sie dürfen und was sie nicht dürfen. Ich lehrte sie zu kehren, aufzuräumen, ihre Betten zu machen, die Leute zu begrüßen, ihre Lehrer zu respektieren und achtete darauf, dass sie ihre Schulaufgaben gut machten. Das war mir das Wichtigste. Ich erlaubte ihnen nicht, in der Schule zu fehlen. Einmal wollte eines meiner Kinder nicht zur Schule gehen; da bestrafte ich es. Meine Töchter und Söhne haben immer noch großes Vertrauen zu mir, sie erzählen mir alles."

Eufronio: „Ich förderte bei unseren Kindern die Entwicklung ihrer speziellen Fähigkeiten. Ich verwöhnte sie nicht, schränkte sie aber auch nicht ein. Ich forderte sie zu guten schulischen Leistungen auf und lobte sie, wenn sie gute Zeugnisse nach Hause brachten. Wenn sie einmal schlechte Noten hatten, unterstützte ich sie und sprach mit den Lehrern. Unser großer Traum, dass unsere Kinder es eines Tages zu mehr bringen würden als wir, ist dabei, in Erfüllung zu gehen. Ich bin im Dorf geblieben und habe auf zahlreiche Arbeitsangebote verzichtet, die es mir ermöglicht hätten, außerhalb des Dorfes viel Geld zu verdienen. Ich blieb in der Nähe meiner Kinder; das war wichtig, denn ich wollte ihnen Orientierung geben. Meine Frau und ich halfen ihnen, herauszufinden, was sie aus ihrem Leben machen wollten. Wir sind heute glücklich über das Erreichte."

„Mein Sohn, du musst lernen"

Die Geschichte seines Volkes ist traurig: Zuerst versklavten die Kautschukhändler es und Hunderte kamen um. Dann nahmen Colonos aus dem Andenhochland seinem Volk Land und damit die Lebensgrundlage weg. Heute ist es vom Aussterben bedroht. Viele leben nicht mehr in ihren Ursprungsgebieten, sondern in Bretterhütten direkt am Amazonas. Zum Fischen müssen sie immer weitere Wege zurücklegen und fangen gleichzeitig immer weniger.

Wo einst ihre Felder waren, bauen heute Colonos Produkte für den Markt an. Viele junge Leute sprechen die Sprache ihrer Eltern nicht mehr.

Er, nennen wir ihn Pablo, hat acht Geschwister. Er war das älteste Kind. Seine Mutter, eine indigene Frau ohne Schulbildung, hatte ihn besonders lieb und sagte ihm oft: „Ich kann Dir nicht sagen, wie Du es anstellen sollst, aber ich sage Dir, lern, geh zur Schule, studier." Woher das Geld nehmen? Wie Schulbücher und Hefte kaufen? Das konnte sie ihm nicht sagen. Einer seiner Onkel war nach Iquitos, in die Stadt, gegangen und war als kleiner Drogenhändler recht erfolgreich. Als Pablo zehn Jahre alt war, führte dieser Onkel ihn in die Welt des Drogenhandels ein. Seine ständigen Begleiter wurden eine riesige Kalaschnikow und die Angst. Er lernte, mit der Waffe umzugehen und bei geheimen Aktionen Wache zu schieben. Er hatte einen kleinen Freund, der so alt war wie er, aber der ließ sich am Ende einer Aktion nie von seinen kolumbianischen Arbeitgebern bezahlen, denn er wollte das ganze Geld am Ende bekommen: ganz viel auf einmal. „Ich habe ihm oft gesagt ‚Verlang Dein Geld! Warte nicht!', aber er hörte nicht auf mich." Als der kleine Freund schließlich von den kolumbianischen Drogenhändlern seinen Lohn forderte, muss diesen die Summe zu hoch gewesen sein. „Sie nahmen meinen Freund mit auf ein Feld. Dort erschossen sie ihn. Ich sah aus der Ferne wie mein bester Freund umgebracht wurde."

Pablo verdiente nicht schlecht, konnte Bücher und Hefte bezahlen, war ein guter Schüler und lag seiner Mutter nicht auf der Tasche. Dann machte er Abitur und entschloss sich, zum Studieren nach Lima zu gehen. Die Tätigkeit im Drogenhandel hatte damit ihren Zweck erfüllt. Er bestand die Aufnahmeprüfung an einer Fakultät für Ingenieursstudien und finanzierte sich sein Studium, indem er die Wohnungen von reichen limensischen Familien putzte. Es gelang ihm, freundliche Familien zu finden, die mit seiner Arbeit zufrieden waren. Diese Arbeit gab ihm die Gelegenheit, die Stärken und Schwächen der Limenser zu analysieren. Noch im ersten Studienjahr wurde Pablo von der Armee eingezogen. Dort werden indigene Soldaten brutal behandelt. Fast hätte man ihn dort umgebracht. Nach seiner Entlassung aus der Armee verlangte die Organisation der peruanischen Tieflandvölker, der er angehörte, dass er ein anderes Fach, nämlich Buchhaltung, studierte. So fing er noch einmal von vorne an. Heute ist er 30 Jahre alt und immer noch nicht mit dem Studium fertig. Er musste manche Prüfungen wiederholen, weil seine Kommilitonen, Kinder reicher Eltern, nicht zu arbeiten brauchen und mehr Zeit zum Lernen haben. Aber er ist stolz darauf, dass er sich die Gerissenheit der Limenser angeeignet hat. Eines Tages möchte Pablo Präsident von Peru sein oder die „Unabhängige Republik Amazonien" ausrufen, weil „der peruanische Staat die Situation der indigenen Bevölkerung nie verbessern wird."

denn, sie verfügen über ein deutsches Abitur, wie man es z.B. am „Colegio Humboldt" in Lima erwirbt.

2003 waren 22 Prozent der peruanischen Grund- und Sekundarschulen (ohne Vorschulen, Sonder-, Abend-, Berufs- und Grundschulen für Erwachsene) **Privatschulen.** Diese stehen häufig mit der katholischen Kirche in Beziehung, sind vorteilhafter ausgestattet und verfügen über besser ausgebildete Lehrer. 2003 besaßen nur acht Prozent der staatlichen Schulen Computer. 73 Prozent aller Lehrer unterrichteten an **staatlichen** Grund- und Sekundarschulen 84 Prozent der Schüler, während 27 Prozent der Lehrer 16 Prozent der Schüler an Privatschulen unterrichteten.

Das **schlechte Abschneiden des peruanischen Schulsystems** im lateinamerikanischen Vergleich hängt mit der chronischen Mangelernährung vieler Kinder und der niedrigen Bildung vieler Mütter zusammen sowie damit, dass Mütter und auch Kinder bei der Einschulung die spanische

Peruaner im Ausland

Reiche Eltern schicken ihre Sprösslinge zum Studium in die USA. Mit abgeschlossenen Masterstudiengängen und verbesserten Berufsaussichten kehren die jungen Leute in ihre Heimat zurück. Für arme Peruaner sind die USA hingegen ein Land, in dem sie dauerhaft bleiben möchten, um die eigene Lebenssituation zu verbessern. Wer es nicht schafft, legal in die USA einzuwandern, begibt sich auf eine gefährliche Reise über Mittelamerika und arbeitet sich in den USA über den beschwerlichen Weg der illegalen Beschäftigung hoch. In den 1990er-Jahren war Japan ein beliebtes Auswanderungsziel. Seit den 1980er-Jahren suchen Peruaner Arbeit in lateinamerikanischen Nachbarländern und in Europa, insbesondere in Italien und Spanien, wo die Frauen legal in Haushalten arbeiten - meist in der Betreuung alter Menschen - und die Männer im Bausektor oder in ihren ursprünglichen Berufen tätig sind. In Peru selbst werben Subunternehmen privater US-amerikanischer Militärfirmen Personal für internationale Sicherheitsdienste an, das sie dann der US-Armee oder der UN anbieten. Sie finden in Peru genau das, was sie brauchen: arbeitslose Wachleute und Polizisten sowie ehemalige Militärs mit langjähriger Erfahrung in der Bekämpfung von Aufständischen. Während US-Bürger für vergleichbare Arbeiten im Irak oder in Afghanistan Monatsgehälter von bis zu 14.000 Dollar erhalten, müssen sich peruanische Söldner mit 1000 Dollar zufriedengeben - für viele dennoch ein fürstliches Gehalt angesichts dessen, dass Wachmänner in Peru höchstens 100 Dollar im Monat verdienen.

Sprache nicht beherrschen; dazu kommen häufiges Fehlen oder sogar Aussetzen infolge wirtschaftlicher Not – deshalb schließen 19 Prozent der Schüler die Grundschule nicht nach den regulären sechs Jahren, sondern erst nach neun oder elf Jahren ab. Die **Qualität der Bildung** vieler staatlicher Schulen ist so schlecht, dass 22 Prozent der Kinder am Ende des 2. Schuljahres weder Lesen noch Schreiben können; die mathematischen Fähigkeiten erreichen nicht die staatlichen Vorgaben und es ist nicht ungewöhnlich, dass Studenten mit einem staatlichen Schulabschluss in einem Satz mehrere Rechtschreibfehler machen. Während Fremdsprachenkenntnisse die Absolventen privater Schulen befähigen, mühelos im Ausland zu studieren, sind Absolventen staatlicher Schulen oft nicht in der Lage, englische Fachliteratur zu lesen.

Insgesamt besuchten in Peru 2003 70 Prozent der 12- bis 16-Jährigen eine Sekundarschule, auf dem Land waren es nur 50 Prozent. Dennoch sinkt die **Zahl der Analphabeten** rasch. Bei den über 40-Jährigen waren dies 2003 noch 22 Prozent, wobei der Anteil der Frauen über dem der Männer lag und die Zahl in ländlichen Regionen höher war. Im selben Jahr waren aber nur noch drei Prozent der 15- bis 24-Jährigen Analphabeten.

Das peruanische Erziehungsministerium beziffert die Ausgaben für Bildung mit 2,9 Prozent des Bruttoinlandsprodukts und 16,5 Prozent der öffentlichen Ausgaben. Auf dem Land ist die **schulische Infrastruktur** am schlechtesten: Oft fehlen Fenster und Tische, unbequeme Stühle oder Bänke führen bei den Kindern zu Haltungsschäden. 2009 verdienten Lehrer, die nach altem Gesetz an staatlichen Schulen eingestellt wurden, im Monat 280 Euro. Lehrer, die unter der neuen Gesetzgebung tätig sind, unterrichten pro Woche 40 Stunden und ihre Monatsgehälter liegen zwischen 350 und 935 Euro. Privatschullehrer können weitaus mehr verdienen, genießen aber nur zu 11 Prozent unbefristete Anstellungen. Es gibt auch private Schulen in armen Stadtvierteln: Dort liegt **der monatliche Verdienst** zwischen 70 und 120 Euro. Selbst Lehrer, die in einer Hütte aus Schilfmatten wohnen und kein Geld für Strom oder tägliche Busfahrten ausgeben, können davon nicht leben und müssen ihre Einnahmen mit Nebenbeschäftigungen aufbessern. Viele Lehrer staatlicher Schulen verschulden sich ihr Leben lang. Dorfschullehrer verachten die „zurückgebliebene" Umgebung, sind kaum motiviert und verlassen ihre Einsatzorte am Monatsende für mehrere Tage, um sich in der Stadt ihre Gehälter auszahlen zu lassen. In ländlichen Gebieten und städtischen Armenvierteln wurden schlecht ausgebildete Lehrer und sogar Personen ohne Ausbildung eingestellt. Reine Mädchen- bzw. Jungenschulen gibt es nur in den Städten. In kleinen Dörfern werden sogar alle sechs Klassen der Primarschule von einem einzigen Lehrer unterrichtet.

Diskriminierungen aufgrund von sozialen Unterschieden wollte die Militärregierung durch die Einführung von Schuluniformen Einhalt gebieten. Dies gelang jedoch nicht, weil Hautfarbe, sprachlicher Ausdruck und das Wissen um die Elternhäuser allzu offensichtliche Unterschiede verraten. Der Kauf von Schuluniformen, Heften und Schreibzeug stellt für arme Eltern eine hohe finanzielle Belastung dar. **Lehrbücher** werden teilweise von den Schulen gestellt. Sie sind jedoch einheitlich für alle Landesregionen. Sie sind in Spanisch abgefasst und die Lehrinhalte dem Leben der Stadtkinder entnommen – die Lebenswirklichkeit des ländlichen Peru kommt in ihnen nicht vor, das vermittelte Wissen ist vor allem enzyklopädisch und Anregungen zur kritischen Auseinandersetzung mit der Realität werden von vielen Lehrern nicht gegeben.

2007 streikten die peruanischen Lehrer, unter anderem, weil die Regierung sie zu Fortbildungen und dazu verpflichten wollte, sich periodischen Prüfungen zu unterwerfen. Geplant war, dass diejenigen Lehrer, die drei aufeinanderfolgende Prüfungen nicht bestanden, ihre Stelle verlieren sollten. Des Weiteren sollte sich der Verdienst der Lehrer nach ihren Leistungen richten. Die Eltern sollten bei der **Beurteilung** ein Mitspracherecht haben. Insbesondere die kommunistische Lehrergewerkschaft SUTEP lehnte das Gesetz ab. Als das Erziehungsministerium 2008 die staatlichen Lehrer evaluierte, bestanden nur fünf Prozent die „Prüfung“.

Ausschlaggebend für das **Bildungsniveau am Ende der schulischen Ausbildung** ist, ob eine Schule sich in einem Dorf oder in einer Stadt befindet, in einem armen oder reichen Stadtviertel liegt, ob sie staatlich oder privat ist. Häufig erzählen Menschen bei gesellschaftlichen Zusammenkünften nicht nur, an welcher Universität sie studierten, sondern auch, an welcher Privatschule sie ihren Abschluss machten, um damit ihr Ansehen zu vergrößern. So erhärtet oder verstärkt das Bildungssystem die profunden Trennlinien, die sich quer durch die peruanische Gesellschaft ziehen.

Universitäten

Das Universitätsstudium im In- oder Ausland ist für Jugendliche aus der Oberschicht eine Selbstverständlichkeit. Für viele andere Jugendliche und Eltern stellt die *Universidad* einen Mythos dar. Deshalb werden große Anstrengungen unternommen, damit die Jugendlichen an einer Universität aufgenommen werden. Selbst arme Eltern zahlen hohe Summen an **private Paukschulen,** sogenannte *academias,* an denen ihren Kindern Unmengen von enzyklopädischem Wissen eingebläut werden, damit sie die Aufnahmeprüfung an einer Universität bestehen. Trotzdem ist es für die Jugendlichen, die ihren Abschluss an einer staatlichen Schule in einem

Armenviertel oder auf dem Land gemacht haben, außerordentlich schwer, diese Aufnahmeprüfungen zu bestehen. An den privaten Universitäten kommen auf einen Studienplatz nicht so viele Bewerber wie an den staatlichen Hochschulen. Alle **Universitäten erhalten staatliche Zuwendungen.** Die **privaten Hochschulen erheben zusätzlich Studiengebühren;** so sind sie besser ausgestattet, die Dozenten werden besser bezahlt und müssen keiner Nebentätigkeit nachgehen. Da die Eltern der Studenten an den privaten Hochschulen ihren Kindern die Ausbildung finanzieren, brauchen diese nicht nebenbei zu arbeiten.

039pu Foto: ah

Den Traum von der *carrera universitaria* haben sich unterdessen viele Geschäftsleute zunutze gemacht: Peru hat 28 staatliche Universitäten, in jeder bedeutenden Stadt eine und in Lima sogar sechs. Daneben werben 40 private Universitäten um Studenten – über 20 in der peruanischen Hauptstadt. Einige **private Universitäten** haben ein den Industrienationen vergleichbares Niveau und bieten Postgraduiertenstudiengänge von internationalem Standard an. Das Niveau einer Universität steht auch im Zusammenhang mit den Anforderungen, die diese bei der Einstellung an ihre Dozenten stellt bzw. damit, welche Dozenten sie sich leisten kann. Entscheidend für die beruflichen Chancen, die ein peruanischer Hochschulabsolvent hat, ist das gesellschaftliche Ansehen der Universität, an der er studiert hat. Einige private Hochschulen führen Datenbanken ihrer Absolventen und vermitteln sie direkt an Unternehmen.

Die älteste Universität auf amerikanischem Boden ist die **Universidad Nacional Mayor de San Marcos.** Sie wurde am 12. Mai 1551 gegründet. Aus ihr gingen bekannte Wissenschaftler hervor. Sie beschäftigt immer noch Professoren mit internationalem Renommee. Ihr Ansehen hat jedoch stark gelitten, weil viele arme Studenten und viele Linke hier studieren. In den 1980er-Jahren haftete ihr zusätzlich der Ruf des „Terroristennestes" an. San Marcos verfügt weder über genügend Sitzplätze noch über eine funktionierende Bibliothek.

Lucila kam aus dem Amazonastiefland zum Studieren in die Stadt

Berufsschulen

Jugendliche, die die Aufnahmeprüfung an einer Hochschule nicht bestehen oder deren Eltern kein Geld für eine mehrjährige Ausbildung haben, entscheiden sich für eine „technische Laufbahn" an einer Berufsschule, einem *instituto,* von denen die meisten privaten Charakter haben. Die *institutos* bilden **Fachkräfte für die Industrie** aus oder sind auf EDV, Marketing, andere kaufmännische Lehrinhalte oder Journalismus spezialisiert.

Zu den renommiertesten peruanischen Berufsschulen gehört das 1982 von den Unternehmern *Luis Hochschild Plaut* und *Rodolfo Beek Navarro* gegründete **„Instituto Superior Tecnologico – TECSUP".** Es bildet u. a. Elektrotechniker, Industrieelektroniker, Techniker für Chemie und Metallurgie, Computerelektroniker sowie Spezialisten für die Wartung von Industriemaschinen aus. Neben der dreijährigen Ausbildung von Schulabsolventen bietet es Wochenendseminare und Abendkurse für Berufstätige und sogar einjährige Weiterbildungen für Ingenieure an. Das Institut, das inzwischen an zwei Standorten existiert – Lima und Arequipa – und zu einem großen Teil aus den Zuschüssen von 175 peruanischen Privatunternehmen finanziert wird, hat zum Ziel, von der praxisfremden theoretischen Ausbildung der Universitäten wegzukommen. Deshalb werden die Lehrpläne stetig den aktuellen Bedürfnissen der Unternehmen angepasst. Lehrplan und Aufbau der Ausbildung lehnen sich an das deutsche duale System an: Die dreijährige Lehrzeit teilt sich zu jeweils 50 Prozent in Praxis und Theorie auf und alle Studierenden absolvieren Praktika in der Industrie. Das Niveau des Englischunterrichts ist für peruanische Verhältnisse hoch. Das TECSUP verfügt über eigene Werkstätten und Forschungslabore. Nach dem Vorbild des deutschen BAföG vergibt das Institut Ausbildungskredite, die über die gesamte Ausbildungszeit laufen und sechs Jahre nach Abschluss zurückgezahlt werden.

Das deutsche System der dualen Berufsausbildung hatte auch Einfluss auf die Gründung der **SENATIs, technische Berufsschulen,** die in allen wichtigen Städten vertreten sind. Jede Firma, die mehr als 20 Arbeiter beschäftigt, zahlt an die Vereinigung der SENATIs.

Dank großzügiger Spenden sind die SENATIs mit modernsten technischen Geräten ausgestattet. Darauf greifen peruanische Firmen schon einmal zurück, wenn eine Maschine repariert werden muss. Für SENATI-Absolventen, die ein eigenes Unternehmen gründen möchten, bieten

> Am Nationalfeiertag marschieren die Schüler

Foto: pg

die Institute duale Aufbaustudiengänge und Kurse in BWL und Personalwirtschaft an.

Das „Instituto Tecnologico Middendorf", nun in **„Instituto Alexander von Humboldt"** umbenannt, verwendet deutsche Lehrpläne, die Prüfungen werden von der Deutsch-Peruanischen Industrie- und Handelskammer abgenommen und die Abschlussprüfung kommt sogar aus Deutschland.

Die Zukunft des peruanischen Bildungssystems

Eine Änderung der Situation des peruanischen Bildungssystems scheint seitens der Politik nicht beabsichtigt zu sein. Der staatliche Teil des Bildungssystems wird weiterhin stiefmütterlich behandelt. Das Erziehungsministerium entwickelt **kein nationales Bildungsprogramm** und bemüht sich kaum um neue Investitionen in das Bildungssystem. Modernisierungen bleiben stecken wegen bürokratischer Steifheit und Überreglementierung. Bis auf wenige Ausnahmen engagieren sich private Unternehmer nicht in den staatlichen Bildungseinrichtungen. Unterdessen wächst das **private Engagement** beim Aufbau und der Förderung privater Universitäten. Es hat den Anschein, als glaubte die herrschende Elite, die gute Ausbildung einer kleinen Bevölkerungsgruppe in privaten Schulen und Universitäten sei ausreichend, um das Land zu entwickeln.

Die peruanische Medienlandschaft

Tageszeitungen werden in Lima, El Callao und einigen anderen Städten herausgegeben. Die Tageszeitungen, die in Lima gedruckt werden, sind überregional angelegt, sind aber außerhalb der Hauptstadt erst am späten Vormittag erhältlich. Seriöse Tageszeitungen sind **für die meisten Peruaner nicht erschwinglich.** Auch die wesentlich billigeren Boulevardblätter – in Peru meist *prensa amarrilla* („gelbe Presse") genannt – können viele sich nicht täglich kaufen. So sieht man in den Städten überall kleine Kioske, an deren Außenwänden Zeitungen mit Wäscheklammern an Kordeln befestigt sind, vor denen lesende Menschen stehen.

In den Dörfern kommen in der Regel gar keine Zeitungen an. Dort informieren sich die Menschen über **Radiosender** und teilweise auch per Fernsehen. Allerdings besitzen die meisten Bauern kein Fernsehgerät. Während die Menschen in Lima per Kabel an die 100 Sender aus aller Welt schauen können, werden in ländlichen Regionen noch nicht einmal alle einheimischen Sender empfangen. Rundfunk- und Fernsehgebühren gibt es in Peru nicht, weshalb sich die Betreiber von Fernseh- und Rundfunksendern ausschließlich über Werbung finanzieren. Neben Nachrichten werden Talkshows, zahllose Telenovelas, Kabarett, Varieté und andere Unterhaltungssendungen ausgestrahlt, die ein breites Publikum ansprechen.

Mit seinem prozentualen **Anteil an Internetnutzern** steht Peru in Lateinamerika nach Chile an zweiter Stelle. Indigene Organisationen erstellen eigene Webseiten, auf denen sie auf ihre Lebenssituation aufmerksam machen. Es gibt auch indigene Radiosender, die in der jeweiligen indigenen Sprache senden.

Vor allem in der Amtszeit von Präsident *Fujimori* wechselten viele Medien ihre Besitzer. Dies betraf insbesondere Fernsehsender. Die Rückgabe an ihre ursprünglichen Besitzer ist teilweise abgeschlossen. In einigen Fällen sind die Besitzverhältnisse noch unklar.

Rundfunk

Die Firmengruppe *RPP* der Familie **Delgado Nachtigal** beeinflusst durch ihren auf Politik spezialisierten Radiosender **Radioprogramas del Peru,** kurz *RPP,* stark die politische Meinung. Der Sender wird im ganzen Land empfangen und hat auch eine eigene Homepage. Derselben Familie gehören die Radiosender *Studio 92, Corazón, Oxígeno, La Mega* und *Felicidad.* Der auf Nachrichten und Kommentare spezialisierte Radiosender **CPN** gehört zur Firmengruppe der Familie **Miró Quesada.**

Der 1969 gegründete Rundfunksender **Radiomar** ließ als erster seine Sprecher die Sprache des einfachen Volkes verwenden. In den 1990er-Jahren kamen weitere Sender dazu: *Ritmo Romántica, Stereo 100* und *Planeta.* 2000 erweiterte die Gruppe ihre Sender um *Radio Inca* und *Moda,* 2003 kam *La Olividable* und 2005 *Ñ* dazu. Alle Sender sind auf die **Ausstrahlung von Musik** spezialisiert, richten sich jedoch an Zuhörer verschiedener Schichten bzw. unterschiedlicher regionaler Herkunft.

Der Verein **Coordinadora Nacional de Radio** wurde am 31. August 1978 in der andinen Kleinstadt Sicuani gegründet. Er betreibt 49 Radiosender und 27 Zentren, in denen Bauerngemeinden und Schulen ihre Erfahrungen austauschen. Der Verein gehört der internationalen Nichtregierungsorganisation AMARC an, die in 110 Ländern Radiosender betreibt. Anliegen des Senders in Peru sind die Respektierung der Menschenrechte und der kulturellen Vielfalt, die Wahrung der christlichen Werte sowie die lokale und regionale Entwicklung.

Zeitungen

Die 1839 gegründete Tageszeitung **El Comercio** ist eine der ältesten spanischsprachigen Zeitungen. Sie erscheint an sieben Tagen der Woche und wird in Lima den Haushalten auch im Abonnement zugestellt. *El Comercio* hat eine eigene Homepage. Am Wochenende enthält die Zeitung einen ausführlichen Teil über kulturelle Veranstaltungen. *El Comercio* befindet sich im Besitz der Familie *Miró Quesada*. Deren auf Medien spezialisierte Firmengruppe *Grupo de Comunicación ECO* hat über ihre Zeitungen, weitreichenden Websites und ihre anderen Printmedien sowie den Fernsehsender *CANAL N* **politischen Einfluss** im Land. *ECO* gibt außerdem die Zeitung *Peru 21* heraus, die sich an die Mittelschicht richtet, die Wirtschaftszeitung *Diario Gestión* und die Boulevardzeitung *El Trome.*

El Peruano ist die älteste Zeitung Perus. Sie wurde 1825 vom Befreier *Simón Bolivar* gegründet. Heute ist *El Peruano* mehr ein Anzeigen- als ein Nachrichtenblatt und hat keine starke Verbreitung.

Die **Grupo La Industria** formierte sich zur Zeit des Fischereibooms. Ziel war, die Unternehmer der Fischereiindustrie und die großen Agroexporteure in der Provinz mit aktuellen Informationen zu versorgen. Die Tageszeitung *La Indústria de Chimbote* erscheint in der für den Fischfang bedeutenden Hafenstadt Chimbote, die *Indústria de Trujillo* und die *Indústria de Chiclayo* in den ehemaligen Zentren der Zuckerrohrproduktion. Die Zeitungen umfassen nur wenige Seiten, informieren aber über alle wichtigen politischen und wirtschaftlichen Ereignisse in Peru und im Ausland sowie über Lokalpolitik. Sie werden den Haushalten per Abonnement zugestellt.

040pu Foto: lg

Die Tageszeitung **La República** wurde in der Regierungszeit von *Fujimori* von dem linken Abgeordneten *Gustavo Mohme* als Oppositionsblatt gegründet. Dessen Firmengruppe gibt außerdem das Boulevardblatt *El Popular* heraus sowie verschiedene Sportzeitungen und -zeitschriften.

Die **Grupo Epensa** gehört der Familie *Agois-Banchero*, die in der Fischereiwirtschaft reich wurde. Sie gibt die Boulevardblätter *Ojo* und *Ajá*, die Tageszeitung *Correo* und die Sportzeitung *El Bocón* heraus.

Die einst renommierten Tageszeitungen **Expreso** und **Extra** haben an Bedeutung verloren. Die Tageszeitungen *El Chino* (Präsident *Alberto Fujimori* wurde wegen seiner „Schlitzaugen" im Volksmund und später auch bei Wahlkampagnen *El Chino* genannt) und *La Razón* dienen heute **Keiko Sofía Fujimori und ihrem Vater,** dem inhaftierten Ex-Präsidenten, sowie dessen berüchtigtem Berater *Vladimiro Montesinos* als Sprachrohre.

Zeitschriften

Die Wochenzeitschrift **Caretas,** die von der Familie *Zileri* herausgegeben wird, kombiniert investigativen Journalismus mit Korruptionsskandalen und Frivolem. Die Leserschaft beschränkt sich auf die obere Mittel- und Oberschicht. Die *Zileris* verlegen auch die Boulevardzeitschrift *Ellos y Ellas,* die ein wenig der Zeitschrift *Cosas* der ECO-Gruppe gleicht, die mit fotografischen Eindrücken **aus der Welt der „Reichen und Schönen"** berichtet.

Die Deutsch-Peruanische Industrie- und Handelskammer gibt die spanischsprachige Zeitschrift **Made in Germany** heraus und versendet an Interessenten regelmäßig Onlinepublikationen in deutscher und spanischer Sprache.

Monatlich erscheinen Zeitschriften der **Handelskammer von Lima,** des Verbandes der peruanischen Industriellen *SNI,* des Verbandes der peruanischen Exporteure *ADEX* und des Zusammenschlusses der peruanischen Unternehmergremien *CONFIEP.*

Die **privaten Wirtschaftsinstitute** *APOYO, Inform@ccion* und *Instituto Peruano de Economia* offerieren ihren Abonnenten unterschiedliche Publikationen.

Fernsehsender

Die Firmengruppe *ECO* der Familie *Miró Quesada* startete am Ende der Regierungszeit von *Alberto Fujimori* die Ausstrahlung von **CANAL N.** Der Kabelkanal strahlte 24 Stunden lang Nachrichten und Kommentare aus und wurde innerhalb kürzester Zeit zum wichtigsten **Oppositionssender.** *CANAL N* trug wesentlich zur Bekanntmachung von Korruptionsaffären und Menschenrechtsverletzungen bei. Heute ist der Sender ein Joint Venture von *ECO* und der spanischen *Telefonica*.

ECO und die Firmengruppe der Familie *Mohme* betreiben gemeinsam den Fernsehsender *CANAL 4, Americana Televisión.* Die Eigentumsverhältnisse von *CANAL 5, Panamericana Televisión,* sind noch unklar.

Unterdessen ging *CANAL 2, Frecuencia Latina,* an seinen früheren Mehrheitseigner zurück, den jüdischen Unternehmer **Baruch Ivcher.** Ihm hatte die Regierung *Fujimori* die Staatsbürgerschaft aberkannt. *Ivcher* verlor daraufhin mehrere Firmen und musste das Land verlassen. Der Fall beschäftigte sogar den Interamerikanischen Gerichtshof für Menschenrechte.

Versuche des Staates, die öffentliche Meinung über die Medien zu beeinflussen, gehören weiterhin zur Praxis. So versuchte die Regierung *García* im Jahr 2009, dem Unternehmer *Ricardo Belmont* **CANAL 11** streitig zu machen.

Der einzige Sender, **der ununterbrochen dem Staat gehörte,** änderte mehrfach seine Namen: *Televisión del Perú, TV Perú, TNP* und *RTP.* Er strahlt Nachrichten und nationale Folklore aus.

☒ Für viele Peruaner sind die meisten Zeitungen unerschwinglich

fruchincha
PRODUCE OF PERU

Die peruanische Wirtschaft

„El Perú es más grande que sus problemas …“
„Peru ist größer als seine Probleme …“
(*Jorge Basadre,* einer der bedeutendsten peruanischen Historiker)

☐ Peruanische Trauben für den Export
(024pu Foto: lg)

Wirtschaftslage und Konjunktur

Reich an Bodenschätzen, begnadet mit klimatischer Vielfalt, ausgestattet mit enormen land- und forstwirtschaftlichen Ressourcen, nutzt Peru alle diese **Potenziale** dennoch kaum. Dafür werden in Peru selbst verschiedenste Erklärungen angeführt: die Spätfolgen des Kolonialismus, die Agrarreform, eine verantwortungslose unfähige Elite oder unfähige Arbeitnehmer, zum Nachteil der armen Länder ausgehandelte Handelsbeziehungen sowie die Globalisierung. In manchen peruanischen Büchern findet man – in Anlehnung an einen Ausspruch des berühmten italienischen Forschers *Raimondi* – die Darstellung eines armen Hochlandbauern, der auf einem Berg voller Gold sitzt und trotzdem arm bleibt. Für viele Peruaner ist es schmerzhaft, dass ihr Land innerhalb der Weltwirtschaft einen der hintersten Ränge belegt. Deshalb sollte man sich als Fremder mit Kritik an wirtschaftlicher Lage und Wirtschaftspolitik zurückhalten, zumal dahinter sehr schnell Überheblichkeit oder Besserwisserei vermutet wird.

In der **wirtschaftlichen Entwicklung** Perus haben Fort- und Rückschritt sich immer wieder abgelöst. Auf Glanzzeiten folgten Wirtschaftskrisen; die Wirtschaftspolitik wechselte von einem Extrem ins andere; links gerichtete Regierungen folgten auf rechte und umgekehrt; die Wirtschaftspolitik wurde mal von liberalen, mal von linken, von einer linkspopulistischen und dann von neoliberalen Ideologien bestimmt; auf Verstaatlichungen folgten Reprivatisierungen; einmal waren die peruanischen Exportprodukte auf dem Weltmarkt hoch dotiert, dann sanken die Preise für die peruanischen Rohstoffe. Die Peruaner ziehen nicht an einem Strang, wenn es um die Zukunft in ihrem Land geht. Die Unterschicht fühlt sich von ihrer Elite und von ausländischen Unternehmen verraten. Deshalb steht sie wirtschaftlichen Großprojekten oft ablehnend gegenüber. Die Elite macht die Enteignungen während der Landreform sowie die vermeintliche Rückständigkeit der andinen Kleinbauern dafür verantwortlich, dass die peruanische Wirtschaft heute nicht konkurrenzfähig ist.

Wenn Medien und Gremien über Investitionen, den Anstieg des BIP-Wachstums oder Fortschritte in der Exportwirtschaft berichten, berücksichtigen ihre Analysen nur die großen peruanischen sowie ausländische Unternehmen. Wenn alteingesessene peruanische Großunternehmer ihre Erfahrungen und Markteinschätzungen austauschen, werden kleine und Kleinstunternehmen allenfalls als lästige Konkurrenz erwähnt, die teilweise in der Illegalität agiert.

Dem Beitrag und der Kreativität der peruanischen Klein- und Kleinstunternehmen, der Kleinbauern und der fliegenden Händler – die Mehrheit der wirtschaftlichen Akteure – schenken sie wenig Beachtung, obwohl gerade in diesen Sektoren die meisten Arbeitsplätze geschaffen werden. In einem 1986 veröffentlichten Buch lenkte der peruanische Ökonom *Hernando de Soto* das Augenmerk auf die wirtschaftliche Bedeutung des informellen Sektors. Der Titel „El otro sendero" („Der andere Pfad") war eine Anspielung darauf, dass schattenwirtschaftliche Tätigkeiten für Arbeitslose weitaus attraktiver waren, als sich der damals aktiven terroristischen Bewegung „Sendero Luminoso" („Leuchtender Pfad") anzuschließen. Anhand von Zahlen will *De Soto* belegen, dass die sogenannten Armen eigentlich gar nicht arm sind und ihre Bedeutung für die Wirtschaft weit unterschätzt wird. Durch entsprechende Reformen könnten sie - davon ist *De Soto* überzeugt - in das formale Wirtschaftssystem integriert werden. Auch die Überweisungen der im Ausland lebenden Peruaner sind ein wichtiger Wirtschaftsfaktor.

Seit dem Beginn der **1990er-Jahre** gibt es in der peruanischen Wirtschaftspolitik eine relative Kontinuität. Diese rührt daher, dass die Regierung die Politik an den Vereinbarungen mit dem IWF und den Gläubigern

Der Fuji-Schock

Am 1. August 1990 um 22.00 Uhr kündigte der neue Wirtschaftsminister an, dass alle Preise steigen würden. Um wie viel, das sagte er nicht. Aber er sagte: „Möge Gott uns helfen!" Am nächsten Tag würde es wieder so ein „Riesenpaket" geben, wie die Peruaner es schon aus der Regierungszeit von Alan García kannten. Am Morgen des 2. August gingen die Menschen früh auf die Straße, um die Lage zu begutachten. Als sie feststellten, dass die Preissteigerungen 80, 90 und mehr Prozent betrugen, dass die Preise für einige Waren sogar um über 1000 Prozent gestiegen waren, dass die Situation alles, was sie je erlebt hatten, in den Schatten stellte, waren sie wie betäubt. Die Hausfrauen weinten auf den Märkten: Sie hatten wie üblich fünf Soles mitgenommen und dafür bekamen sie nun gar nichts mehr. Diejenigen, die mit dem Bus zur Arbeit gefahren waren, wussten nicht, wie sie nach Hause fahren sollten, weil sie kein Geld mehr für die Rückfahrt hatten.

Die Menschen verlangten in den Geschäften, dass man ihnen die Waren zu den alten Preisen verkauft und holten Polizisten, um das durchzusetzen. Großhändler und Supermärkte wurden geplündert, meist allerdings nicht von den einfachen Leuten, sondern von Kriminellen. In den Dörfern sagten die Menschen: „Soll der Präsident uns doch alle umbringen, wenn er uns schon nicht mehr leben lässt!" oder „Soll sich doch ein großes Erdbeben ereignen und uns alle töten!"

sowie den Empfehlungen der Weltbank ausrichtet. Ein neoliberales Schockprogramm der Regierung *Fujimori* trieb 1990 über Nacht alle Preise um ein Vielfaches in die Höhe. Zu der Maßnahme, die unter dem Namen **„Fujichoque"** in die peruanische Geschichte einging, hatte wahrscheinlich *Hernando de Soto* geraten. Während ein solches Schockprogramm in den reichen Ländern kühl als notwendiges „den-Gürtel-enger-Schnallen" bezeichnet wird, stürzte es viele Peruaner in eine tiefe Verzweiflung und bittere Armut. Langfristig hat das abrupt implementierte Schockprogramm

Produkte für den Weltmarkt

Mit der Gier nach Gold und Silber begann Europas Interesse an den Reichtümern Perus. Von den Männern aus den Andendörfern, die zur Arbeit in den Bergwerken gezwungen wurden, kamen Tausende zu Tode. Bei der Eroberung im Jahr 1532 hatte das Inkareich ca. neun Millionen Einwohner. 1720 lebten im selben Gebiet nur noch 600.000 Nachkommen der Ureinwohner. An der Ausfuhr von Guano (Düngemittel aus den phosphor- und stickstoffhaltigen Ablagerungen der Exkremente von Seevögeln) nach Europa verdienten Mitte des 19. Jahrhunderts sowohl peruanische als auch europäische Kaufleute. Chinesische Kulis kratzten unter härtesten Arbeitsbedingungen den salpeterhaltigen Dung von den kahlen Inseln an der peruanischen Küste. Mit dem Anbau von Baumwolle und Zuckerrohr im großen Stil wurde der Guano auch innerhalb Perus wichtig.

Am Ende des 19. Jahrhundert wurde in Peru wieder ein Produkt entdeckt, das auf dem Weltmarkt heiß begehrt war: In- und ausländische Händler profitierten vom Export des Kautschuks. Um eine hohe Produktion zu erzielen, überfielen die „Kautschukbarone" indigene Dörfer, brachten Alte und Schwache um und verschleppten Kräftige und Arbeitsfähige zur Zwangsarbeit. Sie heizten alte Feindschaften zwischen Tieflandvölkern wieder auf, sodass diese sich gegenseitig überfielen und ihre Gefangenen an die Kaufleute verkauften. In jener Zeit wurden einige Völker fast völlig ausgerottet. In der Urwaldstadt Iquitos gab es unterdessen Familien, die im Geld schwammen. Da die Region sich der Kontrolle der peruanischen Regierung entzog, nahm in der weit entfernten Landeshauptstadt kaum jemand wahr, was im Tiefland geschah. Nachdem der Kautschukbaum nach Asien geschmuggelt und dort erfolgreich angebaut und genutzt wurde, war der peruanische Kautschuk auf dem Weltmarkt nicht mehr konkurrenzfähig.

☒ Rohrzuckerherstellung – früher eine der wichtigsten Exportquellen

der wirtschaftlichen Entwicklung Vorteile beschert. Peru hat seitdem eine niedrige Inflation (2007: 4%, 2008: 7%) und ein konstant hohes Wirtschaftswachstum. Der Nuevo Sol verhält sich gegenüber Dollar und Euro relativ stabil. Obwohl die Preise für Geräte und Immobilien immer noch in Dollar ausgezeichnet sind, können die Menschen ihre Anschaffungen planen, weil die Preise relativ stabil bleiben. Die Armut hat das Schockprogramm aber nicht verringert, sondern vergrößert: Beinahe die Hälfte der Peruaner ist auf staatliche Ernährungsprogramme angewiesen.

In der zweiten Hälfte des 19. Jahrhunderts stieg Peru zu einem der wichtigsten Lieferanten von Rohrzucker auf. Die Baumwollexporte schwankten hingegen beständig in Abhängigkeit vom Bedarf der Industrieländer, der Bauwollproduktion in den USA, der Entwicklung neuer Technologien sowie Kriegen und Weltwirtschaftskrisen. Die Enteignungen im Zuge der Agrarreform der 1970er-Jahre sowie die Überalterung der Anlagen und Missmanagement in der Folge beendeten den erfolgreichen Export dieser beiden Agrarprodukte. Wo einst Baumwolle angebaut wurde, breiten sich heute Reisfelder aus. Mit Zucker kann Peru sich nicht einmal mehr selbst versorgen. Am Ende der Amtszeit von Präsident Fujimori wurde ein Reprivatisierungsprogramm der Zuckerkooperativen in die Wege geleitet. Es zeichnet sich jedoch nicht ab, dass die peruanische Zuckerindustrie wieder international wettbewerbsfähig wird. Zudem ist die Durchführung der Privatisierungen problematisch, weil die Arbeiter der Kooperativen Aktien besitzen und hohe Entschädigungen erwarten.

Moderne Baumwollspinnereien machen sich zum Ziel, einen exklusiven Markt zu bedienen - ihre einzige Chance gegen die asiatische Konkurrenz. Peruanische Qualität soll im In- und Ausland erkannt und geschätzt werden. Zu diesem Zweck wurde das Label „Made in Peru" eingeführt.

Deutschland importiert aus Peru vor allem Kupfererze und ihre Konzentrate, Kupferanoden, Kaffee, Fischmehl und Spargel.

041pu Foto: ah

Die Wirtschaftspolitik der letzten Jahrzehnte gleicht derjenigen, die internationale Organisationen auch anderen armen Ländern verordnen. Zu den Prioritäten gehören die **Sanierung des Staatshaushaltes** (die mit dem IWF ausgehandelte Obergrenze des Haushaltsdefizits hält Peru auf vorbildliche Weise ein), geringe Inflation, Rückzahlung der Schulden bzw. Umschuldungen, Privatisierungen oder Konzessionsvergaben in allen Sektoren, Förderung ausländischer Investitionen in allen Wirtschaftsbereichen, Schaffung von Rechtssicherheit und Steuervorteilen für ausländische Investoren, Intensivierung der Rohstoffförderung sowie des Exports von Roherzeugnissen aus Landwirtschaft und Bergbau.

Seit 1990 zieht Peru wieder **ausländische Investoren** an, insbesondere im Bergbau, Kommunikationswesen und in der Energiewirtschaft, aber auch im Finanzsektor und in der Industrie (Nahrungsmittelverarbeitung, Raffinieren von Erdöl). Die Anfang der 1990er-Jahre geschaffene staatliche Organisation PromPerú machte auf Road Shows im Ausland interessante Projekte bekannt. Die bedeutendsten Investitionen kamen aus Spanien und Großbritannien, aber auch aus Chile, Kanada, den USA und Australien. Kritik wurde laut an den neuen Privaten im Energiesektor ebenso wie an der „Telefónica", einer neuen Telekommunikationsfirma, die in Quasi-Monopolstellung von einer Firma der ehemaligen Kolonialmacht Spanien betrieben wird. Fakt ist jedoch, dass ein Telefonanschluss seitdem weniger als 100 Dollar und nicht wie zuvor das Zehnfache plus mehrjähriger Wartezeit oder ein Bestechungsgeld von 4000 Dollar kostet, dass seit der Erweiterung des nationalen Telefonnetzes selbst die Menschen in abgelegenen Bergdörfern mit der ganzen Welt telefonieren können und peruanische Jugendliche über das Internet mit der Welt kommunizieren.

Die wichtigste **deutsche Investition** stellt die auf 30 Jahre begrenzte Konzession des Flughafens von Lima dar. Dass FRAPORT den Flughafen zu einem bedeutenden Verkehrskreuz ausbauen möchte, wurde allgemein innerhalb der peruanischen Bevölkerung begrüßt. Die Stromversorgungsunternehmen sind seit dem Beginn der Regierung *Fujimori* in privater Hand und anfängliche Proteste wegen des Anstiegs der Strompreise sind abgeflaut. Bei der geplanten Privatisierung bzw. Konzessionsvergabe der Wasserversorgungsunternehmen muss sie jedoch mit Widerstand seitens der Bevölkerung rechnen. Seit 2006 sind die Pazifikhäfen zwecks Ausbau für Konzessionsvergaben an internationale Konsortien ausgeschrieben. Die Konzession für den Hafen von El Callao wurde im Jahr 2007 vergeben.

[>] Bergbauingenieure vor einem der riesigen Tagebaukrater

Wirtschaftssektoren

Bergbau

Seit der europäischen Eroberung ist der Bergbau der **wichtigste Wirtschaftssektor.** Kein anderes lateinamerikanisches Land wächst zurzeit so stark wie Peru. Grund ist der Bergbau mit einem Anteil von 71 Prozent an den Exporten. Nach Kanada und Australien ist Peru das Land mit den dritthöchsten Investitionen im Bergbau. In Lateinamerika steht Peru als Gold-, Silber-, Zinn- und Zinkproduzent an erster Stelle, weltweit bei Silber und Zink an zweiter, bei Zinn an dritter und bei Gold an sechster Stelle. Das Land verfügt über 15 Prozent der Weltsilbereserven und stellt 19 Prozent der Weltproduktion. Die Goldproduktion macht sieben Prozent weltweit aus; im Norden des Landes wird Gold im Tagebau gewonnen. Daneben gibt es bedeutende Erdgasreserven im Amazonastiefland. Der Bergbau stellt die wichtigste Divisenquelle dar und dank der Rohstoffexporte hat Peru etwa 45 Mrd. US-Dollar Devisenreserven. Die großen Bergbaugesellschaften bieten ihren Belegschaften akzeptable Löhne und gute Sozialleistungen. Allerdings schafft der Bergbau im Vergleich mit anderen Wirtschaftssektoren wenig Arbeitsplätze. Die **Umweltschutzgesetzgebung im Bergbau** gehört zu den fortschrittlichsten Lateinamerikas, ihre Umsetzung ist jedoch unzureichend. Immer wieder kommt es zu Konflikten zwischen der ansässigen Bevölkerung und den Konzernen wegen der vermeintlichen Verseuchung von Ackerland, Verunreinigungen des Trink-

042pu Foto: jm

wassers oder Fischsterben in den Gebirgsflüssen. Im Amazonastiefland werden traditionell homogene Gebiete zerteilt, neue Krankheiten eingeschleppt und Gewässer verschmutzt. Sexuelle Gewalt, Entführungen, Prostitution und Alkoholismus sind häufige Folgen bergbaulicher Aktivitäten.

In Peru gibt es **kleine, z.T. schattenwirtschaftlich agierende Bergbauunternehmen.** Diese fördern, oft mit primitiven Methoden, Gold, Bimsstein und andere Rohstoffe, die für Menschen und Umwelt gefährlich und schädlich sind. Diese Unternehmen verfügen über wenig Kapital und schlagen sich durch, ihre Beschäftigten arbeiten oft ohne geregeltes Einkommen, Versicherungsschutz oder Entschädigung im Todesfall. Für die Goldgewinnung im Tiefland werden oft arme Hochlandbauern in Schuldknechtschaft angeworben. Sie arbeiten unter sehr harten Bedingungen und manche jugendliche Saisonarbeiter sind niemals in ihr Heimatdorf zurückgekehrt. Im Altiplano, wo regionale Kleinunternehmer in über 5000 Meter Höhe Gold fördern, macht den Arbeitern die eisige Kälte zu schaffen.

Die **großen ausländischen Konzerne** verfügen über modernste Technologie. Im Unterschied zum „handwerklichen" Bergbau, den kleine peruanische Unternehmer betreiben und bei dem viele Beschäftigte sich hohen Risiken für Gesundheit und Leben aussetzen, ist der Bergbau im großen Stil nicht beschäftigungsintensiv und kann somit nur einen Bruchteil der jährlich hinzukommenden arbeitsfähigen Bevölkerung aufsaugen. So trägt der Sektor zwar viel zum Wirtschaftswachstum bei, aber nur wenig zur Minderung der Armut.

Fischereiwirtschaft

Für die Fischereiwirtschaft hat Peru – weltweit der Hauptproduzent von Fischmehl – **optimale Bedingungen.** Die Fangkosten sind gering. Languste, Buntbarsch, Fächermuschel, Auster, Steinbutt, Seehecht, Thunfisch und Sardelle kommen in großen Mengen vor, werden von einer modernen Fischereiflotte gefangen und exportiert, aber nur zu 19 Prozent im Inland weiterverarbeitet. Auf Tagesmärkten sowie in Supermärkten und Restaurants sind alle diese Fische und Meeresfrüchte zu kaufen bzw. zu genießen. Hinzu kommen Forellen, die im Landesinnern professionell gezüchtet werden. Bedingt durch das Niño-Phänomen, die in unregelmäßigen Abständen wiederkehrende saisonale Erwärmung des sonst kalten Pazifik vor der peruanischen Küste, verändert sich der Fischbestand in manchen Jahren. Bestimmte Fische verschwinden in dieser Zeit und das Fischereiministerium verfügt Fangeinschränkungen oder -verbote. So hat die peruanische Fischindustrie in nicht vorhersehbaren Abständen immer wieder enorme Produktionseinbrüche zu verkraften.

Land- und Forstwirtschaft

Peru verzeichnet eine außergewöhnliche Diversität seiner ökologischen Zonen: Von den 104 Lebenswelten, die auf der Erde vorkommen, finden sich in Peru 84. Mit 54 Mio. Hektar hat das Land eine riesige Waldfläche, dazu eine große Vielfalt an Baumarten mit hochwertigem Holz. Die Abholzung weiter Flächen stellt inzwischen ein Problem dar. In den 1980er-Jahren sollen indigene Gemeinden gezwungen worden sein, in ihrem eigenen Lebensraum die Bäume zu fällen. Im Mai 2005 wurden illegale Holzfäller am Rande des Nationalparks Manu von Indigenen ermordet.

Die Landwirtschaft erbringt rund **14 Prozent des Bruttoinlandsproduktes.** Etwa ein Drittel der arbeitsfähigen Bevölkerung ist dort beschäftigt. 1969 wurden die Großgrundbesitzer enteignet. Die Zuckerplantagen an der Küste wurden den Arbeitern übergeben. Rohrzucker ist seitdem kein Exportprodukt mehr. Auch die Baumwollfelder wurden unter den ehemaligen Arbeitern aufgeteilt. Ohne eine landwirtschaftliche Ausbildung, eine Fortführung der Forschungen war auf den kleinen Feldern kein rentables Wirtschaften mehr möglich. Zudem können heute die hochwertigen peruanischen Baumwollsorten mit den anderen, billigeren Baumwollen auf dem Weltmarkt nicht konkurrieren. Wo einst Baumwolle im großen Stil angebaut wurde, bauen Kleinbauern heute Reis an, kein ertragreiches Geschäft, da sich der Reis in manchen Jahren auf dem übersättigten Markt nicht absetzen lässt.

1991 wurde eine **Liberalisierung der Bodenverhältnisse** eingeleitet und es entstehen wieder größere Landbesitztümer. Seitdem wächst die exportorientierte Landwirtschaft wieder. In modernen Baumwollspinnereien peruanischer Industrieller werden die wertvollen Baumwollarten Pima und Tanguis, die in der Küstenregion angebaut werden, verarbeitet. Auch Spargel, Artischocken, Weintrauben sowie andere Früchte gehören zu den Exportprodukten der Küstenregion. Aus den warmen Andentälern kommt hochwertiger Kaffee, Lama-, Alpaka- und Vicuñawolle aus dem Hochland. Die Verarbeitung zu exklusiven Textilien für anspruchsvolle Kunden findet teilweise in Peru statt. Alpakawolle ist aber auch ein bedeutendes Exportprodukt.

Die „Campesino-Ökonomie"

Peru ist die Heimat des viertwichtigsten Grundnahrungsmittels der Welt: der **Kartoffel.** Sie enthält Stärke, Vitamine – vor allem Vitamin C – und Mineralstoffe, in erster Linie Kalium und das Kartoffeleiweiß ist so wertvoll wie kein anderes pflanzliches Protein. Seit 8000 Jahren wird die „papa" – so heißt die Kartoffel in Peru – in den Anden bis in über 3500 Metern Höhe angebaut. Heute kommen hier noch rund 2000 alte Sorten und mehrere Hundert Wildsorten vor. Kartoffeln werden von den Andenbauern auf vielfältige Weise konserviert und konsumiert (vgl. das Kapitel über die peruanische Küche). Das **Internationale Kartoffelforschungszentrum** mit Sitz in Lima wacht über 4000 Sorten, die es heute weltweit gibt, und bewahrt in seiner Genbank mehrere Tausend Muster auf. Wer sich im Vorfeld über die kulturhistorische Entwicklung und den Wandel der Wertschätzung der Kartoffel sowie über ihre Vielfalt informieren möchte, kann dies im Kartoffelmuseum der Stiftung Otto Eckart in München tun.

Seit 7000 Jahren züchten die Campesinos in den Anden *cuys,* **Meerschweinchen.** Die Tiere sind kleiner als in Deutschland gehaltene Meerschweinchen, passen sich aber an große Höhen an: Noch in 4200 Metern werden sie – meist in Küchen – gehalten, wo sie sich von Abfällen ernähren und rasch vermehren. Ihr Fleisch ist cholesterinarm und **gilt als Delikatesse.** Jährlich werden in Peru etwa 65 Millionen Meerschweinchen verspeist, oftmals bei besonderen Feierlichkeiten. Die Zubereitungen variieren je nach Provinz (vgl. das Kapitel über die peruanische Küche). In speziellen Meeerschweinchenfarmen werden heute Riesenexemplare gezüchtet, die manchmal doppelt so groß und schwer sind wie die Tiere in den Anden. In der Volksmedizin werden *cuys* für Krankheitsdiagnosen verwendet.

Die **Heilpflanzen der Anden** und des Amazonastieflandes werden nicht nur von der dort lebenden Bevölkerung zu Behandlung von Krankheiten genutzt. Sie werden auch auf städtischen Märkten verkauft und sind in Arztpraxen oder städtischen Bioläden erhältlich. Einige Naturheilmittel der Anden und des Amazonastieflandes werden sogar zu Medikamenten bzw. „Nahrungsergänzungsmitteln" verarbeitet und nicht wenige werden exportiert. Problematisch ist in diesem Zusammenhang die Registrierung von Patenten.

Die Landwirtschaft im Andenhochland und an den Andenabhängen ist auf **Selbstversorgung** ausgerichtet. Auf den steilen abschüssigen Feldern lassen sich keine Maschinen einsetzen. Aufgrund der Besitzverhältnisse in den Andengemeinden (kommunaler Besitz) geben Banken den Kleinbauern keine Kredite. Außerdem sind die von den einzelnen Familien bewirtschafteten Parzellen sehr klein und die Straßen sind extrem schlecht – so ist eine lohnende Produktion für den städtischen Markt nicht praktikabel. Große Supermarktketten importieren viele Nahrungsmittel lieber, als dass sie in Peru erzeugte in die Städte transportieren. Campesinos, die ihre Produkte zu Zwischenhändlern oder auf die städtischen Märkte bringen, verdienen kaum etwas daran. Ihre Transportkosten sind hoch, die Arbeit, die sie in die Produktion stecken müssen, ist aufwendig und Zeit raubend. Zudem fühlen viele sich in der Stadt unsicher: Zu ungewohnt sind Autoverkehr und Kriminalität. In manchen Jahren werden die Hochlandbauern ihre Produkte in der Stadt gar nicht los, weil subventionierte Vergleichsprodukte aus dem Ausland billiger sind. Der Gedanke an den hohen Aufwand von Zeit und Kraft, die hohen Transportkosten sowie das Wissen, dass es ihnen angesichts der gegenwärtigen Situation nicht möglich ist, ihre Wirtschaftlichkeit zu verbessern, fördert bei den Campesinos **Frustration, Alkoholismus oder Abwanderung.** Sinnvolle Förderprogramme für die peruanischen Kleinbauern hat es nie gegeben, sodass sie ihr Wissen über Anbaumethoden, Lagerung und Vermarktung nicht erweitern. Versuche der Militärregierung und von Entwicklungshilfeorganisationen, Genossenschaften zu gründen, die Bauern zu schulen, die Produktivität zu steigern und den Absatz der Produkte zu fördern, sind gescheitert, da sie die Wünsche der Campesinos nach privatwirtschaftlicher Produktion und Vermarktung missachteten.

Heute sind viele Jugendliche in den Comunidades Campesinas zu der harten Arbeit nicht mehr bereit. So ziehen die fähigsten jungen Leute in die Städte und die Unfähigen bleiben in den Dörfern zurück. Leute mit

Recycling – ein neuer Industriezweig

Das Aussortieren weggeworfener Materialien, die anschließende Klassifizierung, der Verkauf, die Lagerung und schließlich die Wiederaufbereitung ist zwischen 2000 und 2005 in Lima und El Callao zu einem einträglichen Industriezweig geworden. Die informelle Beschäftigungskette beginnt bei den Müllsammlern und endet bei den Werkstattinhabern, die mittels Recycling neue Gebrauchsgegenstände für den Verkauf herstellen. Wie viele Menschen mit dem Sammeln, Verkaufen und der Wiederaufbereitung von Papier, Pappe, Flaschen und anderen Gegenständen in der Millionenmetropole beschäftigt sind, kann niemand sagen, aber es gibt in den Elendsvierteln viele Familien, die davon leben: Mann und Frau und manchmal die Kinder sind am späten Abend oft mehrere Stunden lang unterwegs. Abend für Abend durchsuchen sie Straße für Straße die Müllbeutel vor den Häusern der Reichen, nehmen Brauchbares heraus und verschließen die Beutel dann wieder sorgfältig. Sie tun es leise und unbemerkt, damit die Reichen sich nicht in ihrer Ruhe gestört fühlen. Sie hinterlassen auch keine Spuren, sodass niemand sich über Unrat auf der Straße beschweren kann.

fortschrittlichen Ideen bleiben den Dörfern meist nicht erhalten und wenn sie bleiben und erfolgreicher sind als andere Bauern, drohen Neid und Missgunst sie zu zermürben.

Nur sehr wenige Campesinos besitzen die Fähigkeit und die Weitsicht, Nachfragen in den Städten zu erkennen und mithilfe der Kombination von dörflicher und städtischer Ökonomie den städtischen Markt mit Nischenprodukten zu beliefern. Mit einer intelligent durchdachten Kombination ländlicher und städtischer Wirtschaftsaktivität bescheidene Gewinne zu erzielen, gelingt nur den Fähigsten und Diszipliniertesten.

Tourismus

Trotz der landschaftlichen und kulturellen Vielfalt sowie einer bestaunenswerten Flora und Fauna ist Peru aufgrund seiner geografischen Lage kein Land für Massentourismus. Die im tropischen Heiligen Tal der Inka gelegenen Ruinen von Machu Picchu, Ollantaytambo und P'isaq, die Festung Saqsaywaman oberhalb von Cusco, die im Regenwald gelegenen Ruinenstädte Kuélap und Gran Pajatén, die ungefähr 5000 Jahre alten Ruinenstädte Caral und Sechín Bajo im Norden von Lima, die Sandstadt Chanchan bei Trujillo, Chavín de Huantar sowie die Pyramiden von Sipán, Sicán, Túcume und Batán Grande an der nördlichen Pazifikküste, die riesigen Ruinenstädte Pachacamac, Puruchuco, Huaycán und Cajamarquilla in der Umgebung von Lima sowie zahlreiche andere Ruinenstädte aus der Inka- und Vorinkazeit locken ebenso wie die farbenprächtigen Volksfeste und die „Indios" Touristen aus aller Welt nach Peru. Die indigene Bevölkerung selbst hat in den meisten Fällen keinen Einfluss auf das Bild, das von ihr vermarktet wird. Im Amazonastiefland haben sich sogar indigene Gruppen gegen ihre **Vermarktung** als angebliche „wilde Dschungelindianer" durch in- und ausländische Reiseagenturen erfolgreich gewehrt. Im Naturschutzgebiet des Manu geht eine Eigeninitiative der Matsiguenka respektvoll mit den indigenen Kulturen und der Natur um. PromPerú wirbt bei seiner Tourismusförderung im Ausland für „lebende Kulturen" und bietet Aufenthalte in Bauerndörfern als besondere Reiseerlebnisse an. Dabei sollen die ausländischen Touristen den Einheimischen näher kommen. Sogar die Mitarbeit bei der landwirtschaftlichen Arbeit wird ihnen angeboten.

Eine anderes Beispiel für nachhaltigen Tourismus ist die **Salkantay-Route** als Alternative zum Inka-Trail. Der Reiseveranstalter „Mountain Lodges of Peru" schult und beschäftigt Arbeitskräfte aus der Region. Anders als auf dem Inka-Trail wird das schwere Gepäck der Touristen nicht von Trägern, sondern von Maultieren geschleppt. Gruppen von maximal 14

Personen werden von örtlichen Reiseleitern geführt und in auf Landschaft und Umwelt abgestimmten Unterkünften mit Nahrungsmitteln aus der Region versorgt. Das Wasser entstammt den nahe gelegenen Quellen und die Abwasserentsorgung entspricht neuesten Umweltstandards. Im Gegensatz zum Inka-Trail, wo der Müll, den die Touristen zurücklassen, ein großes Problem darstellt, wurden auf der Salkantay-Route Mülltrennungs- und Wiederverwertungsstationen eingerichtet. Zur Minimierung sozialer und kultureller Schäden sensibilisiert der Veranstalter die ortsansässige Bevölkerung bezüglich der Chancen und Risiken touristischer Entwicklung.

Kokaanbau und Drogenhandel

Die Koka spielt seit jeher eine **wichtige Rolle in der Kultur** der alteingesessenen Peruaner: Die Blätter werden gekaut, ihre stimulierende Wirkung ist in etwa mit der von Kaffee oder Tee vergleichbar, eher schwächer. Außerdem werden die Blätter bei traditionellen Riten und für Weissagungen verwendet. Tee aus Kokablättern hilft gegen Magenverstimmungen und wird Touristen angeboten gegen die Höhenkrankheit. Auf den Tagesmärkten sind Kokablätter deshalb überall im Land zu kaufen. Die Kokablätter erzeugen keinen Rauschzustand, sie stimulieren lediglich. Anders verhält es sich mit Kokain, dessen Konsum in Peru kaum verbreitet ist.

Bedingt durch die steigende Nachfrage nach Kokain im Ausland wächst die Anbaufläche von Kokasträuchern. Mithilfe chemischer Verfahren wird aus den Blättern *pasta básica de cocaína*, PBC, hergestellt, eine Substanz, die Rauschzustände auslösen kann. Diese PBC wird einem weiteren chemischen Verfahren unterworfen. Am Ende entsteht dann Kokain. In Peru wird größtenteils nur PBC hergestellt. Diese wird dann im Ausland zu Kokain verarbeitet.

Die **Drogenbekämpfungsbehörde „Devida“** schätzt, dass 90 Prozent der Ernte an Kokablättern in die illegale Produktion von Kokain geht. Im Jahr 2008 waren Schätzungen zufolge 60.000 Familien direkt oder indirekt in den Drogenhandel involviert. Die Einnahmen aus dem Drogenhandel wurden 2009 auf 1,6 Prozent des BIP geschätzt. Die Gewinne aus dem Verkauf von PBC und Kokain fließen in den Waffenhandel, in die Bauwirtschaft, werden in Immobilien angelegt oder direkt in Dollardevisen umgewandelt. Die Drogenwirtschaft korrumpiert Politiker, Sicherheitsbeamte und sogar Bankangestellte. Mitte der 1980er-Jahre wurde berichtet, dass neue, frisch gedruckte Geldscheine, noch bevor sie von den Banken ausgegeben wurden, bereits im Urwald auftauchten. In den 1990er-Jahren wurde über einen Drogentransport im Flugzeug des Staatspräsidenten berichtet. Aus dem Gefängnis berichtete der ehemalige Drogenhändler „Vaticano" von Abgaben, die *Vladimiro Montesinos* ihm abverlangte. *Fujimoris* Hauptregierungsberater war mit der Drogenbekämpfung beauftragt und traf sich mit hochrangigen US-amerikanischen Beratern. Seit 2000 haben sich fünf mexikanische Drogenkartelle Einfluss auf die peruanische Wirtschaft und Politik verschafft.

Seit vielen Jahren bemühen sich die USA und die Europäische Union, den Kokaanbau durch die Förderung alternativer Anbauprodukte und im Rahmen des Plan Colombia auch durch Besprühen der Kokapflanzen mit Chemikalien zu reduzieren. Die **Initiativen zum Anbau alternativer Produkte stoßen aber auf Widerstand** bei den Bauern, denn die Preise für Kaffee, Kakao, Erdnüsse, Bananen und Palmherzen sind weitaus niedriger als die mit Koka zu erzielenden. Zudem sind die alternativen Produkte starken preislichen Schwankungen unterworfen. Das peruanische Tiefland und die Andentäler, in denen die Koka gedeiht, sind verkehrstechnisch so schlecht erschlossen, dass Frischgüter gar nicht abtransportiert werden können. Kokablätter hingegen sind leicht und können über Trampelpfade transportiert werden. Außerdem werden sie unterwegs nicht schlecht, wenn man sie vorher an der Sonne gut getrocknet hat. Im Unterschied zu allen anderen landwirtschaftlichen Produkten wächst der anspruchslose Kokastrauch auf jedem noch so schlechten Boden und wirft jährlich mehrere Ernten ab. Die peruanische Polizei zerstört ab und zu geheime PBC-Produktionsstätten.

Für viele peruanische Bauern stellen Anbau und Verkauf von **Koka eine überlebenswichtige Einnahmequelle** dar. Mit dem Drogenhandel oder der Herstellung von PBC haben diese Campesinos aber nichts zu tun.

Allerdings gibt es sowohl im Amazonastiefland als auch in den Städten viele junge Menschen, die ohne den **Drogenhandel** kein Auskommen hätten. Das schnell verdiente Geld wird auch rasch wieder ausgegeben. So war der Drogenhandel in manchen Gegenden ein Entwicklungsmotor, der andere wirtschaftliche Aktivitäten erst möglich machte. Wer sich von einem Freund Geld leiht, das dieser im Drogenhandel verdient hat und damit ein Unternehmen gründet, begeht keine Straftat. Beweise sind in jedem Fall schwer zu erbringen. So konnten auch Vorwürfe, eine peruanische Fluggesellschaft habe ihr Kapital aus dem Drogenhandel erhalten, nicht nachgewiesen werden. Wer allerdings bei **Herstellung oder Verkauf von Drogen** – und sei die Menge noch so gering – auffliegt und verhaftet wird, sieht einem längeren Gefängnisaufenthalt unter unmenschlichen Bedingungen entgegen. Davon sind auch Ausländer betroffen, die mit Drogen handeln oder Drogen aus dem Land zu transportieren versuchen. Am Flughafen von Lima werden strenge Kontrollen durchgeführt und es werden immer wieder **ausländische Touristen** mit Kokain erwischt. Sie werden auf der Stelle verhaftet und in ein peruanisches Gefängnis gebracht. Die peruanischen Gefängnisse sind überfüllt, die Verpflegung ist schlecht, es gibt Berichte über Folterungen und die Gefangenen gehen teilweise grausam miteinander um.

In vielen Dörfern an den Andenabhängen und im Tiefland verloren Kinder ihre Eltern, weil diese in den 1980er-Jahren von den Terroristen oder den Sinchis (Spezialeinheit zur Bekämpfung von Terroristen) erschossen wurden. Ihr kleines Stück Ackerland vermag diese Kinder nicht zu ernähren. So ergreifen sie die Gelegenheit, wenn ein Drogenhändler ihnen anbietet, sich durch den PBC-Handel ihren Lebensunterhalt zu verdienen.

Wirtschaft und sozialer Aufstieg

In seinem mehrbändigen Werk über die „Macht in der peruanischen Wirtschaft“ ging *Carlos Malpica* 1989 auf sämtliche Besitzer der „großen peruanischen Firmen“ – nach internationaler Definition „mittelgroße Unternehmen“ – ein, alteingesessene Familien der Oberschicht, deren Namen in Peru jeder kennt, zumeist europäischer, insbesondere italienischer Abstammung. Seit 1990 haben sich die wirtschaftlichen Machtverhältnisse in Peru verschoben. An der Spitze stehen **internationale Konzerne,** gefolgt von lateinamerikanischen Gruppen, auf die dann erst diejenigen peruanischen Unternehmen folgen, die den „Wettbewerbsschock“ überlebt haben.

044pu Foto: lg

Große und mittelgroße im Export tätige Firmen spielen für die Politiker eine wichtige Rolle, insofern daraus die Löhne von Staatsbediensteten und Sozialprogramme finanziert werden. Einheimische Firmeneigner nutzen dies geschickt, um bessere Investitionsbedingungen und **steu-**

erliche Vorteile auszuhandeln. Umgekehrt beklagen kleine Unternehmen übertriebene Prüfungen oder Schikanen der Steuerbehörde.

Die meisten **PyME** *(pequeña y mediana empresa)*, sogenannte „kleine und mittlere Unternehmen", die vom Produktionsvolumen und der Anzahl der Beschäftigten deutschen Kleinunternehmen entsprechen, wurden von Zuwanderern gegründet, die zwischen 1960 und 1970 aus den Anden in die Städte kamen. Entstanden sind sie aus *Microempresas,* **Kleinstunternehmen,** die zu Beginn oft ohne Gewerbeschein und ohne steuerliche Abgaben wirtschafteten. Der Schritt in die Legalität ist für *Microempresas* allerdings schwer – wegen der hohen Kosten und dem hohen zeitlichen Aufwand für die gesetzeskonforme Gründung sowie die offizielle Registrierung. Meist arbeiten alle Familienmitglieder und sogar Verwandte für extrem niedrige Löhne. Unterschiedlichen Schätzungen zufolge beschäftigen die **PyME** zwischen 34 und 49 Prozent der arbeitsfähigen Bevölkerung. Sie sind bedeutend in der Herstellung von Textilien, Schuhen und Kunsthandwerk ebenso wie im Handel. Ohne die *PyME* gäbe es in Peru keinen öffentlichen Nahverkehr.

Oft erzählen die *PyME* erstaunliche Erfolgsgeschichten. Menschen, die vom Land in die Stadt kommen, sind fest entschlossen, ihre Willensstärke und Fähigkeiten in die eigene Zukunft zu investieren. Sie sind zu jeder Arbeit bereit, sei sie noch so hart und erniedrigend, denn Opfer werden als notwendig **auf dem Weg in eine bessere Zukunft** betrachtet. Voller Hoffnungen schrecken die Ankömmlinge vor nichts zurück und trauen sich fast alles zu. Ihr Wunsch, die „Rückständigkeit" für immer hinter sich zu lassen und es im Leben zu etwas zu bringen, fördert die Überzeugung, dass man alles schaffen kann. Sie gibt Kraft, Ausdauer, Durchhaltevermögen und Härte gegen sich selbst. Zuwanderer sind flexibel und stets bereit, sich viel aufzubürden. Anfänglich nehmen sie Beschäftigungen in Haushalten, auf Baustellen und in Fabriken an. Bis zur Vertreibung der ambulanten Händler aus den Stadtzentren war der Straßenhandel als nächste Stufe bei den Zuwanderern beliebt, er bedeutete für viele den Schritt in die Unabhängigkeit.

Ethnologische Forschungen haben nachgewiesen, dass Menschen, die vom Land in die Stadt kamen, klarere Ziele vor Augen hatten, als ihre in der Stadt geborenen Kinder. Deshalb war **die erste Generation** besonders erfolgreich. Die zweite Generation hatte jedoch den Vorteil besserer

⊡ Gamarra – Produktions- und Verkaufsareal mit 20.000 Textilunternehmen mitten in Lima

045pu Foto: lg

Gamarra: Wo Kleinunternehmen sich tummeln

Gamarra: Das ist ein riesiger Markt im Herzen von Lima, Produktions- und Verkaufsstätte zugleich. Über 20.000 Mikrounternehmen haben dort ihren Sitz. Mindestens die Hälfte agiert noch schattenwirtschaftlich. Die meisten Fabrikanten stellen Textilien aller Art aus hochwertiger Baumwolle her, die in unzähligen, winzigen, kaum belüfteten Läden in mehrstöckigen Gebäuden verkauft werden.

Die Geschichte von Liborio Huamani ist eine typische Erfolgsgeschichte von Gamarra: Als Fünfzehnjähriger kam er aus den Anden nach Lima. Zunächst arbeitete er als Verkäufer. Er war sehr sparsam. 1960 kaufte Liborio seine erste und einige Jahre später seine zweite Nähmaschine. Dann kaufte er ein Auto, mit dem er seine Waren zu den Geschäften in ganz Lima brachte. Heute verkaufen Liborio und seine erwachsenen Kinder eigene Kreationen landesweit und haben angefangen, nach Bolivien zu exportieren; andere Auslandsmärkte sollen folgen. Jeweils im Sommer und im Winter stellt die Familie einen Katalog mit ihrem neuesten Angebot her.

Seit einigen Jahren macht jedoch die koreanische Konkurrenz, die ebenfalls in Peru produziert, sowohl der Familie Huamani als auch anderen Produzenten von Gamarra zu schaffen.

Nach Gamarra kommt man am besten mit dem Taxi, das sich allerdings durch einige Staus arbeiten muss. Gamarra ist von Gittern umgeben, an denen Polizisten Wache stehen. Außerhalb lauern Diebe und Kleinkriminelle, denn Gamarra ist Teil von La Victoria, dem Distrikt mit der höchsten Kriminalitätsrate von Lima. Gamarra selbst ist aber relativ sicher. Peruaner nehmen dennoch außer einem Portemonnaie nichts mit oder sie stecken sich ihr Geld in die Schuhe. Ein Besuch lohnt sich in jedem Fall.

Vom Angestellten zum Unternehmer

Demetrio Laurel (†) wurde in einem Andendorf geboren. Täglich sah er seinen Eltern bei ihrer harten Arbeit zu. Als er als Siebenjähriger zu Verwandten nach Lima durfte, freute er sich sehr. Schnell lernte er, eigenes Geld zu verdienen, fand eine Beschäftigung als Reinigungskraft bei einem Schuster, wohnte bei seinem Arbeitgeber und finanzierte sich mit seinem Verdienst die Hauptschule, die er abends besuchte. Er lebte sehr sparsam. Oft nahm er wochenlang nichts als Brot, Zucker und Avocados zu sich. Er wurde Mitglied in einer Spargenossenschaft. Von seinem ersten Kredit kaufte er eine Maschine und einen Schuhspanner. Demetrio verzichtete meist darauf, Feste zu feiern: Dafür waren ihm Zeit und Geld zu schade. Er widmete sich in erster Linie seinem Geschäft und nach seiner Heirat auch seiner Familie. Als seine Schuhwerkstatt bereits gut produzierte, erwarb er zwei Läden in guter Lage. Dort verkaufte er Schuhe aus eigener Herstellung. Er beschäftigte mehrere Verkäufer. Seine Familie sollte es gut haben. Demetrio baute ein schönes Haus, kaufte einen BMW und finanzierte seinen Kindern eine gute Ausbildung. Als erfolgreicher Migrant musste er auf einigen Heimatfesten Präsenz zeigen. Dort trank er wenig Alkohol, denn er wollte Jugendlichen aus seiner Heimat ein Vorbild sein. Allerdings kam er nicht mehr dazu, das Leben zu genießen: Noch bevor er 50 wurde, starb er an einem Herzinfarkt.

Eine psychologische Erfolgskarriere

Silvia hatte sich ihr Psychologiestudium mit dem Verkauf von Pullovern finanziert. Sie träumte, ebenso wie ihr Mann José, von einer Karriere als Psychologin nach dem Examen. Trotz Aufbaustudium an einer angesehenen Privatuniversität fanden beide keine Anstellung in ihrem Beruf. Silvia ging nach Italien und arbeitete dort zunächst als Hausangestellte, dann begann sie, Alpakapullover zu verkaufen, die auf dem italienischen Markt beliebt waren. Sie verdiente gut und motivierte José, der in Peru geblieben war, dort eine eigene Produktion aufzubauen. José erwarb ein Grundstück in einem Asentamiento Humano und rekrutierte dort Arbeitskräfte mit Erfahrung im textilen Bereich. Obwohl die Arbeiter einen Lohn erhalten, versuchen Silvia und José das andine Prinzip des „ayni" (Gegenseitigkeit) zu praktizieren. Deshalb nannten sie ihre Firma „El Ayni". In der Fabrik arbeiten Josés Geschwister mit. Silvia leitet die Abteilung für Design. Bei der Beobachtung der internationalen Märkte kommt José zugute, dass er einige Semester Betriebswirtschaftslehre studierte. Heute exportiert „El Ayni" Pullover aus Alpaka und Baumwolle in die ganze Welt. Das Ehepaar besucht alle wichtigen Messen in Europa, Nordamerika und Asien.

102pu Foto: pg

Bildung und konnte unternehmerisch planen. Von der ersten Generation gegründete *PyME* zeichneten sich durch eine hohe Einsatzbereitschaft aus. Oft arbeitete die ganze Familie mit, wobei sich der hohe Arbeitseinsatz am Anfang kaum finanziell auszahlte. Schon bald wurde ein weites Netz von Verwandten zur Rekrutierung billiger Arbeitskräfte und dem Aufbau landesweiter Vertriebsnetze genutzt.

Wie sehr Frauen und Männer der ersten Generation bereit sind, bis an **die äußerste Grenze der Selbstausbeutung** zu gehen, verdeutlichen die vielen nächtlichen Ruhestörer, die sich an ihren lauten Nähmaschinen in einem winzigen Raum abrackern, der ihnen gleichzeitig als Wohn-, Schlaf- und Arbeitsstätte dient, um Aufträge fristgerecht zu erfüllen. Fabrikarbeiterinnen, die an fünf bis sechs Wochentagen in ihrer Firma arbeiten und am Wochenende neben Hausarbeit und Kindererziehung den Grundstein für die heimische Herstellung von Jeans, Schuluniformen oder anderen Textilien legen, beweisen dies gleichfalls.

Eine Straßenhändlerin verkauft heiße Kräutermixturen

Dienstleister auf offener Straße

Wo neue Häuser entstehen, finden sich auf vielen Baustellen kleine Schilfmattenhütten, in denen zugewanderte Familien leben: Der Vater arbeitet für eine Zeit als **Bauarbeiter oder Wächter.** Andere Bauarbeiter leben in Armenvierteln. Ist ein Gebäude fertig, wissen die Männer nie, wie lange sie mit dem verdienten Geld auskommen müssen, da ungewiss ist, wann sie eine neue Arbeit finden.

Auf offener Straße bieten **Schreiber** ihre Dienste mit ihrer eigenen Schreibmaschine an, etwa vor den Ministerien, wo sie Schreibarbeiten für andere Menschen ausführen. Daneben finden sich auch sogenannte *tramitadores,* Personen, die anderen beim Ausfüllen von Formularen und komplizierten amtlichen Erledigungen *(tramites)* helfen. Besonders geschickte *tramitadores* besetzen Nischen, werden für ihre effiziente Tätigkeit bekannt und finden schließlich zahlungskräftige Auftraggeber in der Oberschicht oder unter den im Land lebenden Ausländern, denen sie hohe Summen abverlangen, die die erforderlichen Bestechungsgelder für die schnelle und problemlose Abwicklung einschließen.

Zu den ärmsten selbstständigen Dienstleistern gehören die berühmten *cargadores* **(Lastenträger).** Man sieht sie auf dem Großmarkt von Lima und in vielen Andenstädten. Die ins Deutsche übersetzte Autobiografie von *Gregorio Mamani* „Sie wollen nur, dass man ihnen dient" beschreibt die menschenunwürdigen Bedingungen, unter denen solche *cargadores* auch heute noch leben.

Wer in Peru seine Euros oder Dollars in Soles umtauschen will, kann dies gleich vor seiner Haustüre tun. Dort warten nämlich die *cambistas* **(Geldwechsler):** Sie sind schneller als jede Wechselstube und in der Regel zuverlässig. Ihre Zahl wächst und inzwischen üben den vormals typischen Männerberuf auch viele Frauen aus.

„La empleada" – das Dienstmädchen

„Se busca muchacha con cama adentro."
(„Mädchen gesucht mit Bett drinnen.")

Die Emanzipation der peruanischen Ober- und Mittelschichtfrau baut auf der Beschäftigung der Empleada, des Dienstmädchens, auf. Diese **ganztätig beschäftigte Hilfskraft** ermöglicht ihr, ein Studium zu absolvieren, ihren Beruf auszuüben sowie eine eigene Karriere und dabei gleichzeitig Mutter zu sein. Die Empleada steht üblicherweise als Erste auf und richtet das Frühstück für die ganze Familie, sie räumt ab, spült, wäscht (in manchen Fällen mithilfe einer Waschmaschine, oft allerdings per Hand), bügelt, putzt, kehrt und wischt täglich Staub, passt auf die Kinder auf. Sie gibt den Kindern ihre Mahlzeiten und bringt sie zum Kindergarten oder zur Schule, sie bereitet das Mittagessen zu und kümmert sich um den Vorgarten. Selbst das Verwöhnen des Ehemannes braucht die Mittel- und Oberschichtfrau nur zu organisieren: Die Empleada legt dessen Lieblingshemden zurecht und kocht sein Leibgericht. Und wenn die Dame des Hauses beschließt, ihren Gästen beim Essen mehrere ganz besondere Gänge anzubieten, so beschränkt sich ihre Arbeit oft auf die Organisation und die Überwachung.

Die Peruaner unterscheiden **zwei Arten** von Dienstmädchen. Diejenigen, die ständig bei der Familie wohnen, nennen sie **empleada con cama adentro** (Beschäftigte mit Bett drinnen). Die **empleada con cama fuera** (Beschäftigte mit Bett draußen) wohnt nicht bei ihrem Arbeitgeber, sondern meist in einem Armenviertel am Stadtrand. Manchmal hat diese Empleada mehrere Arbeitgeber, für die sie an unterschiedlichen Tagen oder Tageszeiten arbeitet. Das hat den Vorteil, dass Beginn und Ende ihrer Arbeitszeit fest vereinbart werden. Die *empleada con cama fuera* ist in der Regel älter und hat bereits eigene Kinder. Sie verfügt über etliche Jahre Berufserfahrung und wird von ihrer Arbeitgeberin respektvoll mit *„Señora"* angeredet.

Die *empleadas con cama adentro* sind ledige junge Frauen ohne eigene Kinder. Viele reiche Familien bevorzugen eine *empleada con cama adentro.* Dadurch haben sie einen fast permanenten Zugriff auf die Arbeitskraft der jungen Frau. Außerdem haben sie dann weniger Angst, die Angestellte könne bei jedem Verlassen des Hauses etwas stehlen und mit zu sich nach Hause nehmen.

Für peruanische Familien ist es völlig normal, dass ständig eine Person im Haus ist, die nicht zur Familie gehört.

Bei der *empleada con cama adentro* ist die **Rangordnung** klar vorgegeben. Sie spricht ihre Arbeitgeberin mit „Sie" an, während jene sie immer mit „Du" anredet. Sie schläft in einem winzigen, meist recht dunklen Zimmer, eine Art der Unterbringung, die von peruanischen Architekten immer noch so geplant wird. Da kein Dienstherr das Bad mit seiner Empleada teilen möchte, werden Wohnungen so gebaut, dass die Empleada ein eigenes Bad zur Verfügung hat. Dieses Bad ist klein und in der Dusche läuft oft nur lauwarmes Wasser. Meist hat die Empleada keine geregelte Arbeitszeit. Ihr Arbeitsverhältnis ist von großer Unsicherheit geprägt. Sie kann von heute auf morgen entlassen werden. Deshalb haben viele Empleadas Angst, sich über ihre **Arbeitsbedingungen** zu beklagen.

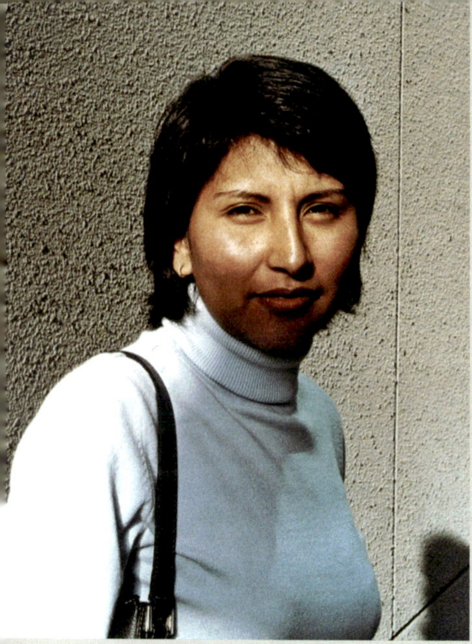

086pu Foto: ah

Maria

Ihr Dorf ist eine Dreitagereise von Lima entfernt. Als sie sechs Jahre alt war, flohen ihre Eltern vor den Terroristen in die Hauptstadt. Dort besuchte Maria Grund- und Hauptschule. Ihre Eltern waren arm. Deshalb arbeitete Maria in den Schulferien als Verkäuferin.

Nach dem Schulabschluss vermittelten die Geschäftsinhaber ihr eine Stelle als Empleada. Sie passte auf die Kinder auf und die Familie war nett zu ihr. Allerdings konnte ihre Arbeitgeberin ihr keine Ausbildung finanzieren. Maria wollte aber studieren. Da lernte sie in einem Park Susanne kennen. Susanne machte ihr ein interessantes Angebot: Maria sollte auf ihre beiden Kinder aufpassen, die Wohnung sauber halten und kochen. Sie sollte 100 Dollar dafür bekommen und zusätzlich Zeit, um ein Ausbildungsinstitut zu besuchen. Da Maria von der Familie verpflegt wurde, konnte sie Geld sparen. Susanne war sehr nett zu ihr, Erniedrigungen wie andere Dienstmädchen erfuhr Maria nie und wurde nicht ausgebeutet.

Von Anfang an war Marias Ziel, eines Tages nicht mehr Empleada zu sein. Dafür sparte sie. Sie wollte studieren. Neben ihrer Tätigkeit im Haushalt absolvierte sie eine einjährige EDV-Ausbildung und ein Jahr lang lernte sie Telemarketing. Beide Ausbildungen finanzierte Maria sich selbst. Dann ergab sich für sie die Möglichkeit, nur noch morgens im Haushalt zu arbeiten und nachmittags als Bürokraft im Unternehmen von Susannes Mann.

Das eröffnete ihr neue Perspektiven. Sie schrieb sich an einer staatlichen Universität ein, fasste Mut, bat um eine Festanstellung und später um eine Gehaltserhöhung. Gut vorbereitet ging sie in das Gespräch und erhielt beides. Dann kündigte sie Susanne. Sie will niemals mehr gegen Bezahlung Hausarbeit verrichten. Maria ist wissbegierig und stets bereit, neue Aufgaben zu übernehmen, was ihr immer wieder neue Türen öffnet.

Heute gibt es viele junge Frauen aus sehr armen Verhältnissen, die sich über eine vorübergehende Beschäftigung als Empleada ihre Ausbildung finanzieren, mit dem Ziel, sich nach ihrem Schul- oder Berufsschulabschluss eine Beschäftigung zu suchen, die ihren eigentlichen Wünschen entspricht.

Dienstmädchen essen nicht gemeinsam mit der Familie im Esszimmer und erhalten oft auch nicht dieselbe Essensqualität. Sie räumen zwischen den einzelnen Gängen ab und bringen zwischendurch das, was noch gewünscht wird. Sie nehmen ihr Essen – oft in unbequemer Haltung – in der Küche ein. Es kommt vor, dass Hausangestellte von männlichen Familienmitgliedern sexuell belästigt werden. Während in Lima nur junge Frauen als Hausangestellte arbeiten, verdingen sich in den Provinzstädten auch viele Kinder als Hilfskräfte in den Häusern der Mittel- und Oberschicht. Ihre Lebens- und Arbeitsbedingungen sind wesentlich härter.

Eine Empleada, die sich über zu harte Arbeitsbedingungen oder geringe Bezahlung beklagt, gilt als aufmüpfig und undankbar. Viele Peruaner sind der Meinung, ihre Dienstmädchen sollten nicht vergessen, „woher sie stammen und glücklich darüber sein, dass es ihnen besser geht, als es ihnen ohne die Arbeitsstelle ginge". Manche Dienstmädchen, die sich bei ihrer Familie nicht wohl fühlen, nutzen jede Gelegenheit, um nach einer neuen Stelle zu suchen. Deshalb werden Frauen aus der Oberschicht oder Ausländerinnen in Parks reicher Stadtviertel von jungen Frauen angesprochen, die eine Beschäftigung als Empleada suchen.

Viele Peruanerinnen haben aber ein **gutes Verhältnis** zu ihrer Empleada. Es gibt Familien, in denen Arbeitgeberin und Dienstmädchen einander schätzen und sich gegenseitig unterstützen. Es gibt sogar Peruanerinnen, die voller Bewunderung und Lob für die Fähigkeiten ihrer Empleada sind.

Für die Mittelschicht wird es zunehmend schwerer, ein **Dienstmädchen zu finden,** dem sie vertrauen und das sie finanzieren können. Agenturen, die weibliches Dienstpersonal vermitteln, übernehmen Garantien bezüglich Zuverlässigkeit und Vertrauenswürdigkeit, stellen aber auch Forderungen im Bezug auf Mindestentlohnung, Krankenversicherung sowie Aus- oder Weiterbildung in einer Abendschule. Wie viel eine Empleada verdient, hängt von der Gegend ab, in der sie arbeitet. So wird in reicheren Stadtvierteln in der Regel besser gezahlt. 2008 verdiente eine Empleada monatlich zwischen 125 und 225 Euro; hinzu kamen Krankenversicherung, Logis und Verpflegung.

Die peruanischen Mittelschichtfrauen greifen bei der Suche nach einer Empleada gern auf ihren Bekanntenkreis zurück. Manche „teilen" sich aus Kostengründen mit einer Verwandten oder Bekannten ein Dienstmädchen. Dadurch ergibt sich für viele arme Frauen die Möglichkeit mehrerer Teilzeitstellen in unterschiedlichen Haushalten und eine Verminderung der Abhängigkeit von ein und derselben Arbeitgeberin.

In Ausnahmefällen arbeiten **auch Männer als Reinigungskräfte.** Sie wohnen allerdings nicht im Haushalt ihrer Arbeitgeber und werden dort nur für einige Stunden am Tag beschäftigt.

Für arme junge Leute vom Land gilt die Beschäftigung in einem städtischen Haushalt als erstrebenswert. Die Arbeit stellt den ersten **Schritt in ihre Unabhängigkeit** dar und gleichzeitig die Möglichkeit, die Schule zu beenden, neben der Hausarbeit eine kurze Berufsausbildung zu absolvieren oder sich sogar ein Studium zu finanzieren. Diese Jugendlichen haben ihre Ziele klar vor Augen und betrachten die Haushaltstätigkeit keineswegs als erniedrigend, sondern als eine wichtige Stufe auf dem Weg zum Erfolg. Verständnisvolle Arbeitgeber, Zielstrebigkeit und gute Prüfungsabschlüsse eröffnen jungen Männern und Frauen aus armen Verhältnissen den Sprung ins Berufsleben. Sobald sie ihr Studium abgeschlossen haben oder eine Anstellung finden, die ihrer Ausbildung entspricht, gibt es für sie kein Zurück mehr, denn die Tätigkeit im Haushalt war für sie lediglich Mittel zum Zweck.

Schmuggel

Der **contrabando** (Schmuggel) zeugt von der Geschicklichkeit, Waren, die stark nachgefragt sind, unbemerkt über die Grenze zu bringen und auf den vielen Schmuggelmärkten in den peruanischen Städten zu verkaufen. Einerseits werden Schmuggler bewundert, andererseits kritisiert man sie ob ihrer gesetzeswidrigen Tätigkeit. Da auch große Unternehmen sich am Schmuggel zu beteiligen scheinen, protestiert die „Sociedad Nacional de Industrias" (SNI – „Nationale Vereinigung Peruanischer Industrieller") dagegen, dass diese in Nachbarländern billig produzieren und die Waren heimlich über die Grenze schaffen.

Informalität

Der informelle Handel hat in Lima mächtige **Eigenorganisationen** hervorgebracht. Diese **„Organizaciones de Autodefensa"** („Organisationen zur Verteidigung von Eigeninteressen") waren sogar kurzfristig im Stadtrat von Lima vertreten. Sie setzen ihre Interessen mit Rechten gleich und leisten Widerstand, wenn Interessenskonflikte mit der ansässigen Bevölkerung oder der Stadt zum *desalojo* (Ausquartierung/Räumung mit gewaltsamer Vertreibung) durch Ordnungskräfte führen. *Ambulantes* (fliegende Straßenhändler) verteidigen „ihr" Terrain gegen sogenannte *in-*

⊡ Schuhputzer in einer Andenstadt

103pu Foto: pg

vasores, neue Händler, die ihre angestammten Verkaufsplätze mit zu nutzen versuchen. Außerdem spielen die Eigenorganisationen eine bedeutende Rolle beim Bau fester Verkaufsplätze. In Lima schufen informelle Händler 275 überdachte Märkte, die Stadtverwaltung hingegen nur 57. Ihre Investitionen beim Bau von Markthallen übertrafen die der Stadt um ein Fünffaches. Schätzungen zufolge verschafft der informelle Handel allein in Lima einer halben Million Menschen Lohn und Brot. Ohne den Straßenhandel sowie die anderen Formen des informellen Handels könnten viele Familien in den städtischen Armenvierteln nicht überleben.

Für den **Straßenhandel** wird kaum Startkapital benötigt. Die *ambulantes* verkaufen zunächst Waren in sehr kleinen Mengen. Diese breiten sie auf einem quadratmetergroßen Tuch auf dem Bürgersteig aus oder sie bieten von einem Bauchladen aus Kaugummis, Süßigkeiten oder Zigaretten an. Andere Straßenhändler halten ihr gesamtes Angebot in den Händen – Spiderman-Masken, Raubkopien von CDs und Büchern, Autozubehör und vieles mehr –, um es während der Verkehrsstaus an die Autoinsassen zu verkaufen. Das Leben der Straßenhändler ist gefährlich und beschwerlich. Sie bewegen sich zwischen stehenden und fahrenden Autos; täglich werden kleine Kinder in die Ambulanzen der staatlichen Krankhäuser eingeliefert, weil die Mutter sich einem Kunden widmete und nicht auf das Kind Acht gab, dass dann von einem Auto angefahren wurde. *Ambulantes,* die ihre Ware widerrechtlich irgendwo auf der Straße ausbreiten und den Läden Konkurrenz machen, müssen immer damit rechnen, dass die Polizei sie vertreibt und ihre Ware konfisziert. Umgekehrt stellen aber auch die Straßenhändler Gefahren für die Passanten dar. Sie blockieren ganze Bürgersteige und zwingen die Passanten, auf die Straße auszuweichen. Weil durch den Verkauf auf offener Straße so viel los ist, haben Diebe ein leichtes Spiel. Seit der Vertreibung durch Bürgermeister *Andrade* aus dem Stadtzentrum trauen sich nur noch wenige *Ambulantes* dorthin.

Nicht alle Straßenhändler blieben arm. Wer es zu einem günstigen Zeitpunkt geschickt anstellte und dazu noch Glück hatte, konnte es zu ansehnlichem Reichtum bringen und seinen Kindern eine gute Ausbildung finanzieren. Erfolgreiche Straßenhändler verfügten irgendwann über ein **eigenes Geschäft,** einen oder mehrere Stände in Markthallen.

Gestohlene Ware wird übrigens auf dem großen Straßenmarkt Tacora verkauft. In San Jacinto wird Diebesgut vor dem Verkauf gelagert. Ganze Straßenzüge sind vergittert, um die Waren vor Zugriffen der Polizei zu schützen. Beide Gegenden liegen in **La Victoria,** einem Distrikt, den man als Tourist auf keinen Fall allein aufsuchen sollte. Peruaner pflegen zu scherzen: „Wenn Du Tacora besucht, hat man Dich bis auf die Unterhose ausgezogen und Dir alle Kleider geklaut, bevor Du es gemerkt hast.“

„Öffentlicher Nahverkehr“ in privaten Händen

Ohne die **privaten Kleinbusunternehmer** könnte sich in den peruanischen Städten niemand von der Stelle bewegen. Und auch, wer aus einem abgelegenen Dorf in eine Stadt möchte, greift in der Regel auf kleine Privatunternehmer zurück, die sich nach langem Sparen einen Lastwagen oder einen Kleinbus gekauft haben. Dank der vielen informellen Taxifahrer bleibt es besser gestellten Angestellten erspart, sich in die überfüllten, verkehrswidrig fahrenden Busse, in denen dazu noch Taschendiebe auf ihre Kosten kommen, zu zwängen. Von den Stadtverwaltungen betriebenen öffentlichen Nahverkehr gab es in Peru immer nur sporadisch, weil Auseinandersetzungen mit informellen Busunternehmern sowie Unrentabilität immer wieder zur Aufgabe führten.

Neben den formell zugelassenen Unternehmen, denen die Kommunen Konzessionen für bestimmte Strecken erteilen, tummeln sich **„Piraten“** und schnappen den formellen potenzielle Passagiere weg. Wird ein Gebiet neu besiedelt, erschließen Busbetreiber es oft verkehrsmäßig, bevor

☐ Viele Kleinbusse jagen sich gegenseitig die Passagiere ab

die Stadt die Route genehmigt. Die Passagiere interessiert das wenig. Sie sind froh, wenn sie sich auf bequeme Weise fortbewegen können und ohne lange Fußmärsche zu ihrer Arbeitsstelle gelangen.

Die **Eigenorganisation der „informellen Transportunternehmer“** war lange so mächtig, dass die *microbuseros* (Kleinbusbetreiber) die Fahrpreise diktierten und bestimmten, wo und wie oft sie anhielten. Mit der Einführung fester Haltestellen konnten die meisten Kommunen sich nicht durchsetzen. Versuchte eine Stadtverwaltung ihre Aktivitäten oder die Fahrpreise zu reglementieren, streikten die *microbuseros* einfach auf ihren Strecken und fuhren als „Piraten“ fremde Strecken ab. Die Bevölkerung war gezwungen, diesen „Piraten“ höhere Fahrpreise zu zahlen. Erst die Regierung *Fujimori* brach die Macht der *microbuseros* durch den **Import von Kleinbussen aus Japan,** wodurch ein Überangebot an Bussen entstand. Der Fahrpreis wird seitdem von Politikern festgelegt. Die Busunternehmen müssen Fahrscheine drucken und den Fahrgästen aushändigen. So als seien sie die alleinigen Eigentümer der Straßen, benehmen sich die *microbuseros* aber weiterhin: Sie missachten Verkehrsregeln, wechseln ständig die Fahrspur, verschlimmern durch häufiges Anhalten die Staus, verpesten die Luft durch defekte Auspuffe und behandeln ihre Passagiere nicht sehr pfleglich. Nachschulungen der Fahrer, die bis zu 12 Stunden am Steuer sitzen, werden oft nicht ordnungsgemäß durchgeführt. Durch das staatliche Diktat des Fahrpreises erwirtschaften viele Unternehmer nicht mehr genug Geld für notwendige Reparaturen und können keine neuen Fahrzeuge mehr an-

049pu Foto: lg

schaffen. Möglicherweise verbirgt sich dahinter die staatliche Hoffnung, dass die informellen Busse allmählich verschwinden und Staat oder Stadt dann bessere Karten bei der Neuregelung des Transportwesens haben.

Den meisten **Taxifahrern** geht es schlecht. Auch in diesem Geschäft hat der Import von Gebrauchtwagen aus Japan zu einem Überangebot geführt. Die Konkurrenz treibt die Preise in den Keller. Viele *taxistas* sind Opfer der Massenentlassungen der 1990er-Jahre: Manche verließen ihren ehemaligen Arbeitgeber mit einem Gebrauchtwagen, andere mit einem geringen Kapital, wovon sie ein Auto kauften. Wer keine Ersparnisse hat, verdingt sich als Fahrer für einen Autobesitzer, d. h., er bezahlt pro Schicht

048pu Foto: lg

einen festen Mietpreis und behält den Rest für sich, in der Regel nicht genug, um die eigene Familie durchzubringen. Die Arbeitstage der *taxistas* sind lang. Die Klientel zahlt aufgrund des steigenden Angebotes nicht mehr, sondern weniger. Diejenigen, die ein eigenes Auto fahren, werden sich, wenn dieses einmal nicht mehr fährt, kein neues leisten können. Selbst Reparaturen vermögen sie oft nicht zu zahlen. So sehen die meisten einer unsicheren Zukunft entgegen, es sei denn, sie haben es geschafft, ein eigenes Unternehmen aufzubauen, dem mehrere Fahrer zu festen Zeiten ihre Arbeitskraft und ihr Auto zur Verfügung stellen, sodass sie mit Sicherheit und Zuverlässigkeit werben und höhere Preise verlangen können.

Kinderarbeit

Die peruanische **Gesetzgebung verbietet Kinderarbeit,** der Staat kann sie aber dennoch nicht verhindern. Auf dem Land arbeiten die **Kinder in der Landwirtschaft** mit. Ob sie darüber die Schule vernachlässigen, hängt aber davon ab, ob ihre Eltern der landwirtschaftlichen Arbeit oder der Bildung den Vorrang geben. In der Stadt arbeiten Kinder, weil sie Waisen sind, weil ihre Eltern sich nicht um sie kümmern, weil sie zum Familieneinkommen beitragen müssen oder weil die Situation im Elternhaus unerträglich ist. Besonders mutige Kinder gehen allein in eine fremde Stadt. In den Städten arbeiten viele Kinder und es gibt sogar **regelrechte Kinderberufe** wie den der *lustrabotas* (Schuhputzer). Es gibt Kinder, die schon sehr früh wissen, was sie im Leben erreichen wollen und darauf hinarbeiten. Manche Kinder leben allein, andere wohnen bei ihren Eltern, wieder andere wohnen in Gruppen zusammen. In einigen Städten haben sich diese **arbeitenden Kinder** organisiert und werden **von Hilfsorganisationen unterstützt.** Dadurch bekommen sie eine Bleibe, wo sie essen und schlafen können. Sie erhalten dort auch Schulunterricht und erlernen berufliche Fertigkeiten. Sie führen eine gemeinsame Kasse für gemeinschaftliche Anschaffungen.

Von allen armen Kindern am besten haben es diejenigen, die sich in den Schulferien mit dem Verkauf von Eis oder Schokolade ihr Taschengeld verdienen bzw. mit dem Verdienten Schulbücher und Hefte kaufen. Andere Kinder brechen früh die Schule ab und unterstützen mit ihrem Verdienst

☐ Arbeitende Kinder im Amazonastiefland

sogar jüngere Geschwister. Viele **Straßenhändler** werden bei der Arbeit von ihren Kindern unterstützt. Auf den Tagesmärkten bieten kleine Jungen sich den Hausfrauen als **Träger** an. Kinder und Jugendliche treten als Sänger oder **Musikanten** auf der Straße und in Bussen auf. Auch die informelle **Recyclingindustrie** beschäftigt auf der untersten Ebene viele Kinder. Diese kaufen dort, wo es keine Müllabfuhr gibt, den Familien ihren Müll ab oder durchsuchen nachts die Mülltüten in den besseren Stadtvierteln nach leeren Flaschen. In den Städten arbeiten viele Kinder als **Autowäscher oder Autowächter;** sie passen auf parkende Autos auf, damit diese nicht gestohlen werden. Dafür bekommen sie ein Trinkgeld, dessen Höhe jedoch dem „Kunden" überlassen bleibt. Die Schuhputzer verlangen für ihre Dienstleistungen festgesetzte Preise. Je größer die Stadt ist, umso höher sind die Preise. Einige *lustrabotas* sind viel rumgekommen in Peru. Sie interessieren sich für andere Länder und andere Landesregionen. Viele arbeitende Kinder ergreifen die Gelegenheit, um mit Menschen aus höheren sozialen Schichten ins Gespräch zu kommen und sie nach angenehmeren und besser bezahlten Tätigkeiten zu fragen. Mit Freundlichkeit und Zuverlässigkeit schaffen manche es, Sympathie und Vertrauen bei reichen Leuten zu wecken. So bekommt der eine oder andere eine bessere Beschäftigung. Einige Kinder bauen über die Jahre mit Glück, Geschick, Eigeninitiative und Sparsamkeit ein eigenes Geschäft auf und werden zum erfolgreichen Kleinunternehmer. Sie eignen sich „gute Manieren" an und bedienen später eine erlesene Kundschaft.

Prostitution

Prostitution hat in Peru in erster Linie mit der Armut zu tun. Wenn die **Verarmung** zunimmt und es aussichtslos erscheint, eine Beschäftigung zu finden, nimmt die Zahl der männlichen und weiblichen Prostituierten zu. Nachfrage nach Prostituierten gibt es vor allem in den Städten und in den Bergbauzentren.

Viele junge Mädchen werden von einer Freundin überzeugt, die berichtet, man könne schnell viel Geld verdienen. Die Entscheidung, sich zu prostituieren, ist nicht immer freiwillig. Oft sind Vergewaltigungen durch männliche Familienangehörige vorausgegangen. Manchmal war die Situation im Elternhaus für die Mädchen unerträglich. Es gibt auch Fälle, in denen junge Frauen entführt wurden. Manche junge Männer, die haupt- oder nebenberuflich in der Unterhaltungsindustrie beschäftigt sind – auch als „Stripper" – stellen irgendwann fest, dass sie als Prostituierte für reiche Damen am schnellsten Geld verdienen können. Oft treiben die Lebensumstände bereits 14-jährige Mädchen in die Prostitution und machen Jungen früh zu Strichjungen. Was diese **jugendlichen Prostituierten** ertragen müssen, können sie oft nur noch aushalten, weil sie Drogen nehmen. In Lima scheint der Bedarf an Strichjungen in den letzten Jahren gestiegen zu sein, da die männlichen Prostituierten auf vielen Straßen die weiblichen verdrängt haben. Mit der wirtschaftlichen Liberalisierung, zunehmender Armut sowie dem Entstehen großer Minenzentren (wo viele Ingenieure und Bergmänner wochenlang getrennt von ihren Familien weilen) hat die Prostitution in Peru in den letzten Jahren zugenommen. Sogar Hausfrauen, deren Männer den Lebensunterhalt ihrer Familien nicht mehr bestreiten können, verdienen sich als Prostituierte ab und zu etwas Geld.

Die unterste Ebene bildet die **Straßenprostitution** mit vielen Minderjährigen und Strichjungen, die pro Kunde ein paar Euro verdienen. Taxifahrer, einfache Arbeiter, kleine Angestellte und Straßenhändler gehören zu ihrer Kundschaft. **Bordelle** gibt es in Peru für jeden Geldbeutel. Selbstständige, kleine Unternehmer, Männer aus der Provinz suchen die *casas de cita* (Häuser der Verabredung) der städtischen Randbezirke auf, in denen junge Frauen, teilweise auch minderjährige Mädchen arbeiten. In der Regel sind sie nur wenige Jahre zur Schule gegangen.

Unternehmer, Politiker, Lobbyisten, Militärs und reiche Ausländer besorgen sich ihre *damas de compañía* **(Begleitdamen)** über Hotelleitungen, Nightclubs, Agenturen, per Empfehlung oder Zeitungsannonce. **Unabhängig arbeitende Prostituierte** vermarkten sich selbst über Zeitungsannoncen oder Mundpropaganda.

„Nightclubs" oder andere Etablissements für eine reiche Kundschaft beschäftigen junge Frauen, die tagsüber einer regulären Beschäftigung nachgehen und die ihre nächtliche Tätigkeit als Prostituierte nutzen, um sich etwas hinzuverdienen sowie als Gelegenheit zum direkten Kontakt mit den Einflussreichen und Mächtigen des Landes.

Die Kunden der Bordelle in der Hafenstadt El Callao sowie der zahlreichen Casinos in der Hauptstadt stammen zu einem großen Teil aus Ostasien. Die Interessenten aus Fernost sind beliebt, da sie als gut zahlende Kunden gelten.

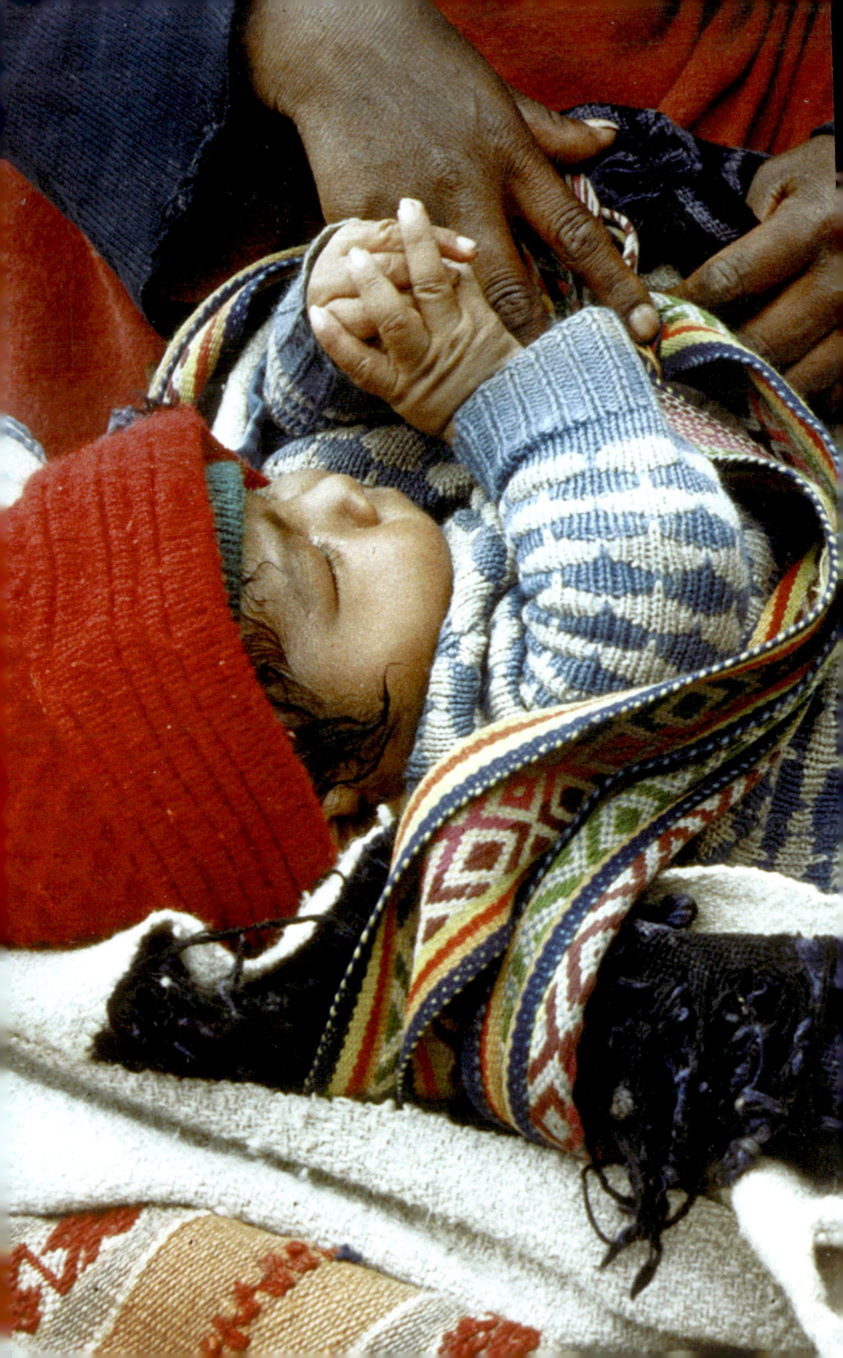

Geschlechter und Familie

< Auf dem Land werden Babys gut eingewickelt
(050pu Foto: ah)

Frauen und Männer

Allen menschlichen Kulturen sind ganz bestimmte Ansichten über typisch weibliche bzw. typisch männliche Eigenschaften und Verhaltensweisen sowie Erwartungen, die sich an Frauen bzw. Männer richten, eigen. In den einzelnen Kulturen gibt es Gemeinsamkeiten oder Parallelen, aber auch große kulturspezifische Unterschiede. Und innerhalb der Kulturen finden sich schichtspezifische Unterschiede im Rollenverständnis von Frau und Mann. Diese schichtspezifischen Varianten weisen wiederum in unterschiedlichen Ländern Ähnlichkeiten auf, denn dieselben wirtschaftlichen und sozialen Voraussetzungen – egal in welcher Erdregion – bedingen auch ähnliche Verhaltens- und Denkweisen sowie ähnliche Erwartungshaltungen gegenüber Frauen bzw. Männern.

Peru mit seiner Vielzahl von Kulturen und den krassen Gegensätzen der sozioökonomischen Bedingungen weist ein breites Spektrum verschiedener Auffassungen von Weiblichkeit und Männlichkeit auf. Die Erwartungen, die sich an Frauen und Männer richten, hängen stark von der ethnischen, sozialen und regionalen Herkunft sowie von Kultur und Hautfarbe ab. Aber in Peru findet heute derselbe **Wandel im Rollenverständnis der Geschlechter** statt wie anderswo auf der Erde und viele Tendenzen unterscheiden sich kaum von solchen in den Industrieländern. Der internationale Wandel der Vorstellungen von Weiblichkeit und Männlichkeit erfasst alle Schichten, Ethnien, Kulturen und Regionen, selbst Gegenden, in denen die „westliche Zivilisation" lange kaum Einfluss hatte. Diese Globalisierung bedeutet für viele Frauen – hauptsächlich für die ärmsten und die jüngeren – den Wegfall von Benachteiligungen, neue Entwicklungsmöglichkeiten, mehr Unabhängigkeit und die Verbesserung ihrer Lebensbedingungen. Wie überall auf der Welt sehen viele Männer darin keine Vorteile für sich und tun sich schwer im Umgang mit den „neuen" Frauen. Wirtschaftliche und individuelle Faktoren sind mit ausschlaggebend dafür, inwieweit eine Frau oder ein Mann von den neuen Möglichkeiten Gebrauch macht. Aus solchen Gründen ist es unmöglich von d e r peruanischen Frau oder d e m peruanischen Mann zu sprechen.

> Auf dem Lande in der Küstenregion: Frauen schleppen Brennholz zum Kochen nach Hause

Peruanische Frauen

Von *d e r* peruanischen Frau zu sprechen entspricht nicht der peruanischen Wirklichkeit. Da ist die Präsidentschaftskandidatin *Lourdes Flores Nano* aus der Mittelschicht, die mit Ausdauer und Durchsetzungsvermögen ihre zweite Wahlkampagne führt. *Lidia,* die Zollspezialistin, die niemals korrupt wurde und ein Büro mit 180 Zöllnern leitet. *Beatriz Boza,* aus der Oberschicht, die ihre Karriere als Anwältin in einer internationalen New Yorker Kanzlei abbrach, um das erste peruanische Patentamt und die Institution zur Imageförderung Perus zu leiten. *Beatriz Merino,* die die Nationale Steueraufsichtsbehörde leitete. *Rosa* baute ein erfolgreiches Unternehmen für Umweltschutzberatung quasi aus dem Nichts auf. *Yldelicia,* die Bürgermeisterin eines Andendorfes, setzte sich gegen alle männlichen Kandidaten durch. Sie ist keineswegs mehr eine Ausnahme im ländlichen Peru, wo **zunehmend mehr Frauen politische Ämter und Verantwortung** für die Entwicklung ihrer Gemeinden übernehmen. *Amelia,* die Aguarunafrau, studierte in Lima, um im Amazonastiefland die Emanzipation der Frauen voranzutreiben. Die Shipibofrau *Yessica,* ebenfalls aus dem Amazonastiefland, koordiniert in der peruanischen Hauptstadt Verkaufs- und Verdienstmöglichkeiten für Kunsthandwerkerinnen aus ihrer Heimat. *Guadelupe* aus dem kleinen Dorf bei Cusco floh vor dem prügelnden Stiefvater nach Lima; sie wollte Ärztin werden, wurde Schwesternhelferin

051pu Foto: lg

206 Foto: mg

und engagiert sich als „Sekretärin für Gesundheit“ eines Armenviertels. Und da ist *Estela,* die ledige Mutter, der männliche Gemeindemitglieder mehrfach kommunale Ämter übertrugen.

Allen peruanischen Frauen – ausgenommen denen der Oberschicht – ist gemeinsam, dass ihre **Arbeitsbelastung höher ist als die der Männer.** Der Arbeitstag einer Bäuerin ist länger als der eines Bauern. Sie steht früher auf als ihr Mann und während er noch schläft, beginnt sie mit der Arbeit. Auch der normale Arbeitstag vieler Mittelschichtfrauen, die sich eine *empleada con cama adentro* immer seltener leisten können, beginnt früh. Bevor berufstätige Frauen morgens zur Arbeit gehen, bereiten sie das Frühstück für ihre Familie vor und anschließend das Mittagessen, das sie, ihr Mann und die Kinder im Thermosbehälter mit zur Arbeit bzw. zur Schule nehmen. Andere Frauen kochen – müde von ihrem langen Arbeitstag – noch am Abend für den nächsten Tag und gehen erst um Mitternacht zu Bett. Viele Frauen halten das weibliche Geschlecht für stärker, leistungsfähiger und sogar mutiger. „La mujer peruana es valiente“ („die peruanische Frau ist mutig, kühn und tapfer“): Diesen Satz kann man in Peru oft hören. Er verweist auf *Michaela Bastidas,* die Frau des Inkarebellen *Tupac Amaru II.,* die Feldzüge gegen die spanischen Fremdherrscher strategisch plante. Er bezieht sich auf den Mut und das Durchhaltevermögen vieler Peruanerinnen der Unter- und Mittelschicht, die selten klagen, aber tagtäglich dafür kämpfen, ihre Familien durchzubringen bzw. ihnen das Leben so angenehm zu machen wie möglich. Ledige Mütter sowie Frauen, deren Männer ihre Arbeit verloren haben, schultern die **Last des Familienunterhalts** allein. Außerdem ist damit gemeint, dass viele Frauen sich gegen Unterdrückung und Misshandlung auflehnen und gegen den Widerstand ihrer Männer kommunale Ämter übernehmen, in denen sie auch andere Frauen bei ihrer Emanzipation unterstützen. In den städtischen Armenvierteln, wo die Menschen in ihren kleinen Behausungen dicht nebeneinander leben und jeder Laut durch die dünnen Schilfmattenwände dringt, entgeht den Frauen nicht, wie ihre Nachbarinnen leben. Frauen, die ihre Kinder nicht allein ernähren können, werden von den Frauenvereinen unterstützt, die Volksküchen betreiben. Die ständige räumliche Nähe schafft auch Engagement füreinander und Mut. Manche dieser Frauen setzen alles aufs Spiel, missachten männliche Drohungen und bringen, wenn es nötig ist, sich und ihre Kinder allein durch. Alkoholismus, Unfähigkeit im Umgang mit Geld, Ehebruch und Gewalt gegen die Partnerin sind die häufigsten Ursachen für Trennungen, die Frauen initiieren. Auf der einen Seite erfahren viele arme Frauen Unterstützung durch Frauen aus den höheren Schichten, die sich in feministischen Organisationen für die Rechte der Frauen einsetzen. Auf der anderen Seite profitieren die besser gestellten Frauen von ihren armen Geschlechtsgenossinnen auf vielfältige Weise: Innerhalb der peruanischen Gesellschaft werden Vorstellungen von Anstand und Sittsamkeit mit der regionalen, sozialen und kulturellen Herkunft einer Frau sowie mit ihrer **Hautfarbe** in Verbindung gebracht. Das führt dazu, dass arme indigene oder schwarze Frauen doppelt diskriminiert werden. Afroperuanerinnen und Frauen aus dem Amazonastiefland werden deswegen für sexuell freizügiger gehalten, weil sie extrovertierter sind als andere peruanische Frauen. Diese vermeintliche Freizügigkeit machen sich Männer aus höheren Schichten zunutze. Die Vorstellung, ein guter Ehemann müsse sich vor der Ehe austoben, ist weit verbreitet. Viele junge Männer unterscheiden zwischen d e r Freundin, *la enamorada,* mit der sie ausgehen und den *chicas movidas* (wörtl. „bewegte Mädchen"), mit denen sie ihre sexuellen Erfahrungen machen. Dabei spielen oft Hautfarbe oder Herkunft eine zentrale Rolle.

Wenn Frauen der oberen Mittel- oder Oberschicht sich im **Berufsleben** verwirklichen, haben sie es in Peru leichter als in manchen Industrieländern: Zum einen stellen am Arbeitsplatz alle diejenigen Männer keine Konkurrenz für sie dar, die aufgrund von sozialer, kultureller und regionaler Herkunft sowie von Haut- und Haarfarbe geringere Aufstiegschancen haben. Zum anderen ist es für diese Frauen unproblematisch, Mutter zu sein ohne ihre Vollzeitbeschäftigung aufzugeben oder auf Weiterbildungsmöglichkeiten zu verzichten. Anders als in Deutschland übernehmen in diesen Schichten nach der Geburt eines Kindes weder die Mutter

◁ Mehr Bildung und Geburtenkontrolle sind für die Andenbäuerinnen seit Langem äußerst wichtig noch der Vater den Hauptteil der Haushalts- und Fürsorgepflicht für die Kinder, weil die entsprechenden Tätigkeiten an Dienstmädchen abgegeben werden, während die Ehepartner sich hauptsächlich ihrem Beruf und der Freizeit mit ihren Kindern widmen. Das bedeutet auch für erwachsene Töchter, dass sie im Haushalt nicht mitzuhelfen brauchen.

Sobald sich die beruflich erfolgreiche Frau nach einem Partner umsieht, hat sie Schwierigkeiten, denn viele peruanische Männer tun sich schwer mit hochqualifizierten, selbstbewussten und beruflich erfolgreichen Frauen. Entscheidet eine Frau sich gegen eine Heirat, so ist das inzwischen gesellschaftlich akzeptabel. Junge Peruanerinnen können sich ein Leben ohne Berufstätigkeit kaum mehr vorstellen. Auf dem Lande hat die Hausfrau nie existiert. In den peruanischen Städten müssen die meisten Männer die Berufstätigkeit ihrer Frauen schon deswegen seit Langem akzeptieren, weil sie ihre Familien gar nicht allein ernähren könnten. So kommt die Hausfrau in Peru eher selten vor.

Der peruanische Machismo

Machismo bezeichnet den Glauben an die natürliche Überlegenheit des Mannes und dessen Recht, eine besondere Stellung innerhalb der Familie und der Gesellschaft einzunehmen, sowie in der Partnerschaft alle Entscheidungen zu treffen und über die Partnerin mitzubestimmen. Der *Machismo* ist der Lebensstil, bei dem der Mann seine Überlegenheit gegenüber Frauen durch das Zur-Schau-Stellen seiner Potenz unter Beweis stellen möchte. Der *Macho* – in Peru heißt er allerdings nicht *macho,* sondern *machista* – nimmt Posen ein, von denen er glaubt, dass sie dem anderen Geschlecht imponieren. Er prahlt mit seinen sexuellen Eroberungen, diskriminiert das andere Geschlecht oder ist gewalttätig. Solche Verhaltensweisen finden sich überall auf der Welt und sind keineswegs etwas typisch Peruanisches. Und genauso wie in anderen Ländern stehen die Ausprägungen des „peruanischen Machismo" im Zusammenhang mit den sozialen und wirtschaftlichen Bedingungen. Darüber hinaus gibt es aber kulturspezifische und regionale Eigenarten. Dass viele Peruaner nicht so extrovertiert und lebenslustig sind wie die Menschen in einigen anderen lateinamerikanischen Ländern hat auch Auswirkungen auf den *Machismo.*

Furchtlosigkeit und Mut in Situationen physischer Herausforderungen gelten als typische männliche Eigenschaften; so wird ein besonders tapferer Mann als *muy macho* bezeichnet. Die Eigenschaft wird in schwierigen Lebenssituationen aber auch von Frauen erwartet, Freunde und Bekannte machen der Frau dann Mut mit den Worten: „Du musst sehr *macha* sein."
Unter den peruanischen Frauen herrscht weitgehende Einigkeit darüber,

052pu Foto: lg

dass die peruanischen Männer insofern *machistas* sind, als dass sie ihre **Augen vor der Mehrbelastung ihrer Frauen verschließen** und sie zu wenig unterstützen.

Peruanische Männer geben sich gern als emanzipiert. „Ich bin kein *machista*", beteuern sie, weil dem *machista* Rückständiges anhaftet. Doch die verbale Aufgeschlossenheit steht oft im Widerspruch zum tatsächlichen Verhalten. „Atiéndeme pués!" („Bedien mich gefälligst!"): So herrschen bereits einige junge peruanische Männer ihre Freundinnen an. Die **Forderung nach Fürsorge,** die sie abhängig von den Frauen macht, ist ein Resultat der peruanischen Erziehung. Diese verleiht dem „peruanischen Machismo" Kontinuität. Mit „in Wirklichkeit sind wir die *machistas*" beschreiben Peruanerinnen das **Verhalten vieler Mütter.** Die Frauen geben sich selbst Schuld am Machoverhalten der Männer: „Wir verwöhnen unsere Söhne, erziehen sie zum Unnutz, lassen sie länger schlafen als unsere Töchter und geben ihnen im Haus keinerlei Aufgaben. Deshalb legen wir

^ Viele Verhaltensweisen der Männer sind das Resultat der mütterlichen Erziehung

053pu Foto: ah

Mütter den Grundstein dafür, dass sie später von ihren Ehefrauen bedient werden möchten." Für junge Mütter ist es unterdessen nicht leicht, den Teufelskreis zu durchbrechen, weil sie die Erwartungen der gesamten Familie erfüllen müssen. Die verlangt von einer guten Mutter, dass sie sich für ihre Kinder – insbesondere für ihre Söhne – aufopfert. Die Meinung, nur eine *madre sufrida,* eine Mutter, die viel gelitten hat, um ihren Kindern alles zu geben, verdiene gesellschaftliche Anerkennung, ist weit verbreitet. Würden peruanische Mütter aufhören, ihre Söhne zu *machistas* zu erziehen, würden sie aufhören, gute Mütter zu sein.

Die Meinung, nicht der Vater, sondern die **Mutter sei für die Erziehung der Kinder zuständig,** zieht sich durch alle Schichten, ist aber für die Unterschicht besonders charakteristisch. Deshalb zeugen in den städtischen Armenvierteln und in den Bergwerkszentren Männer Kinder und verlassen Mutter und Kind. Wenn das Kind geboren wird, sind manche bereits eine Beziehung mit einer neuen Frau eingegangen. Ist der Vater bei der Geburt abwesend, ist es oft schwer, ihn in der Geburtsurkunde als Vater einzugetragen, was für die Kinder lebenslängliche Nachteile bedeutet.

Eine gesellschaftlich akzeptierte Variante des peruanischen Machismo ist die *amante,* **die Geliebte.** Sie wird als Teil der Lebenswirklichkeit hingenommen. Mancher Mann prahlt im Freundeskreis mit seiner attraktiven Freundin. Männer aus der Oberschicht sind mit entsprechenden Äußerungen allerdings vorsichtiger, denn es geht um das Erbe der Ehefrau und deren Kinder. Seit einigen Jahren gesteht das peruanische Gesetz den Kindern von *amantes* die gleichen Rechte zu wie ehelichen Kindern.

Wird es bekannt, dass ein prominenter Politiker oder Unternehmer eine *amante* hat, so kritisiert man ihn nicht wegen unmoralischen Verhaltens, sondern schmunzelt über die Nachteile, die ihm durch die eigene Dummheit für die Karriere entstanden sind. Als sich herausstellte, dass der Geschäftsführer eines führenden Meinungsforschungsinstitutes seine *amante* als Mitarbeiterin eingestellt hatte, wurde die Frau fristlos entlassen, der Mann wurde keineswegs Gegenstand gesellschaftlicher Benachteiligungen. In der Boulevardpresse wird gern über Äußerungen von *amantes* zu ihrem Liebesleben mit berühmten Männern berichtet. Aus sämtlichen Medien erfuhr die Nation, dass der berühmt-berüchtigte Regierungsberater *Vladimiro Montesinos* vor seiner Flucht ins Ausland seine beiden *amantes* in unterschiedliche Länder vorausgeschickt hatte. Mitunter kann eine *amante* die Laufbahn eines Politikers beeinträchtigen. So wurde ein peruanischer Vizepräsident seines Amtes enthoben, als Pressefotografen ihm und seiner Geliebten am Strand von Miami auflauerten.

Auf die Verherrlichung des Machismo in der Kultur der Anden spielen die **Künstlernamen von Volkssängern** an: So nannte sich ein berühmter Huayno-Sänger „Picaflor de los Andes". „Picaflor" ist der Kolibri. Die wörtliche Übersetzung lautet „Blumennascher", eine Bezeichnung für Männer, die mit Verhältnissen zu vielen verschiedenen Frauen prahlen. Auch der „Cazador Huanca" („Jäger vom Volk der Huanca"), ein anderer Volkssänger, machte die Jagd auf das andere Geschlecht zu einem werbewirksamen Künstlernamen.

Nicht alle Verhaltensweisen, die dem *machista* eigen sind, werden von den peruanischen Frauen abgelehnt. Die Galanterie wird als angenehm empfunden und es ist immer noch für viele Frauen selbstverständlich, dass der **Mann bezahlt,** wenn ein Paar ausgeht. Obwohl sich diese gesellschaftliche Erwartungshaltung bei jungen Leuten allmählich ändert, trauen manche arme Männer sich nicht, eine Freundin zu haben. Schlägt ein europäischer Mann einer Peruanerin vor, gemeinsam auszugehen und lässt sie dann ihren Teil selber zahlen, so verletzt er die Spielregeln; bei der Frau wird er auf Unverständnis und Ablehnung stoßen.

In allen Schichten, insbesondere aber in der Unterschicht gibt es Männer, für die es normal ist, ihre Frauen zu prügeln. Manche arme Männer reagieren ihre tagtäglichen Frustrationen und Diskriminierungen an ihren Frauen und Kindern ab. Und mit der Armut haben in den letzten Jahren auch die **Vergewaltigungen** zugenommen. Nicht alle Vergewaltigungen werden angezeigt, da manche Familien befürchten, dass bei einer Verhaftung der „Ernährer" ausfällt.

Zum „richtigen *machista*" gehört, dass er den Lebensunterhalt der ganzen Familie bestreitet. Das ist aber in Peru nur noch in der Oberschicht

< Die Arbeitswelt der Dörfer verlangt von Frauen und Männern gute Zusammenarbeit

möglich. Zudem akzeptiert die Mehrheit der peruanischen Männer die Berufstätigkeit ihrer Partnerinnen.

Wenn **ein Partner das Sagen hat** und über den anderen bestimmt, dann sprechen Peruaner von *tener bien pisado*. *Pisar* heißt „mit Füßen treten" und bei Tieren „das Weibchen besteigen", jedoch im Zusammenhang mit einer partnerschaftlichen Beziehung bedeutet es „jemanden vollständig dominieren" und wird sowohl über die Ehemänner als auch über Ehefrauen gesagt. Bei einer solchen Aussage können viele Peruaner sich ein Schmunzeln nicht verkneifen, denn sie bewundern insgeheim denjenigen, der es versteht, den anderen zu dominieren und betrachten denjenigen als Schwächling, der sich dominieren lässt, vor allem, wenn es sich um einen Mann handelt. So hat denn auch der *machista* sein Gegenstück im Pantoffelhelden: *saco largo* („langer Sack") bzw. *calzonazo* („Riesenunterhose") wird verächtlich der Mann genannt, der sich seiner Partnerin gegenüber nicht durchsetzen kann.

Homosexualität

Dass der Bedarf am Sex mit Männern steigt, sticht ins Auge, wenn man durch das nächtliche Lima fährt. Es kommen immer neue Straßenstriche hinzu, auf denen Männer ihre sexuellen Dienste anbieten. Diejenigen, die die Dienste in Anspruch nehmen, sind homosexuell, bisexuell oder nur neugierig. Gleichzeitig tut die peruanische Gesellschaft meist so, als würden homosexuelle Menschen gar nicht existieren. **Homosexualität** wird von vielen Peruanern **nicht akzeptiert.** Es gibt sogar Männer, die die Meinung äußern „so etwas darf es nicht geben". Vielfach werden schwule Männer abschätzig als *maricas* bezeichnet.

Schwule Männer und lesbische Frauen, die sich selbst achten, zeigen sich niemals als solche in der Öffentlichkeit, denn die peruanische Gesellschaft akzeptiert ihr Anderssein nicht und sie würden zahlreiche Diskriminierungen riskieren. Homosexuelle achten peinlich darauf, dass Nachbarn, Vorgesetzte, Arbeitskollegen und sogar gute Freunde nie von ihrer Homosexualität erfahren. Dass befreundete Paare zusammenleben, ist kaum möglich und viele Lesben und Schwule zeigen sich mit ihrem Partner nur am späten Abend in Homokneipen oder ähnlichen speziellen Orten. Der Alltag bedeutet für die meisten ein permanentes Versteckspiel. Nur an wenigen Orten offenbaren Lesben und Schwule ihr Wesen: z. B. auf Feten, bei denen sie unter sich sind, in sogenannten **discotecas de ambiente** (Milieu-Diskotheken) wie „La Santa Sede" („Der Heilige Stuhl") in Miraflores oder „Kitsch" in Barranco.

Männern, die zugeben, dass sie schwul sind, stehen **nur wenige Berufe offen:** der des Friseurs bzw. Stilisten, des Entertainers oder Fernsehmoderators. Es gibt große Salons, die ausschließlich Schwule als Friseure beschäftigen. Dort sitzen sie in den Mittagspausen zusammen, geben sich, wie sie sind, und unterhalten sich in einer entspannten Atmosphäre. Gesellschaftliche Anerkennung und Akzeptanz hat lediglich einer von ihnen erlangt, *Marco Antonio,* der Starstilist von Lima, der in nur acht Minuten bekannten Nachrichtensprecherinnen und Schauspielerinnen eine neue hochmoderne Frisur zaubert und der bereits Preise im Ausland gewonnen hat. Unterdessen erfreuen sich Fernsehprogramme, in denen Schwule auftreten, zunehmender Beliebtheit. Dies bedeutet jedoch keineswegs, dass die peruanische Gesellschaft ihr Schwulsein akzeptiert; die Schwulen spielen in den meisten Sendungen Rollen, in denen sie sich selbst lächerlich machen.

Die **„Movimiento de Homosexuales de Lima"** (MOHL, „Homosexuellenbewegung von Lima") setzt sich für mehr Respekt gegenüber Homosexuellen ein, hilft Homosexuellen in den Armenvierteln und kümmert sich um aidskranke Schwule. Insgesamt ist sie aber schwach und nicht in der Lage, die Rechte der Homosexuellen zu verbessern.

Die Stationen des Lebens

Geburt

Unter welchen Umständen ein Kind geboren wird, hat viel mit der sozialen Schicht, der Kultur und der Landesregion zu tun. Das ist abhängig von der medizinischen Infrastruktur und davon, ob das Kind erwünscht ist oder nicht. Vorsorge und Geburtsvorbereitung sind abhängig von Schicht und Ort, denn staatliche Krankenhäuser, die alle Patienten aufnehmen müssen, sind bei weitem nicht so gut ausgestattet wie die meisten Privatkliniken. Medikamente und qualifiziertes Personal fehlen in den **staatlichen Krankenhäusern,** das Personal ist überfordert, schlecht bezahlt und deshalb oft wenig motiviert. Einige staatliche Häuser pflegen manchmal einen groben Umgang mit Gebärenden.

In den Dörfern gibt es keine Krankenhäuser. Auf dem Land ist das nächste Krankenhaus weit entfernt, es gibt kaum Transportmöglichkeiten, das Geld für Transport und Behandlung fehlt. Zudem rechnen viele Campesinos damit, dass das Krankenhauspersonal sie aufgrund der großen sozialen und kulturellen Unterschiede schlecht behandeln wird und haben deshalb wenig Vertrauen in die staatlichen Einrichtungen. Wenn also auf dem Land bei einer Geburt **Komplikationen** auftreten, können viele Kin-

Der zweite Sandino wurde auf einem Kartoffelfeld geboren

Exilda hatte bereits viele Kinder geboren. Kaum war ein Kind ein oder zwei Jahre alt, war sie wieder schwanger. Einige Kinder starben, auch der erste Sandino. Das kurz darauf geborene Brüderchen erhielt dann von seinem Vater wieder den Namen Sandino.

Am Morgen hatte Exilda sich nicht gut gefühlt. Aber die landwirtschaftliche Arbeit musste verrichtet werden. So ging sie zur Ziegenweide; auf dem Rückweg grub sie noch Kartoffeln aus der Erde. Es war bereits vier Uhr nachmittags, da setzten plötzlich die Wehen ein. Eine Bäuerin, die in der Nähe war, eilte ins Dorf. Exildas Mann war noch nicht von der Feldarbeit heimgekehrt. So bauten andere Männer im Dorf eine Trage aus Holz und begaben sich zu dem Kartoffelfeld, auf dem Exilda ihr sechstes Kind geboren hatte. Sie hüllten Mutter und Baby in viele warme Decken und brachten sie ins Dorf. Im Haus waren bereits Nachbarinnen und weibliche Verwandte eingetroffen. Sie bereiteten „mazamorra con cal" zu, einen Maisbrei, dem geriebener Kalk hinzugefügt wird. Dieses aus vorinkaischer Zeit überlieferte Gericht soll der Frau nach der großen Anstrengung wieder Kraft geben. Außerdem kochten die Frauen Tees aus verschiedenen Kräutern. Eine Freundin band die Nabelschnur mit einem weißen Faden ab, eine andere schnitt sie ab. Dann badete eine das Neugeborene in lauwarmem Wasser, trocknete es ab, umwickelte es von Kopf bis Fuß mit Tüchern und gab ihm Anistee zu trinken: Dieser hilft, „die Gase aus dem Körper zu werfen" und dem kleinen Körper „die Kälte zu entziehen." Sandino kam an einer Stelle zur Welt, an der die Geister von Urahnen besonders schwachen Menschen Schaden zufügen können. Deshalb mussten Mutter und Kind später von einem traditionellen Heiler behandelt werden. Sandino öffnete seine Augen nicht. Das wurde behandelt, indem sein Vater an einem Dienstag- und Freitagabend jeweils eine Zigarette rauchte und den Rauch in seine Augen blies.

der nicht gerettet werden. Je abgelegener ein Dorf, desto höher ist die Säuglings-, Kinder- und Müttersterblichkeit, sowohl bei der Geburt als auch in den Monaten danach. Das erklärt, warum viele Campesinofrauen, wenn sie nach ihrer Kinderzahl gefragt werden, immer zwei Zahlen nennen: die der geborenen Kinder und die der noch lebenden Kinder. Die Sanitäter in den größeren Dörfern haben allenfalls eine medizinische Grundausbildung durchlaufen und die *parteras tradicionales* (traditionelle Hebammen) verfügen über Kenntnisse der Volksmedizin und ein Minimum an schulmedizinischen Kenntnissen. Wenn im Andenhochland des Departements Lima beispielsweise der Eindruck entsteht, ein Ungeborenes befinde sich in „falscher" Lage, dann wird die Schwangere in eine Decke gelegt und von vier Frauen so lange geschüttelt, bis die „richtige" Lage erreicht ist. Dabei rufen die vier Frauen Gott und verschiedene Heilige an. Auf dem Land werden die Kinder im Haus oder auf dem Feld geboren bzw. da, wo die Frau gerade ihre Arbeit verrichtet. Eine Ruhezeit vor der Geburt gibt es nicht. Sowohl im Andenhochland als auch im Amazonastiefland gebären viele Frauen in Hockstellung. Der jungen Frau helfen Nachbarinnen oder Freundinnen und eine traditionelle Hebamme, wenn es eine solche im Dorf gibt. **Nach der Geburt** wird das Kind von den anwesenden Frauen gebadet; das Bemalen des Kindes mit der schwarzfärbenden Huitofrucht bei den Shipibo hat möglicherweise eine hygienische Schutzfunktion. Die Plazenta wird bei einigen Tieflandvölkern weggeworfen, in einigen Andenregionen wird sie beerdigt und die Nabelschnur wird aufgehoben.

Nicht immer handelt sich um ein Wunschkind und nicht jede Geburt löst innerhalb der Familie Freude aus, insbesondere wenn die Familie arm ist. Zwischen 2000 und 2005 sollen 31 Prozent aller Neugeborenen, d.h. eine Million Kinder, unerwünscht gewesen sein.

Nach der Geburt werden in einigen Regionen besondere Vorschriften befolgt. So beachten zum Beispiel bei einigen Tieflandvölkern sowohl der Vater als auch die Mutter des Neugeborenen Ernährungsvorschriften, außerdem dürfen sie bestimmte Arbeiten nicht verrichten, bis das Kind ein gewisses Alter erreicht hat. Auf dem Lande werden Kinder etwa bis zum zweiten Lebensjahr gestillt. Um es abzustillen reiben viele Mütter sich die Brüste mit scharfen Pfefferschoten ein.

Namensgebung, Taufe und Patenschaft

Bei einigen Tieflandvölkern erhalten Neugeborene zunächst einen **provisorischen Namen:** Damit soll der Einfluss böser spiritueller Wesen abgewendet werden. Nach einer Woche bekommt das Kind dann seinen endgültigen Namen, wird aber nicht bei seinem Namen gerufen. Eltern der städtischen Mittel- und Oberschicht, aber auch Eltern in den Andendörfern legen oft schon lange vor der Geburt fest, welchen Namen ein Kind erhalten soll. Dabei werden ausländische Namen zunehmend beliebter und auch die Namen von internationalen, berühmten Persönlichkeiten werden als Vornamen gegeben. Inzwischen werden die Kinder in allen Landesregionen **christlich getauft,** sofern sie nicht einer anderen Religionsgemeinschaft angehören. Im Tiefland ist die Anwesenheit eines Priesters nicht erforderlich, da die Taufpaten dort das Taufritual ausführen. Der

Die Kinder vor Gefahren schützen

In manchen ländlichen Regionen binden die Mütter ihren Babys ein Bändchen mit einer trockenen Huayruro-Frucht um den Hals, um dem Tod des Kindes durch den Bösen Blick vorzubeugen. Der „ojo" oder „ojeado" gilt in einigen Regionen als eine der gefürchtetesten Todesursachen und manche Campesinos sind der Meinung, der bösartige Blick eines Fremden könne ihr Kind das Leben kosten. Deshalb schützen sie ihre Babys vor solchen Blicken. Wenn sie den Verdacht haben, die fremde Person – die das Kind niedlich findet – betrachte es mit „Bösem Blick", dann ziehen sie das Kind schnell weg, um die Gefahr zu bannen.

Fremde werden von der armen Bevölkerung sowohl auf dem Lande als auch in der Stadt insofern als gefährlich betrachtet, weil berichtet wird, dass Menschen mit heller Haut die Kinder entführen, das Fett aus ihren Körpern heraussaugen, ihnen die Augen ausstechen oder sie als Adoptivkinder verkaufen.

Um dem Verschwinden von Personen im Allgemeinen, dem Raub von Kindern und Jugendlichen, Missbrauch von Minderjährigen und Kinderzwangsarbeit vorzubeugen und die Bevölkerung zu warnen, haben Polizei, Innen-, Gesundheits- und Frauenministerium sich mit der „Fundación Peruanos Desaparecidos" (Stiftung verschwundener Peruaner) zu gemeinsamen Aktionen zur Aufklärung zusammengeschlossen und einen Notruf eingerichtet. In Tageszeitungen publiziert die Stiftung Ratschläge für Eltern, damit sie ihre Kinder besser schützen können.

Zeitpunkt der Taufe variiert je nach Religionsgemeinschaft, Religiosität und Landesregion. Kinder in der städtischen Mittel- und Oberschicht werden bereits nach einigen Tagen oder Wochen getauft; auf dem Lande ist es nicht unüblich, dass ein Kind ein Jahr oder auch noch älter ist, wenn es getauft wird. In den Andendörfern und unter Migranten aus den Anden ist das *agua de socorro* (Wasser der Rettung) eine gängige Praxis, v. a., wenn ein ungetauftes Kind erkrankt. Im Volksglauben kann durch dieses Ritual die Erbsünde entfernt und akute Lebensgefahr abgewendet werden. Eine beliebige Person kann Weihwasser auf das Haupt des Kindes gießen und wird dadurch zum Paten des Kindes. Die christliche Taufe *(bautizo)* muss unterdessen von einem Priester zelebriert werden. Zuvor werden Taufpate *(padrino)* und Taufpatin *(madrina)* von den Eltern sorgfältig ausgewählt. Sie müssen derselben Glaubensgemeinschaft angehören: Wird das Kind katholisch getauft, müssen sie unbedingt auch katholisch sein. Die **Paten** gehen mit der Familie des Kindes ein rituelles Verwandtschaftsverhältnis

ein. Paten und Eltern reden sich fortan mit *comadre* und *compadre* an. Bei der Wahl der Paten spielt nicht nur Sympathie eine Rolle, sondern auch der spätere Nutzen. So suchen sich beispielsweise arme Eltern auf dem Land reiche Städter oder Ausländer als Paten für ihre Kinder aus, weil sie hoffen, dass diese ihren Kindern ein besseres Leben garantieren. Außerdem möchten sie selbst von den Kontakten und dem Geldbeutel der Paten profitieren. Sie knüpfen hohe Erwartungen an die Paten und überschätzen oft deren finanzielle Möglichkeiten. Gehört der Pate einer höheren Gesellschaftsschicht an, richtet sich an ihn die Erwartung, dem Patenkind den gesellschaftlichen Aufstieg zu ermöglichen, ihm eine gute Ausbildung zu finanzieren bzw. es dabei zu unterstützen, eine Arbeitstelle zu vermitteln sowie teure Geschenke zu machen.

Ein Leben lang behandeln die Eltern des Patenkindes *(ahijado)* ihre *compadres* so, als gehörten sie zur Familie. Nach der Taufe in der Kirche laden die Eltern des Kindes die Paten und andere Verwandte zu sich nach

⌃ In der Stadt müssen viele Frauen ihre Kinder zur Arbeit mitnehmen

054pu Foto: lg

104 Foto: pg

Hause ein, wo die Mutter ein besonderes Essen vorbereitet hat. Die frisch gebackenen Paten werden mit großem Respekt und einer Gastfreundschaft bedient, die die normale Gastfreundlichkeit übersteigt. Der Grundstein für ein lebenslanges Netz gegenseitiger Verpflichtungen wird in diesem Moment gelegt.

Vom Kind zum Jugendlichen

Auf dem Land werden **Babys so fest eingewickelt,** dass sie weder Arme noch Beine bewegen können. Die Mutter bindet sie sich mit einem Tragetuch fest auf den Rücken und nimmt sie überall hin mit: zum Feld, zur Weide und sogar zum Dorffest, wo sie dann mit dem schlafenden Baby auf dem Rücken hin und wieder mittanzt.

In allen Schichten und bei allen Ethnien gibt es Väter, die ihre Kinder lieben und so viel Zeit wie möglich mit ihnen verbringen. Aber es gibt auch

Kinder helfen ihren Eltern beim Verkauf von Snacks an Bustouristen ...

Väter, die Ernährung und Erziehung der Kinder als alleinige Aufgabe der Frau betrachten. Solche Männer schwängern verschiedene Frauen und verlassen sie dann. Dieses Verhalten kommt häufiger in Bergwerkszentren sowie in den Städten und seltener in den Anden- und Dschungeldörfern vor. Auch in der Mittel- und Oberschicht gibt es Männer, die die Erziehung der Kinder in erster Linie als Aufgabe der Frau betrachten. Insgesamt ist die Zahl der Kinder, die ohne Vater und nur bei der Mutter oder den Großeltern aufwachsen, in Peru sehr hoch. Einen Grund für das Verhalten der Männer sehen Wissenschaftler in der peruanischen Geschichte: Die spanischen Eroberer zeugten Kinder mit den indigenen Frauen, die sie verachteten. Infolgedessen verachteten sie auch ihre eigenen Kinder und verließen beide. Lange wurden Kinder, die mit indigenen Frauen gezeugt waren, von der hispanischstämmigen Gesellschaft nicht anerkannt. *Madre soltera,* **ledige Mutter,** zu sein, ist – v. a. in den unteren Schichten des urbanen Peru – nichts Außergewöhnliches.

055pu Foto: ah

Die vielen *madres solteras* der Unter- und auch der Mittelschicht sind gezwungen, den Lebensunterhalt für sich und ihre Kinder zu verdienen. In der Stadt geben sie die Erziehung ihrer Kinder tagsüber an ihre Mutter ab oder an eine fremde Person, wenn sie diese bezahlen können. Allein stehende Mütter in den städtischen Armenvierteln müssen tagsüber den Lebensunterhalt für ihre Kinder verdienen. Es bleibt ihnen nichts anderes übrig, als ihre kleinen Kinder allein zu Hause zu lassen oder sie mit zur Arbeit zu nehmen. Manche Kinder sind den ganzen Tag lang in einer Schilfmattenhütte eingesperrt. Da kommt es vor, dass sie mit dem Feuer spielen und sich dabei lebensgefährliche Verbrennungen zuziehen. Oder aber sie sind Kindesentführungen ausgesetzt.

... und auch schon sehr früh im Haushalt und auf den Feldern

In der peruanischen Mittel- und Oberschicht erfolgt ein großer Teil der **Kindererziehung durch die Empleada,** entweder weil die Mütter auf ihren Beruf nicht verzichten möchten oder weil die Familie auf das Gehalt der Frau angewiesen ist. Junge Dienstmädchen haben in der Kindererziehung kaum Erfahrung. Zudem entstammen sie einem anderen sozialen und kulturellen Kontext als die Kinder, für die sie sorgen.

In der Stadt verdienen Waisen und Kinder, die ihr Elternhaus verlassen haben, ihren Lebensunterhalt selbst. Dabei haben einige sehr klare Ziele. Sie arbeiten hart. Manche werden zu erfolgreichen Kleinunternehmern.

Auf dem Land wachsen Kinder in der Regel **in der Großfamilie** auf. Sobald die Mutter ihr Kind nicht mehr auf dem Rücken tragen kann, lässt sie es im Dorf, wenn sie sich für die landwirtschaftlichen Arbeiten aus dem Dorf entfernt. Wenn die Kinder allein sind, spazieren sie durch das Dorf und spielen mit anderen kleinen Kindern, deren Eltern ebenfalls außerhalb des Dorfes in der Landwirtschaft arbeiten. Sie spielen die Dorffeste und andere wichtige Ereignisse nach, füllen an den öffentlichen Wasserstellen Behälter mit Wasser und schleppen sie nach Hause; manche gießen Wasser in eine Bütte und üben, schmutzige Kleidungsstücke zu waschen. Omas, Opas und ältere Geschwister beaufsichtigen und versorgen die Kinder oder Freundinnen und weibliche Verwandte werfen ein Auge auf sie. Von ihren Eltern haben die Kinder gelernt, gegenüber unbekannten Personen misstrauisch zu sein.

Die **Kinder übernehmen früh Verantwortung.** Dreijährige Kinder verrichten bereits kleine Aufgaben im Haushalt: Sie holen Trink- und Brauchwasser und besorgen das Futter für die Meerschweinchen, die in den Anden als Haustiere zum Verzehr gehalten werden. Manchmal müssen kleine Kinder schon auf das nächste Geschwisterkind aufpassen. Kleine Mädchen helfen beim Kochen; Jungen und Mädchen üben sich im Waschen. Die Eltern nehmen sie mit auf die Felder und die Weiden, damit sie den Weg kennenlernen. Beklagt ein vierjähriges Kind sich bei einem langen Fußmarsch über Müdigkeit, dann wird es entweder nicht beachtet oder gescholten. Die Eltern kennen in solchen Situationen kein Mitleid. An schulfreien Tagen werden die älteren Kinder von ihren Eltern auf die Weiden geschickt, wo sie Kühe, Ziegen und Schafe hüten.

Erwachsenwerden

Reifefeiern symbolisieren den Übergang ins Erwachsensein. Auf dem Land werden Feste veranstaltet, bei denen junge Männer an Wettkämpfen teilnehmen und Mutproben bestehen müssen. Das bietet ihnen die Gelegenheit, sich zu profilieren und die Anerkennung durch die dörfliche Ge-

Foto: pd009pu

meinschaft sowie die Bewunderung der jungen Frauen aus dem Ort und den Nachbardörfern zu erlangen. Junge Frauen auf der Schwelle zum Erwachsenwerden übernehmen bei manchen Festen wichtige Aufgaben. In der Stadt hat der fünfzehnte Geburtstag eines Mädchens besondere Bedeutung, weil er den Übergang zum Erwachsensein symbolisiert.

Der fünfzehnte Geburtstag

Quinceañera: So heißt das Mädchen, das 15 Jahre alt wird. Der **quinceañero** (15. Geburtstag) ist der zweitwichtigste Tag im Leben einer jungen Frau – noch wichtiger ist nur die Hochzeit. An diesem Tag hört sie auf, eine *niña* (Mädchen) zu sein und wird zur *señorita* (Fräulein). Viele Eltern legen Wert darauf, ihre Tochter an diesem Tag „der Gesellschaft zu präsentieren". Zu Hause oder in einem Klub wird ein **großes Fest** veranstaltet, zu dem die Eltern Freunde und Verwandte einladen. Die Verwandten kommen gern und bringen kleine Geschenke mit, denn bei einer Quinceañero-Feier wird immer ausgiebig und bis in die frühen Morgenstunden gefeiert. Es gibt gut zu essen, viel zu trinken und alle, die gern tanzen, kommen

Das Pferderennen – eine der typischen Reifefeiern auf dem Land

auf ihre Kosten. Das geringste Interesse an der Feier haben oft die Mädchen selbst. Wenn der Vater gestorben ist oder nicht bei der Familie lebt, dann ist das in der Regel ein Grund, um keine Geburtstagsfeier zu veranstalten. Es gibt auch Familien, in denen solche Feiern nicht Tradition sind. Ansonsten wird der Tag in der Stadt in allen Schichten gefeiert. Viele arme Familien geben viel Geld aus und sogar auf dem Land feiern manche Familien den 15. Geburtstag ihrer Töchter. Meist trägt die *quinceañera* ein rosafarbenes Kleid, das einem Brautkleid nicht unähnlich sieht. Eine Band spielt zum Tanz auf oder die Anlage stellt die Musik. Wenn die elegant gekleideten Gäste versammelt sind, schreitet der Vater feierlich mit seiner Tochter in den Festraum und tanzt mit ihr den Walzer „Aniversario". Danach dürfen die Onkel und Brüder mit dem Mädchen tanzen. In manchen Familien wird der Freund angefeuert, mit dem Mächen zu tanzen. Fotos und Videofilmungen sind wichtig. Die obligatorische Geburtstagstorte darf nicht fehlen. In manchen Armenvierteln ist es üblich geworden, sich Lautsprecher zu besorgen, damit die gesamte Nachbarschaft die Einführung der Tochter in die Gesellschaft mitverfolgen kann.

Anstatt einer Feier schenken Eltern der Mittel- und Oberschicht ihrer Tochter schon einmal eine Reise ins Ausland.

Verlieben

„Que rica mamacita" („Was für eine leckere kleine Mama!")
„Como han cambiado los tiempos! Ahora hasta los bonbones caminan." („Wie die Zeiten sich geändert haben! Jetzt haben sogar die Bonbons Beine gekriegt.")

Piropos, einer Frau im Vorübergehen zugeworfene **Komplimente,** sind in Peru keineswegs verpönt und stoßen nicht auf Ablehnung, sofern sie nicht vulgär oder verletzend sind. Insbesondere wenn ein schöner Mann einer Frau einen *piropo* hinterherruft, fühlt diese sich geehrt und in ihrer weiblichen Ausstrahlung bestätigt; sie freut sich oder schmunzelt. Allerdings lässt sie den Mann keinerlei Reaktion bemerken, denn er könnte aufdringlich werden. Allmählich geraten die *piropos* in Peru in Vergessenheit, die Jugend gibt ihren Gefühlen direkteren Ausdruck.

Vor allem den Männern in der Küstenregion gehen die *palabras encantadoras* (bezaubernde Worte) leicht über die Lippen. Die Frauen aus Lima erwarten überschwängliche Komplimente und Liebeserklärungen mit solcher Selbstverständlichkeit, dass es zweitrangig wird, ob die Worte tatsächlich die ehrlichen Gefühle eines Mannes widerspiegeln. Beispiele für die Redegewandtheit der Männer aus Lima liefern die unzähligen *vals,*

092pu Foto: ah

die für Lima typischen Lieder, zu denen die Paare in der Hauptstadt so gerne tanzen.

Ein Mann darf umso hartnäckiger sein, je mehr die von ihm Angebetete ihn verschmäht. Ein weibliches „nein“ oder Nicht-Reagieren wird keines-

Im Marinera-Tanz wird die Umwerbung der Frau hervorragend dargestellt

wegs abweisend verstanden, es sei denn es wird in sehr bösem Ton ausgesprochen. Eine Frau sollte kokett, betont weiblich und stets guter Dinge sein und sie sollte nicht zeigen, wie viel sie weiß. In den Städten der Küstenregion und des Amazonastieflandes gehören aufreizende Kleidung, das Wiegen von Po und Hüften beim Gehen und oft auch das Imitieren der Schauspielerinnen aus den Telenovelas dazu.

Auf dem Land verlieben sich viele junge Leute bei Festen. Im eigenen oder im Nachbardorf finden Stierkämpfe, Wettbewerbe oder Tanzdarbietungen statt, alte kriegerische Auseinandersetzungen werden nachgespielt, es wird bis in die frühen Morgenstunden getanzt; bei traditionellen Riten übernehmen junge Frauen und Männer gemeinsam schwierige Aufgaben. Bei solchen Anlässen entdeckt mancher junge Mann die Schönheit und das sympathische Wesen einer jungen Frau und manches Mädchen beginnt, für einen guten Tänzer oder einen erfolgreichen Reiter zu schwärmen.

Es gibt auch Andendörfer, in denen immer noch die Eltern den Partner für ihre Tochter auswählen. In den Wochen, die einem Fest oder einem Viehmarkt vorausgehen, treffen die Familien Abmachungen und bereiten schon die Hochzeitszeremonie vor. Meist ahnt die Tochter davon nichts; sie wird während des Festes bzw. des Marktes dem ausgesuchten Mann, der meist älter ist als sie, viel Vieh oder Land besitzt, „überreicht". Es kommt auch vor, dass die Eltern ihrer Tochter einen Freund ausreden, weil dieser zu wenig Land besitzt oder aus einem Dorf stammt, in dem es weder Telefon noch Strom gibt und dessen Bewohner keinen Handel mit der Stadt treiben.

Unter den Völkern des Amazonastieflandes gelten teilweise strenge **Heiratsvorschriften,** die nicht nur Verbindungen mit nahen Verwandten verbieten, sondern darüber hinaus festlegen, ob innerhalb der eigenen Gruppe ein Partner gesucht werden darf oder nicht. Je stärker der Kontakt zur „westlichen" Gesellschaft, umso weniger spielen Arrangements durch die Eltern eine Rolle.

In der Stadt verlieben die Jugendlichen sich bei Familien- und Nachbarschaftsfesten, in Kulturvereinen, in der Diskothek oder am Strand, am Arbeitsplatz, in der Universität oder in dem exklusiven Klub, dem ihre Eltern angehören.

Wenn ein junges Paar seine Liebesbeziehung im Familien- und Freundeskreis bekannt gegeben hat, wird der Partner ins elterliche Haus eingeladen und dort von den Schwiegereltern umsorgt: Junge Männer werden dort von ihrer Freundin verwöhnt. Das Paar geht tanzen, oft gemeinsam mit Freunden. Im Dorf treffen manche Liebespaare sich jahrelang heimlich, aus Angst, die Eltern könnten die Liebesbeziehung verbieten oder weil es dem jungen Mann an Mut fehlt, um die Hand des Mädchens anzuhalten. Auf den Weiden oder auf den Feldern finden sie Gelegenheit, ihren Gefühlen ungestört freien Lauf zu lassen.

Soziale, kulturelle und ethnische Abgrenzungen sowie Vorurteile aufgrund der Hautfarbe schränken die **Partnerwahl** ein. Arme und Reiche wohnen in weit voneinander entfernten Stadtteilen, die Freizeitgestaltung sowie der Besuch von Schulen und Universitäten variiert stark je nach Geldbeutel: Deshalb begegnen Arme und Reiche einander kaum. Die Hautfarbe des zukünftigen Schwiegersohns oder der Schwiegertochter spielt für viele Eltern eine große Rolle.

In neuester Zeit werden Partner auch über das Internet gesucht, ein Vorteil für diejenigen, die gezielt nach einem Lebensgefährten im Ausland suchen. Aus dem steigenden Bedarf nach ausländischen Heiratskandidaten hat sich ein Geschäftszweig entwickelt, bei dem peruanische Agenturen Kontakte zu ausländischen Heiratskandidaten herstellen.

Neben Zuneigung und Verständnis füreinander gibt es eine Reihe von Faktoren, die bei der Partnerwahl eine Rolle spielen und selbstverständlich legen auch peruanische Eltern bei ihren Töchtern großen Wert darauf, dass sie eine gute Partie machen.

Für junge Frauen, die materielle Vorteile in den Vordergrund stellen und **gezielt einen solventen Heiratskandidaten suchen,** um durch die Heirat ihre eigene wirtschaftliche Situation und die ihrer Familie zu verbessern, gibt es einen feststehenden Ausdruck: Man nennt sie *interesadas*. Solche Motive und die verbreitete Meinung, Männer aus Europa und Nordamerika seien besonders verantwortungsvolle Ehemänner, machen ausländische Männer, die Peru bereisen oder dort arbeiten für peruanische Frauen interessant. Manche „interessierten" Frauen organisieren sich sogar und informieren sich, welcher Ausländer noch „frei" ist. Arme Frauen sehen in der Ehe mit einem Ausländer die Chance, ihr Land zu verlassen und sich im Ausland eine bessere Zukunft aufzubauen und später ihre daheim gebliebenen Familienangehörigen mit Geldüberweisungen zu unterstützen oder sie ins Ausland nachzuholen. Auch Männer können **interesados** sein: Wenn ein peruanischer Mann aus armen Verhältnissen einer ausländischen weißen Frau seine angebliche Liebe beteuert, so mag auch er die Verbesserung seiner Lebenssituation und die seiner Familie im Kopf haben. Ebenfalls mag die Aufwertung des eigenen Status eine Rolle spielen. Man spricht von *mejorar la raza* (die Rasse verbessern). So galt der Lebenslauf von Staatspräsident *Alejandro Toledo* als Beispiel einer erfolgreichen Männerkarriere: *Toledo* wurde in einem armen Andendorf geboren, arbeitete bei der Weltbank und heiratete eine blonde Frau aus Europa. In den 1960er-Jahren suchten sich hellhäutige Studentinnen aus einer gewissen Protesthaltung dunkelhäutige, „indianisch" aussehende Lebensgefährten. Allgemein ist es jedoch für einen Mann mit „indianischem" Aussehen und dunkler Haut leichter, eine Ausländerin zu erobern als eine weiße Frau aus der peruanischen Oberschicht. Natürlich verfolgen keineswegs alle Peruaner und Peruanerinnen, die sich für einen hellhäutigen Menschen aus dem Ausland interessieren, solche Ziele. Ebenso kann reine Liebe, die völlig frei von *interés* ist, der Beweggrund sein. Aber je größer die Armut und je härter der alltägliche Überlebenskampf, desto häufiger ist Liebe nicht das Hauptmotiv. Manche arme Frau sucht nicht nach einem Lebensgefährten, sondern nach einem „Befreier". Oft ist sie schon den Schlägen ihres Stiefvaters im Heimatdorf entflohen und der Patenonkel in der Stadt, bei dem sie Zuflucht suchte, hat sie geschlagen oder sogar missbraucht. Wenn eine solche Frau keine Ausbildung und wenig Kontakt zur Außenwelt hat, klammert sie sich an den ersten Mann, dem sie gefällt und der ihr hilft, auszubrechen. Ruhe finden solche Frauen allerdings erst, wenn sie sich, getrennt von ihrem Mann, mit ihren Kindern ein unabhängiges Leben aufbauen.

Die Zeit zwischen Verlieben und Heirat

Der Mann wird umgarnt

Wenn ein junger Mann aus einer angesehenen Familie stammt, eine gute Position hat, viel Geld verdient oder wenn er die erwünschten menschlichen Qualitäten besitzt, dann wird er eingekreist. Häufige Einladungen in das Haus der jungen Frau und zu Familienfeiern bilden den Rahmen für das **corralito** (span.: „Laufställchen"), aus dem der Mann irgendwann nicht mehr ausbrechen kann. Der Schwiegervater macht ihm großzügige Geschenke, versorgt ihn mit einer hohen Position oder wichtigen Geschäftskontakten. Die junge Frau fährt – beraten von der Mutter – ihr gesamtes Repertoire an Verführungskünsten auf. Die Mutter schlichtet kleine Streitigkeiten und versöhnt die jungen Leute miteinander. So viel Hilfe, Vertrauen und Gastfreundschaft führen dann unweigerlich zur Eheschließung.

Sexualität

Obwohl voreheliche Sexualität in den Familien immer noch ein Tabuthema ist, wird es für Männer zunehmend unwichtiger, dass die Frau bei ihrer Heirat noch Jungfrau ist. Dabei verhindert manchmal mangelnde Aufklärung, oft aber auch die Angst, über das Thema zu sprechen, die **Empfängnisverhütung.** Bis eine umfassende Aufklärung der Bevölkerung sich durchsetzen konnte, hat es in Peru lange gebraucht und so hatte die arme Bevölkerung lange wenig Kenntnis von der Existenz empfängnisverhütender Mittel. Die traditionelle katholische Kirche behinderte durch ihren Einfluss in unterschiedlichen Gremien die effiziente Durchführung staatlicher Programme und Sexualkundeunterricht in den Schulen. Radikale Evangelikale verbreiteten ihre ablehnende Haltung gegenüber der Familienplanung. Selbst terroristische Gruppen warben für Kinderreichtum mit dem Argument, das peruanische Volk müsste sich für den Kampf gegen den Imperialismus rüsten und möglichst viele Kinder müssten geboren werden. Gleichzeitig gab es gegen traditionelle Widerstände dennoch Initiativen des öffentlichen und des privaten Sektors, die Bevölkerung aufzuklären.

057pu Foto: ah

Aber erst der Regierung *Fujimori* gelang es, landesweit moderne Aufklärungskampagnen und **Familienplanungsprogramme** zu implementieren. Die peruanische Geburtenrate sank von 6,0 im Jahr 1975 auf 1,6 im Jahr 2009. Nichtsdestotrotz gibt es Strömungen, die sich vehement gegen jede Art von Empfängnisverhütung wehren, u. a. das Opus Dei. Weiterhin überlassen die meisten Männer der Frau die alleinige Verantwortung für die Verhütung. Kondome sind wie überall auf der Welt äußerst unbeliebt. Insbesondere auf dem Land gehört die Empfängnisverhütung zu den Tabuthemen unter jungen Leuten. So trauen sich manche junge Frauen nicht, das Thema anzusprechen und werden ungewollt schwanger. Auf dem Land und auch in den Städten ist die regelmäßige Einnahme der Pille für viele arme Frauen angesichts der harten Lebensbedingungen problematisch. Spiralen sind beliebter, schwierig wird es allerdings mit der erforderlichen regelmäßigen Kontrolle, da die landwirtschaftliche Arbeit kaum Zeit für den weiten Weg zur nächsten Gesundheitsstation lässt. Peruanische Männer sind in überaus geringem Umfang bereit, sich sterilisieren zu lassen und Frauen können sich nur mit dem Einverständnis des Partners sterilisieren lassen. So sind ungewollte Schwangerschaften eine häufige Folge vorehelicher Geschlechtsbeziehungen. Aus einem Überlegenheits-

Eine 18-jährige Mutter mit ihrem Kind

gefühl suchen manche hellhäutige Peruaner mit jungen Frauen, die aus den Bergen oder aus dem Dschungel stammen, schnelle Abenteuer und verlassen sie dann ohne sich Gedanken über ihre Gefühle und ihre Zukunft oder eine eventuelle Schwangerschaft zu machen.

Gringas, weißhäutige Ausländerinnen, gelten als sexuell freizügig und viele peruanische Männer finden es völlig in Ordnung, mit einer *gringa* eine flüchtige sexuelle Beziehung einzugehen.

Um die Hand anhalten

Diese Sitte heißt in Peru **pedir la mano** (die Hand erbitten). In den Andendörfern, wo die jungen Männer nicht so wortgewandt sind, schicken manche einen *zorro* (Fuchs), einen Freund, der stellvertretend für sie um die Hand des Mädchens anhält. In einigen Dörfern ist es üblich, dass der junge Mann ein Tier schlachtet und es seinen zukünftigen Schwiegereltern bringt. Die Annahme des Schwiegersohns wird dann mit einer mehrtätigen Feier besiegelt. Es werden *padrinos* (Paten) bestimmt, die die finanzielle Verantwortung bei der Hochzeitsfeier übernehmen.

In der Stadt folgt die Verlobung, die im Kreis der Familie gefeiert wird und bei der das junge Paar Ringe austauscht.

„Die Zeit ist reif"

Ein junges Paar entscheidet zu heiraten, weil die beiden finden, dass sie lange genug miteinander befreundet sind, weil sie alle Anschaffungen getätigt haben, die für ein gemeinsames Leben erforderlich sind oder weil die junge Frau ein Kind erwartet. Nun beginnen die jungen Leute und ihre Eltern mit der **Planung und der Vorbereitung der Hochzeit.** Eheschließung und Hochzeitsfeier sind mit hohen Kosten für die Messe und den Priester, den Standesbeamten, die Einladungen und schließlich die Bewirtung der Gäste sowie die Bezahlung der Fotografen und Videofilmer verbunden. Nur besser gestellte Peruaner sind in der Lage, diese Ausgaben zu tätigen. Je mehr Geld zur Verfügung steht, eine desto beliebtere und damit teurere Kirche kann für die Trauung ausgewählt werden.

Die Verabschiedung der Ledigen

In der Stadt organisieren Familienangehörige, Freunde oder Arbeitskollegen **despedidas de soltera** (Verabschiedung der ledigen Frau), auch *shower* genannt bzw. die **despedidas de soltero** (Verabschiedung des ledigen Mannes). Dabei handelt es sich in der Regel um **reine Frauen- bzw. Männerveranstaltungen.** In der Oberschicht verschicken die Familien offizielle Einladungen in der Hoffnung, dass viele Gäste kommen und diese viel Geld oder schöne Geschenke für den Haushalt mitbringen. Es werden

Catalina

Catalina ist 26, stammt aus einem Andendorf und kam in die Stadt, um eine Ausbildung zu machen. Seit ihrer Schulzeit ist sie in Gerardo verliebt und Gerardo in sie. Gerardo ist inzwischen 28. Seit über einem Jahr will er um Catalinas Hand anhalten, aber er traut sich nicht, weil ihr Vater ihn nicht empfangen will. Catalina hat ihre Englischkurse abgeschlossen und arbeitet als Kellnerin in einem großen Hotel. Gerardo ist Elektriker. Regelmäßig gibt er Catalina einen bestimmten Betrag von seinem Verdienst, denn sie verwaltet beider Geld. Bald werden die beiden genug gespart haben, um die Anzahlung für ein kleines Grundstück in einem Armenviertel zu leisten.

Catalinas Vater hat seine Gründe, weshalb er Gerardo nicht empfangen will. Gerardos Vater ist sein Todfeind: Oft hat er ihm Schaden zugefügt. Gerardo scheint nicht so intelligent zu sein und weist auch nicht soviel Initiative auf wie er selbst. Er ist also alles andere als der Wunschschwiegersohn.

Aber eines Nachmittags fasst Gerardo Mut. Gemeinsam mit Catalina wartet er vor der Haustür auf Catalinas Vater. Der kommt, redet in harschem Ton mit Gerardo, dem es offensichtlich schwer fällt, seine Worte zu wählen. Dann spricht er ruhig und erklärt den beiden jungen Leuten, dass die Ehe ein Bund fürs Leben ist, dass man sich reiflich überlegen soll, ob man heiraten will, dass man Freud und Leid teilt. Er sagt, es sei sein Wunsch gewesen, Catalina die Fortsetzung ihrer Ausbildung zu finanzieren sowie eine eigene Wohnung, bevor sie heirate. Catalina ist glücklich, als der Vater sagt, sie und Gerardo sollen sich reiflich überlegen, ob sie heiraten wollen und den Eltern dann den Termin mitteilen. Gerardo schlägt einen Termin vor. Die beiden wollen bald heiraten, denn Catalina ist seit zwei Monaten schwanger. Sie möchte aber auf keinen Fall, das irgendjemand davon erfährt.

Speisen und Getränke serviert. Anspielungen auf die männliche bzw. die weibliche Sexualität sorgen für eine ausgelassene fröhliche Stimmung: Manche Braut wird von ihren Freundinnen oder Kolleginnen aufgefordert, Speisen zu verzehren, die wie männliche Geschlechtsorgane dekoriert sind, oder sie muss sich einen mit Zeitungspapier gefüllten Nylonstrumpf als Riesenpenis umbinden lassen. Auf *despedidas de soltera* wird der Braut meistens mehr Alkohol verabreicht als ihr lieb ist, und wenn mehrere *despedidas* auf einander folgen, kann daraus eine echte Strapaze werden. Die Krönung des Abends bildet bei manchen Feiern der Auftritt eines Strippers bzw. einer Stripteasetänzerin. Für manchen angetrunkenen Bräutigam endet dann der Abend mit einem sexuellen Abenteuer mit der Tänzerin. Neuerdings werden auch „gemischte" Verabschiedungen gefeiert.

Hochzeit

Die Städterin, die ihren eigenen Beruf hat, ihren Lebensunterhalt selbst verdient und unabhängig ist, ist keinem sozialen Druck ausgesetzt und es wird akzeptiert, wenn sie nicht heiratet. Auch auf dem Lande werden nicht verheiratete Frauen akzeptiert und viele bäuerliche Eltern legen Wert darauf, dass die Tochter nicht zu jung heiratet. Dort allerdings, wo die bäuerliche Arbeit besonders hart ist, wo nur Mann und Frau sie gemeinsam verrichten können, ist es wichtig, dass eine Frau einen Partner findet und mit ihm eine Lebensgemeinschaft gründet. Auch in vielen Tieflandgemeinden, wo männliche Tätigkeiten wie Jagen und Fischen für das Überleben notwendig sind, ist es von großer Wichtigkeit, dass die Frau eine partnerschaftliche Beziehung eingeht.

Die formale **kirchliche und standesamtliche Trauung** ist nur in der städtischen Mittel- und Oberschicht die Regel. Zuwanderer aus den Anden, die es in der Stadt zu etwas gebracht haben, nutzen die formale Eheschließung mit anschließendem großen Fest als eine Gelegenheit, einem weiten Bekanntenkreis ihren gesellschaftlichen Aufstieg zu demonstrieren.

Hochzeiten werden samstags abends mit einer **Messe** gefeiert. Männer sollten im dunklen Anzug erscheinen, Frauen in den Küstenstädten in einem eleganten und ruhig weit ausgeschnittenen Kleid sowie Schuhen mit hohen Absätzen. Im Hochland wird eine warme elegante Jacke über dem Kleid getragen. Die Messe beginnt nie ganz pünktlich, weil am selben Abend viele Paare nacheinander getraut werden und somit mehrere Messen in dichter Abfolge zelebriert werden. Meist wird man gebeten, sich im Anschluss an die Messe in einen neben der Kirche befindlichen Raum zu begeben. Dort wird *champan* (Sekt oder Perlwein) serviert. Jeder Gast erhält ein Stück vom Hochzeitskuchen. Dieses nicht anzunehmen wäre unhöflich. Ob im Anschluss an die öffentliche Feier noch eine privatere stattfindet, hängt von der finanziellen Situation der Familie ab. Es geht entweder aus der persönlichen Einladung hervor (Adressangabe) oder wird einem im Anschluss an die Gratulation mündlich mitgeteilt.

Wenn die Familie Geld hat, spielt eine Band. Es gibt reichlich zu essen und zu trinken. Den Tanz eröffnet das Brautpaar mit dem „Donauwalzer", auf den der „Kaiserwalzer" folgt, den **Eltern und Brautleute tanzen.** Anschließend wird die Tanzfläche für die Gäste freigegeben. Die Gäste tanzen in Paaren oder auch in Gruppen, ganz gleich, ob sie die Kunst des Tanzens beherrschen. Die Feier geht bis in die frühen Morgenstunden. Auf den Hochzeitsfeiern der limensischen Mittelschicht löst der frischgebackene Ehemann zu fortgeschrittener Stunde die Strumpfbän-

058pu Foto: ah

der seiner Angetrauten. Dabei wird eine *sexy música* gespielt und wenn der junge Mann sogar seine Zähne benutzt, erreicht die Stimmung ihren Höhepunkt.

Videoaufzeichnungen und **Fotos der gesamten Feier** werden in der Regel in Auftrag gegeben. Für professionelle und Amateurfotografen bieten Hochzeiten gute Nebenverdienste.

Nach der Eheschließung behält die Frau auf jeden Fall den ersten Teil ihres Familiennamens, d.h. den Familiennamen ihres Vaters. Früher wurde der **Familienname** der Mutter durch den Zunamen des Ehemanns ersetzt, vorausgestellt wurde dabei ein *de* („von"), z.B. *López de Gutierrez*. Heute behalten Frauen in der Regel ihre beiden Mädchennamen, d.h. sowohl den Familiennamen ihres Vaters als auch den ihrer Mutter.

In den *comunidades campesinas* und den randstädtischen Armenvierteln hat sich die formale Eheschließung erst in den letzten Jahren verbrei-

Die standesamtliche Trauung wird im Anschluss an die kirchliche im Gotteshaus vollzogen

tet. Aus Geldmangel und weil ihre kulturellen Traditionen anders als die katholisch-europäischen sind, gründen Paare **gemeinsame Haushalte ohne Heirat.** Manche *convivientes* (wörtlich „Mitlebende") heiraten, wenn sie schon Jahre zusammenleben, zum Beispiel, weil ihre Kinder eine konfessionelle Schule besuchen sollen und eine vom Staat anerkannte Eheschließung Einschulungsbedingung ist. In den Dörfern sind es Nonnen oder Priester, in den Städten die Bürgermeister, die solche Lebensgemeinschaften auffordern, sich kirchlich oder standesamtlich trauen zu lassen. Sie werden zu sogenannten *matrimonios masivos* eingeladen – in den Städten werden dabei mehrere hundert Paare gleichzeitig getraut. Diese bringen selbstverständlich ihre Kinder mit zur Eheschließung.

In den andinen Städten ähneln die Traditionen denen der Küstenregion. Je näher ein Dorf bei einer Stadt liegt, desto wahrscheinlicher ist es heutzutage, dass junge Leute standesamtlich heiraten. Eine kirchliche Trauung findet aber in vielen Fällen nicht statt, weil Priester die Andendörfer nur selten und nur an besonderen christlichen Festtagen aufsuchen.

In manchen Dörfern wird auch heute noch die **traditionelle Form der Eheschließung,** das *warmichakuy* (quechua: „sich mit einer Frau verbinden") praktiziert. Von den katholischen Städtern wurde diese Form des Zusammenlebens wohl deswegen als *matrimonio de prueba* („Ehe auf Probe") angesehen, weil die Paare ohne das christliche Sakrament der Ehe als unverheiratet galten und erst nach vielen Jahren des Zusammenlebens, wenn sie die finanziellen Mittel hatten, die kirchliche Trauung vollziehen ließen. Als *servinakuy* (quechua-span.: „einander dienen") bezeichnete man die Form des Zusammenlebens, bei der ein verheirateter Großgrundbesitzer sich eine indigene Angestellte, die ihm gefiel, als Konkubine nahm.

Eine traditionelle Form des Zusammenlebens in den südlichen Anden, das *tawanku* (quechua: „unter Vieren"), ist heute selten geworden. Es handelt sich um eine Arbeits-, Wirtschafts- und Sexualgemeinschaft zweier Paare, die gelegentlich untereinander den Mann bzw. die Frau tauschen. Diese **Doppel-Familien-Form** kam meistens auf Wunsch zweier befreundeter Männer zustande, dem sich die Frauen entweder fügten oder auch nicht.

Auf dem Land ist die partnerschaftliche Lebensgemeinschaft die Voraussetzung für die landwirtschaftlichen Arbeiten. Die Verpflichtungen, die mit der Übernahme der vielen traditionellen Ämter im Dorf verbunden sind, können nur als Paar erfüllt werden.

Im Amazonastiefland gibt es große Unterschiede – je nachdem, ob ein Liebespaar in der Stadt oder auf dem Land lebt. Viele indigene Tieflandvölker kennen keine formelle Eheschließung. Wird eine junge Frau von ihrem Freund schwanger, dann ziehen die beiden zusammen.

Partnerschaftliches Zusammenleben

Verheiratete Männer sprechen in der Öffentlichkeit von *mi esposa* (meine Gattin/Ehefrau), seltener von *mi mujer,* meine Frau, in Peru ein eher abschätziger Ausdruck. Verheiratete Frauen sprechen von *mi marido* (mein Ehemann) oder *mi esposo.* Partner, die nicht formell verheiratet sind, bezeichnen einander in der Regel als *mi conviviente*, manchmal als *mi pareja.*

Das partnerschaftliche Zusammenleben beinhaltet hohe **Herausforderungen für die Frau.**

Frauen aus dem einfachen Volk sind wahre Künstlerinnen im Umgang mit dem Haushaltsgeld: Obwohl ihr Einkommen und das ihrer Männer kaum für die Ernährung der Familie ausreicht, schaffen sie es mit viel Kreativität immer wieder schmackhafte Gerichte auf den Tisch zu bringen.

Die Ehefrau der städtischen Mittelschicht muss alle ihre Kenntnisse einbringen und organisatorisches Talent besitzen, denn sie ist „Managerin, Hausverwalterin, Sekretärin, Mutter, Lehrerin, Pflegerin, Ärztin, Psychologin und Handwerkerin". Die Empleada nimmt der berufstätigen Frau zwar Arbeit ab, aber viele Familien der peruanischen Mittelschicht können heute keine Vollzeit-Empleada mehr bezahlen. Die Frau muss die richtige Balance finden zwischen dem Umsorgen und Verwöhnen ihres Mannes und der Erziehung der Kinder, sowie ein ausgezeichnetes Verhältnis zur Familie ihres Mannes pflegen. Die Familie erwartet, dass sie Erschöpfung niemals zeigt, ihrem Gatten jeden Wunsch erfüllt, ihre eigenen Wünsche zurückstellt und der Kinder und dem Mann zuliebe auf vieles verzichtet.

Nur die Frau der Oberschicht kann auf ein angenehmes Leben hoffen: Entweder hat sie ein eigenes Auto oder einen Chauffeur zu ihrer ständigen Verfügung, zwei Dienstmädchen, die ihr die gesamte Hausarbeit abnehmen. Morgens hat sie Zeit, um im Klub Sport zu treiben, sich im Salon von den Kosmetikerinnen verwöhnen zu lassen, ein Fitnessstudio zu besuchen oder sich mit Freundinnen zum Frühstück zu treffen. Nachmittags nimmt sie an „lonches" teil, organisiert Feste, ist in Wohltätigkeitsvereinen aktiv und verbringt die drei Sommermonate mit ihren Kindern am Strand. Viele ihrer Freizeitbeschäftigungen stellen allerdings ein Muss dar. So wird von ihr eine Topfigur und im Sommer eine sonnengebräunte Haut erwartet. Die Oberschichtfrau ist stets beschäftigt und es ist durchaus üblich, dass reiche Peruanerinnen klagen, was sie alles zu tun haben.

In allen Schichten und Bevölkerungsgruppen besteht die **Forderung an die Männer** v.a. darin, dass sie genug Geld mit nach Hause bringen. Die wenigsten können diese Erwartung erfüllen. Auch Männer aus der Oberschicht verlieren schon einmal ihre Arbeitsstelle. Es gibt sogar Männer, die vor ihren Frauen verbergen, dass sie keiner Arbeit nachgehen. In der Mit-

telschicht gibt es seit der wirtschaftlichen Liberalisierung auch Familien, in denen die Frau den Familienunterhalt allein erwirtschaftet. Für viele indigene Familien im Amazonastiefland ist es wichtig, dass der Mann ein guter Jäger ist, da die Familie sonst nicht überlebensfähig ist. Ist er kein guter Ackerbauer, ist das im Tief- wie im Hochland gleichermaßen fatal für die Familie.

In der Stadt suchen Paare, die sich für ein Zusammenleben entscheiden, meist eine eigene **Wohnung,** auf dem Land wohnen sie oft zunächst je nach Kulturtradition bei den Eltern einer der beiden Partner.

Wenn ein Machiguenga-Mann eine Bindung eingeht, zieht er zum Beispiel in das Dorf seiner Schwiegereltern. Ein Shipibo-Mann zieht zunächst in das Haus seiner Schwiegereltern. Erst nach einigen Jahren baut das Paar sich ein eigenes Haus in der Nähe des Hauses der Eltern der Frau. Der Mann wird als der Familie seiner Schwiegereltern zugehörig betrachtet, denen er seine Arbeitskraft auf dem Feld sowie bei Jagd und Fischfang zur Verfügung zu stellen hat. Bei anderen Völkern zieht die Frau zur Familie des Mannes.

Reiche Limenser an der Bar eines Nobelrestaurants

Gewalt in der Ehe

Gewalt und Vergewaltigung ziehen sich durch **alle Schichten.** Aufgrund ihrer finanziellen Abhängigkeit leiden arme Frauen aber besonders darunter. Die Gewalt gegen viele Frauen in den ärmeren Schichten hat ihre Ursache auch darin, dass viele Männer – anstatt sich ihren Partnerinnen mitzuteilen – ihre Frustrationen und Enttäuschungen an ihnen auslassen.

Viele Städter sind der Meinung, dass indigene Frauen die Prügel ihrer Männer genießen. Angeblich gibt es bei den **Andenbewohnern** einen Ausdruck dafür: *„Más me pegas, más te quiero."* („Je mehr Du mich schlägst, desto mehr liebe ich Dich.") Diese Vorstellung mag daher rühren, dass viele arme Frauen, die geschlagen werden, sich gegen die Einmischung von außen – und sei sie noch so gut gemeint – wehren, weil sie fürchten, dass der Mann sie dann verlässt und sie wirtschaftlich nicht mehr abgesichert sind. Vielleicht verbitten sie sich die Einmischung auch, weil sie der Meinung sind, dass Frauen aus anderen Schichten mit einer anderen Kultur ihre Situation gar nicht begreifen und sie ohnehin verachten. Dass aber die Frauen in den Andendörfern die eheliche Gewalt genießen, entspricht nicht der Realität, denn sie klagen und weinen. Aber für sie ist es noch schwerer, einen Ausweg zu finden als für die armen Frauen in der Stadt, weil viele Arbeiten in der bäuerlichen Gesellschaft nur von Frau und Mann gemeinsam verrichtet werden können.

Wenn Frauen **Anzeige erstatten,** werden sie oft nicht ernst genommen oder die Anzeige **ist sehr kompliziert,** weil die Frauen sich ihre Verletzungen zuerst in einem Krankenhaus bestätigen lassen müssen. Peruanische Nichtregierungsorganisationen versuchen, solchen Frauen zu helfen. Zu der physischen kommt die psychische Gewalt mit Beschimpfungen und zahlreichen Verboten durch den Mann hinzu. Es gibt Frauen, die von ihrem Mann zu Hause eingesperrt werden und niemals mit einem anderen Mann sprechen dürfen. Viele arme Frauen ertragen dies, weil sie sich selbst für dumm halten, niemals über ihre Rechte nachgedacht haben oder weil sie wirtschaftlich abhängig sind.

Aber auch in den armen Bevölkerungsgruppen gibt es viele Paare, die eng zusammenhalten, sich gegenseitig unterstützen und deren Liebe ein Leben lang währt und an den großen gemeinsamen Belastungen wächst.

Seitensprünge

Sacar la vuelta, was soviel bedeutet wie den Partner betrügen, wird in den Städten und Bergbauzentren als **normale männliche Verhaltensweise** betrachtet und von der Gesellschaft toleriert. Trotzdem passen die meisten Männer auf, dass ihre Frau nichts erfährt. Verheiratete Männer gestehen ihren Frauen keine Seitensprünge zu. Peruanischen Medienberich-

061pu Foto: ah

Adelina

El Carmen ist ein schwarzes Dorf im Süden von Lima. Die Bevölkerung arbeitet in der Landwirtschaft und verdient wenig mit dem Verkauf der Baumwolle. Adelina Vallumbrosio wurde dort geboren. Heute ist sie 60 Jahre alt. Einige ihrer Kinder und deren Freunde sitzen in ihrer Küche, Amador Vallumbrosio, ihr Mann, im Rollstuhl, daneben. Als 12-Jährige hat Adelina sich in ihn verliebt. Seine Eltern waren gegen die Beziehung, weil Adelina aus einer Problemfamilie stammte und ihre Mutter Kinder von verschiedenen Partnern hatte. Auch Adelinas Eltern waren gegen die Beziehung, weil Amador viel älter war und ständig neue Frauen eroberte. Sie schickten die Tochter als Hausangestellte nach Lima. Von ihrem Lohn sah Adelina nie etwas, denn den ließen sich ihre Eltern auszahlen. Mit 19 floh sie mit Amador für eine Woche in das Dorf El Huallago. Dort lebte das Paar eine Woche und deshalb mussten die beiden Familien bei der Rückkehr nach El Carmen der Heirat der beiden zustimmen. Amador ließ dennoch keine Gelegenheit ungenutzt, um neue Frauen zu erobern. Sogar mit der Nachbarin hatte er ein Verhältnis. Wenn er nach Hause kam, schob er Adelinas Essen weg und sagte, er habe bereits bei seiner Geliebten gegessen. Auf ihre Schwiegermutter hält Adelina große Stücke. Sie habe ihr gute Ratschläge gegeben: Sie solle Amadors Seitensprünge nicht beachten und eine gute Mutter sein. Amador kümmerte sich nicht um die Erziehung der Kinder. Wenn die Kinder etwas brauchten, dann sagte er stets: „Geh doch zu Deiner Mutter!“ Adelina lächelt; sie ist glücklich. „Ich ernte die Liebe, die ich gesät habe“. Sie hat 15 Kinder geboren, eins ist gestorben. Ihre Kinder leben in Lima, Spanien und den USA. Wenn sie anrufen, fragen sie nur nach der Mutter. Mit dem Vater wollen sie nicht sprechen. „Er erntet, was er gesät hat“, kommentiert Adelina.

ten zufolge gehen aber die Peruanerinnen genauso häufig fremd wie die Peruaner.

Weiblicher Protest gegen männliche Seitensprünge und die Forderung nach gleichem Recht für die Frau, bildet in der peruanischen Volksmusik eher eine Ausnahme. So brachte die Sängerin *Pastorita Huaracina* (†) in einem Huayno das weibliche Wunschdenken nach diesbezüglicher Emanzipation zum Ausdruck: „der Mann mit zwei Frauen hat 500 Hiebe verdient, die Frau mit zwei Geliebten eine Goldmedaille".

Viele Frauen akzeptieren frei- oder unfreiwillig stillschweigend, dass ihre Partner Abenteuer von kurzer Dauer oder dauerhaft eine *amante,* eine **Geliebte,** haben, solange die finanzielle Situation der Familie nicht berührt wird. In der Unterschicht werden Auseinandersetzungen zwischen offizieller Frau und *mujer de la calle* („Frau von der Straße") mitunter handgreiflicher geführt. *Amantes,* die sich mit einem reichen Mann befreunden, genießen finanzielle und materielle Vorteile, manche verbessern ihren Status oder verschaffen sich berufliche Vorteile. Manche *amante* würde den Geliebten gern für sich allein haben; dass er sich allerdings von seiner Frau voll und ganz trennt, bleibt meist Wunschdenken. Immer wenn *Amanda Portales* oder *Nelly Mungia* im voll besetzten „Teatro Nacional" auf ausdrücklichen Wunsch des Publikums den Huayno „wenn Du bei ihr bist, sag ihr, dass Du vergangene Nacht mit mir zusammen warst, sag ihr, dass Du sie nicht mehr liebst, sag ihr, dass ich es bin, die Du liebst, erzähl ihr, was wir alles miteinander gemacht haben" vortrugen, klatschten Frauen und Männer den Takt und sangen aus vollem Halse mit.

Dem Volksglauben zufolge wird eine Frau, die einmal eine Beziehung zu einem verheirateten Mann gehabt hat, „salzig" *(se sala):* Sie verdirbt sozusagen und ledige Mäner beißen nicht mehr an. Die Frau kann diesen Teufelskreis nur durchbrechen, wenn sie es schafft, sich in einen ledigen Mann zu verlieben und dieser sie heiratet.

Das peruanische Gesetz erkennt die **Vaterschaft** der Kinder einer Geliebten an und damit deren **Erbrecht,** ein Grund, weshalb es Männer in hohen Positionen geben soll, die ihre *amante* drängen, sich sterilisieren zu lassen. Allmählich verliert bedingt durch die zunehmende berufliche Unabhängigkeit der Frauen die *amante* an Akzeptanz. Zudem haben immer mehr Männer nicht mehr das Geld und auch nicht mehr die Zeit für eine zweite Frau.

☒ Adelina mit einem ihrer Söhne

Trennung und Scheidung

Manche Frauen, die erfahren, dass ihre Männer eine Geliebte haben, ziehen mit den Kindern ins Haus ihrer Eltern und drohen dem Mann damit, dass er seine Kinder nie mehr wieder sehen wird. Die gesamte Familie des Mannes leidet dann mit, weil auch ein Großelternpaar seine Enkel und die Geschwister ihre Nichten und Neffen nicht mehr sehen. Andere werden erneut schwanger oder behaupten, schwanger zu sein und vereiteln damit die Trennung, die ihre Männer vollziehen wollten. Ehebruch, Gewalt, Alkoholismus, Arbeitslosigkeit oder Faulheit sowie die Tatsache, dass der Partner die Familie verlässt, sind in der Stadt die **häufigsten Gründe,** wegen derer eine Frau sich von einem Mann trennt oder scheiden lässt. Männer verlassen ihre Frauen in den meisten Fällen wegen einer anderen Frau.

Im **Amazonastiefland** sind Gründe, die die Männer zur Trennung veranlassen, dass die Frau nicht für sie kocht, ihre Kleider nicht wäscht, dass sie oft schlecht gelaunt ist, einen Liebhaber hat oder keine Töchter zur Welt bringt. Frauen haben die Möglichkeit, ihren Partner zum Verlassen des Hauses zu bewegen, wenn sie nicht mehr mit ihm zusammenleben möchten. Sie werden von ihren Eltern unterstützt. Die häufigsten Gründe für Frauen sind dabei, dass der Mann gewalttätig gegen sie ist oder dass er mit seiner Arbeit zur Ernährung der Familie nicht genug beiträgt. Wenn bei den Machiguenga ein Mann für lange Zeit nicht nach Hause kommt, kann es vorkommen, dass die Frau sich einen neuen Partner sucht, was dann von dem Mann – wenn er schließlich doch wieder heimkehrt – auch verstanden wird, da Familien ohne einen guten Jäger nur sehr schwer überleben können.

Wie in typischen Liedern aus den Anden, *Huaynos,* gern beschrieben, folgt nach dem Schwelgen im Leid zunächst die Lust auf Rache und darauf irgendwann die pragmatische Suche nach einem neuen Partner.

Manchmal berichten Medien über **Eifersuchtsmorde.** Solche werden insbesondere in den unteren Schichten sofort bekannt, weil viele Menschen auf engstem Raum zusammen leben. Die bedrückenden Lebensverhältnisse entladen sich nicht nur in der Problematik der Partnerwahl, sondern auch in den Konflikten innerhalb der Beziehungen. Der Mann aus armen Verhältnissen sucht Zuflucht im Alkohol und entflieht der häuslichen Enge, betrinkt sich mit seinen Freunden und kommt spät oder gar nicht nach Hause; irgendwann verlässt er Frau und Kinder. Wenn die Frau sich nach einiger Zeit einen neuen Partner sucht, beginnt oft dasselbe Leid von neuem.

Da das kirchlich und standesamtlich besiegelte Zusammenleben eines Paares mit Kindern die Lebensform ist, die in Peru das höchste Ansehen genießt, bleiben viele Paare trotz großer Schwierigkeiten zusammen und verwandte Personen beraten oder versöhnen sie bei Auseinandersetzungen. Aber Trennung und Scheidung nehmen zu. Reformen in der Rechtsprechung kommen dabei den Paaren, die sich trennen wollen, zugute. Der häufigste Scheidungsgrund ist *adulterio,* **Ehebruch.** Bei Ehebruch, d. h. bei Bekanntwerden eines Seitensprungs, ist das Recht aufseiten der Frau. Sie bekommt die Kinder und hat Recht auf Unterhaltszahlungen. Verlässt einer der Partner die gemeinsame Wohnung und die gemeinsamen Kinder *(abandono),* so müssen zwei Jahre verstreichen und zwei Zeugen aussagen, um die Scheidung zu ermöglichen. In den städtischen Armenvierteln, wo die Frauen einander unterstützen, werfen immer mehr Frauen ihre Männer aus der gemeinsamen Wohnung. Anders als die Reichen haben sie kaum gemeinsames Eigentum, das bei einer Trennung verteilt werden muss. Auch der Frau aus der Mittelschicht mit einem angesehenen Beruf, die genug verdient, fällt die Entscheidung zur Scheidung leichter als der Frau aus der Oberschicht, für die meist viel auf dem Spiel steht: Sie kann ihren Status, finanzielle Vorteile und Besitz verlieren. Der Mann aus der Oberschicht riskiert sein Ansehen und kann auch Besitz verlieren.

Krankheit

Leichtere Erkrankungen werden zu Hause behandelt, im Andenhochland und im Amazonastiefland oft mit Heilkräutern, wobei „männlichen" *(macho)* und „weiblichen" *(hembra)* Pflanzen unterschiedliche Wirkungen zugeschrieben werden. Außerdem werden dort Ernährungsvorschriften beachtet. In den Anden nimmt man bei durch Kälte verursachten Krankheiten keine „kalten" Nahrungsmittel zu sich und bei durch Wärme hervorgerufenen keine „heißen" Nahrungsmittel. Diese Klassifikation hat aber mit der Temperatur des Essens wenig zu tun. Sie bezieht sich auf Wirkungseigenschaften, die **Heil- und Nahrungsmittelpflanzen** sowie tierischen Produkten zugeschrieben werden. Oft wird auch schnell ein Medikament aus der Apotheke beziehungsweise im Dorfladen oder im Supermarkt besorgt. Verschreibungs- und Rezeptpflicht werden in Peru locker gehandhabt und so werden viele Antibiotika nur solange eingenommen, wie der Kranke die Symptome spürt oder nur solange, wie der Geldbeutel es erlaubt.

Die Tuberkulose, die als typische Krankheit der Armen wie ein soziales Stigma wirkt, stürzt die Erkrankten zusätzlich oft in eine tiefe Depression, weshalb sie sich vor der Öffentlichkeit verbergen. Aus Unkenntnis oder wegen fehlender finanzieller Mittel führt dies dazu, dass viele Tuberkulosekranke ihre Behandlung frühzeitig abbrechen. Die meisten Peruaner haben keine Krankenversicherung.

Die **staatliche Krankenversicherung** deckt vieles nicht ab und deshalb schließen Personen, die es sich leisten können, zusätzlich private Krankenversicherungen ab. Oft muss, wenn ein Familienmitglied operiert werden muss, die Familie zusammenlegen, da der chirurgische Eingriff sonst nicht finanzierbar wäre. Viele berufstätige Kinder kommen für die Behandlung ihrer Eltern auf.

Auf dem Lande gelten nicht alle Krankheiten als von der Schulmedizin heilbar. So werden auch vielfach traditionelle Heilkundige zurate gezogen. Erklären diese eine Krankheit für unheilbar oder diagnostizieren sie eine übernatürliche Ursache, sucht die Familie keinen Arzt oder Sanitäter auf.

Sowohl im Amazonastiefland als auch im Andenhochland und in einigen Küstenregionen wird **Hexerei** (span.: *brujería* oder *maldad*) als eine

„Susto" oder „mancharisqa" – die Schreckenskrankheit

Am Beginn der Schreckenskrankheit steht eine starker Eindruck, ein Erschrecktwerden durch Tier oder die Gewalt der Natur. Die spirituellen Wesen, die die Gewässer bewohnen sowie die im Boden noch gegenwärtigen Geister der Ahnen können Mitverursacher sein.

Als typische Symptome gelten Müdigkeit um die Mittagszeit, Schlaflosigkeit und Aufschreien im Schlaf, Angstzustände, Appetitlosigkeit, Anämie, Magenkrämpfe, Austrocknung und viele mehr, bei Kindern zusätzlich häufiges Weinen und eine salzige Stirn sowie Durchfall.

Der wichtigste Bestandteil der Heilung ist die Rückführung des „espíritu" (Seele und Lebenskraft) in den Körper des Kranken. Bei Kleinkindern reicht es manchmal aus, sie mit einem rohen Ei, Alaun oder Chilischoten abzureiben und dabei den „espíritu" zu rufen. Mitunter ist es notwendig, dass die Eltern des Kindes oder ein Heiler sich zu dem Ort begeben, an dem die Schreckenskrankheit ausgelöst wurde und dort den espíritu anflehen, er möge doch in den menschlichen Körper zurückkehren. In vielen Regionen führen Heiler dieses Ritual des „animu waqay" (quechua: „Rufen der Seele") nur dienstags und freitags aus, denn an diesen Tagen sollen die spirituellen Wesen, die die Seele gefangen halten, empfänglicher für Opfergaben und damit leichter zu beschwichtigen sein. Viele Campesinos gehen davon aus, dass der Kranke es spürt, wenn sein „espírtu" wieder in seinen Körper eintritt und dass er dann ganz ruhig wird, ein Ergebnis, das durchaus durch die begleitende Behandlung mit Beruhigungstees, Baldrian oder Melissenwasser bewirkt werden kann.

mögliche Todesursache betrachtet. Insbesondere dann, wenn eine Krankheit sich als unheilbar erweist oder bei besonders seltsamen Kombinationen verschiedener Krankheitssymptome neigen Menschen dazu, Hexerei als Erklärung heranzuziehen. Die Familie des Kranken nimmt an, dass jemand aus Neid, Rachsucht, enttäuschter Liebe oder nach einem vorausgegangenen Streit bei einem professionellen Hexer (span.: *brujo*) einen Schadenszauber in Auftrag gegeben hat. Um die lebensbedrohliche Gefahr abzuwenden, sucht die Familie des Kranken einen traditionellen Heilkundigen auf. Dieser stellt durch Abreiben mit einem Meerschweinchen, das Lesen von Karten oder von Kokablättern die Krankheitsursache fest und macht sich dann daran, dass versteckte Schadenspaket auszugraben, die Schadenspuppe zu zerstören oder die negative Energie auf andere Weise zu entschärfen.

Kulturspezifische Erkrankungen wie z. B. der böse Blick (span.: *ojo, mal de ojo*), die verschiedenen Windkrankheiten (span.: *aire,* quechua: *wayrasqa*), die Schreckenskrankheit (span.: *susto,* quechua: *mancharisqa*), das in der Region Cusco verbreitete *pachaq hap'isqan* (die Erde bemächtigt sich einer Person) sowie zahlreiche andere im Volksglauben bekannte Leiden können in der Vorstellung vieler Campesinos, wenn sie nicht rechtzeitig als solche erkannt werden, zum Tod führen. Für die Heilung sind besondere Riten erforderlich.

Die **Volksmedizin** kennt Diagnosemethoden, die sich von den schulmedizinischen unterscheiden. Da sie über keinerlei Apparate verfügt, ist sie vielmehr auf Beobachtung angewiesen. So ist in einigen Regionen die Beurteilung der Farbe des Urins und des Kots Teil der Diagnose. In vielen Gegenden entnehmen Heiler und kundige Laien den Varianten des Pulsschlags die Erkrankung bestimmter Organe. Auch magische Abreibungen, wie etwa mit einem Meerschweinchen, das anschließend seziert wird, einem rohen Ei oder geheiligten Steinen sind Diagnosetechniken. Manche Heiler ermitteln Krankheitsursachen durch die *adivinación* (Erraten), wozu sie die Figuren interpretieren, die auf eine Decke geworfene Maiskörner oder Kokablätter bilden. Allerdings nimmt die Zahl der traditionellen Heilkundigen auf dem Lande stark ab, da die alten keine jungen Leute mehr finden, die ihre Kunst erlernen möchten. In der Küstenregion blüht das Geschäft; manche Curanderos oder Brujos sind berühmt geworden und verdienen viel Geld. Wer Liebes- und Schadenszauber, die Zerstörung von Konkurrenten sowie magische Hilfe beim Aufbau von materiellem Wohlstand anbietet, hat gute Chancen, bekannt und reich zu werden. Und wenn Menschen weder in der Arbeit, noch in der Liebe noch mit ihrer Gesundheit Glück haben, dann suchen auch viele Städter Personen auf, die für sich als Spezialisten auf diesem Gebiet Werbung machen.

Tod

Der Tod bringt Familien und Familienangehörige zusammen, die sonst über lange Zeiten einander nicht sehen. Zur **Totenwache,** die an den Tagen vor dem christlichen Begräbnis im Haus des Verstorbenen abgehalten wird, kommen auch viele Nachbarn. Freunde und Arbeitskollegen der Angehörigen des Verstorbenen kommen ebenfalls zum *velorio* (Totenwache).

Je nach Landesregion zelebrieren die Angehörigen unterschiedliche Beerdigungsriten. Mancherorts kommt für die Beerdigungen und die Gedenkfeiern sechs Monate nach dem Tod ein großer Kreis von Verwandten und Bekannten – manchmal für mehrere Tage – zusammen. Dabei wird nicht nur getrauert. Es sind auch Gelegenheiten, einander wieder zu treffen und Spaß miteinander zu haben.

Trauern im Amazonastiefland

Je nachdem, um welches Volk es sich handelt, sind die **Trauer- und Todesriten** unterschiedlich. Dabei vollzieht sich der Wandel in Richtung Globalisierung auch hier rasch und viele typische Riten, die vor einigen Jahren noch bei einem Volk üblich waren, finden inzwischen nicht mehr statt. Nur die christliche Beisetzung wird durchgeführt, dafür muss aber kein Priester anwesend sein. Angesichts der Hitze wird der Tote noch am Tag seines Todes in einen Sarg gelegt und am selben oder am folgenden Tag auf einem Friedhof beerdigt. Früher wurde das Haus eines Toten verbrannt, heute ist diese Praxis jedoch wegen der hohen Kosten für die Konstruktionsmaterialien nicht mehr üblich. Auf dem Grab versprengte Asche zeigt später den Angehörigen, ob der Geist des Toten im Grab geblieben oder seinen Weg zu den Lebenden zurückgesucht hat. Die **Shipibos** gehen davon aus, dass die Seele des Toten noch einige Zeit im Dorf umherstreift. Da solche Totenseelen sich in böse Geister verwandeln können, bewachen mancherorts Männer das Grab eine Zeit lang, damit die Seele des Verstorbenen nicht in das Haus von dessen Familie zurückkehrt.

Bei vielen Tieflandvölkern geht die Witwe bald wieder eine neue Beziehung ein, weil das Überleben der Familie auf die typischen Tätigkeiten des Mannes ebenso angewiesen ist wie auf die typischen Aktivitäten der Frau.

Trauern im Andenhochland

Menschen, deren Tod naht, teilen ihren Angehörigen dies auf vielfältige Weise mit. Ihre Seelen verlassen die Körper und reißen die Angehörigen aus dem Schlaf, z.B. indem sie sie plötzlich anpacken oder ein Leuchten verströmen. Manchen erscheinen sie sogar als die Person, die sie sind. Menschen aller sozialen Schichten berichten von solchen Erlebnissen.

In den Dörfern wird der Tod eines Menschen, wenngleich mit Trauer, so doch widerstandsloser hingenommen als in der Stadt. **In den Dörfern** ist der **Tod der ständige und natürliche Begleiter des Lebens.** Auf dem Land können viele Krankheiten nicht geheilt werden und schneller zum Tod führen als anderswo. Stirbt aber ein Kind an der Schwelle zum Erwachsenwerden oder in einem Alter, in dem die Eltern ihm bereits viel Liebe sowie viel Kraft und Geld für seine Ernährung und Schulbildung gegeben haben, ist den Trauernden die Auflehnung gegen das Schicksal anzumerken. Dann stimmen Mütter ein nimmer enden wollendes Trauerlied an. Während das Kind – in seine schönsten Kleider gehüllt – in der häuslichen Wohnung aufgebahrt wird, singen sie von seiner Lebenslust, von

Friedhöfe im urbanen Peru

1990 wurde die „Compañía Administradora el Parque" gegründet. Diese Aktiengesellschaft betreibt den privaten Friedhof „Jardines de la Paz" („Gärten des Friedens"). Das Unternehmen wirbt mit farbigen Prospekten und zahlreiche Verkäufer und Verkäuferinnen überzeugen die Kunden von den Vorteilen gegenüber städtischen Friedhöfen: Lage, Service, Zahlungsmodalitäten, ein eigenes Krematorium, Organisation der Totenwache sowie Bestellung des Priesters, der die Totenmesse zelebriert.

Das Angebot kommt an und inzwischen gibt es weitere private Friedhöfe in Lima und anderen Küstenstädten. Kunden beginnen bereits zu Lebzeiten, ihr Grab in Raten zu kaufen. Häufig schließt das Servicepaket weitere Dienstleistungen mit ein: Sarg, Träger, Karosse, Blumen, Kränze und anschließende Grabpflege. Grabschändungen sind ausgeschlossen, da das Unternehmen rund um die Uhr Wachpersonal beschäftigt.

Der Bevölkerungsmehrheit fehlt für die Totenbestattung das Geld. Auf Wüstenland, wo auch die Armenviertel gegründet wurden, entstanden riesige Friedhöfe ohne genaue Planung, so „Los Sauces" im Distrikt San Juan de Lurigancho oder im Süden von Lima „Nueva Esperanza", der größte Friedhof Südamerikas und der zweitgrößte der Welt. Zuwanderer, meist aus den Anden, beerdigen dort ihre Toten. Es fallen geringere Kosten an als auf den städtischen oder privaten Friedhöfen.

Am 1. November erhalten die Verstorbenen von den Angehörigen ihre Lieblingsspeisen und Getränke. Man spielt Musik für sie oder führt Tänze auf wie den Scherentanz, der die Verbindung zu den Berggöttern herstellt. Außerdem erhält die Pachamama (Mutter Erde) Opfer.

Trauerfeier und Beerdigung in Huancayo

Gute Freunde der Familie, niemals aber die direkten Verwandten, ziehen dem Toten seine schönsten Kleidungsstücke an. Sie legen ihn in den Sarg, dessen Deckel geöffnet bleibt. Damit ist das „velorio“, die Totenwache eröffnet. Weitere Verwandte, Freunde und ehemalige Arbeitskollegen treffen ein. Sie bringen Likör, Kokablätter, Zigaretten und Kerzen mit. Um den Sarg herum werden Kerzen aufgestellt und angezündet; sie sollen dem Toten auf seinem Weg ins Jenseits leuchten. Dann nehmen die Trauergäste in einem Kreis um den Toten herum Platz. Sie kauen Kokablätter mit Quinuapaste oder Asche und trinken Likör, Anis- oder Zuckerrohrschnaps. Gegen elf Uhr wird die Türe verriegelt, sodass niemand mehr entkommen kann. Dann ernennt die Familie einen „Chef“, dessen Aufgabe es ist, herauszufinden, wer den größten und wer den kleinsten Ball aus Kokablättern in seinem Mund geformt hat. Für denjenigen, der den kleinsten Ball im Mund hat, denken sie sich eine Strafe aus. Alkohol, Koka und Zigaretten werden immer wieder an die Trauernden verteilt. Schläft jemand ein, dann bemalen die anderen sein Gesicht mit Asche oder Ruß. Schließlich erhalten alle Kaffee, Brötchen und „mote“ (gekochte große Maiskörner).

Am nächsten Morgen tragen die Familienangehörigen den Sarg zum Friedhof. Da der Weg weit ist, legen sie immer wieder Pausen ein, in denen sie sich Kokablätter in den Mund stecken, Schnaps trinken und Zigaretten rauchen. Wenn der Leichenzug auf dem Friedhof eintrifft, ist es bereits Mittag. Es folgt noch einmal eine etwa vierstündige Totenwache und gegen vier oder fünf wird der Tote von einem Priester beerdigt. Danach erhalten die Trauergäste im Haus des Verstorbenen ein Abendessen aus Meerschweinchen- oder Hühnerfleisch. Einige bleiben bis zum nächsten Tag.

seiner Freundlichkeit und Hilfsbereitschaft, von allem, was die Eltern an dem Kind erfreute. Am folgenden oder übernächsten Tag wird das Kind in einen kleinen Sarg gebettet, den ein Zimmermann des Dorfes angefertigt hat, und von der Familie und deren Freunden zu Grabe getragen. Die Dorfband begleitet den Leichenzug und spielt Trauermärsche bis zur Ankunft am Friedhof. Normalerweise ist kein Priester anwesend, deshalb spricht ein kundiger Laie die christlichen Gebete. Das Kind wird dann entweder in einem Erdgrab oder einem Nischengrab beerdigt.

Blumen erhalten die peruanischen Toten von ihren Angehörigen nur selten. In einigen Regionen kochen die Angehörigen am 31. Oktober die Speisen, die der Tote besonders gern gegessen hat. Diese platzieren sie auf einem Tisch, sodass der Verstorbene, wenn er das Haus aufsucht, sich davon

Sie frühstücken mit den engsten Angehörigen und gegen zehn erledigen sie das „pichache", das Waschen der noch brauchbaren Kleider des Verstorbenen. Dazu werden die Kleider einem Esel auf den Rücken gebunden und zu einem Bewässerungskanal, einem Bach oder einer Quelle gebracht. Dort angekommen wird ein „mayordomo" (Oberhofmarschall) ernannt, der die Waschaktion überwacht und Helfer ernennt. Auch zu diesem Ritual gehören Koka, Schnaps und Zigaretten. Die Familie des Verstorbenen sieht dabei nur zu. Anschließend werden die Kleidungsstücke getrocknet, wofür spezielle Aufpasser ernannt werden. Die trockenen Kleidungsstücke werden am Nachmittag in Plastiktüten verpackt und zum Haus der Familie zurückgebracht. Dort wird geprüft, ob kein Kleidungsstück fehlt. Jemand wird zum „Rechtsanwalt" ernannt. Sollte ein Kleidungsstück fehlen, muss er den Dieb ausmachen und ihn einer zum „Polizisten" ernannten Person übergeben. Alte, abgetragene Kleidungsstücke des Toten werden verbrannt. Nach getaner Arbeit essen die Trauergäste gemeinsam zu Abend. Anschließend sehen sie sich Fotos des Verstorbenen an.

Am folgenden Tag werden die Kleidungsstücke sowie andere wertvolle Gegenstände, die der Tote hinterlassen hat, an die Anwesenden verteilt. Bis zum neunten Todestag werden weitere Rituale durchgeführt. Nach sechs Monaten treffen die Angehörigen sich wieder, um ähnliche Rituale zu zelebrieren und gemeinsame Mahlzeiten einzunehmen. Dann findet das „cañakuy", der „Austausch der Trauer" statt. Draußen wird ein Feuer gemacht, über das die Trauernden springen. Danach legen sie ihre schwarze Trauerkleidung ab und ziehen sich farbenfrohe Kleidungsstücke an. Jeder, der sich umzieht, bezahlt dafür. Schließlich ernennen sie einen aus ihrem Kreise zum „Schatzmeister", der das Geld sammelt und es dann der Familie des Verstorbenen übergibt.

bedienen kann. Die Menschen in den Anden und die andinen Zuwanderer in Lima feiern den 1. November mit ihren verstorbenen Angehörigen. Sie schleppen Bierkästen und andere Alkoholika auf die Friedhöfe, bringen Speisen, Kokablätter und Musikkappellen mit.

Ein klein wenig wird von den Getränken auf das Grab gegossen, sodass der Tote sich bedienen kann. Dann trinken die Angehörigen die mitgebrachten Alkoholika vor seinem Grab und kauen die Kokablätter. Wenn die Kokablätter mit Kalk- oder Quinuapaste eingenommen werden, haben sie eine anregende Wirkung – wie Kaffee oder Tee – und die Angehörigen werden nicht müde. So können sie lange bei ihren Toten auf dem Friedhof bleiben. Andine Zuwanderer in Lima praktizieren teilweise dieselben Riten in der Stadt.

Der Alltag von A bis Z

‹ Kochen für das Fest
(062pu Foto: ah)

Arbeitsleben

Arbeitszeiten

In Peru haben berufstätige Frauen keine Probleme mit dem Einkaufen. Nicht nur, weil die Empleada das erledigen kann, während sie arbeiten. Sowohl im Dorf als auch in der Stadt schließen viele Lebensmittelgeschäfte erst gegen 20.00 Uhr oder später, Supermärkte öffnen täglich von 9.00 bis 21.00 Uhr, manche sogar rund um die Uhr. Die Märkte, auf denen Lebensmittel (frisches Obst und Gemüse, Hülsenfrüchte und andere), frisch gepresste Säfte und typische Landesgerichte verkauft werden, sind keine „Wochenmärkte", sondern „Tagesmärkte".

Die peruanischen Gesetze schränken die **Ladenöffnungszeiten** nicht ein. Viele Geschäftsleute können es sich nicht leisten, Kundschaft zu verlieren. Die Marktfrau legt sich am Mittag für ein Stündchen hinter ihre Obstkisten und ruht sich aus, während ihr Mann die Kunden bedient und eine Verwandte sich um ihr Baby kümmert. Der Elektriker kommt auch spät am Abend ins Haus des Kunden, wenn die Waschmaschine repariert werden muss. Wenn am Sonntag der Wasserhahn tropft, findet sich rasch ein Klempner, der bereit ist, ihn auf der Stelle zu reparieren. In den Banken arbeiten viele Angestellte bis zum späten Abend. In manchen Büros kann man sogar an den Wochenenden Angestellte treffen, die ihre Freizeit selbstverständlich opfern, um wichtige Arbeiten zu erledigen. Aber es gibt auch diejenigen, die kaum motiviert sind. Wer in einer Behörde etwas zu erledigen hat, stößt oft auf lustlose, unmotivierte Angestellte. Mitunter entsprechen **Zuverlässigkeit und Pünktlichkeit** nicht dem deutschen Standard. Man sollte sich auch nicht wundern, wenn ein Angestellter sich mit einem Kollegen so angeregt unterhält, dass er einen wartenden Kunden darüber vergisst. Manche Angestellte nehmen pünktliches Erscheinen am Arbeitsplatz nicht wichtig. Arbeiten werden nicht rechtzeitig fertig gestellt oder dem Auftraggeber zu spät abgeliefert. Das geschieht jedoch weniger aus mangelndem Verantwortungsbewusstsein als vielmehr deshalb, weil der mit der Aufgabe Beauftragte nicht einschätzen kann, wie lange er für eine Arbeit braucht.

Dem limensischen Criollo wird nachgesagt, er sei *relajado* (entspannt im Umgang mit Arbeitsverpflichtungen) und verstehe es, ein gutes Auskom-

[>] Zehn Stunden am Tag zu arbeiten, ist Normalität

men zu haben ohne sich dafür anzustrengen. Aber Menschen, die die notwendigen Beziehungen und großes Geschick besitzen, um andere für sich arbeiten zu lassen und dabei gut zu verdienen, gibt es überall in Peru und überall auf der Welt.

Auf der Arbeitsstelle

Die meisten Peruaner haben keine feste Arbeitsstelle, doch Arbeitslosigkeit kann das Gros der Peruaner sich nicht leisten. Dauerhaft ohne Arbeit sein können nur vermögende Peruaner. **Arbeitslosengeld** bekommen ausschließlich diejenigen, die eine Festanstellung hatten und deren Arbeitgeber jährlich ein Monatsgehalt auf ein Sonderkonto einzahlte, so wie es das peruanische Gesetz vorschreibt. Nach Auflösung des Arbeitsverhältnisses kann der Arbeitslose über das Geld verfügen. Dabei ist es egal, wer die Kündigung aussprach. Findet er keine neue Anstellung, kann er sich mit dem angesparten Geld eine Zeit lang über Wasser halten. Sogar während des Beschäftigungsverhältnisses dürfen Angestellte einen Teil des Geldes abheben. Seit der Lockerung des Kündigungsschutzes unter der ersten Regierung *Garcia* (1985–1990), fürchten viele Menschen um ihren Arbeitsplatz. Dadurch ist die 40-Stunden-Woche faktisch außer Kraft gesetzt und 10-Stunden-Tage Normalität. Auch im öffentlichen Sektor werden viele Menschen entlassen bzw. erhalten von vorneherein Kurzzeitverträge. In

063pu Foto: lg

der staatlichen und kommunalen Verwaltung sind allerdings Anforderungen und Belastung nicht hoch.

Insgesamt schafft diese unsichere Situation unter der städtischen Bevölkerung einen hohen Leidensdruck, Angst vor Entlassung und großen Respekt vor Hierarchien. **Mobbing unter Kollegen** heißt in Peru *„serruchar el piso"* („einem Kollegen den Boden zersägen"). Arbeitnehmer beobachten Machtverhältnisse am Arbeitsplatz sehr genau. Da konstruktive Kritik und negative Äußerungen schnell als unangebrachtes Aufmucken verstanden werden, redet man hinter dem Rücken, aber nicht öffentlich. Generell gehen viele Peruaner Konflikten lieber aus dem Weg. So meiden sie auch im Umgang mit Kollegen heftige Auseinandersetzungen. Stattdessen machen sie Andeutungen und hoffen, dass der Kollege wahrnimmt, was sich dahinter verbirgt. Viele Peruaner scheuen sich, die Wahrheit auszusprechen, wenn sie dadurch einen Kollegen verletzen könnten. Eigene Fehler werden ungern zugegeben und gern vertuscht. Einen Mitarbeiter mit der Nase auf einen Fehler stoßen kann bei dem Betreffenden eine dauerhafte Protesthaltung auslösen.

Viele Peruaner haben ein **hohes Einfühlungsvermögen** in ihre Vorgesetzten und Kollegen. Arbeitskollegen unterstützen sich gegenseitig finanziell im Krankheitsfall oder bei Todesfällen. Geburtstage werden wichtig genommen und Geburtstagskinder mit Ständchen, Torten und kleinen Geschenken geehrt. In manchen Betrieben ist es sogar üblich, dass man an seinem Geburtstag nicht zur Arbeit erscheint.

Peruaner finden leicht tröstende oder aufmunternde Worte, wenn es jemandem nicht gut geht.

Kreativität und „Eigenbeschäftigung"

Wer in Peru keine Arbeit hat, schafft sich seine Arbeit selbst. Dafür haben die Soziologen den Terminus *autoempleo* **(Eigenbeschäftigung)** geprägt. Wer arm ist und sich in einer feindlich anmutenden Umgebung seine Arbeitsstelle selber schafft, ist zahlreichen Widerständen und Erniedrigungen ausgesetzt. Er braucht deshalb besondere Fähigkeiten wie Entschlossenheit, Disziplin, Durchhaltevermögen und Kreativität. Will er erfolgreich sein, indem er wirtschaftliche Nischen besetzt, braucht er gute Ideen. Er muss klein anfangen und darf sein Ziel nicht aus den Augen verlieren. Viele sind gezwungen, Leistungen anzubieten, für die sie nicht ausgebildet wurden. So gehen Peruaner bei Reparaturarbeiten oft unsystematisch, unorthodox und zugleich sehr kreativ vor. Mit „a la criolla" („auf

☒ Wer keine Arbeit hat, muss sie sich selber schaffen

064pu Foto: lg

kreolische Art“) ist gemeint, dass jemand etwas irgendwie hinkriegt, irgendwie zum Ziel kommt, teures Material sparsam einsetzt und dabei ein hohes Maß an Einfallsreichtum und Raffinesse beweist – eine Vorgehensweise, die für viele arme Länder charakteristisch ist. Produkte, die dabei entstehen, bezeichnen die Peruaner als *producto chicha* (*chicha* – Maisbier, ist ein typisches peruanisches Getränk). Solche Produkte fertigen aber in Peru nicht nur Einzelpersonen, sondern auch kleine bis mittelgroße Betriebe. Auf aus Argentinien oder Brasilien importierte Mercedesfahrgestelle setzen peruanische Betriebe Karosserien, bei denen zum Beispiel der hintere Teil eines Busses weit über die hinteren Räder hinausragt, sodass viele Passagiere Platz finden und der Buseigentümer viel verdienen kann.

Die *productos chicha* sind nicht zu verwechseln mit den *productos bamba:* Nachahmungen bzw. Fälschungen, die wie Originale verkauft werden.

Erfolg und Niederlage

In den **1990er-Jahren** herrschte in Peru eine Art **Aufbruchstimmung.** Mit dem Fall der Berliner Mauer wurden marxistische Interpretationen des wirtschaftlichen Geschehens kritisch hinterfragt und von wirtschaftsliberalistischen Ideen verdrängt. Mit der Machtübernahme durch den japanischstämmigen Staatspräsidenten *Alberto Fujimori* verband sich die Hoffnung, Peru könne in kurzer Zeit in einen lateinamerikanischen Tigerstaat verwandelt werden. Liberales Gedankengut erfasste alle Schichten. Linkes Gedankengut verlor seine Glaubwürdigkeit. In den Städten und bei der Jugend breitete sich die Meinung aus, jeder könne alles erreichen, wenn er es nur wirklich wolle. **Neu gegründete Privatuniversitäten** boten Lehrgänge für zukünftige Führungskräfte an und vermarkteten Wochenendseminare, in denen sie das Rüstzeug für den Weg zum Erfolg vermittelten. Auch die unteren Schichten in den Städten wurden von dem neuen Gedankengut erfasst. Straßenhändler boten Pappstreifen mit Sprüchen wie *„El éxito depende de usted, el fracaso también"* („der Erfolg hängt von Ihnen ab, die Niederlage auch") oder *„cuando se actúa con decisión los obstáculos desaparecen"* („wenn man mit Entschlossenheit handelt, verschwinden die Hindernisse") feil. Ausbildungsstätten in der Innenstadt von Lima, die sich an Angehörige der Unterschicht wenden, bezeichneten sich als „Zentren für Beratung und Motivation für den Erfolg". Der Universitätsprofessor *David Fishman* ließ sein Buch *„El camino del Líder"* („Der Weg der Führungskraft") für weniger als drei Euro an allen Zeitungskiosken verkaufen. Durch das plötzliche große **Interesse ausländischer Investoren** an Peru entstand bei vielen Peruanern der Eindruck, sie und ihr Land seien mit einem Mal viel wichtiger geworden. Der Staat schaffte den Kündigungsschutz ab. Wer den Leistungsanforderungen der Arbeitgeber nicht entsprach, wurde entlassen, wer gute Leistung erbrachte, wurde belohnt. Das war in einigen Branchen neu. Zudem wurden durch die Investitionen **neue Arbeitsplätze** geschaffen. Protest, Opposition und Mitgliedschaft in linken Parteien boten mit einem Mal keine Möglichkeit mehr zu gesellschaftlicher Anerkennung, wohingegen Engagement am Arbeitsplatz die Chance zu Anerkennung und Selbstverwirklichung gab. Junge Arbeitnehmer wurden motiviert, ihre Fähigkeiten einzusetzen, sich mehr zuzutrauen. Arbeitgeber schickten ihr Personal zu Fortbildungskursen. Die Verkäufer in den Geschäften kümmerten sich dienstbeflissen um die Kunden, stets freundlich und bemüht, ihnen den bestmöglichen Service anzubieten. Szenecafés und Hotels gaben Studenten die Chance, ihre Leistungen unter Beweis zu stellen. Die **Kaufhauskette WONG** gründete gar eine eigene Schule, in der das Personal weitergebildet und motiviert wurde. Wer sich anstrengte, wurde zum „Angestellten des Monats" erkoren, bekam einen Preis und konnte beruflich weiterkommen. Wichtigste Lehrinhalte waren „der Kunde ist König" und „ohne unsere Kunden haben wir keine Arbeit und kein Einkommen". Wer in einem Supermarkt der Kette etwas nicht fand, wurde von einem freundlichen Verkäufer angesprochen. Das gesuchte Produkt wurde bestellt und der Kunde angerufen, wenn es eingetroffen war. Während an der Kasse ein Angestellter Waren aus dem Einkaufswagen nahm und auf das Band legte, verpackte ein zweiter die bezahlte Ware in Plastiktüten und begleitete dann den Kunden bis zum Auto oder Taxi. Von den Taxifahrern, die mit WONG zusammenarbeiteten, wurde erwartet, dass sie ihre Kunden zuvorkommend bedienten und nur fest vereinbarte Fahrpreise nahmen. Wenn die Einkaufstaschen zu schwer waren, trug der Taxifahrer sie bis vor die Haustüre.

Bei den Supermarktketten, die sich in Peru in den 1990er-Jahren niedergelassen haben, bekommen die Peruaner Produkte, die im Land lange nicht erhältlich waren. Darüber hinaus bieten sie ihren Kunden neben Lebensmitteln und Drogerieprodukten auch Haushaltsgeräte. Die Kette WONG liefert Waren – sogar fertig zubereitete Mahlzeiten – nach Hause, die Kaufhäuser haben Apotheken, kleine Postämter und Bankschalter unter ihrem Dach. Außerdem kann man Karten für Theateraufführungen, Konzerte und Fußballspiele kaufen. Der Ursprung des Handelshauses, eine *bodega a la esquina* („ein Krämerladen an der Ecke"), entspricht der Tradition der chinesischen Einwanderer. Noch heute gibt es in den Städten viele kleine *bodegas,* oftmals von chinesischen Migranten betrieben. Praktisch ist das für die Anwohner, die niemals einen weiten Weg zurücklegen müssen, um das Nötigste zu kaufen.

Viele **kleine, familiär betriebene Geschäfte** machten in dieser Zeit **Pleite.** Viele derjenigen, die ihr eigenes *negocio* aufgeben mussten, suchten die Ursache weniger im gesamtwirtschaftlichen Kontext als in ihrem persönlichen Versagen und wenn sie nicht sogleich eine neue Geschäftsidee parat hatten, betrachteten sie sich als Versager. Diejenigen, die es nicht mehr schafften, ihre Familie durchzubringen, waren verzweifelt. Andere quälten sich mit tagtäglichem Kopfzerbrechen, wenn sie ihre neue Tätigkeit nicht wirklich beherrschten und deshalb nicht genug verdienten. In solchen Situationen geben Peruaner ihr Letztes und sparen nicht mit ihren Kräften; sie denken nicht an dauerhafte gesundheitliche Schäden, die sie davontragen könnten. Sie entspannen sich nur an den wenigen freien Tagen, die sie sich gönnen.

Der Glaube an neue Perspektiven erfasste aber keineswegs alle Bevölkerungsgruppen. Die jungen Leute und viele Menschen in den Städten erlebten eine Art Sturm- und Drangzeit. Die **Campesinos im Andenhochland** zogen aus ihrer Geschichte die Schlussfolgerung, dass für sie vom Wohlstand nichts abfällt. Sie wurden von der Aufbruchstimmung nicht erfasst. Das Wirtschaftswachstum der 1990er-Jahre brachte ihnen keine Vorteile, sondern eher Verschlechterungen. Viele empfanden dagegen die Regierung *Toledo* (seit 2002) als die erste peruanische Regierung, die sich ernsthaft bemühte, die Lebenssituation der Armen zu verbessern.

Der harte Überlebenskampf verlangt den Armen große Opfer, enorme Anstrengungen, Durchhaltevermögen und auch viel Kreativität und Flexibilität ab. Viele sind bereit, sich bis aufs Letzte selbst auszubeuten. Aber schlechte Ernährung, ungünstige gesundheitliche Voraussetzungen, prekäre Wohnverhältnisse und geringe Bildung hindern sie dennoch oft am gewünschten Erfolg. Viele schwanken zwischen Selbstunter- und Selbstüberschätzung. Sie träumen von einem wirtschaftlichen Erfolg, den sie aufgrund ihrer Ausgangssituation niemals erreichen können. Wenn sie sich an den Wochenenden im Freundeskreis betrinken, dann schwärmen manche von all dem Großen, was sie in naher Zukunft zustande bringen werden. In ihrem tiefsten Innern betrachten sie sich vielleicht manchmal als Taugenichtse, ein Gefühl, das ihnen unerträglich ist.

Wer **aus der Provinz in die Stadt** kommt, hat oft große Ziele. Die Menschen wissen, dass der Weg zu deren Verwirklichung beschwerlich ist. Deshalb empfinden sie es nicht als Niederlage, sondern als Erfolg, wenn sie zu Beginn Tätigkeiten ausführen, die innerhalb der peruanischen Gesellschaft gering geschätzt werden. Viele betrachten die Beschäftigung als Hausangestellte oder Reinigungskraft als ein vorübergehendes Stadium. Wer die Verhältnisse in der Stadt vorher nicht kannte, es aber schafft, sich anzupassen und dazu noch eine Mittel- oder Oberschichtfamilie mit seiner Arbeit zufrieden zu stellen, wertet das als Leistung, vorausgesetzt, dass diese Tätigkeit nur eine Stufe auf dem Weg zum Erfolg darstellt und es nicht ein Leben lang dabei bleibt.

Behörden

Bei der Besetzung von Arbeitsplätzen in der öffentlichen Verwaltung sind oft **persönliche Beziehungen** und nicht die Qualifikation eines Bewerbers ausschlaggebend. Manche Personen sehen sich dann plötzlich in einer Machtposition, die sie ausspielen möchten. Sie behandeln ihre Klientel wie abhängige Bittsteller, reden sie mit „Du" an, stellen gerne fest, dass noch Unterlagen fehlen, oftmals mit der Absicht, ein **Schmiergeld** zu bekommen. Wer in der Abteilung „Migraciones" des peruanischen Innenministeriums sein Touristenvisum verlängert bzw. eine befristete oder unbefristete Aufenthaltsgenehmigung beantragt, sich bei der staatlichen Banco de la Nación einen Scheck auszahlen lässt oder eingeführte Waren aus dem Zoll holt, muss mit **Behinderungen** rechnen. Manchmal helfen dann Beharrlichkeit und Durchsetzungsvermögen, viel Zeit einzuplanen und bei Zusatzauflagen ruhig zu bleiben. Oder man beauftragt einen *tramitador* (Erlediger von behördlichen Angelegenheiten), der alles gegen ein im Voraus vereinbartes Entgelt erledigt, in dem **Schmiergelder** bereits enthalten sind. Als Ausländer zahlt man besser keine *coima* (Bestechungsgeld), da man es erstens anderen Personen noch schwerer macht, zweitens nicht weiß, mit welchen Summen üblicherweise geschmiert wird und es drittens auch viele unkorrupte Peruaner gibt, deren Ehrgefühl man damit tief verletzen würde. Außerdem funktionieren die Dinge in Peru auch ohne Schmiergeld – man muss nur einen längeren Atem haben.

Essen und Trinken

Die peruanische Küche

Sabor (Geschmack), *sazón* (Würze), *variedad* (Abwechslungsreichtum) und *diversidad* (Mannigfaltigkeit) zeichnen die peruanische Küche aus. Im Hinblick auf Vielfalt und Zubereitung ist sie auf dem amerikanischen Kontinent einzigartig. Die riesige Auswahl an landes- und regionaltypischen Gerichten in den Restaurants unterschiedlichster Kategorien macht **Lima zur kulinarischen Hauptstadt Amerikas.** Klima und Geografie machen würzige, scharfe und schmackhafte Zutaten während des ganzen Jahres verfügbar. Fische und Meeresfrüchte werden sozusagen vor der Haustür gefangen, Obst und Gemüse kommt sonnengereift auf die Märkte. Die Küche ist Teil der Identität und des Nationalstolzes, ganz gleich, ob die Gerichte iberischen, afrikanischen oder chinesischen Ursprungs sind, ob sie aus den Anden stammen wie die *Pachamanca* (mit Kräutern im Erdofen gegartes Fleisch) und die *Huatia* (in Kräuterwürze eingelegtes und im Tontopf gegartes Fleisch) oder ob sie im Amazonastiefland zubereitet werden. In der **peruanischen Küche** haben sich die Kulturen aller Völker, die in Peru leben oder dorthin eingewandert sind, gleichberechtigt vermischt. So verbindet denn auch die kulinarische Revolution, die von Peru aus die Welt erobert, die *cocina novoandina* – die traditionelle Andenküche – mit den Einflüssen anderer Kontinente und zaubert moderne Kreationen mit Alpaka- oder Lamafleisch, *Quinoa* und *Kiwicha* (Getreiden mit wertvollen Eiweißen) oder *Muna,* ein Andenkraut mit Minzegeschmack.

Mistura (von span. *mixtura* = Mischung) heißt die **internationale Gastronomiemesse**, die seit 2008 jährlich in Lima stattfindet und die bedeutendste ihrer Art in Lateinamerika ist. Durchgeführt wird sie von der Peruanischen Gesellschaft für Gastronomie (APEGA), die vom peruanischen Starkoch *Gaston Acurio* gegründet wurde. An der Messe nehmen renommierte Köche aus Europa und Asien teil, ebenso wie peruanische Köchinnen und Köche aus dem einfachen Volk, Bäcker, Garköchinnen, Frauen, die Süßwaren für den Verkauf in kleinen Mengen zu Hause herstellen, Landwirte, kleine und große Restaurants, Kochschulen und Nahrungsmittelbetriebe. Das Arme-Leute-Essen erhält denselben Stellenwert wie die Gerichte der Mittel- und Oberschicht. Kochwettbewerbe, runde Tische, Vorträge, Filme, Buchpräsentationen und musikalische Darbietungen machen das Event zum „Fest der kulturellen und gastronomischen Vielfalt". Das von *Gaston Acurio* und seiner Frau *Astrid Gutsche* betriebene Restaurant „Astrid y Gastón" hat längst weltweite Ableger. Und der 45-jährige Koch zielt darauf ab, dass es in zwanzig Jahren in jeder Metropole eine *Anticuchería,* ein peruanisches Fleischspieß-Lokal, geben soll.

Peru verfügt über eine Vielfalt an Knollen, unter denen die **Kartoffel** eine besondere Stellung einnimmt. In den Anden werden viele **verschiedene Kartoffelsorten** angebaut, die sich sowohl äußerlich in Form und Farbe als auch geschmacklich voneinander unterscheiden. Je nach Konsistenz, Geschmack und Farbe des Innern werden diese Kartoffeln jeweils für ganz bestimmte Gerichte verwendet. Mit Konservierungsmethoden, die die Andenbauern vor vielen Jahrhunderten entwickelten, lassen Kartoffeln sich lange haltbar machen. Ein kompliziertes Verfahren, bei dem die Kartoffeln abwechselnd dem Frost und der Sonne ausgesetzt werden, ergibt *chuño* bzw. *moraya;* über Nacht eingeweicht und kombiniert mit Käse oder Fleisch lassen sich hervorragende Gerichte daraus herstellen. In den Anden wird noch eine Vielzahl anderer Knollen angebaut, darunter Oka (Oxalis Tuberosa), Mashuar (Tropaeolum Tuberosum) und Olluco (Ullucus Tuberosus). Geröstete Maiskörner ergeben die berühmte *cancha,* die als Beilage zu Fischgerichten gereicht wird und im Andenhochland von den Bauern als Proviant zur Arbeit auf den Feldern und Weiden mitgenommen wird.

Fleisch konservieren die Bauern durch Salzen und anschließendes Trocknen an der Sonne. Als Bestandteil typischer Speisen hat dieses *charqui* (Trockenfleisch) einen ganz besonderen Geschmack. Mit dem bekannten Gericht *olluco con charqui* hat das **Trockenfleisch** sich einen festen Platz in der *cocina criolla* der Küstenregion erobert. In den Oasen am Pazifik gedeiht eine Vielfalt von Hülsenfrüchten. Wer das Ica-Tal besucht, sollte unbedingt die in der Region angebauten *pallares* (Phaseolus lunatus L., deutsch: Lima- oder Mondbohne) probieren, die in frischem Zustand besonders eiweißhaltig sind. Über Nacht eingeweicht und dann gekocht

☐ Eine Mittelschichtfamilie am Sonntag im Fischrestaurant

066pu Foto: lg

lassen sich aus *pallares* sowohl warme Beilagen als auch Salate herstellen, in denen Chilischotenstücke Verwendung finden.

Nach Peru wurden viele Tiere aus Europa eingeführt wie Rinder, Ziegen, Schafe, Schweine, Kaninchen, Hühner, Truthähne. Der Fleischkonsum ist eine Frage des Geldes. Auf dem Lande essen die Leute Fleisch nur bei Festen oder wenn ein verunglücktes Tier notgeschlachtet werden musste. In der Stadt sind Innereien wie Magen, Darm und Lunge sowie Hühnerfleisch auch für Menschen in armen Stadtvierteln erschwinglich. Nicht nur in der Andenregion gilt das dort als Haustier gehaltene *cuy* (Meerschweinchen) als besonderer Leckerbissen. Je nach Landesregion wird es mit Chili, *Achiote,* Erdnusssoße oder Früchten zubereitet. Die nordperuanische Küstenregion ist stolz auf ihr *cabrito* (Zieglein), für dessen Zubereitung Chilis und *chicha* (Maisbier) unabdingbar sind.

Verschiedenste Süßigkeiten afrikanischen Ursprungs sind feste Bestandteile der limensischen Küche geworden. Wenn weiße Dienstherren sich von den Töchtern ihrer schwarzen Sklavinnen aus Afrika überlieferte Spezialitäten servieren ließen, waren jene erfreut über diese Wertschätzung. Durch den Einfluss der chinesischen Küche ist Reis zum Hauptnahrungsmittel geworden und *chifa* (chinesisches Essen, womit eine Reihe chinesischer Gerichte bezeichnet wird) gilt als peruanisches Nationalgericht. Mit *chifa* bezeichnet man in Peru auch die vielen Chinarestaurants, die aus der peruanischen Volkskultur nicht mehr wegzudenken sind.

Typische Gerichte und Getränke

Pisco Sour ist das Nationalgetränk par excellence, gemixt aus Eiweiß, Zucker, Eiswürfeln, *Pisco* und Limettensaft und dekoriert mit peruanischem Zimt oder einem Tropfen Angostura. Der Aperitif darf auf keiner privaten Feier, keinem Empfang und keinem großen Event fehlen. Touristen, die den *Pisco Sour* als Willkommensdrink serviert bekommen, möchten ihn meist fortan nicht mehr missen. *Pisco* ist ein Destillat aus dem Most kleiner reifer Weintrauben. Bei der Erfindung dieses hochprozentigen Getränks kamen europäische Weinbaukenntnisse und indigene Kenntnisse des Bewässerungsfeldbaus und althergebrachter Lagermethoden zusammen. Der *Pisco Sour* wurde zu Beginn des vorigen Jahrhunderts in der Bar des Hotel „Maury" im Zentrum von Lima erfunden.

Aus Mais werden in Peru seit einigen Jahrtausenden unterschiedliche Getränke hergestellt. Berühmt ist die alkoholische **chicha,** oft mit „Maisbier" übersetzt. Dafür wird frischer sonnengetrockneter Mais gemahlen. In einem großen Gefäß wird der Mais gut mit Wasser bedeckt und acht bis zehn Stunden lang bei ständigem Umrühren gekocht. Dabei dürfen nur Holzlöffel verwendet werden. Ab und zu wird etwas Wasser hinzugefügt. Dann wird die Flüssigkeit durch ein große Sieb geseiht, *chancaca* (Rohr-

202pu Foto: ah

zuckerpaste) eingerührt und in ein Tongefäß gegossen. Darin fermentiert die Flüssigkeit drei Tage lang. *Chicha* wird an der Küste, vor allem aber in den Anden zubereitet. Ihr kommt bei traditionellen Festen und Gemeinschaftsarbeiten sowie als Opfergabe in den Anden große Bedeutung zu. Auch als Zutat für manche Gerichte spielt die *chicha* eine wichtige Rolle, unter anderem als Marinade, in der Fleisch über Nacht eingelegt wird. Die *chicherías,* kleine Gasthäuser, in denen man neben *chicha* auch typische Regionalgerichte bekam, haben an Bedeutung verloren. Die Behauptung, der Mais werde für die Herstellung der *chicha* von Frauen gekaut – wie in manchen Reiseführern und Fachbüchern behauptet –, stimmt nicht.

Eine solche Zubereitungsart war früher im Amazonastiefland bei der Herstellung des **Masato,** einem leicht alkoholischen Getränk aus Maniok, üblich. Heute wird der Maniok mit Gabeln zerdrückt, danach lässt man ihn fermentieren. Ein typisches Erfrischungsgetränk ist die alkoholfreie **Chicha Morada.** Zur Herstellung dieses Getränks werden die Kolben von rotem Mais, Ananasschale, Zimt und Nelken über längere Zeit in ausreichend Wasser gekocht. Dann lässt man die Flüssigkeit abkühlen und anschließend wird sie im Kühlschrank aufbewahrt. Kurz vor dem Servieren werden Limettensaft und Zucker hineingerührt. Das dunkelrote schmackhafte Getränk nehmen Peruaner anstelle von Limonade zu sich.

Wer die Carretera Central hinauf in das 3400 Meter hoch gelegene Huancayo oder in das noch höher gelegene Cerro de Pasco fährt, wer einen Ausflug in das Santa-Eulalia-Tal oder eines der anderen fruchtbaren Täler im Hinterland von Lima macht, wird rechts und links der Straße viele rustikale *restaurantes campestres* (Landgasthöfe, die nur im Freien servieren) entdecken. Große Schilder an den Eingängen werben für *„Pachamanca – tres sabores"* (Pachamanca – drei Geschmäcker) und locken Kundschaft aus allen gesellschaftlichen Schichten an. Die **Pachamanca** ist das bekannteste traditionelle Gericht des Andenhochlandes. Seit Jahrhunderten wird es im Innern der Erde zubereitet. Bereits bei den Inka war das gemeinschaftliche Pachamanca-Essen der krönende Mittelpunkt von Feiern. Heute werden verschiedene Fleischsorten, meist drei (daher die gastronomische Werbung für gute Qualität: *tres sabores* = drei Geschmäcker), über Nacht in einer Würztunke eingelegt, in der aromatische Kräuter eine wichtige Rolle spielen: Mama Killa, Huacatay, Molle, Rosmarin, Chinche, gemahlene Pfefferschoten, Pfeffer, Kreuzkümmel, Knoblauch. Am folgenden Tag wird ein Loch in die Erde gegraben. Das Fleisch wird entsprechend seiner Garzeit zuerst auf heiße Steine gelegt, die zuvor stundenlang

◁ Pisco Sour gilt als das Nationalgetränk Perus

in einem Erdloch erhitzt wurden. Dann folgen die unterschiedlichsten Knollen: Oca, Mashua, Maca und natürlich die Kartoffel, außerdem Maniok, Süßkartoffeln (in Peru *camote* genannt) und Hülsenfrüchte. Zum Schluss werden *Humitas* hineingelegt, in Maisblätter gehüllter süßer Maisbrei, dem Rosinen und Mandeln hinzugefügt werden, und die als Nachtisch serviert werden. Am Ende wird alles mit heißen Steinen bedeckt und Blätter zur Wärmedämmung aufgeschichtet, festes Zeltleinen darüber gebreitet und Erde aufgeschüttet. Nach einem einstündigen Garvorgang wird die Pachamanca den Gästen serviert.

Humitas und **Tamales** vereinen Elemente der andinen, europäischen und der afrikanischen Küche. Herzhafte *Humitas* werden in Peru gern als Vorspeise gereicht, süße *Humitas* als Nachtisch. In der Inkazeit wurden sie aus gemahlenem jungen Mais oder aus Maismehl zubereitet. Der Mais wurde auf dem traditionellen Mahlstein, dem *batan,* der sich noch heute in vielen peruanischen Küchen befindet, gemahlen und gleichzeitig mit dem würzigen Huacatay-Kraut vermischt, so lange, bis eine Art Paste entstand. Käse des weiblichen Guanaco (wilde Lamaart) wurde hinzugefügt und dann wurde die Paste in Maisblätter eingewickelt, bevor sie zum Kochen in Wasser gelegt wurde. In der Kolonialzeit entwickelte sich aus der *Humita* das *Tamal,* das mit Schweine- oder Hühnerfleisch gefüllt wurde. Guanacokäse und Huacatay fielen stattdessen weg. Bis auf den heutigen Tag dürfen *Tamales* bei einem guten Sonntagsfrühstück nicht fehlen.

Tacacho – zubereitet aus geräucherten grünen Bananen, die mit einer Gabel zerdrückt und mit würzigem Schweinefleisch vermengt werden – oder **Juane** – Reis, gekochte Eier und Hühnerfleisch werden in Bijao-Blätter, die Bananenblättern vergleichbar sind, eingewickelt und gekocht – sind typische Gerichte aus dem urbanen Amazonastiefland, die im ganzen Land bekannt sind. *Juanes* sind das traditionelle Festessen, das die Familien in den Tieflandstädten am 24. Juni, dem Tag des San Juan (Heiliger Johannes), zubereiten.

Ceviche, ein Gericht aus rohem Fisch, das repräsentativste der Küstenregion, ist wahrscheinlich inkaischen Ursprungs, hat aber Elemente der maurischen Küche aufgenommen. Wie für viele Gerichte der Küstenregion typisch, ist das *Ceviche* sehr scharf und deswegen für Fremde gewöhnungsbedürftig. Wer aber einmal auf den Geschmack gekommen ist, möchte es nicht mehr missen. Für die Zubereitung werden frischer Fisch oder Meeresfrüchte in kleine Quadrate zerteilt und in Limonensaft und Chilis gebeizt. Manchmal werden Ingwerstückchen und frischer Koriander beigefügt, kurz vor dem Servieren Salz sowie in feine Scheiben geschnittene und in Wasser entschärfte Zwiebeln untergemengt. Zu *Ceviche* werden Süßkartoffeln, Maniok und *cancha* (gerösteter Mais) gereicht.

Peruaner lieben ihr Essen

Wenn Peruaner im Ausland sind, ist das Essen eines der Dinge, die ihnen am meisten fehlen. Wer in einem Küstenort geboren wurde, vermisst seine *comida criolla* („kreolisches Essen") oder die *chifa* (von chinesischen Einwanderern geprägte Gerichte). Bei besonderen Anlässen wie Familienfeiern oder Betriebsausflügen in Peru werden auf *comida criolla, chifa,* Fischgerichte oder gegrilltes Huhn spezialisierte Restaurants aufgesucht.

Traditionell werden in Peru **vier Mahlzeiten** eingenommen: *desayuno* (Frühstück), *almuerzo* (Mittagessen), *lonche* (Brotzeit) und *cena* (Abendessen). *Almuerzo* und *cena* sind stets warme Mahlzeiten. Beim **desayuno** darf in städtischen Haushalten frisch zubereiteter Fruchtsaft nicht fehlen. Sonntags gehören neben frischen Brötchen oft *tamales* dazu: Die Maispasteten werden entweder in Bäckereien oder von den Afroperuanern gekauft, die in der Frühe durch lautes Trommeln vor den Haustüren auf sich aufmerksam machen. Getrunken werden Kaffee, Tee oder *quaker,* dünnflüssiger, stark gezuckerter Haferbrei. Arme Peruaner begnügen sich morgens mit einer Tasse Kaffee und einem unbelegten Brötchen. In Bauerngemeinden besteht das Frühstück aus geröstetem Mais, manchmal gekochten Kartoffeln und einem Stück Käse sowie stark gezuckertem Kräutertee. Da die Bauern am Vormittag zur Arbeit auf Feldern oder Weiden aufbrechen, nehmen sie kurz darauf bereits ihr **almuerzo** ein, in der Regel eine warme Suppe und gekochte Knollen. In den Städten findet sich nur an den Sonntagen die ganze Familie im Esszimmer ein. Werktags bereiten Mütter oder Dienstmädchen am Vorabend die Gerichte zu, die in Thermosbehälter verpackt von den Erwachsenen zur Arbeit und den Kindern zur Schule mitgenommen werden. In den schicken Cafés von Lima begegnet man nachmittags fröhlich lärmenden Frauen der Oberschicht, die ihr **lonche** mit einem Aperitif – *Pisco Sour, Algarrobina* oder *Piñacolada* – beginnen. Die ausgelassene Laune rührt allerdings nicht vom Alkohol: Dessen Anteil ist in den Cocktails äußerst gering. Dekorativ belegtes Weißbrot, *empanadas,* Teigtaschen mit Hackfleischfüllung sowie Kaffee oder Tee und traditionelle Süßspeisen wie *suspiro de la limena* („Seufzer der Limenserin") oder *arroz con leche* (Milchreis) gehören ebenfalls zur traditionellen Brotzeit. Daheim fällt das *lonche* einfacher aus. Im Alltag tritt an die Stelle der *cena,* die wie das *almuerzo* immer eine warme Mahlzeit ist, aus finanziellen und Zeitgründen zunehmend das *lonche.* Arme Familien reduzieren in Zeiten wirtschaftlicher Krisen die tägliche Ernährung auf eine Mahlzeit. Die **Grundnahrungsmittel der Armen** sind Brot, Reis und Nudeln. Manchmal kommt ein Stück Hühnerfleisch dazu, selten Fisch. Schweine- oder Rindfleisch essen arme Familien fast nie. Obst, Ge-

068pu Foto: lg

müse und Milchprodukte sind für viele unerschwinglich. Mit Speiseöl gehen sie sparsam um.

In der städtischen Mittel- und Oberschicht kochen und servieren die Dienstmädchen. Auf dem Land und in den Armenvierteln **versorgen die Frauen zuerst ihre Männer** und Kinder, manchmal Nachbarn, die vorbeischauen. Danach bedienen sie sich selbst. In den Anden werden alle Nahrungsmittel in „kalte" und „warme" unterteilt, was mit der Temperatur des Essens nichts zu tun hat, sondern sich auf ihre Wirkung im menschlichen Körper bezieht. Zur Erhaltung der Gesundheit achten die Frauen beim Kochen streng auf das Gleichgewicht zwischen „heißen" und „kalten" Zutaten. Besondere **Leckerbissen** gibt es nur bei Festen. Dann schlachten die Männer Tiere aus dem Dorfbestand. Die Frauen treffen sich zum gemeinsamen Kochen in den Versammlungshäusern.

Peruanische Marken machten lange den Stolz vieler Peruaner aus. So konnte Unilever sich mit einer neuen Eismarke nicht durchsetzen, weil die Peruaner ihr Eis von *Donofrio* liebten. Als schließlich Nestlé den peruanischen Eis-, Schokoladen- und Süßwarenhersteller kaufte, wurde der Name *Donofrio* beibehalten.

In Folge der Globalisierung haben ausländische **Fast-Food-Ketten** in Peru Einzug gehalten. Es gilt in allen Altersgruppen als schick, die dort angebotenen Snacks zu konsumieren, wenn man sie sich denn leisten kann.

Bier und andere Getränke

Männer bezeichnen es als „die Blonde“: Mit *una rubia, una chela* oder *una chelita* ordern sie in Restaurants und Kneipen ihr Bier. Das dunkle Bier, dessen Qualität es mit dem deutschen durchaus aufnehmen kann, wird *negra* („Schwarze“) genannt. Bier ist zwar ein **typisches Männergetränk,** wird aber von Frauen auch konsumiert, allerdings in kleineren Mengen. Bier wird nicht als Nahrungsmittel betrachtet und auch nicht während des Essens getrunken. Wohl gehört es zu Familienfeiern, Grillfesten, Hochzeiten und spielt bei den Festen der andinen Heimatvereine eine wichtige Rolle.

Bei familiären oder nachbarschaftlichen Treffen machen meist eine geöffnete Bierflasche und ein Glas unter den in Gruppen zusammen sitzenden oder stehenden Menschen die Runde. Dabei schenkt der linke Nachbar seinem rechten ein und reicht ihm Flasche und Glas. Dieser prostet der Person zu seiner Rechten zu, trinkt das Glas leer, schüttet übrig gebliebene Tropfen auf den Boden und gibt dann Glas und Flasche weiter.

Bei Dorffesten, die mehrere Tage dauern, werden auf dieselbe Weise an aufeinander folgenden Tagen **große Mengen** an Bier konsumiert. Oft kann man Männer durch den Ort torkeln und sogar am Straßenrand ein Nickerchen machen sehen. Der Alkoholismus junger Männer mag daher rühren, dass das dörfliche Leben ihnen keine Perspektiven bietet und ihnen die Verbesserung ihrer Lebenssituation unmöglich erscheint.

In den Städten steigt die Zahl der **Kneipenbesuche** am Wochen- oder Monatsende, wenn die Männer ihre Gehälter bekommen haben. Bei Freunden und Kollegen aus der Unterschicht können solche Kneipenaufenthalte in ausgedehnte Veranstaltungen ausarten: Die Männer vertrauen sich Geheimnisse an, erinnern sich mit Nostalgie an ihre traurige Kindheit oder prahlen von Heldentaten, die sie vollbringen möchten. Wenn sie spät in der Nacht zu Hause eintreffen, ist von ihrem Gehalt meist nicht mehr viel übrig.

Reist man im Sommer zum Baden über die *Panamericana* an einen der südlich von Lima gelegenen Sandstrände, lächeln von riesigen Plakaten am Fahrbahnrand junge Frauen in Bikinis und Tangas mit Bierflaschen oder -gläsern in ihren Händen. Am Strand angekommen, nähern sich bald beflissene Kellner, die **Fischgerichte und Bier** anbieten. Bier gehört zum Strandausflug.

< Köchin im Andenhochland

105pu Foto: pg

Für Softdrinks geben Peruaner viel Geld aus. Höchstes Ansehen genießt die in Peru kreierte **Inca Kola,** die sehr süß ist und deren Geschmack den des Zitronengrases nachahmt. Das Getränk macht den Nationalstolz vieler Peruaner aus, so freuen sie sich, wenn sie auch Ausländern schmeckt.

Im Restaurant fragen Kellner ihre Gäste stets, ob sie ihr Getränk *al tiempo* („temperiert") oder *helado* („eisgekühlt") möchten, wobei *helado* keineswegs der deutschen Vorstellung von „eiskalt" entspricht.

In reichen Familien gehört es zum guten Ton, seinen Gästen **Whisky** anzubieten – es sollte aber mindestens ein *etiqueta negra (black label)* sein.

Der Oktober, der als „maulbeerfarbener Monat" gilt, gehört dem Kult um den „Herrn der Wunder". Eine Statue wird in Prozessionen durch die Straßen von Lima getragen. Personen, die den schwarzen Christus besonders verehren, tragen während des ganzen Monats maulbeerfarbene Kleidung. Eine typische Speise in dieser Zeit ist ein sehr süßes Gebäck mit viel Honig, der *Turron de Doña Pepa.*

Einkaufen auf dem Markt

Obst und Gemüse sowie Fisch, Fleisch und Geflügel („Geflügel" gilt nicht als „Fleisch") werden gern auf den Tagesmärkten gekauft, wo sie frisch und auch preisgünstig sind. Bereits beim zweiten Besuch steigt man dort zum *casero* bzw. zur *casera* („Stammkunde") auf und wird bevorzugt bedient. Nimmt ein Käufer sich Zeit zum Betrachten, Auswählen oder Vergleichen der Ware, nutzt der Händler die Gelegenheit, um einen anderen Kunden nach seinen Wünschen zu fragen. Oft wird dieser Kunde dann gleichzeitig bzw. zwischendurch bedient. Die aus Deutschland bekannte Reihenfolge kommt nur insofern zur Geltung, als dass man sich nicht vordrängt.

^ Auf dem Tagesmarkt

Bei Peruanern zu Gast

Peruaner laden Freunde und Verwandte gerne zum Essen ein. Ob es angebracht ist, pünktlich oder etwas verspätet zu erscheinen, muss von den Gepflogenheiten des Gastgebers abhängig gemacht werden. Trifft man unangemeldet ein, wenn eine Familie gerade speist, das Essen schon auf die Teller verteilt und keine Portion mehr übrig ist, wird man gebeten, in einem anderen Zimmer Platz zu nehmen, bis die Familie die Mahlzeit beendet hat. Andererseits ist man in peruanischen Haushalten sehr flexibel: *Gaseosas,* Softgetränk, löslicher Kaffee, Dosenmilch, Salzgebäck und was die *bodega de la esquina* (der Krämerladen an der nächsten Ecke) sonst nach anbietet, wird rasch gekauft. Einen Gast warten zu lassen, bis man etwas zum Anbieten besorgt hat, gilt nicht als Unhöflichkeit.

Beim *lonche* steht keine Kaffeekanne auf dem Esstisch, sondern der Gastgeber reicht jedem Gast **eine Tasse mit heißer Milch** oder heißem Wasser. Auf dem Tisch befinden sich Pulverkaffee oder Kaffeeessenz und Teebeutel. Manchmal bedient sich der Gast auch aus einer großen Thermoskanne. Der Dessertteller befindet sich rechts von der Tasse. In der Tischmitte stehen eine große Zuckerdose, ein Korb mit frischen Brötchen, in Peru *pan frances* („französisches Brot") genannt, ungetoasteten Weißbrotscheiben oder Cracker sowie Margarine oder Butter, Käse und Wurst. Manche Gastgeber servieren nur eine Tasse mit einem Heißgetränk. Ob man als Gast um eine zweite bittet, sollte man von der Situation und der persönlichen Beziehung abhängig machen. In einigen Haushalten werden zusätzlich *tamales* oder *humitas* angeboten. Brot und Cracker werden entweder mit Butter bzw. Margarine bestrichen, oder mit einer Scheibe Wurst oder einem Stück Käse belegt oder aber man isst sie mit Avocado. Dass europäische Gäste sowohl Butter als auch Belag verwenden, wird zwar kein Befremden auslösen, Peruaner werden davon aber zunächst nicht ausgehen. Ein eigenes Messer wird man beim *lonche* vermissen, stattdessen wird ein Messer herumgereicht, das von allen verwendet wird.

Bei **Einladungen zum Mittag- oder Abendessen** werden die Portionen bereits in der Küche auf Teller verteilt und ins Esszimmer gebracht. Fleischstücke können je nach Wichtigkeit der Person unterschiedlich groß sein. Generell ist der Anteil kohlehydrathaltiger Nahrungsmittel auf dem Teller proportional höher als in Deutschland. Gäste erhalten ihre Portion als erste. Dass ihr Essen ein wenig abkühlt, lässt sich nicht vermeiden, denn es gilt als unhöflich, zu beginnen bevor alle ihren Teller erhalten haben. Nachschlag gibt es in der Regel nicht: Um seinen Gastgeber nicht in Verlegenheit zu bringen, sollte man nicht danach fragen, denn meist wurde der gesamte Inhalt der Kochtöpfe auf die Teller verteilt. Vorsicht ist bei scharfem Essen geboten, insbesondere weil es als unhöflich gilt, sich während des Essens die Nase zu putzen. Bei warmen Mahlzeiten steht meist eine Karaffe mit Obst- oder Maissaft auf dem Tisch, aus der die Dame oder der Herr des Hauses einschenkt. Wer sein Glas geleert hat, sollte warten, bis ihm mehr angeboten wird. Abends werden auch Bier oder Wein serviert. Sie werden aber nicht zum Essen, sondern im Anschluss an die Mahlzeit getrunken – und erst, wenn der Gastgeber seinen Gästen zugeprostet hat.

Beliebte **Gastgeschenke** sind schön verpackte Schokolade, erlesene Kekse, Blumen, hochwertiger Tee in einer schönen Dose, Wein aus Argentinien, Spanien oder Deutschland, Whisky oder *Pisco*. Beim *Pisco* sollte es sich aber um eine renommierte Marke handeln, die das Zwei- oder Dreifache eines guten Weines kostet. Geschenke werden in der Regel nicht in Gegenwart des Schenkenden geöffnet, damit dieser nicht enttäuscht ist, falls dem Beschenkten das Geschenk nicht gefällt.

Auf dem Land macht alles Freude, was dort nicht erhältlich ist, wie süßes Brot oder Kuchen, Rosinen für die Herstellung von *humitas*, Oliven, Früchte in Konserven, Kunsthandwerk, Kleidungsstücke oder Stoffe. Wein, *Pisco* und Anisschnaps sind bei Festen willkommene Geschenke. Ist man Gast eines ganzen Dorfes und nicht nur einer einzelnen Familie, ist es angebracht, die Alkoholika, die nicht hochpreisig sein müssen, in Mengen mitzubringen, die zumindest für die Dorfautoritäten ausreichen.

Wenn Peruaner ihrer Einladung eine ausführliche Erklärung zur **Adressfindung** hinzufügen, so geschieht das, um dem Eingeladenen unangenehme Schwierigkeiten zu ersparen. In den peruanischen Städten gibt es nicht nur ähnlich klingende Straßennamen und Namen, die sich in vielen Stadtvierteln wiederholen, sondern es können in einer Straße auch Zahlen fehlen, weil nach jeder Straßenkreuzung eine neue Zehnerreihe beginnt. Nennt der Gastgeber auffallende Gebäude in der Nähe, sollte man sich diese merken. Namensschilder wird man an den Türen vergeblich suchen. Der Besuch in einem Mehrfamilienhaus setzt voraus, dass man Stockwerk und Nummer bzw. genaue Lage der Wohnung kennt. Das Erdgeschoss gilt in Peru als „erste Etage“. Man sollte nicht darauf vertrauen, dass man auskunftsbereite Nachbarn trifft. Das resultiert keineswegs aus Unhöflichkeit, sondern die Anonymität dient dem Schutz vor Einbrechern. Gibt es in dem Haus einen Concierge, weiß dieser in der Regel, wo der Gesuchte wohnt, und er wird es dem Fragenden verraten, wenn der ihm vertrauenswürdig erscheint. In den **Armenvierteln** gibt es keine Straßennahmen, sondern Häusergruppen, die mit Nummern und Buch-

▷ Die Tage um Weihnachten und Neujahr sind beliebt für Strandaufenthalte

203pu Foto: lg

staben bezeichnet werden. Innerhalb jeder Gruppe erhält jeder Block und innerhalb jedes Blocks jede Wohnung einen Buchstaben bzw. eine Nummer. Klingeln gibt es in den *asentamientos humanos* nicht. Man ruft oder rasselt mit dem metallischen Türschloss solange, bis eine Stimme aus dem Innern antwortet.

In den reichen Vierteln, wo Villen sich hinter hohen Mauern verbergen, dient die Gegensprechanlage zur Identifikation des Besuchers. Nur wenn dieser bekannt und angekündigt ist, wird nach einigem Warten – der Weg vom Innern des Hauses bis zum Eingang ist weit – die Pforte geöffnet.

Freizeit und Feste

Weihnachten

Heiligabend ist in Peru ein Familienfest. Weihnachten fällt allerdings in den Sommer. Wenn die Familien sich am späten Abend des 24. Dezember vor unechten, meist kerzenlosen Tannenbäumen einfinden, ist es draußen noch warm. Aus Stereoanlagen tönen Weihnachtslieder meist US-amerikanischer Herkunft. Die *villancicos,* die traditionellen Weihnachtslieder, werden nur noch selten gesungen. Zum Essen versammeln sich die Familien erst gegen 24 Uhr. In Haushalten, die das Geld dazu haben, wird gefüllter Truthahn serviert. Im Anschluss an das **Weihnachtsessen** gibt es selbst in den ärmsten Haushalten *paneton* und die obligatorische heiße Schokolade. Die Bescherung findet nie vor 24 Uhr statt. Am 25. Dezember gehen Katholiken in die Kirche. An diesem Tag werden Familienangehörige besucht. Einen zweiten Weihnachtsfeiertag am 26. Dezember kennen die Peruaner nicht.

„Fiestas Patrias", der Nationalfeiertag, und andere Feiern

Das „Fest des Vaterlandes", für das die Peruaner zwei freie Tage erhalten, den 28. und den 29. Juli, geht zurück auf die **Unabhängigkeitserklärung** gegenüber Spanien am 28. Juli 1821. Kinder freuen sich darauf, dass sie sich an den beiden Tagen schick anziehen dürfen und von ihren Eltern zu Spaziergängen ausgeführt werden. In den Städten finden Militärparaden statt, Lehrer und Schüler in Schuluniformen marschieren durch die Straßen, der Staatspräsident hält eine Rede, die meist mit Spannung erwartet wird. Am 28. Juli teilt der Präsident mit, wie die Politik der kommenden Monate aussehen wird. Oft stellt er an *Fiestas Patrias* auch ein neues Kabinett vor.

Mutter- und Vatertag nutzen Peruaner für Familienbesuche und den Austausch von Geschenken. Dabei werden auch Frauen beschenkt oder beglückwünscht, die erst Mütter werden sollen. Der **Valentinstag** gilt in Peru auch als Tag der Freundschaft. Man beschenkt sich und schickt Freunden im Ausland Glückwünsche per E-Mail.

Geburtstagsfeiern beginnen häufig am Vorabend gegen 20 Uhr oder bis zum Morgengrauen. Nachbarn, die dadurch ihrer Nachtruhe beraubt werden, nehmen es hin. Nach einem Imbiss tanzt und feiert man in den Geburtstag hinein. Meist lädt derjenige, der Geburtstag hat, zu sich nach Hause ein. Es ist aber ebenfalls üblich, dass Freunde das Geburtstagskind an seinem Ehrentag in ein Restaurant oder Tanzlokal einladen.

Auf dem Land

Je höher ein Dorf gelegen, umso unwirtlicher das Klima und schwieriger die Oberflächengestalt. Und desto anstrengender und Zeit raubender ist auch die Auseinandersetzung mit der Natur, um den kargen Böden ausreichend Nahrung abzuringen. Klima und Jahreszeit schreiben vor, wann der Boden umgegraben, wann gesät, wie oft bewässert, wann geerntet und wo das Vieh geweidet werden muss. Keine dieser Arbeiten duldet Aufschub. Freie Zeit zwischen der Verrichtung dieser Tätigkeiten bleibt in der Regel nicht. Der peruanische Campesino hat nicht viel Zeit, um sich auszuruhen. Für die Campesina gibt es **keine „freien Tage".** Tag für Tag beginnt sie morgens früh mit der Arbeit und fällt abends müde ins Bett. Samstage und Sonntage sind ganz normale Arbeitstage. Gefeiert wird dagegen die Zeit, in der sich der erste Regen und somit eine gute Ernte ankündigt.

▷ „La vaca loca" („die verrückte Kuh") – ein Feuerwerk sprühendes Gestell, das am Festtag durch die Menge getragen wird

070pu Foto: ah

In Peru finden **jährlich 3000 festliche Veranstaltungen** statt. Viele religiöse Feierlichkeiten sind den Schutzpatronen der Dörfer und Städte gewidmet: Sie sind also spanischen Ursprungs; andere gehen zurück auf die Inka oder ältere Kulturen. Gemeinschaftsarbeiten sind in den Anden gleichzeitig Gemeinschaftsfeiern. Einen wichtigen Platz im Leben der Campesinos nehmen Feiern ein, bei denen es um die Fruchtbarkeit der Erde, die Fruchtbarkeit der Tiere oder die Anrufung der beseelten Natur für ein günstiges Klima geht. Fällt die Ernte gut aus, so ist dies für viele andine Bauern ein Grund zum Feiern.

Überall in den Anden feiern die Menschen **Karneval.** Je nach Landesregion handelt es sich dabei um Arbeitsfeste mit Instandhaltungsarbeiten der dörflichen Infrastruktur, Tanzwettbewerbe, bei denen die Jugendlichen Liebeslieder singen, oder Kostümumzüge (der größte Umzug findet in Cajamarca statt). In den Dörfern im Urubambatal bei Cusco veranstalten die Menschen ausgelassene Feiern, bei denen sich das ganze Dorf in alte Inkaruinen begibt. Dort färben die Feiernden einander ihre Gesichter mit

071pu Foto: ah

„Yaku Raymi" – das Fest des Wassers

Das „Yaku Raymi" („Fest des Wassers") beginnt mit dem nächtlichen geheimen Ritual der „curación de la acéquia" („Heilung des Bewässerungsgrabens"). Am Montagmorgen versammelt die Dorfbevölkerung sich auf dem heiligen Platz Kuway Pampa. „Autoridades de Vara" („Machtinhaber mit Amtsstab") und „notables" (Männer, die bereits alle Ämter durchlaufen haben) nehmen die Ehrenplätze ein. Die übrige Bevölkerung folgt ihren Anweisungen. Jedem comunero (Gemeindemitglied) wird ein Stück des riesigen Kanalsystems zugeteilt, aus dem die Felder bewässert werden. Ein Dorfmusikant bläst die „chirisuya" (Schalmei) - das Zeichen für den Aufbruch. In kleinen Gruppen ziehen Männer und Frauen los, „hualinas" singend. Die hualina ist eine in der Provinz Huarochiri typische Liedkomposition zu Ehren der Wasserspender: Wolken, Quellen und Wassergötter. Bis zum Nachmittag reinigt jeder Bauer das ihm zugeteilte trockengelegte Stück Bewässerungskanal. Bei der anschließenden Versammlung erstatten die Dorf-

⌃ Viele traditionelle Feste verbinden Arbeiten und Feiern

autoritäten Bericht über den Verlauf der Arbeiten. Am Dienstag werden die Arbeiten fortgesetzt. Nach getaner Arbeit ziehen die Bauern tanzend, hüpfend und hualinasingend heim. Die Begeisterung wird von Tag zu Tag größer. Am dritten Tag erhalten die Wassergötter Opfergaben: Kokablätter und Anisschnaps. Am Nachmittag findet ein Pferderennen statt, für die jungen Männer, die großen Mut bei der Teilnahme beweisen, ein wichtiger Moment in ihrem Leben. Am vierten Tag reinigt jede der vier „paradas" (Abstammungsgruppen) ihre „qocha", kleine Wassersammelbecken. Noch bevor die Reinigung ganz beendet ist, wird das Wasser wieder in die „qocha" gelassen. Die „michikuy" genannten traditionellen Amtsinhaber peitschen das hineinströmende Wasser und tanzen im Schlamm zu Trommelklängen und Gesang. Schlamm spritzt an die hoch gelegenen Ränder zu den „mayoralas", Gruppen junger Frauen, die mit Fahnen auf den Boden stampfen und aus vollem Halse „hualinas" singen. Bald stoßen alle vier „paradas" aufeinander. Jede singt die ihrer musikalischen Tradition entsprechenden hualinas. Chirisuyabläser kommen dazu. Die Begeisterung und die Freude, die bei diesem kraftvollen, lebenslustigen Durcheinander entsteht, reißt auch die Fremden mit, die zu diesem Hauptfesttag in die Andengemeinde reisen. Das größte Wassersammelbecken, die „pampaqocha", wird von allen gemeinsam gereinigt. Dabei trinken die Männer Bier, Anisschnaps und Chicha. Einige fallen ins Wasser oder in den Schlamm. Dadurch fühlen sie sich der Natur noch mehr verbunden. Die Identifikation der Menschen mit ihrem Land und den Wasserspendern erreicht ihren Höhepunkt. Am Ufer der „qocha" wird ein riesiger Festschmaus vorbereitet. Würdenträger, „comuneros" und Gäste nehmen in einem großen Kreis auf dem Boden Platz. Vor ihnen werden bunt bestickte Tischtücher ausgebreitet. Die Frauen haben den ganzen Morgen lang gekocht und ihre Speisen gelb gefärbt. Es gibt süßen Wein, Biskuit, Pfirsichkonserven. Obst wurde auf den Feldern gepflückt oder in einer Küstenkleinstadt gekauft. Meerschweinchen und Zieglein werden angeboten. Bei dieser „karway mesa" (quechua-spanisch: „gelber Tisch") werden neben Kartoffeln gelb gefärbter Reis und Käse als Beilagen angeboten. Fremde, die viele Freunde im Dorf haben, bekommen an diesem Tag einen Ehrenplatz und von mehreren Frauen einen Teller mit Essen gebracht. Zum Nachtisch gibt es „humitas" - süße, gefüllte Maispasteten. An vielen Tischen wird der Festschmaus mit einem Gläschen Wein beendet. Dann bricht die Menschenmenge auf. Frauen verfrachten leere Kessel und Teller auf die Rücken ihrer Esel. Die ledigen Frauen singen. Die Männer ziehen springend, singend und Schnaps trinkend den Hang hinab. Auf dem Weg ins Dorf fallen oft bereits die ersten Regentropfen. Dann überkommt die „comuneros" Freude. Regen bedeutet, dass die Saat gedeihen und es genug zu Essen geben wird.

bunten Farben. Oder sie bewerfen sich mit wassergefüllten Luftballons. In der Regel dauern die bäuerlichen Feste mehrere Tage, manche länger als eine Woche. An traditionellen Feiertagen bereitet die Campesina **besondere Speisen** zu und genießt ein- bis zweimal im Jahr ihre *diversión* (Vergnügen, Zerstreuung). Dann organisiert sie Haushalt, Feld- und Weidearbeiten so perfekt, dass sie sich für ein paar Stunden mit den anderen Bäuerinnen vergnügen kann. Die Frauen sind so fröhlich und ausgelassen, dass man den Eindruck gewinnt, sie seien die glücklichsten Menschen der Welt.

In der Stadt

Das Freizeitverhalten der Städter gleicht dem der Europäer. In ihrer Fähigkeit, ihre Freizeit ausgiebig zu genießen und voll auszukosten, übertreffen die meisten aber die Deutschen. Wenn irgend möglich unternehmen Peruaner in ihrer Freizeit und vor allem an den Wochenenden mit ihrer Familie oder einer Gruppe von Freunden etwas Gemeinsames. Der Einnahme gemeinsamer Mahlzeiten in einem Restaurant, Kino, Sport und den traditionellen Festen kommt ein hoher Stellenwert zu, Theater- und Konzertbesuche sind weniger beliebt als in Europa. Kinder aus armen Familien verbringen viel Zeit in dunklen Läden mit Computerspielen oder sie spielen mitten auf der Straße Fußball. Erwachsene suchen Spielsalons auf, die seit den 1990er-Jahren in den peruanischen Städten entstanden.

Strandwochenenden stellen in der Küstenregion die wichtigste Freizeitbetätigung während der Sommermonate dar. Arme Leute suchen die Strände auf, die unmittelbar den Städten vorgelagert sind. Wer mehr Geld hat und gesehen werden möchte, fährt zu den Stränden, die gerade in Mode sind und zu denen nur Zutritt erhält, wer mit dem Auto vorfährt. Unter den südlich von Lima gelegenen exklusiven Stränden ist „Asia" derzeit das Nonplusultra. Die begehrten Grundstücke direkt am Meer kann aber nur erwerben, wer die „richtige" Hautfarbe hat. Die Privatklubs halten für ihre Mitglieder während der Sommermonate umzäunte Terrains an den Stränden bereit. Während der Wintermonate können die Familien die Klubeinrichtungen im sonnigen Hinterland aufsuchen. Die Oberschicht bleibt unter sich: Man trifft sich in Stadt-, Land- oder Strandhäusern befreundeter Familien. Und man arrangiert Feste, auf denen Heiratskandidaten einander vorgestellt bzw. näher gebracht werden, wenn sie sich von der Privatschule oder der Eliteuniversität im In- oder Ausland (Universitätsbesuche in den USA sind ein Muss, insbesondere für das soziale Leben) bereits kennen. Das garantiert den Reichen, auf Dauer unter sich zu bleiben. Ihre Urlaube verbringen die Oberschichtfamilien am liebsten in Buenos Aires, Miami, Santiago de Chile oder Großbritannien.

Antigua Taberna Queirolo

Die aus einem Krämerladen italienischer Einwanderer hervorgegangene Eckkneipe im Stadtteil Pueblo Libre in unmittelbarer Nähe des archäologischen Museums hat bisher allen Wirtschaftskrisen getrotzt. Das Lokal befindet sich noch immer im Besitz derselben Familie, die eigenen Wein und „Pisco" (Traubenbranntwein) anbietet. Um die alten Marmortische scharen sich manchmal auch Touristen, vor allem aber die Leute aus dem Viertel, deren Väter und Großväter schon Stammgäste der Taverne waren. Bei einer Fischsuppe, einem einfachen Muschelgericht oder einem preiswerten Getränk tauscht man Nachrichten, Sorgen und Zukunftspläne aus.

El Cordano

Das Traditionslokal gegenüber dem Bahnhof „Desamparados", nur wenige Schritte vom Regierungspalast entfernt, geht ebenfalls auf die Gründung italienischer Einwanderer zurück. Die Familie hat das Lokal jedoch 1978 den Kellnern übereignet. Die Einrichtung ist schlicht. Die Gerichte sind einfach, aber schmackhaft, insbesondere der Schinken aus eigener Herstellung. Die Kellner sind stolz darauf, dass weiterhin jeder Staatspräsident nach seinem Amtsantritt hier speist. Allerdings hat das Lokal als Treffpunkt von Intellektuellen und Schriftstellern an Bedeutung verloren. Diese treffen sich heute lieber im „Haití" in Miraflores.

Zeitgleich mit der großen Prozession für den „Herrn der Wunder" im Oktober beginnt in Lima die Zeit der **Stierkämpfe.** Lima verfügt über eine der größten Stierkampfarenen außerhalb Spaniens. Die besten Toreros eröffnen die Saison. Angesehene limensische Familien sowie Persönlichkeiten aus Wirtschaft und Politik finden sich an den Sonntagen in der Arena an der Plaza Acho ein. Wer gesehen werden will, sitzt ganz vorn im schattigen Teil, wo Plätze besonders teuer sind, und stolziert, bevor das Spektakel beginnt, an den anderen Zuschauern vorbei. Sobald der Stierkampf beginnt fühlt man die Leidenschaft und der Ausgang eines jeden Stierkampfes wird am Ende lebhaft kommentiert. Wegen der hohen Eintrittspreise ist die Teilnahme einem begrenzten Personenkreis vorbehalten.

Die erste Migrantengeneration traf sich an wichtigen Festtagen in den **Heimatvereinen** und organisierte **Karnevalsfeiern,** an denen ein Karnevalsbaum in den Boden gepflanzt und von Tanzpaaren gefällt wurde. An den Sonntagen im Februar bewerfen Karnevalsjecken ahnungslose Passanten mit prall mit Wasser gefüllten Luftballons. An den Osterfeiertagen verreisen Familien, wenn sie es sich leisten können. Jugendliche, die über das nötige Taschengeld verfügen, verbringen die Ostertage in nahe gelegenen Ferienorten oder campen am Strand.

Für das Ausgehen an den Wochenenden stehen Diskotheken und Tanzlokale für alle Geldbeutel zur Verfügung. In einigen Stadtrandsiedlungen, in denen sich die arme Bevölkerung angesiedelt hat, gibt es sogar Straßenzüge, in denen sich eine Vielzahl großer Diskotheken aneinander reiht. Auch Kinobesuche sind beliebt und im Sommer Strandaufenthalte. Für junge Liebespaare erfüllen die vielen kleinen und großen Parks eine wichtige Funktion. Die großen Diskotheken in den nördlichen und südlichen Stadtvierteln werden von Jugendlichen aus armen und reichen Stadtvierteln frequentiert. Die sogenannten *discotecas high* in Miraflores oder an den Stränden sind jedoch der Oberschicht vorbehalten. Nachdem dort die Hautfarbe mehrfach als Kriterium für den Einlass benutzt wurde, musste sich sogar das Parlament mit der Angelegenheit beschäftigen.

Innerhalb bestimmter Freundeskreise wird ein Druck auf die Jugendlichen ausgeübt, dem sie sich kaum widersetzen können. Bis in die frühen Morgenstunden sind die Vorstadtdiskotheken brechend voll. Bier und Sangria werden aus großen Glaskannen konsumiert.

Neben den Diskotheken, in denen zu Rock, Pop, Trance, Reggaeton, Techno und Perreo (entstanden aus dem puertoricanischen „Sandungeo") getanzt wird, gibt es die sogenannten **salsodromos,** die auf Salsarhythmen spezialisiert sind, **chichodromos,** in denen die in Peru kreierten Rhythmen *chicha* (Mischform aus andinem Huayno und kolumbianischer Cumbia) und *technocumbia* (in Peru entstandener Rhythmus, bei dem der karibische Einfluss stärker ist als bei der *chicha*) abgespielt werden, und die traditionelle **peña,** in der Show und Tanz der Besucher einander abwechseln. Es gibt kleine hochspezialisierte *peñas* wie die „Oficina" in Lima, wo ausschließlich *marinera limeña* getanzt wird. Das „Hatuchay" in Lima hat sich auf andine Rhythmen spezialisiert. Die Bands in den *peñas* in Cusco spielen *huaynos,* traditionelle andine Lieder, die getanzt werden können. In Trujillo und Chiclayo dominieren peruanischer *vals,* afroperuanischer *festejo,* Salsa, Merengue sowie andere Karibik-Rhythmen, vor allem aber die **Marinera.** Dieser Paartanz, der das Werben des Mannes um die Frau beschreibt und in dem Verneigungen, schnelle Drehungen und stepptanzähnliche Kurzschritte einander abwechseln, bewegt sich im 3/4-Takt und wird von einer Blasmusikkapelle mit starker Rhythmusgruppe gespielt. Typisches Kennzeichen ist der ausgehaltene Trommelwirbel am Anfang jedes Stückes und die ausgeprägte Kontramelodie der tiefen Instrumente. Im Februar finden in der nordperuanischen Küstenregion Ma-

Die Brise des Titicaca-Sees weht in Lima

093pu Foto: ah

Die bekannteste Peña dürfte „Brisas del Titicaca" in Lima sein, eine von Migranten gegründete Institution, die einen hervorragenden Einblick in die peruanische Folklore vermittelt. In einem riesigen Saal sitzen an langen Tischen Besucher zwischen 18 und 80, Peruaner und Touristen. Interessiert lauschen sie Rubén, wenn er Herkunft und Ursprung der Tänze erläutert.

Gegen Mitternacht, wenn die Stimmung am besten ist, ruft Rubén alle Geburtstagskinder auf die Tanzfläche. Sie reihen sich zwischen die Tuntuna-Tänzer ein und wenn die Live-Band zu spielen beginnt, kommt ein großer fröhlicher Kreis mit immer schnelleren Schritten in Bewegung. Wer „Las Brisas" besucht, kommt zum Tanzen; es geht nicht um das „Tanzenkönnen", sondern darum, seiner Lebensfreude Ausdruck zu verleihen. Frauen begeben sich mit männlichen Tanzpartnern, einer Freundin oder mit einer ganzen Gruppe auf die Tanzfläche. Unbekannte Menschen gehen aufeinander zu, fassen sich an den Händen und ziehen einander zu den Rhythmen von santiago und sicuri durch das Publikum, aus dem immer noch Menschen aufspringen und sich in die Tanzenden einreihen. Das Programm ist abwechslungsreich:

Zu sehen sind Tänze von Küste, Berg- und Tiefland. Die verschiedenen Bands spielen huaylarsh, eine Art Stampftanz aus Huancayo, mit dem ursprünglich die gute Ernte gefeiert wurde, Karnevalstänze aus Arequipa, afroandine Tänze wie tuntuna oder saylla, Rhythmen aus der Karibik, afroperuanische Tänze aus der Küstenregion und viele andere. Wenn in den frühen Morgenstunden die Sieger des letzten Marinera-Wettbewerbs auftreten, wird ein neuer Höhepunkt erreicht.

⌃ Brisas del Titicaca: Hier wird die Geschichte Perus in Tänzen erzählt

rinera-Wettbewerbe statt. Tanzpaare, die daraus als Sieger hervorgehen, treten später im ganzen Land auf.

Ica gilt als Hochburg des **festejo.** Auch dort finden jährlich Tanzwettbewerbe statt, die allerdings nicht die Bedeutung und Bekanntheit der Marinera-Veranstaltungen erlangen.

Sport

Wer in Lima vom Leuchtturm aus seinen Blick in Richtung Pazifik schweifen lässt, sieht oberhalb der Steilküste bei gutem Wetter **Gleitschirmflieger** am Himmel schweben. Der Sport heißt in Peru *parapente.* Unten nutzen **Surfer** während des ganzen Jahres die hohen Wellen. Obwohl die Wiege des modernen Wellenreitens in Hawaii liegt, gibt es schon aus den Vor-Inka-Kulturen Hinweise auf diese Sportart. So zeigen bereits Keramiken der Moche-Kultur, wie Fischer auf Balsa-Booten, den *caballitos de totora,* Wellen „reiten". In den 1930er-Jahren brachte *Carlo Dogny* das moderne Surfen aus Hawaii nach Peru. 1942 wurde an der Küste von Lima der Klub für Wellenreiter „Waikiki" gegründet. International prägte Peru den Sport durch Austragung der zweiten internationalen Weltmeisterschaft im Jahr 1965, die der Peruaner *Felipe Pomar* gewann. Während Surfen lange ein Sport von Limas Mittel- und Oberschicht war, verbreitet er sich inzwischen an der gesamten Küste. Als 2004 die Peruanerin *Sofía Mulanowich* die Weltmeisterschaft gewann, brachte dies dem Sport in Peru deutlichen Aufschwung. Inzwischen hat sich sogar ein kleiner Industriezweig etabliert mit Surf-Zeitschriften, einem Fernsehprogramm, einer Fabrik für Neoprenanzüge, Herstellern von Surfbrettern und es gibt auf den Surf-Tourismus spezialisierte Hotels.

Dem Squash ähnlich ist das **Paleta-Frontón-Spiel.** Die *pelota,* ein ca. 7 cm dicker Ball aus lederumwickeltem Hartgummi, wird gegen eine neun bis zehn Meter hohe Granitwand gewuchtet und kann dabei eine Geschwindigkeit von bis zu 300 km/h erreichen. Der *pelotari* versucht, den Ball mit einem aus Holzrippen geflochtenen Korb, den er an seinem Arm befestigt, so gegen die Granitwand zu schlagen, dass der Gegner den zurückprallenden Ball nicht erreicht. Die Ursprünge des Spiels liegen in Mexiko. Vor 400 Jahren kam es nach Spanien und stieg im Baskenland zum Nationalsport auf. Von dort kam der Sport nach dem 2. Weltkrieg nach Nord- und Südamerika. Als er 1945 nach Peru gelangte, wurde er zunächst im privaten Klub „Regatas" praktiziert, bald auch in anderen Klubs. In Lima gibt es ca. 1200 Frontón-Spielräume. Seit 1972 werden Wettkämpfe ausgetragen und die peruanische Paleta-Frontón Vereinigung

201pu Foto: lg

zählt 2000 aktive Spieler. **Fußball** war in Peru zunächst der Oberschicht vorbehalten. Es dauerte jedoch nicht lange, bis die Unterschicht die aus England mitgebrachte Sportart ebenfalls spielen wollte.

So gründeten Jugendliche eines armen Viertels am 15. Februar 1901 den ersten Fußballverein, den **Club Alianza Lima.** 50 Jahre später führte die *Federación Peruana de Futbol* (Peruanische Fußballvereinigung) internationale Regeln ein und machte den Fußball zum Berufssport. Zu Beginn hatten die meisten Spieler helle Haut. Später entwickelte der Fußball sich zu einer Aktivität, die Afroperuanern den gesellschaftlichen Aufstieg ermöglichte. Der Club Alianza Lima, im Volksmund die „Alianza", gewann in den 1930er-Jahren drei nationale Meisterschaften. Wettspiele wurden mit den in Lima beheimateten Vereinen **Sporting Cristal, Sport Boys** und dem **Club Universitaria de Deportes,** kurz die **„U"** genannt, ausgetragen. Seit 1928 gelten Spiele zwischen Alianza und U als das größte Derby Perus, genannt *Superclásico.* 1963 nahm die Alianza zum ersten Mal an der *Copa de Libertadores* teil. Nach **Alejandro Villanueva,** der die Spielweise der Alianza entscheidend prägte, wurde ein 35.000 Zuschauer fas-

Fußball ist die beliebteste Sportart der Peruaner

sendes Stadion benannt. Über viele Jahre war die „Alianza" der Stolz der Afroperuaner. Deshalb pflegen die Spieler eine besondere Beziehung zum *Señor de los Milagros.* Sie tragen im Oktober maulbeerfarbene Trikots und nehmen an der Prozession des „Schwarzen Christus" teil (vgl. auch das Kap. „Religion"). Hymnen, Lieder, Walzer- und Polkatexte sind dem Verein gewidmet. Als größtes Idol der Alianza gilt **„Nene" Cubillas,** den die FIFA 2004 in einer Auflistung der 50 besten Spieler des 20. Jahrhunderts erwähnte. Am 8. Dezember 1978 stürzte ein Flugzeug mit der gesamten Mannschaft vor der peruanischen Küste in den Ozean.

Den Verein **Club Universitaria de Deportes** gründeten Studenten der Universidad Nacional Mayor de San Marcos am 7. August 1924. Er gewann 24 Mal die peruanische Meisterschaft, öfter als alle anderen Vereine. Der Nationalmannschaft, die 1930 zur Fußballweltmeisterschaft nach Uruguay reiste, gehörten acht Spieler der U an. Seit 2000 trägt der Verein Heimspiele im Estadio Monumental, dem größten und modernsten Stadion des Landes aus. Darin finden über 90.000 Personen Platz. Die Zeit zahlreicher Siege auf Landesebene in den 1960er-Jahren fiel mit dem Aufstieg des Spielers **Héctor Chumpitaz** zusammen. Als größtes Idol gilt **„Lolo" Fernandez.** In seine Zeit fielen mehrere Gewinne gegen Mannschaften aus Argentinien und anderen südamerikanischen Ländern. Berühmt wurde der Sieg gegen eine chilenische Mannschaft, bei dem *Fernandez* das Tor mit dem Kopf erzielte.

Auch in den anderen peruanischen Städten gibt es angesehene Fußballvereine wie den Cienciano in Cusco, Juan Aurich in Chiclayo, Alianza Atlética in Sullana oder Deportivo Pesquero in Chimbote, dem **Claudio Pizarro** angehörte, bevor er für die Alianza spielte, aus der er 1999 von Werder Bremen abgeworben wurde. Die meisten **Fanklubs** hat die Alianza. Diese lieferten sich im August 1989 gewaltsame Auseinandersetzungen mit Anhängern der U. Seitdem ist die Polizei bei Spielen dieser beiden Mannschaften präsent.

Eintrittskarten für Fußballspiele kosten zwischen sechs und 28 Euro. Ausländern empfiehlt es sich, *teletickets* für die *zona VIP* in einem großen Supermarkt zu erwerben. Wegen der Kontrollen an den Eingängen sollte man mindestens eine Stunde vor Spielbeginn anwesend sein und für Hinfahrt und Abholung ein zuverlässiges Taxi bestellen.

Canotaje, worunter man in Peru Rafting versteht, wird auf den Flüssen von Lima oder im Regenwald praktiziert. In Lunahuaná südlich von Lima findet das *Festival Internacional de Deportes de Aventura* („Internationale Abenteuersportveranstaltung") statt, das Mountainbikewettbewerbe mit einschließt. Im reichen Stadtteil San Isidro in Lima umkreisen morgens Jogger den hinter Zäunen und hohen Bäumen gelegenen Golf, den größten Golfklub Perus, in dem sich Unternehmer zum **Golfen** treffen. Auch andere exklusive Klubs in und um Lima bieten Areale für Golfer an. Am frühen Morgen entdeckt man in vielen Parks Menschen, die **Tai Chi** praktizieren. Demgegenüber sind die Sportarten der unteren Schichten in den Anden und im Amazonastiefland vor allem **Volleyball** und Fußball. Der peruanische Frauenvolleyball schneidet im internationalen Vergleich außerordentlich gut ab.

Hygiene

Körperpflege und Sorgfalt im Umgang mit Nahrungsmitteln und Speisen haben viel mit den Lebensumständen zu tun und nicht nur mit Kenntnissen über Gesundheit. Der Ausbruch der Cholera im Jahr 1991 machte landesweite Aufklärungskampagnen erforderlich, die in allen Schichten das Wissen um die Übertragung von Krankheiten erweiterten. Trotzdem sind die Wege der Ansteckung immer noch nicht überall bekannt. So machen andine Bauern nicht schmutzige Hände, sondern die Berührung mit kaltem Wasser bzw. die Einwirkung von Kälte oder Hitze für bestimmte Erkrankungen verantwortlich. Diese kulturspezifische Erklärung findet eine Entsprechung in der Aufteilung in „warme" und „kalte" Nahrungsmittel und deren Einsatz in bestimmten gesundheitlichen Situationen. Die Übertragung von Magen- und Darm- sowie Atemwegserkrankungen betrifft vor allem Menschen mit äußerst harten Lebensbedingungen und Mangelernährung. In der Mittel- und Oberschicht spielen ansteckende Krankheiten kaum mehr eine Rolle. Hoch frequentiert sind hier aber die Schönheitsinstitute, denn die Entfernung von Bein- und Schamhaaren gilt als selbstverständlicher Teil der Körperhygiene.

Kostbares Nass

„Wasser ist ein Recht und nicht ein Privileg." Mit diesem Spruch forderten Bürger aus den Armenvierteln in den 1980er-Jahren von ihren Stadtverwaltungen eine regelmäßige Versorgung mit Trink- und Brauchwasser zu angemessenen Preisen. Zugang zu sauberem, keimfreiem Trinkwasser haben in Peru die Wenigsten. In der Küstenregion, wo die meisten Menschen leben, ist Wasser knapp.

Während die Menschen in den reichen Stadtvierteln von Lima jeden Tag ihre Vorgärten bewässern, müssen viele Arme ihr Wasser zu überhöhten Preisen von privaten Wasserhändlern kaufen. Weder die Wassertankwagen, noch die Aufbewahrungsbehälter vor den Hütten werden fachgerecht gereinigt. Deshalb werden in dem „Wasser für die Armen" bei Laboruntersuchungen zahlreiche Krankheitserreger entdeckt. Die damit verbundenen Gefahren waren lange nicht ausreichend bekannt. Wer müde von der Arbeit nach Hause kam, trank früher schon einmal unabgekochtes Wasser. Das hat sich seit dem **Ausbruch der Cholera** zu Beginn der 1990er-Jahre geändert. Die Marktfrauen, die frischen Saft verkaufen, spülen heute ein Glas, aus dem ein Kunde getrunken hat, gut aus. Sofern Früchte und Wasser in den Mixer kommen, verwenden sie – genauso wie Restaurants und Cafés, ganz gleich welcher Preisklasse – ausschließlich abgekochtes Wasser.

Die radikale **Änderung im Umgang mit Trinkwasser** ist ein Verdienst der verantwortungsbewussten (keineswegs gut bezahlten) Angestellten staatlicher Gesundheitseinrichtungen, der Wasserwerke und Nichtregierungsorganisationen sowie ehrenamtlicher Gesundheitsarbeiter und Studenten biowissenschaftlicher Fakultäten. Sie alle wurden nicht müde, die Bevölkerung über die Gefahren aufzuklären und ihr den adäquaten Umgang mit Trinkwasser immer wieder zu vermitteln. Derartige Kampagnen sind fester Bestandteil der medizinischen Ausbildung, weil in Armenvierteln und Dörfern viele Kinder an Durchfall erkranken oder sterben. 1991 traf ich eine meiner Studentinnen, die den beschwerlichen Fußweg zu einem Fest, an dem ca. 20.000 Menschen teilnahmen, nicht gescheut hatte. Sie und ihre Kollegen hatten die Kampagne gut vorbereitet und informierten die Menschen, die aus kleinen abgelegenen Dörfern angereist waren, mit Informationsblättern und Vorträgen darüber, wie man mit Wasser umgeht, um Ansteckungen zu vermeiden.

073pu Foto: ah

Zwar wird dem Leitungswasser in den Städten Chlor zugesetzt, aber durch den Wasserdiebstahl (arme Menschen ohne Zugang zu Wasser zapfen Wasserleitungen an, um illegal Wasser zu entnehmen) oder defekte Rohre wird das Wasser wieder verunreinigt. In vielen Flüssen ist die Cholera inzwischen endemisch geworden.

Außer im Amazonastiefland ist **Wasser überall knapp.** Nur in den exklusiven Hotels wird nicht am Wasser gespart. Dort kommt aus

Duschen, Wasserhähnen und Klospülungen ausreichend Wasser. In den Mittelschichtvierteln ist der Wasserstrahl erheblich dünner. In den armen Stadtvierteln haben die Menschen nur stundenweise Wasser. Auf dem Land transportieren die Menschen ihr Trink- und Brauchwasser über weite Entfernungen nach Hause, zu Fuß oder sogar per Esel, wenn die Wege weit sind. In einem nordperuanischen Küstendorf baten mich einmal Bauern, ihren Wunsch nach Hausanschlüssen dem Wasserversorgungsunternehmen vorzutragen. Bei der Vorstellung, dass sie sich, schmutzig und verschwitzt von der Feldarbeit, jeden Abend zu Hause duschen können würden, gerieten sie ins Schwärmen.

„El baño" – die Toilette

„Presteme su bañito ya!" („Leihen Sie mir doch bitte mal ihre Toilette!"): Seitdem es keine Terroristen mehr gibt, die Bomben auf Toiletten platzieren, lassen Restaurant- und Cafébesitzer Fremde wieder auf ihre Toiletten. Öffentliche Toiletten gibt es in den peruanischen Städten nicht. WC-Kabinen werden nur bei großen Events, die im Freien stattfinden, aufgestellt. In größeren Dörfern gibt es **Latrinen,** die jedoch meist nicht so sauber sind, dass sie zur Benutzung einladen. In den Städten sind dagegen seit der Choleraepidemie die meisten Toiletten sauber. Toilettenpapier sollte man selbst dabei haben; da es in vielen Cafés und Restaurants nicht zur Verfügung gestellt wird. Während die meisten teuren Restaurants und Cafés über ausreichend Wasser verfügen, funktioniert in vielen kleinen Restaurants die Klospülung manchmal wegen **Wassermangel** nicht bzw. das Wasser wird abgestellt, weil die Eigentümer damit sparsam umgehen müssen. Das Personal ist aber bereit, dem Gast einen Eimer Wasser zur Toilette zu bringen oder das Wasser kurzfristig anzustellen.

In den meisten Dörfern gibt es keine Toiletten, sondern Örtlichkeiten an den Dorfrändern, die für die Verrichtung der Notdurft benutzt werden. Insbesondere wenn sich in der Nähe Schweine aufhalten, sind solche Plätze Ansteckungsherde. Viele Menschen verrichten ihre Notdurft irgendwo **in der freien Natur.** Wer in den Anden übernachtet, wo es nachts kalt wird, findet unter seinem Bett in der Regel einen **Nachttopf.**

< Wasserversorgung im Armenviertel

Müll

Die Entsorgung von Müll stellt in vielen Gebieten ein Problem dar. Die Städte, die sich rapide ausdehnen, machen es den Kommunalpolitikern nicht nur schwer, mit der Wasser- und Stromversorgung hinterherzukommen. Auch eine geregelte Müllabfuhr lässt sich kaum organisieren, meist wird sie nur im Stadtzentrum und in den „besseren" Stadtvierteln durchgeführt. So entstehen am Rande der Armenviertel und auf dem Land **Müllabladeplätze,** auf denen der Müll sich ansammelt und ein Heer von Fliegen auch. Abhilfe schaffen die schattenwirtschaftliche Recyclingindustrie sowie Initiativen zur Komposterzeugung. Ein deutscher Agraringenieur hat sogar ein System entwickelt, bei dem Küchenabfälle genutzt werden, um die Wüste grün zu machen. Dort, wo es ihm gelungen ist, die Bewohner von seiner Idee zu überzeugen, wachsen nach einiger Zeit mitten im Sand Sträucher und Bäume. In der **Wiederaufbereitung von anorganischem Müll** nimmt der Bürgermeister des limensischen Distriktes Surco eine Vorreiterrolle ein. 2002 begann er mit der Sensibilisierung der Bevölkerung, verteilte Müllsäcke und rief zur Mülltrennung auf. Er schaffte Müllwagen an und organisierte im ganzen Distrikt eine tägliche Müllabfuhr. Im selben Jahr wurde eine kleine Modellfabrik in Betrieb genommen. Dort werden die Abfälle sortiert. Anschließend werden Gegenstände hergestellt, die sich verkaufen lassen. Inzwischen können 10,5 Megatonnen Müll pro Tag verarbeitet werden. Da der Markt für den Absatz der Recyclingprodukte noch nicht gesättigt ist, soll bald eine zweite Fabrik gebaut werden.

Kommunikationsformen

Anrede

Verheiratete **Frauen** werden mit *„Señora"*, ledige mit *„Señorita"* angeredet; auch alte Frauen, die nie geheiratet haben, werden mit *„Señorita"* angesprochen. **Männer** redet man mit *„Señor"* an. Die drei Wörter bedeuten soviel wie „Frau", „Fräulein" und „Herr", aber auch „gnädige Frau" bzw. „gnädiger Herr". Die Anreden werden sowohl in Kombination mit dem Vornamen oder dem Familiennamen als auch ohne Namenszusatz verwendet. Es ist auch üblich, Personen nur mit dem Vornamen, aber mit *„usted"* („Sie") anzureden. In spanischsprachigen ländlichen Regionen sind zusätzlich noch die Anreden *„Doña"* bei Frauen und *„Don"* bei Männern in Verbindung mit dem Vornamen üblich.

Taxifahrer und Handwerker werden schon einmal mit *„maestro"* (Lehrmeister) angesprochen. Will man schnell eine vertraute Atmosphäre schaffen, werden fremde Personen mit *„amigo"* (Freund) angeredet. **Freundinnen** reden einander mit *„amiga"* (Freundin), *„amiguita"* (kleine Freundin), *„chola", „cholita"* oder *„gordita"* (Dickerchen) an. Männer, die besonders galant sein und Vertrautheit schaffen wollen, sprechen junge Frauen mit *„flaquita"* (attraktive Schlanke) oder *„linda"* (Hübsche) an. Freunde nennen einander schon einmal *„compadre"* (Gevatter), *„hermano"* („Bruder") oder *„chochera"* (Verhätschelter), kurz *„choche"*. Die Anrede *„tío"* („Onkel") ist dagegen typisch für Diebe, die auch manchmal *„choche"* sagen. Unter der quechuasprachigen Andenbevölkerung ist für Frauen die Anrede *„mama"* gebräuchlich, für Männer die Anrede *„papa"*. Spanischsprachige Städter oder Ausländer sollten diese Anreden entweder gar nicht verwenden oder so, dass sie nicht den Anschein von Überheblichkeit erwecken. Noch vorsichtiger sollte man die Verkleinerungsformen *„mamita"* oder *„mamacita"* bzw. *„papito"* oder *„papacito"* verwenden. Diese Anreden verwenden übrigens manche Liebespaare. Personen, die in der sozialen Hierarchie höher stehen, werden von quechuasprachigen Campesinos schon einmal mit *„wiraqocha"* angeredet. Ursprünglich war damit ein Inkagott gemeint, heute hat das Wort die Bedeutung von „Herr". Das peruanische Spanisch und einige indigene Sprachen kennen viele Verkleinerungsformen für die Anrede von Personen, mit denen Höflichkeit, Zärtlichkeit, Unterwürfigkeit oder Überlegenheit verdeutlicht werden. Auch das spanische *„Señora"* hat eine Verkleinerungsform, *„Señito"*. Damit wird zum Ausdruck gebracht, dass eine Frau besonders süß, attraktiv oder sympathisch ist. Quechuasprecher hängen als Zeichen der Sympathie die Silbe *-cha* oder *-ko* an den Vornamen einer Person, Spanischsprecher *-ito, -cito, -ita* oder *-cita*. Menschen, die man nicht kennt, werden mit *„usted"* („Sie") angeredet. Die Campesinos siezen auch Personen, die sie schon lange und gut kennen. In den *comunidades campesinas* reden sogar Kinder ihre Eltern mit „usted" an und verwenden für das Prädikat die 2. Person Singular (z. B. „usted vienes").

In Peru ist es üblich, dass ältere Personen jüngere duzen, von diesen aber erwarten, dass sie sie siezen. Wenn es sich um Personen in hohen Positionen handelt, sollte man das „Du" auf keinen Fall erwidern. Von Angestellten bei Behörden wird das „Du" mitunter verwendet, um dem „Bittsteller" seine Abhängigkeit zu signalisieren. Das muss man sich nicht gefallen lassen. Man kann zurückduzen und wenn der Angestellte nicht geduzt werden will, wird er einen darauf mit „Sie" anreden. Peruaner der Oberschicht duzen häufig Menschen der Unterschicht, die für sie Dienstleistungen erbringen. Auch die Marktfrau, bei der man immer einkauft, wird geduzt. Umgekehrt würde die Marktfrau es aber niemals wagen, ihre *casera* (Stammkundin) zu duzen. In geschäftlichen Kreisen, insbesondere in Lima sowie auch im Amazonastiefland, ist man schnell beim „Du".

Begrüßungsritual

Die Art der Begrüßung variiert je nach Landesregion, aber ein **Lächeln** gehört überall dazu. In der Küstenregion und in den Städten erhalten Frauen ein hingehauchtes **Küsschen** auf die rechte Wange, das sie sowohl dem Mann als auch der Frau erwidern. Bei Personen, die man noch nicht so gut kennt oder die einem unsympathisch sind, mag das schwer fallen, es wird aber erwartet. Männer, die sich sympathisch sind, umarmen sich zur Begrüßung. In den Andendörfern besteht die Begrüßung in manchen Gegenden nur aus freundlichen und höflichen Floskeln oder man gibt sich die Hand. Bei besonderer Sympathie umarmen die Menschen sich. Manche Campesinas haben den Wangenkuss den Städtern abgeguckt und verwenden ihn, wenn sie Fremde begrüßen. Im Amazonastiefland ist die traditionelle Begrüßung die **Umarmung.** Doch inzwischen hat es sich durchgesetzt, dass man zur Begrüßung auch die Hand gibt und es setzt sich sogar der Wangenkuss durch. Jede Begrüßung wird von **Höflichkeitsfloskeln** begleitet; einige indigene Sprachen verfügen über vielfältige Möglichkeiten. So kann das Quechua beispielsweise durch Hinzufügen bestimmter Silben besondere Sympathie, Ehrerbietung und Liebenswürdigkeit ausdrücken. Von manchen Personen wird die Frage nach dem Wohlbefinden mehrmals wiederholt, damit der Redefluss nicht unterbrochen wird. Üblicherweise entgegnet man zunächst, es gehe einem gut. Die verschiedenen Betonungen des Wörtchens *bien* (gut) signalisieren aber dem Gegenüber, wie es einem wirklich geht. Der Andere kann dann durch geschicktes, höfliches Nachfragen die Person motivieren, ihre Sorgen mitzuteilen und loszuwerden.

Unterhaltung

Eine Unterhaltung kommt in Peru schnell in Gang. Zwei Menschen müssen einander nicht kennen, um sich über interessante, auch persönliche Themen zu unterhalten. Viele Menschen haben sogar das Bedürfnis, die Probleme ihrer Armut und Schicksalsschläge loszuwerden und Fremden ihre Geschichte zu erzählen. Trotzdem gibt es viele **Tabuthemen,** die nicht angesprochen werden und vieles wird nicht direkt ausgesprochen. Man hofft, dass der andere irgendwie mitbekommt, was man mitteilen möchte. Es ist deshalb wichtig, bei allen **Andeutungen** genau hinzuhören.

Peruaner nehmen sich sehr viel Zeit, um ihrem Gegenüber zu erklären, dass etwas wirklich nicht geht. Den meisten Peruanern fällt es schwer, ein **Nein** direkt und unmittelbar zu artikulieren. Vielmehr hoffen sie, dass der andere das implizite Nein heraushört, indem sie seine Frage einfach übergehen oder das Thema wechseln. Dann zu insistieren und seine Frage noch einmal zu stellen, würde den Gesprächspartner in eine peinliche Lage bringen. In ihren Gesprächen vermeiden Peruaner kontroverse Standpunkte oder sie formulieren sie sehr behutsam.

Bloßes Zuhören kann als **Desinteresse** interpretiert werden. Nicken, entsprechende Mimik oder sogar gelegentliches Unterbrechen – was nicht als unhöflich gilt – zeigen dem Sprecher, dass der andere an dem Gesagten interessiert ist.

Fragen, Ratschläge und Kritik

Wenn Peruaner einen Unbekannten ansprechen, nehmen sie – insbesondere wenn sie der Unter- oder Mittelschicht angehören – allergrößte **Rücksicht** darauf, dass der andere vielleicht nicht gestört werden möchte. So leiten unterwürfige **Höflichkeitsfloskeln** wie *„Disculpe, quisiera preguntarle …“* („Entschuldigen Sie, ich würde Sie gerne fragen …“) oder *„Disculpe la pregunta por favor …“* („Entschuldigen Sie bitte die Frage …“) oder aber *„Buenos dias, sería tan amable de …“* („Guten Tag, wären Sie so freundlich, zu …“) das Gespräch ein. Wenn sie einen Bekannten um etwas bitten möchten, so schicken manche der Formulierung ihres Anliegens oft eine lange Einleitung voraus, in der manchmal sogar zum Ausdruck kommt, dass sie sich ihrer Bitte schämen.

Ratschläge werden meist sehr vorsichtig formuliert und die Botschaft wird gut verpackt, weil man den anderen nicht verletzen möchte. Insbesondere, wenn man es gut mit dem anderen meint, sollte man ihn niemals mit harten Worten aufzurütteln versuchen. Peruaner sind dann schnell verletzt und verschließen sich für zukünftige Ratschläge.

Kritik wird nie sofort geäußert. Üblich ist, kleine Hinweise zu geben, damit der andere selber merkt, dass er etwas falsch gemacht hat. Fehler direkt anzusprechen kann sehr verletzend sein und zu einer dauerhaft ablehnenden Haltung führen.

Gesten und Handzeichen

Die Verwendung von Handzeichen ist verbreitet. Wird die rechte Hand mit dem leichtgekrümmten Handrücken nach oben mehrmals schnell hintereinander bewegt, so bedeutet das „Bleiben Sie doch hier.“ Oder „Warte mal ab. Es wird sich jetzt schon eine Lösung ergeben." Wird die rechte Hand mit dem Handrücken oben ausgestreckt und dann einmal ruckartig nach unten gebogen, so bedeutet das „Kommen Sie her!": Ein durchaus übliches Handzeichen gegenüber niedriger Gestellten, die dann auch prompt „gehorchen". Wenn zwischen Daumen und Zeigefinger nur ein kleiner Abstand bleibt und die Hand schnell vor und zurück bewegt wird, bedeutet das „Warten Sie nur einen klitzekleinen Moment!". Man versteht, dass man auf den anderen, der gerade nicht sprechen kann, nicht mehr lange zu warten braucht. Im Restaurant schreibt man mit Daumen und Zeigefinger in der Luft. Jeder Kellner versteht das und bringt die Rechnung. Wenn alle fünf Finger der rechten Hand nach oben zeigen und mit schnellen Bewegungen auf einander zu bewegt werden, so bedeutet das „es ist voll, viele Leute sind hier" oder „der Andrang war groß". Deutet der rechte Zeigefinger ganz rechts unterhalb des rechten Auges auf dieses Auge, so ist das eine Aufforderung zur Vorsicht; vielleicht ist ein Dieb in der Nähe.

Kriminalität

Grundsätzlich sind die Peruaner ein **gastfreundliches Volk,** das Menschen aus anderen Kulturen sehr schätzt und ausländische Besucher als willkommene Gäste betrachtet. Deshalb würden sie den Fremden niemals etwas antun und sie schon gar nicht bestehlen. In den Dörfern kommt Kriminalität so gut wie nicht vor. Schwere Raubüberfälle, Entführungen und Morde auf offener Straße ereignen sich in Lima seltener als in anderen lateinamerikanischen Städten. Allerdings gibt es in den Städten und größeren Ortschaften auf Märkten oder in den Geschäftsvierteln sowie dort, wo die Touristen sich aufhalten, Männer und Frauen, die sich ihren Lebensunterhalt oder ihren Luxus (Alkohol, Drogen, schöne Kleider) durch **Diebstahl** „finanzieren". Für diese Menschen ist das Diebsein ein Beruf, es ist ihr Alltag. Für Perureisende empfiehlt es sich, immer vorsichtig zu sein und stets ein wachsames Auge zu haben.

Die Armut ist in Peru auf dreifache Weise eine **Ursache für die Kriminalität:** Viele allein stehende Mütter haben aufgrund der harten Arbeit keine Zeit, ihren Kindern Orientierung zu geben oder deren Kontakt zu kriminellen Jugendlichen zu kontrollieren. Arbeits- und Perspektivlosigkeit sowie die Tatsache, dass Kinder es zu Hause nicht aushalten, treiben sie in die Arme von Banden, die ihnen soziale Anerkennung bei „erfolgreich" ausgeführten Delikten versprechen – das, was die Gesellschaft ihnen verwehrt. Angesichts der als Ungerechtigkeit empfundenen sozialen Ungleichheit fragen nicht wenige sich, warum die Reichen so viel mehr besitzen als sie. Aus Ressentiment, Wut oder Rachsucht nehmen sie reicheren Menschen das weg, was jene ihrer Meinung nach zu viel haben. Doch eine „Diebesethik" gibt es in Peru nicht mehr: Auch arme Peruaner und sogar arbeitende Kinder werden bestohlen.

Der Mangel an Perspektiven hat **Alkoholismus und Drogenkonsum** zur Folge. Jugendliche, die Geld für Drogen oder Alkohol benötigen, sind besonders hemmungslos. Die sogenannten *pirañas,* Gruppen von Kindern, die sich an eine Person hängen und nicht loslassen, bis sie alles Wertvolle gestohlen haben, stellen eine Gefahr dar, vor der man sich schwer schützen kann. Jugendbanden, die klauen, Personen angreifen, Eigentum beschädigen und sich brutale Auseinandersetzungen liefern, beschränken sich in ihren Aktivitäten in der Regel auf die Viertel, in denen sie selbst leben und auf Nachbarviertel. Dies sind Gegenden, in denen sich Touristen normalerweise nicht aufhalten. Die meisten Diebe wohnen in bestimmten Vierteln, in die man sich nicht begeben sollte, wenn es nicht unbedingt notwendig ist. In Lima sind dies die Stadtviertel La Victoria, Cerro San Cosme, Cerro San Cristóbal, El Agustino, San Miguel sowie Teile von Barrios Altos und Teile von El Callao und sogar einige kleine Straßen in Pueblo Libre sowie in der Nähe des Parque Universitario. In allen Städten sind Märkte und Busbahnhöfe besonders gefährlich. Die meisten Busbahnhöfe sind aber inzwischen bewacht. In allen Stadtzentren, nicht bewachten Einkaufszentren, in Bussen und Bahnen sowie beim Besteigen dieser Verkehrsmittel sollte man besonders vorsichtig sein. Leider gibt es inzwischen auch Diebe, die sich geschickt um das Vertrauen von Touristen bemühen, um sie später auszurauben.

Was Touristen für peruanische Taschendiebe besonders attraktiv macht, sind ihr vermeintlicher Reichtum, ihre Unbedarftheit oder Unerfahrenheit mit den Tricks peruanischer Diebe. Sowohl Peruanerinnen als auch Ausländerinnen **entreißen die Diebe Handtaschen und Portemonnaies.** Ein oder mehrere Diebe nähern sich lautlos und reißen in dem Moment, in dem sie ganz dicht an einem vorbeilaufen, die Tasche blitzschnell ab. Dabei ist der Überraschungseffekt so groß, dass man sich des Geschehenen erst einige Sekunden später bewusst wird; aber dann ist der Dieb schon längst entkommen und es hängen nur noch die Taschenträger über der Schulter. Touristen werden meist auf der Straße, im Bus oder Zug umringt, oft ohne dass sie dies merken. Ein Schnitt mit der Rasierklinge oder dem scharfen Messer in eine Handtasche oder eine Anoraktasche, das Durchtrennen von Taschen- oder Rucksackträgern spürt der unerfahrene Fremde ebenso wenig wie die Finger, die ihm Geld und Papiere unbemerkt aus der Hosentasche entwenden. Und sobald er etwas bemerkt, ist es oft schon zu spät, denn diese Diebe können schnell laufen, sind zu mehreren und daher stärker oder ihre Kumpel erwarten sie bereits mit einem Auto an der nächsten Straßenecke und damit sind die Diebe innerhalb von Sekunden verschwunden. Es ist auch besser für Leib und Leben, sie mit dem Gestohlenen entkommen zu lassen, weil ein angegriffener Dieb sich „rächt", indem er dem Bestohlenen tiefe Schnitte in die Haut beibringt und neuerdings gibt es auch Diebe, die eine Waffe mit sich führen. Peruaner verriegeln im Auto alle Türen und kurbeln die Scheiben allenfalls so weit herunter, dass keine Hand durch den Schlitz greifen kann. Diebe warten nämlich gern an Ampeln oder in Verkehrsstaus auf Jagd nach Handtaschen, wertvollen Uhren, Ohrringen und anderen Schmuckstücken.

Keinen Goldschmuck tragen (Silberschmuck wird nicht geklaut), keine wertvolle Uhr und nichts mit sich führen, was besonders teuer aussieht, ist deshalb eine gute Methode, **sich vor Dieben zu schützen.** Man sollte auch stets seine Umgebung beobachten und sich ab und zu mal umsehen. Menschenleere Straßen sollte man meiden. Verdächtiges Nähern, Anrempeln und schnelles Vorbeilaufen verraten den Dieb oft erst, wenn es schon zu spät ist. Übrigens kann man Diebe im Hochsommer daran erkennen, dass sie niemals kurze Ärmel tragen. Sie verbergen die Schnittwunden, die sie einander mit Messern zufügen.

075pu Foto: lg

Taxifahrer sind normalerweise nicht kriminell. Wer aber ganz auf Nummer sicher gehen will, sollte nur die gelben offiziell zugelassenen **Taxis nehmen** (auf die im Innern angebrachte städtische Zulassung achten) oder sich ein Taxi bei einem registrierten Taxiunternehmen bestellen.

Ausländische Geschäftsleute sollten vorsichtiger sein. Es kommt vor, dass in- und ausländische Geschäftsleute überfallen, von Bank zu Bank gefahren, mit einer Waffe bedroht und gezwungen werden, mit ihren Kreditkarten Geld abzuheben. Wer sich einen dunklen Geländewagen kauft oder mietet und damit durch die Gegend fährt, sollte sich nicht wundern, wenn er überfallen wird, da solche Autos unter Drogenhändlern sehr begehrt sind. Geschäftsleute meiden besser bestimmte Viertel und nehmen lieber ein Taxi, anstatt zu Fuß zu gehen, auch bei kleinen Entfernungen. Auf das Zu-Fuß-Gehen verzichten ist in Peru leider manchmal der sichere Weg. Für Geschäftsleute ist es außerdem ratsam, täglich eine andere Strecke und eine andere Uhrzeit für den Gang oder die Fahrt zur Arbeit und nach Hause zu wählen.

Reiche Peruaner schützen sich, indem sie vieles nur **mit dem Auto erledigen:** Sie fahren mit dem Auto bis vor die Tür des von Polizisten bewachten Supermarktes, sie fahren mit ihrem Auto auf das Gelände des Klubs, in dem sie ihre Freizeit verbringen. Zum Theater oder ins Restaurant fahren sie entweder mit dem eigenen Auto oder mit dem Taxi. Ihre Häuser sind durch hohe Mauern und elektrische Zäune gesichert. Manche Familien ketten ihre Wachhunde auf ihren Flachdächern an. **Private Wachmänner,** die von den Anwohnern bezahlt werden, leistet sich nicht nur die Ober-, sondern auch die Mittelschicht. Solche *guachimanes* werden von den Anwohnern verpflegt; diese geben ihnen Stühle zum Ausruhen oder bauen ihnen kleine Holzhäuschen, in die sie sich ab und zu zurückziehen können. In Mittelschichtvierteln, in denen es keine Wächter gibt, bleibt immer eine Person im Haus , entweder das Dienstmädchen oder ein Familienmitglied.

Ist ein Diebstahl so gravierend, dass eine **Anzeige** erforderlich ist, ist es nicht ratsam, sich am Ort des Geschehens dem erstbesten Polizisten anzuvertrauen, denn der könnte mit den Dieben unter einer Decke stecken. Es ist besser, die nächste Polizeiwache *(comisaría)* aufzusuchen, dort sind immer mehrere Polizisten, die in der Regel verständnisvoll und hilfsbereit sind.

[<] Die Polizei räumt ein Geschäft mit Schmuggelware

Korruption

In Peru gibt es eine „kleine" und eine „große" Korruption. Die **„große" Korruption** findet auf höchster Ebene statt und ergibt sich aus dem Zusammenspiel autoritären Regierens, der Einführung neoliberalen Wirtschaftens sowie der Ausweitung des Handels mit Drogen und Waffen. Die Beteiligten dieses „Korruptionsnetzes", hochrangige Politiker, die Streitkräfte, Banker, Eigentümer von Medien sowie Drogen- und Waffenhändler, teilen dasselbe Interesse der persönlichen Bereicherung; sie unterstützen und decken sich gegenseitig. So werden neue Gesetze verabschiedet, die die Haftzeiten für Politiker, die sich schwerer Menschenrechtsverletzungen schuldig gemacht haben, verkürzen. Hochrangige Politiker verdienen am Drogenhandel, den sie offiziell bekämpfen. Einnahmen aus Privatisierungen fließen in die Taschen hoher Staatsbediensteter. Großunternehmer erreichen, dass Politiker und Verwaltungsangestellte Bestimmungen zu ihren Gunsten ändern, beispielsweise Import- oder Exportgesetze, die Ansiedlung von Industriebetrieben in Naturschutzgebieten oder die Vergabe von Förderlizenzen unter Nichtbeachtung von Umweltschutzauflagen. Nicht in

076pu Foto: lg

allen Fällen nehmen reiche Peruaner „Gefälligkeiten" als korruptes Verhalten wahr. Wenn ein Unternehmer mit einem Minister per Du ist, weil beide aus derselben Schicht stammen oder in dieselbe Schule gingen, trägt der Unternehmer sein Anliegen wie einen ganz gewöhnlichen Wunsch vor, den der Minister selbstverständlich erfüllt auf der Basis der Gegenseitigkeit. Genauso wie in vielen anderen Ländern gehört auch in Peru die Unterschlagung von Geldern bei öffentlichen Bauprojekten zur Korruption. Durch Bestechung von Medieneigentümern, starkem Einfluss auf die Regenbogenpresse sowie Arbeitsbehinderungen oder Enteignungen oppositioneller Medien verzichten diese auf die Verbreitung bestimmter Informationen, wodurch der Volkszorn ausgeschaltet oder minimiert wird.

Die **„kleine" Korruption** ist allgegenwärtig. Sie zieht sich durch alle Alltagssituationen und alle sozialen Schichten und steht in Verbindung mit dem Mangel an Vertrauen in die staatlichen Einrichtungen. Deshalb wählen viele Peruaner den vermeintlich einfacheren Weg und lösen Probleme durch das Einschalten von Bekannten oder Verwandten oder sie „bringen die Angelegenheit in Ordnung" mit kleinen Geldsummen – *arreglar* nennt man das in Peru.

Die Not vieler Menschen, die verzweifelt eine Arbeit suchen, wird ausgenutzt, indem im öffentlichen Sektor Arbeitsplätze nur gegen nachfolgende illegale Zahlungen oder *favores* (Gefälligkeiten) vergeben werden. Wer ohne Führerschein erwischt wird oder falsch in eine Einbahnstraße fährt, „verbüßt" das Vergehen, indem er dem Polizisten zehn Soles (ca. drei Euro) zusteckt. Auf Ämtern werden Anträge oft nur dann zügig bearbeitet, wenn ein Schein über den Tisch geschoben wird. So ist die Alltagskorruption für die arme Bevölkerung besonders schmerzlich, weil die Bestechungsbeträge für ihre Verhältnisse sehr hoch sind. Oft ist das Recht auf der Seite des Zahlungskräftigeren. Verursacht beispielsweise ein Reicher einen Verkehrsunfall, zahlt er dem Verkehrspolizisten hundert Soles und dieser schiebt dann die Schuld dem Unschuldigen zu, einem armen Taxifahrer, der mit Mühe und Not seine Familie ernährt oder einem Busfahrer im Angestelltenverhältnis, der dazu noch die Reparaturkosten aus eigener Tasche tragen muss. Bei Gerichtsverfahren sieht es vielfach ähnlich aus und so berechnen viele Rechtsanwälte ihren Mandanten die Schmiergelder gleich mit. Es gibt auch Schulen und Universitäten, an denen die Eltern Geld zahlen, damit die Prüfungen ihrer Kinder als bestanden gelten. In einigen Bereichen ist es üblich, anstatt mit Geld mit Nahrungsmitteln oder Vergnügungsfeiern zu schmieren.

◁ Soldaten in Ayacucho

Trotzdem sind nicht alle Einrichtungen und auch nicht alle Angestellten des öffentlichen Sektors korrupt. In vielen Schulen und Universitäten werden Schülern und Studenten, die gefehlt oder eine Klausur nicht bestanden haben, strenge Zusatzprüfungen abverlangt und nur, wenn sie diese bestehen, bleibt ihnen die Wiederholung des gesamten Jahres erspart. Auch beim Zoll und in den Ministerien gibt es viele Menschen, die es als unter ihrer Würde betrachten, Schmiergelder anzunehmen. Und es gibt Rechtsanwälte die sich ihr Leben lang für die Armen einsetzen, deren Rechte verteidigen und sich nicht an ihnen bereichern. Es gibt sogar mutige Polizisten, die ihre Vorgesetzen wegen Bestechlichkeit anzeigen und hochrangige Politiker, die ausschließlich die Verbesserung der Lebensbedingungen der Bevölkerung im Sinne haben.

Dass die Möglichkeiten der „großen" Korruption in Peru nicht unbegrenzt sind, zeigen die vielen Demonstrationen, zu denen Menschenrechtsorganisationen, progressive Bischöfe, die **„Comisión de la Verdad y Reconciliación"** („Kommission der Wahrheit und Aussöhnung") sowie andere engagierte Organisationen und Persönlichkeiten immer wieder aufrufen und an denen sich Hunderte beteiligen. Nicht zuletzt musste die Regierung *Fujimori* wegen eines eklatanten Bestechungsskandals und dem Druck der Massen in der Folge abtreten.

Polizei

Der Beruf des Polizisten ist in Peru für junge Frauen und Männer aus ärmeren Schichten attraktiv, weil die kurze Ausbildung nicht selbst finanziert werden muss. Aber die meisten Polizisten fühlen sich vom Staat im Stich gelassen: Sie sind schlecht ausgebildet, ihnen werden zu wenig Waffen und Fahrzeuge zur Verfügung gestellt und oft haben sie noch nicht einmal Geld für Benzin. Ihre **Gehälter** sind so niedrig, dass eine Familie davon nicht leben kann. So suchen einige Polizisten sich Arbeiten, bei denen sie etwas **dazu verdienen** können, andere verlangen *coimas* (Schmiergelder) bzw. nehmen diese gern in Empfang, um ein Verfahren zu beschleunigen oder von einer Strafverfolgung abzusehen. Es kommt sogar auf einigen Wachen vor, dass die Polizisten sich von den Müttern der Diebe mit Mahlzeiten versorgen lassen und die verhafteten Söhne dann schnell wieder freilassen. In manchen Gegenden sehen Polizisten sogar Diebstählen und Überfällen tatenlos zu und teilen sich die Beute mit den Kriminellen. PBC-

› Verkehrspolizist

107pu Foto: pg

Händler nutzen die Bestechlichkeit der Polizisten und „belohnen" diejenigen, die ihre Tätigkeit nicht behindern, mit großzügigen Geldspenden. So gibt es Polizeistationen, die unter Polizisten sehr beliebt sind, weil sie sich an einer „Drogenhandelsstraße" befinden.

Frauen werden vornehmlich als **Verkehrspolizistinnen** eingesetzt. Sie waren lange bekannt dafür, dass sie rigoros Knöllchen verpassten und „nicht mit sich reden ließen". Dies hat sich in letzter Zeit geändert: Inzwischen nehmen die weiblichen Polizisten ebenso wie ihre männlichen Kollegen von Verkehrssündern angebotene Geldscheine gern in Empfang, mit dem Resultat, dass Verkehrsregeln nun noch häufiger missachtet werden.

Angesichts dieser Probleme schließen sich die Familien in den Mittel- und Oberschichtvierteln häuserblockweise zusammen und bezahlen Privatpersonen, die ihre Häuser vor Einbrüchen bewachen, und viele Rathäuser beschäftigen eigene *policias municipales* **(Polizisten der Stadtverwaltung).** Diese nehmen keine Schmiergelder in Empfang und bieten in den Stadtzentren auch Touristen effektiven Schutz vor Dieben.

Ungeachtet der vielen bestechlichen Ordnungshüter gibt es in Peru aber auch viele ehrliche und hilfsbereite Polizisten, die keine Schmiergelder annehmen und Fremden gern und ausführlich den Weg oder Sonstiges erklären.

Sprache

Insgesamt werden in Peru fast 60 Sprachen gesprochen. **Spanisch,** in Peru **Castellano** genannt, ist die offizielle Landessprache. Die Verfassung legt fest, dass in Regionen, in denen Quechua und Aymara mehrheitlich gesprochen werden, diese Sprachen ebenfalls offiziellen Charakter haben.

Das peruanische Spanisch kommt der andalusischen Variante am nächsten. Es kennt also kein „th", „c" und „z" werden immer wie „s" ausgesprochen. Konsonanten werden nur in seltenen Fällen verschluckt, allerdings nie am Wortende. Dadurch ist das peruanische Spanisch im Vergleich mit dem anderer lateinamerikanischer Länder für Ausländer gut verständlich. Mit der Verwendung typischer **Ausdrücke aus Nachbarländern** sollte man vorsichtig sein. Sie können in Peru eine völlig andere Bedeutung haben. Wenn etwas besonders toll ist, nennen Peruaner es *chévere.* Mit *amarrar* („festbinden") bezeichnet man in Peru auch die Aktivität eines Hexers, der durch Magie eine unauflösliche Liebesbeziehung zwischen zwei Menschen herstellt. Wer sich in Peru auf dem Markt eine Mahlzeit oder einen frisch gepressten Obstsaft kauft, erhält eine *yapa,* einen Nachschlag.

Wörter aus dem **Quechua** (sprich: Ketschua) haben sich Eingang in das *castellano* verschafft. Überall in Peru heißt der Erdrutsch *huayco* und der Acker *chacra.* In Cusco ist es möglich, das jemand für „umarmen" das Wort *marcar* verwendet (von *marqay*) oder für „sich betrinken" *macharse* (von *machay*). *Chibolo* ist ein kleiner Junge, *chibola* ein kleines Mädchen. Von beiden Wörtern bilden Peruaner manchmal noch eine Verkleinerungsform: *chibolito, chibolita.* Menschen, deren Muttersprache Quechua ist, drücken sich im Spanischen besonders höflich aus. Die in Spanien üblichen Kraftausdrücke verwenden Peruaner normalerweise nicht. Allerdings werden in der Alltagssprache spanische Wörter zunehmend durch Anglizismen ersetzt. Statt *bocadillo* sagt man *sandwich, sorry* statt *disculpe, please* statt *por favor, break* statt *refrigerio.*

Als die Spanier Peru eroberten, war Quechua in den Anden eine Sprache unter vielen. Die neuen Machthaber verwendeten sie als **Sprache der Missionierung.** Dadurch erhielt Quechua einen enormen Schub. Fast alle anderen Sprachen in Hochland und Küste wurden zurückgedrängt und starben aus. Quechua wird heute vor allem in den Departements Cusco, Ayacucho, Apurimac, Huancavelica, Puno und Huaraz gesprochen. Es bietet erstaunlich viele Möglichkeiten, um Höflichkeit, Zuneigung, Ehrerbietung und eine ganz persönliche Beziehung zum Gegenüber auszudrücken. Mit dem rapiden Anstieg der Alphabetisierung und der Abwanderung in die Städte nahm die Zahl der Quechuasprecher stark ab. Versuche, Quechua Ende der 1960er- und Anfang der 1970er-Jahre im Andenraum als amtliche Sprache einzuführen, scheiterten.

Zu den wenigen Sprachen, die im Hochland erhalten blieben, gehören *Kauki* und *Aymara*. **Aymara** wird im Altiplano, der Region um den Titicacasee, gesprochen. Im Unterschied zu den Quechuasprechern stoßen die Bemühungen zweisprachiger Schulerziehung bei den Aymara auf Interesse. Sie sind der Meinung, ein Volk höre auf zu existieren, wenn es seine Sprache nicht mehr spricht. Quechuasprachige Eltern bevorzugen hingegen eine rein spanische Schulbildung, weil sie darin die Chance sehen, dass ihre Kinder später gesellschaftlich weniger benachteiligt werden. Von den 54 Sprachen, die im Amazonastiefland noch gesprochen werden, sind viele vom Aussterben bedroht.

Die wichtigste **Fremdsprache ist Englisch,** nicht zuletzt weil die USA ein bedeutender Handelspartner sind und viele Peruaner in das nordamerikanische Land auswandern oder dort studieren. Wer das Geld dazu hat, schickt seine Kinder in einen Kindergarten, in dem sie Englisch lernen. An allen Sekundarschulen wird die Sprache gelehrt. Der Unterricht an den staatlichen Schulen ist jedoch so schlecht, dass Schulabgänger sich oft noch nicht einmal verständigen können. Deshalb sollte man bei einer Reise durch Peru nicht darauf vertrauen, dass man mit Englischkenntnissen überall durchkommt. Einige Privatschulen in den Städten bieten andere Fremdsprachen wie Deutsch, Französisch, Chinesisch und Japanisch an.

Verkehr

Bis zum Beginn der 1990er-Jahre brauchte man in den peruanischen Städten Geduld und Durchsetzungsvermögen, wenn man morgens mit **öffentlichen Verkehrsmitteln** zur Arbeit und abends nach Hause fuhr. Oft bildeten sich lange Schlangen an den Endhaltestellen. Wollte man einen Sitzplatz bekommen, musste man über eine Stunde warten, für einen Stehplatz war die Zeit etwas geringer.

Müde von der Arbeit und vom langen Warten schliefen die Menschen während der Fahrt, manche sogar im Stehen. Erschöpft kamen sie zu Hause an. So waren viele erfreut, wenn sie Gelegenheit hatten, mit einem **„Piraten“,** einem nicht für die Strecke zugelassenen Bus, der illegal seinen Service anbot, schneller ans Ziel zu kommen. „Piraten“ durften nicht an Busendhaltestellen stoppen. Deshalb fuhren sie langsam an den Wartenden vorbei und die Menschen mussten rennen, sich durch eine Menschentraube und dann durch die Tür in den Bus hineinquetschen und sich nach Ellbogenmentalität einen Sitzplatz erobern. Wer zu spät kam, musste die ganze Fahrt über (eine Stunde oder länger), eingepfercht zwischen den anderen Passagieren, stehen. Oft verließen viele Menschen ihre Schlange und rannten einem „Piraten" verzweifelt hinterher. In den stets überfüllten Bussen hatten Diebe ein leichtes Spiel. Sie leerten Brief- und Handtaschen und klauten an den Zahltagen ganze Wochenlöhne. Busunternehmen, die Leute aus Dörfern in die Städte brachten, nahmen überhöhte Preise, weil es nicht genug Busse gab. Die Bewohner der städtischen Armenviertel brauchten manchmal mehrere Stunden bis zu ihrem Arbeitsplatz.

Diese Zeit ist vorbei. Präsident *Fujimori* ließ aus Japan billige Gebrauchtwagen importieren. Mit denen versorgten sich Busunternehmer und Taxifahrer. Heute gibt es in allen Städten ein Überangebot an beiden Transportmöglichkeiten. Dorfgemeinden erhielten die Möglichkeit, günstig Kleinbusse einzukaufen; sie gründeten kommunale Busunternehmen und legten Mindestfahrpreise fest, die seitdem auch die privaten Busunternehmer respektieren müssen.

Heute braucht man sich in den peruanischen Städten nur an den Straßenrand zu stellen und die rechte Hand zu heben. Spätestens nach zwei Minuten hält ein **Taxi** und befördert einen zu einem Preis, zu dem man in Europa nicht mit Bus oder Bahn fahren kann. Der Preis wird vorher ausgehandelt. Der Verhandlungsspielraum ist gering, denn es gibt inoffizielle „feste" Tarife für bestimmte Entfernungen. In der peruanischen Hauptstadt sind 55.000 Taxis offiziell gemeldet. Tatsächlich bieten aber ungefähr doppelt so viele *taxistas* ihre Dienste an. Die meisten von ihnen sind die Arbeitslosen der großen Entlassungswelle seit dem Beginn der Wirtschaftsliberalisierung zu Beginn der 1990er-Jahre. Taxifahrer unterhalten sich gern und sind interessiert an anderen Ländern und Kulturen. Manche haben das Bedürfnis, ihre traurige Lebensgeschichte zu erzählen.

Staufreies Durchkommen ist in vielen Städten nur am frühen Morgen oder abends möglich. In Lima und El Callao verstopfen 57.000 Busse die Straßen. Diese **„öffentlichen" Verkehrsmittel sind in privater Hand.** Über 30.000 Kleinunternehmer befördern täglich 5,3 Millionen Passagiere in Omnibussen oder in sogenannten *micros,* Coaster- oder VW-Kleinbussen. Da innerhalb einer Linie (die Stadtverwaltung vergibt pro Busfirma eine Streckenkonzession) jedes Fahrzeug einen anderen Eigentümer hat und jeder Busunternehmer verdienen möchte, sind mehr Busse auf den Straßen als erforderlich. Jeder ist bestrebt, dem anderen möglichst viele Passagiere abzujagen. Das führt zu permanentem Überholen und Spurwechsel. Feste Haltestellen können die Stadtverwaltungen nicht durchsetzen, weil die Busfahrer an jeder Straßenecke Passagiere aufgabeln.

077pu Foto: ah

Auch sonst werden in Peru oft die **Verkehrsregeln nicht beachtet.** Erwischte Verkehrssünder stecken dem Polizisten einen Geldschein zu und dürfen weiterfahren. Auf peruanischen Straßen gilt das Recht des Durchsetzungsfähigeren und des Pfiffigeren. Es ist auch Flexibilität gefragt. Viele Fahrer sind Meister im Ausweichen und vermeiden dadurch Auffahrunfälle. Die *cobradores* (Kassierer) der Stadtbusse rufen an jeder Straßenkreuzung die Örtlichkeiten aus, die sie als nächstes anfahren werden. Die Notwendigkeit dieses Geschreis begründen sie damit, dass „Peruaner zum Busfahren aufgefordert werden wollen, damit sie einsteigen". Aber noch bevor alle Fahrgäste sich gesetzt haben, geben sie dem Fahrer Anweisung, loszufahren. Sie rufen ihm auch zu, ob er sich in die linke oder rechte Spur einordnen soll. Viele *cobradores* halten sich an der geöffneten Tür fest und spielen sich auf, als seien sie die „Eigentümer der Straßen". Vorfahrtsregeln werden oft nicht beachtet und so kommt es vor, dass Fahrzeuge sich auf Straßenkreuzungen derart ineinander verhaken, dass es Stunden

Durch häufigen Spurwechsel hoffen die Fahrer, schneller voranzukommen

braucht, bis das Knäuel wieder entwirrt ist. Die einzelnen Buslinien erkennt man an den Farben. **Fahrpläne gibt es nicht.** Wenn man wissen will, welcher Bus wohin fährt, muss man entweder einen kundigen Passanten fragen oder eine Weile die seitlichen Busaufschriften, aus denen die Strecke hervorgeht, lesen. Die Strecken sind lang: Von der Anfangs- bis zur Endhaltestelle ist ein Bus meist mehrere Stunden unterwegs. Die Fahrer sitzen in einer engen, mit dicken Eisenstangen abgetrennten Fahrerecke. In den Küstenstädten ertönen in manchen Bussen die neuesten Salsamelodien in voller Lautstärke.

Eine Fahrt mit dem Bus durch eine Stadt stellt gewiss ein Erlebnis dar, man sollte den Bus aber ohne Ausweise und Wertsachen besteigen und im Portemonnaie nur so viel Geld haben, wie man unbedingt braucht. Außerdem sollte man sich zuvor vergewissern, dass die Strecke nicht in einer gefährlichen Gegend endet.

Auf den sieben Prozent des peruanischen Straßennetzes, über die die Städte Lima und El Callao verfügen, bewegen sich 70 Prozent aller peruanischen Fahrzeuge. In Peru gibt es keinen funktionierenden technischen Überwachungsdienst. Viele Auspuffe sind defekt. Die meisten Fahrzeuge tanken minderwertiges Benzin (77 % der Autos verwenden bleihaltiges Benzin, weil die peruanischen Raffinerien nicht dafür ausgerüstet sind, bleifreies Benzin herzustellen). Deshalb ist die Luftverschmutzung hoch. Allerdings ist die Umweltverschmutzung in Lima bei weitem nicht so hoch wie in Sao Paulo, Rio de Janeiro, Santiago de Chile oder Mexico. Straßenbahnen und U-Bahnen gibt es in den peruanischen Städten nicht. Zwischen einigen großen Orten sowie zwischen Cusco und Machu Picchu verkehrt eine **Eisenbahn.** Die Strecke von Cusco nach Machu Picchu ist beeindruckend durch die steile Zickzackauffahrt vom Bahnhof von Cusco bis auf die Hochebene von Anta. Ansonsten werden große Strecken mit dem **Überlandbus** oder mit dem Flugzeug zurückgelegt. In- und ausländische **Fluglinien** bieten ihre Dienste an. Sie erwarten von den Passagieren, dass sie bei Inlandsflügen bereits zwei oder drei Stunden vor Abflug einchecken, da sonst ihr Platz anderweitig vergeben wird. In den Dörfern sind neben Bussen auch **Lastwagen** beliebte Transportmittel für Personen. Die Fahrgäste sitzen neben dem Fahrer, im „Körbchen“ über der Fahrerkabine oder sie werden im hinteren ca. drei Meter hohen Aussatz zusammen mit den Waren untergebracht. Dort stehen sie dann oder setzen sich auf ihre mitgebrachten Bündel. Im Landesinnern sind viele Straßen nicht

☐ Das „taxi cholo“ – ein beliebtes Verkehrsmittel

asphaltiert. Auf solchen Strecken schlucken die Passagiere viel aufgewirbelten Staub. Trotzdem ist es ein Erlebnis, mit vielen verschiedenen Menschen hoch oben auf dem Lastwagen durch die Anden zu fahren und den Blick auf eine wunderschöne und abwechslungsreiche Landschaft zu genießen. Zudem ist es hochinteressant, von den Mitreisenden zu erfahren, in welcher Angelegenheit sie von wo nach wo unterwegs sind. Die schmalen Straßen führen durch fruchtbare Flusstäler, an schneebedeckten Bergen vorbei und durch viele kleine Dörfer, in denen Menschen ein- und aussteigen. An jeder Kurve muss der Fahrer hupen, um eventuellen Gegenverkehr zu informieren. Da zwei Fahrzeuge nicht aneinander vorbeikommen, fährt einer entweder zurück oder bis an den Rand der Straße. Man braucht aber keine Angst zu haben, dass ein Bus einen tiefen Berghang hinabstürzt: Die Busfahrer kennen die Gegend genau und sind Meister der fahrtechnischen Millimeterarbeit.

093pu Foto: ah

In den Vierteln am Rande der großen Städte und in den Kleinstädten ist das **taxi cholo** zu einem beliebten Verkehrsmittel geworden. Dieses besteht meist aus einem Motorrad, an das ein kleines Gehäuse montiert ist, in dem sich eine schmale Sitzbank für zwei Personen befindet. Im Amazonastiefland werden die Menschen auch auf Pick-ups befördert und Motorräder werden dort als Taxis benutzt.

Zeit und Ort

Wenn man Peruaner im Andenhochland nach dem Weg fragt, so deuten sie in eine **Richtung** und sagen dazu *acacíto no más: Acacíto* ist die Verkleinerungsform von *acá* (dort) und der Ausspruch bedeutet soviel wie „ganz in der Nähe". Das sollte man aber niemals wörtlich nehmen, sondern als die Sicht des Sprechers interpretieren, der es womöglich gewohnt ist, täglich weite Entfernungen zurückzulegen und sich nicht vorstellen kann, dass der Fremde ein anderes Räumlichkeitsempfinden hat. So kann *acacito no más* bedeuten, dass man nur noch wenige Minuten vom Ziel

108pu Foto: pg

entfernt ist. Ebenso gut kann es aber heißen, dass noch ein Weg von einer Stunde oder mehr zurückzulegen ist.

Ähnlich verhält es sich mit der **Zeit:** *Ahorita,* das Diminutiv von *ahora* (jetzt) oder *ahoritita,* das Diminutiv von *ahorita* wird häufig verwendet. Interpretiert man diese Aussage auf der Basis deutschen Zeitverständnisses, glaubt man, in wenigen Sekunden oder Minuten sei es soweit. Das wird aus peruanischer Perspektive ganz anders gesehen: mit *ahoritita,* das manchmal von einem bettelnden Blick begleitet wird, beschwichtigt man den anderen und fordert ihn auf, sich noch zu gedulden. Dabei kann es sich ebenso um wenige Minuten wie auch um eine volle Stunde handeln. Dahinter steckt aber keineswegs ein bösartiges Täuschungsmanöver, sondern lediglich eine andere Art, mit der Zeit umzugehen.

Das andere Zeitverständnis hat auch zur Folge, dass Fehleinschätzungen bezüglich der Zeit, die für die **Fertigstellung einer Arbeit** benötigt wird, keineswegs als tragisch betrachtet werden. Kommt der Kunde zum vereinbarten Zeitpunkt und ist die Arbeit dann noch nicht fertig, wird er freundlich gebeten, noch einmal wiederzukommen. Als Unhöflichkeit gegenüber dem Kunden sieht man dieses Verhalten jedoch nicht. Dabei gibt es Unterschiede zwischen verschiedenen Berufsgruppen. Schreinern haftet das Image an, dass sie Arbeiten nie zum vereinbarten Zeitpunkt fertigstellen. Schneider gelten dagegen als verlässlicher.

Mit dem Ausdruck **„hora peruana"** (wörtl. „peruanische Stunde") charakterisieren Peruaner ihren Umgang mit der Zeit. *Hora peruana* bedeutet, dass eine Veranstaltung mit mindestens einer Stunde **Verspätung** beginnen kann bzw. dass die Gäste, wenn man sie für sieben Uhr eingeladen hat, erst um acht erscheinen. Es gibt sowohl Arbeitnehmer, die immer pünktlich zur Arbeit kommen, als auch solche, die es mit der Pünktlichkeit wenig genau nehmen. Fürchten Letztere kritisiert zu werden, haben sie schnell eine Entschuldigung parat. Oft ist das eine spannende Geschichte, die Sympathie und Verständnis weckt und nach deren Erzählen jedem einleuchtet, dass sie einfach nicht pünktlich erscheinen konnten.

Verspätung und Unpünktlichkeit sind aber keineswegs Verhaltensweisen, die allen Peruanern gemeinsam sind. In allen Bevölkerungsgruppen und in Landesteilen gibt es Peruaner, die immer pünktlich sind und noch nicht einmal fünf Minuten zu spät kommen, obwohl Pünktlichkeit insbesondere für Menschen aus der Unterschicht bei dem peruanischen Verkehrswesen wesentlich schwieriger ist. An den renommierten Privatuniversitäten beginnen Seminare pünktlich; wer zu spät kommt verpasst nicht nur Stoff, sondern verschlechtert dadurch auch seine Gesamtnote. Von Deutschen wird Pünktlichkeit selbstverständlich erwartet. Schließlich gehört diese Eigenschaft zu dem positiven Bild, dass die Peruaner von den Deutschen haben und so wird einem Deutschen Unpünktlichkeit nur schwer verziehen (s. a. Kapitel „Das Deutschlandbild der Peruaner").

‹ Das Ausbleiben der Kunden bringt Zeit für Gespräche

Medlab
LABORATORIO
dlab
41
35

Als Fremder in Peru

< Dass inzwischen auch Frauen als informelle Geldwechsler arbeiten, veranschaulicht nicht nur deren wirtschaftliche Not, sondern auch die fortschreitende Emanzipation (078pu Foto: ah)

Das Verhältnis der Peruaner zu Ausländern

Neid und Bewunderung

Rassismus richtet sich in Peru gegen Inländer, selten gegen Ausländer. Insbesondere Menschen mit heller Haut und europäischer oder nordamerikanischer Abstammung gelten in Peru vielfach als fähiger, moderner, kompetenter und vertrauenswürdiger. Menschen, die vornehmlich von der Urbevölkerung abstammen, hegen gegenüber Fremden widersprüchliche Gefühle. Einerseits werden die Weißen aufgrund des hohen Industrialisierungsgrades ihrer Länder als besonders fähig betrachtet, andererseits resultiert aus der jahrhundertelangen Unterdrückung der dunkelhäutigen Urbevölkerung durch die weißen Eroberer in manchen Gegenden ein verbreitetes Misstrauen gegenüber Fremden, manchmal sogar Ansätze von Xenophobie, Neid und Ressentiment. Viele Andenbewohner wirken auf den ersten Blick verschlossen, abweisend und desinteressiert. Die negativen Erfahrungen mit den Nachkommen der aus Europa stammenden Eroberer sowie anderen Fremden haben sie gelehrt, vorsichtig, zurückhaltend und misstrauisch zu sein. Diese Haltung ändert sich, sobald der Fremde ihnen persönlich näher kommt. Ist das Eis gebrochen, zeigen sie sich gastfreundlich, mitteilsam und interessiert an Meinungen und Ansichten des Fremden sowie an seiner Kultur.

Staat und Hilfsorganisationen, deren Vertreter meist hellhäutig sind und die „westliche" Kultur repräsentieren, haben Perus Arme lange wie unmündige Kinder behandelt. So ist bei vielen armen Peruanern das **Vertrauen in ihre eigenen Fähigkeiten wenig entwickelt** und blockiert Eigeninitiativen. Dies wird zum Beispiel dann offensichtlich, wenn die Menschen nach einer Katastrophe (Erdrutsch oder Erdbeben) jammern „der Staat hilft uns nicht" oder „es ist niemand gekommen, um uns zu helfen". So wie vor über 500 Jahren die „weißen" Spanier als Befreier angesehen wurden, so meinen auch heute noch einige Menschen, ihre Errettung aus der Armut könne nur von Europa oder Nordamerika aus initiiert werden. Andere sehen die Aussicht auf eine Verbesserung ihrer Lebensbedingungen nur in der Auswanderung in den Norden des Kontinents, nach Europa oder Australien.

› Ollantaytambo: Das Dorf lebt von Touristen auf der Durchreise

Leute der Unterschicht suchen im Bemühen um die Gunst von Fremden durch besondere Freundlichkeit mitunter Anerkennung oder erhoffen sich manchmal finanzielle Vorteile. Der Ausdruck *siempre para servirle* („stets bereit, Ihnen zu dienen“) zeigt, dass **Dienstbeflissenheit** einen hohen Stellenwert hat, kann aber auch Unterwürfigkeit zum Ausdruck bringen.

Ausländer mit heller Haut werden oft mit *gringa* (für eine Frau) oder *gringo* (für einen Mann) angeredet. Dies ist jedoch keineswegs abschätzig gemeint, sondern ein Kompliment. Insbesondere die Verkleinerungsform *gringuita* („kleine Gringa“) ist eine Sympathiebekundung.

Spanien wird als der ehemalige Kolonialherr gesehen. In gebildeten Kreisen können **antispanische Vorurteile** zu einem geringen Interesse an der spanischen Gegenwartsliteratur führen. Die unternehmerische Praxis der spanischen *Telefonica* wird in Peru gern kritisiert.

Aufgrund wach gehaltener Erinnerungen an den Krieg mit **Chile,** dessen Sieg und dem Verlust von peruanischem Territorium erzeugen Investitionen des Nachbarlandes bei manchen Peruanern Angst oder den Eindruck von „chilenischem Wirtschaftsimperialismus“.

079pu Foto: ah

Armut und Tourismus

Wer sich einen Flug nach Peru und dann auch noch Reisen innerhalb des Landes leisten kann, ist im Verhältnis zu den Peruanern steinreich. Viele Peruaner haben aus finanziellen Gründen Machu Picchu noch nie in ihrem Leben besucht, obwohl jeder Peruaner stolz auf dieses kulturelle Erbe der ehemaligen Inka-Festung ist, wegen der viele ausländische Touristen extra angereist kommen. In den ehemaligen Inkahauptstädten Cusco und Cajamarca wurden Stadtteile für die ausländischen Gäste herausgeputzt, während außerhalb der touristischen Zentren Armut und Baufälligkeit von Gebäuden zunehmen. In diesen Andenstädten, wo es nachts sehr kalt wird, kann man abends Menschen aus den armen Vierteln sehen, die durch die großen Fenster schicker Restaurants Touristen beobachten, die in wohl temperierten Räumen gemütlich sitzen und leckere, üppige Gerichte unmittelbar vor ihren Augen verzehren, für die sie selbst mehr als den Verdienst eines Monats aufbringen müssten. Solche Situationen mögen Neid und auch Wutgefühle auslösen. Die in einigen Gegenden verbreitete Überzeugung, der westliche Wohlstand basiere auf der Ausbeutung der peruanischen Urbevölkerung sowie dass der eine Teil der Erdbevölkerung nicht zu arbeiten brauche, veranlasst manche zu der Meinung, es sei rechtmäßig, sich „zurückzuholen", was ihnen „weggenommen" wurde. So gibt es in Peru auch Menschen, die Diebstahl und überhöhte Preise als völlig in Ordnung betrachten. Versucht ein Tourist ein **Foto** von der bunt gekleideten „Indiofrau" zu schießen, kann es vorkommen, dass diese sich darüber entrüstet oder von ihm Geld verlangt, weil er im Vergleich zu ihr sehr reich zu sein scheint und weil sie glaubt, dass er an dem Foto verdienen wird.

Das Deutschlandbild der Peruaner

Wer als Deutscher Peru besucht oder dort geschäftlich tätig ist, stößt mitunter auf überschwängliche Akzeptanz und Beliebtheit. Diese **wohlwollende Beurteilung** rührt aus dem direkten Kontakt mit den Deutschen, die Peru besuchen und meist gute Landeskenntnisse und Interesse an den Kulturen Perus mitbringen, aus angenehmen Erfahrungen mit deutschstämmigen Vorgesetzten sowie aus dem Bild, das deutsche Medien wie

▷ Plaza de Armas in Cusco

109pu Foto: pg

die „Deutsche Welle" oder Zeitschriften (v. a. die in der DDR erschienene „Scala") vermittelten. Relativiert wird das positive Bild durch Dokumentar- und Spielfilme über das Dritte Reich. So gilt die deutsche Sprache als sehr hart, weil der Befehlston der Nazigeneräle aus dem Fernsehen in den Ohren klingt. Trotzdem sind die Gräuel des Dritten Reiches im Deutschlandbild vieler Peruaner kaum präsent und in einigen abgelegenen Landesteilen wird *Hitler* verherrlicht. Im Nahverkehr Limas verkehren sogar einige Kleinbusse mit dem Namen „Hitler". Noch wirkt das Image deutscher Qualität, denn **„Made in Germany"** ist für viele immer noch ein Inbegriff für Haltbarkeit und Effizienz. Kaum ein Peruaner, der nicht den einen oder anderen deutschen Fußballverein kennt, *Franz Beckenbauer* oder *Michael Schumacher* bewundert.

Deutschland gilt als reiches und erfolgreiches Land, die Deutschen als korrekt, pünktlich, konsequent, diszipliniert, ordentlich, fleißig, lernbegierig, sparsam, vorausschauend, intelligent, gute Analytiker, *bien educados* (wohlerzogen), ehrlich und verlässlich. Sie sind **gern gesehene Geschäftspartner.** Dementsprechend hoch sind die Erwartungen peruanischer Angestellter gegenüber deutschen Chefs. Besonders groß sind Enttäuschung

Deutsche Präsenz in Peru

Der erste deutsche Verein wurde 1829 in der Hafenstadt El Callao gegründet. Über diesen Verein sind jedoch keine Einzelheiten mehr bekannt. Dem 1863 als Turnverein gegründeten „Club Germania" können sowohl Deutsche als auch Peruaner beitreten. Der Klub ist nicht besonders elitär und es geht den Mitgliedern in erster Linie darum, „Landsleute" zu treffen und Sport zu betreiben. Der Klub verfügt über eines der größten und besten Schwimmbäder in Lima.

In der katholischen und der evangelischen deutschen Kirchengemeinde sind Deutsche und deutschstämmige Peruaner unter sich; die Messe bzw. der Gottesdienst wird in deutscher Sprache gehalten. Lima hat eine katholische und eine evangelische Kirchengemeinde. Die deutschen Schulen genießen auch bei nicht-deutschstämmigen Peruanern Ansehen. Die Qualität der Ausbildung ist hoch und das Schulgeld vergleichsweise niedrig.

Die Präsenz des heutigen Deutschland - von Politik, Kultur, Religion und Wirtschaft - ist, etwa im Vergleich zu den USA, gering. Sprache und Kultur vermittelt das Goethe Institut in Lima und dessen Ableger in der Andenstadt Arequipa. Informationen über Deutschland vermittelt der spanischsprachige Kanal der „Deutschen Welle", den aber nur wenige peruanische Familien ansehen, weil die meisten sich kein Kabelfernsehen leisten können.

Christliche und weltliche Entwicklungsdienste sind im ganzen Land, insbesondere in armen Wohngegenden aktiv. Die politischen Stiftungen beraten Politiker, Jugendorganisationen und Wirtschaftsverbände.

Die Kreditanstalt für Wiederaufbau (KfW) hat Stauseeprojekte und Kläranlagen finanziert. Private Investitionen aus Deutschland haben in Peru mit Ausnahme des Flughafens von Lima keine große Bedeutung. Zwar haben große deutsche Unternehmen Niederlassungen in Lima, allerdings räumen sie dem peruanischen Markt keine Bedeutung ein. Die kleinen und mittleren Unternehmen deutschstämmiger Peruaner finden in der Deutsch-Peruanischen Industrie- und Handelskammer eine Art Heimat.

und Ablehnung, wenn ein **deutscher Vorgesetzter** ungerecht, unfähig oder egoistisch ist: Einem Deutschen sieht man das weniger nach als einem peruanischen Chef.

Da die Deutschen als **gutmütig** gelten, hält man sie auch für naiv, für *inocentes* (unschuldig). Deshalb verlangen einige Peruaner ihnen mehr Geld ab als rechtens wäre. Aber Peruaner der Mittel- und Oberschicht äußern auch Kritik am Verhalten vieler Deutscher: Sie seien engstirnig, rau, grob, plump, ungeschliffen, gefühlskalt und wenig einfühlsam, würden schnell zornig und beleidigend. Dass Peruaner **deutsches Verhalten leicht als verletzend empfinden,** hängt damit zusammen, dass man in Peru auf persönliche Gefühlsäußerungen anders reagiert. In vielen Bereichen sind Peruaner viel schneller verletzt, als man ahnt und wer dann nicht genug Feingefühl hat, ist in den Augen der Peruaner sehr grob.

Im Verhalten mancher Deutscher nehmen die Peruaner Arroganz und Rassismus wahr. „Die Deutschen halten sich für die fähigsten und begabtesten Menschen auf der Erde und wollen daraus das Recht ableiten, andere Völker zu beherrschen." Das aufbrausende Temperament der Deutschen, wenn sie mit einer Leistung unzufrieden sind, erleben Peruaner wie einen Angriff auf ihre Person, auf den sie nicht vorbereitet sind und gegen den sie sich nicht schützen können, es sei denn durch Zurückziehen, Ressentiment oder aber Protest, indem sie zukünftig Arbeitsabläufe blockieren oder gar boykottieren.

Wer als Chef dann nach dem Warum fragt und glaubt, die Erklärung im „sturen Indio" gefunden zu haben, der hat nicht wahrgenommen, dass er die Gefühle der von ihm Abhängigen verletzt hat.

Insgesamt schätzen die Peruaner die Deutschen sehr, da sie die Eigenschaften verkörpern, die die Peruaner ihrer eigenen Meinung nach bräuchten, um aus der „Unterentwicklung" herauszukommen. Für viele gelten die Deutschen als nicht-korrupt, ihren eigenen Werten treu, ihre Gesetze achtend und als ein Volk, das konsequent daran arbeitet, seinen hohen Lebensstandard zu halten. Die Deutschen werden bewundert, weil sie ein vom Krieg zerstörtes Land wieder aufbauten und weil sie heute in einem so hoch entwickelten Land leben.

Es wird nicht gern gesehen, wenn Deutsche „sich in Latinos verwandeln" und versuchen, deren Verhaltensweisen zu imitieren, denn das wirkt auf Peruaner unnatürlich. Dennoch mangelt es den Deutschen in den Augen vieler Peruaner an der Fähigkeit, das Leben zu genießen. Ihrer Meinung nach würde es vielen Deutschen gut tun, sich die **peruanische Lebensart ein wenig zu Eigen zu machen** sowie etwas einfühlsamer, kommunikativer und humorvoller zu werden. Sie sollten öfter peruanische Freunde zu sich einladen und sie sollten „tanzen lernen". Dabei geht es nicht um das Erlernen bestimmter Schrittfolgen, sondern vielmehr um das Einfühlen in Melodie und Rhythmus, um das Miterleben der unterschiedlichen Rhythmen, um die Lebensfreude, die beim Tanzen zum Ausdruck kommt, um den Spaß, den man dabei gemeinsam hat. Es ist völlig egal, ob und wie gut man tanzen kann, denn die Meinung, dass nur das Tanzbein schwingen sollte, wer „tanzen kann", ist eine deutsche, aber keine peruanische Vorstellung.

Als Geschäftspartner in Peru

Von den deutschsprachigen Unternehmern, die sich im vorigen Jahrhundert eine eigene Firma in Peru aufbauten, warben viele für ein positives Image ihrer alten Heimat. Sie gaben sich alle Mühe, vorbildliche Unternehmer, pünktlich, zuverlässig und qualitätsbewusst zu sein. Sie nahmen spezielle Kundenwünsche stets ernst und waren gegenüber ihren Angestellten korrekt und gerecht. Deutschsprachige Chefs und Geschäftspartner genießen in Peru bis heute ein hohes Ansehen. Peruanische Manager betrachten deutsche Geschäftsleute als ehrlich, seriös und solide. Sie schätzen ihr technisches Wissen, ihre gute Organisation und internationale Erfahrung. Von Geschäftsbeziehungen mit Deutschen erhoffen Peruaner sich hohe Qualität, den Transfer von Know-how, gute Beratung, faire Preisgestaltung und Liefersicherheit sowie Betreuung und Unterstützung durch das deutsche Mutterhaus. Bereits auf die Anbahnung von Geschäftskontakten übt dieses Bild einen positiven Einfluss aus. Wie willkommen deutsche Investitionen sind und als wie hoch deutsches wirtschaftliches Engagement eingeschätzt wird, zeigt sich an der Reaktion der peruanischen Öffentlichkeit auf die Konzessionsvergabe des Flughafens von Lima an FRAPORT. Dabei stoßen ausländische Investitionen in Peru keineswegs immer auf breite Akzeptanz. Daneben gibt es aber inzwischen auch Kreise, in denen es sich herumgesprochen hat, dass nicht mehr alle deutschen Unternehmen so korrekt sind wie früher.

083pu Foto: ap

Geschäftsbeziehungen und -praktiken

Perus Geschäftsleute repräsentieren eine kleine Industrie. Deshalb ist es umso wichtiger, sie ernst zu nehmen und ihnen mit **Respekt** zu begegnen. Arroganz und vermeintliche Besserwisserei verletzen und verärgern peruanische Gesprächspartner ganz besonders. Zeigt man sich dagegen an der peruanischen Kultur, Lebensart und der Küche interessiert, gewinnt man schnell Freunde. Und diese Wertschätzung übt einen positiven Einfluss auf die Geschäfte aus.

Die **Begrüßung unter Geschäftspartnern** ist in Peru stets herzlich und persönlich. Beim ersten Treffen werden die Hände geschüttelt, wobei man Frauen nie zu fest die Hand drücken sollte. Als ungewohnt eng und zu persönlich empfindet manche deutsche Frau das Wangenküsschen, das oft schon bei der ersten Begrüßung gegeben wird. Hat es bereits telefonischen Kontakt gegeben, sollten Männer nicht erstaunt sein, wenn sie von ihrem peruanischen Geschäftspartner mit einem Schulterklopfen begrüßt werden. International erfahrene Geschäftsleute verhalten sich jedoch beim ersten Treffen abwartend und sind bemüht, die Ausländer nicht durch zu viel körperliche Nähe zu verschrecken. Spätestens bei der Verabschiedung sollte man sich den peruanischen Gepflogenheiten anpassen, dann würde nämlich ein bloßes Händeschütteln als Ablehnung verstanden werden. Das **„Du"** und die **Anrede mit dem Vornamen** wird bei Geschäftsbeziehungen relativ schnell angeboten. Das ist keineswegs als Unhöflichkeit zu werten, sondern ganz im Gegenteil als Zeichen der Sympathie. Ausnahmen bilden große Hierarchie-, Alters- und Schichtunterschiede.

Peruanische Geschäftsleute sind im Allgemeinen in **Verhandlungen** nicht unehrlicher als deutsche, jedoch kommunizieren sie ihre Ablehnung anders. Sie sind weniger direkt und mögen es auch nicht, wenn ihr Gegenüber allzu direkt ein hartes Nein ausspricht. Als Ausländer schafft man ein gutes Klima, wenn man seine Ablehnung genauso wie die Peruaner „gut verpackt" zum Ausdruck bringt. Dabei muss man aber nicht so weit gehen wie manche Peruaner, die, wenn sie nicht einverstanden sind, lediglich sagen „mal sehen", „vielleicht", „wir überlegen", „interessant" oder „die Idee ist gut". In solchen Situation lässt sich dem Tonfall entnehmen, dass der andere nicht Feuer und Flamme für die Idee ist bzw. seine Situation keine definitive Zusage erlaubt.

Deutsche Geschäftsleute kritisieren an ihren peruanischen Geschäftspartnern geringe Vorkenntnisse und kurzfristige Planung. Beides hängt mit

☐ Veranstaltung der Deutsch-Peruanischen Industrie- und Handelskammer

der spezifischen wirtschaftlichen Entwicklung des Landes und den Erfahrungen der peruanischen Unternehmer zusammen. Bei Joint Ventures sind sie oft kurzfristig orientiert, weil sie aufgrund der politischen und wirtschaftlichen Instabilität kein Vertrauen in langfristige wirtschaftliche Erfolge haben. Die Angst vor zu hohen und langfristigen Investitionen bzw. Anschaffungen sollte im Kontext des peruanischen Steuersystems und den hohen Bankzinsen gesehen werden. Vielfach werden Gewinne lieber ins Ausland geschafft als reinvestiert. Wo Deutsche gern mehr Verbindlichkeit hätten, schieben Peruaner mitunter Entscheidungen auf und lassen ihre Geschäftspartner im Unklaren. Die „Kultur der kurzfristigen Planung" und die „Kunst der Improvisation" sind notwendige Fähigkeiten, die peruanische Unternehmer sich aneignen mussten, um in einem Land, in dem sich ständig alles ändern kann, geschäftlich zu überleben. Sie bringen es aber mit sich, dass Peruaner oft wenig Informationen über ihre deutschen Geschäftspartner bzw. deren Produkte einholen sowie dass dem Preis ein wesentlich höherer Stellenwert zukommt als der Qualität. Insbesondere kleine Unternehmer sind aus existenziellen Gründen darauf angewiesen, möglichst schnell Gewinne einzufahren und können sich langfristige Planungen oft gar nicht leisten. Manchem Einkäufer ist aber auch deshalb der Preis wichtiger als die Langlebigkeit eines Produktes, weil er profitiert, wenn er häufiger eine Neuanschaffung tätigt. Man sollte in Peru darauf gefasst sein, dass bestimmte Qualitätsanforderungen oder Zusatzforderungen bei Produkten oder Consultingaufträgen erst am Schluss gestellt werden und nicht im Moment der Preisverhandlung. Es entstehen durchaus Situationen, in denen der listige Criollo manchem „unschuldigen" Deutschen im „Austricksen" überlegen ist. Aber wie überall auf der Welt gibt es in Peru Geschäftsleute, die nur den Blick für das haben, was ihnen zum Vorteil gereicht und es gibt die durch und durch ehrlichen und zuverlässigen Geschäftsleute.

Heute haben auch peruanische Unternehmer z. T. den Eindruck, dass ihre überseeischen Geschäftspartner unzuverlässig sind. Peruanische Produzenten betrachten als unfair, wenn ausländische Importfirmen ihnen erst dann Änderungen abverlangen, wenn das Herstellungsverfahren der bestellten Produkte bereits in vollem Gange ist.

Typische Unterschiede zwischen deutschen und peruanischen Geschäftsleuten gibt es bei der Pünktlichkeit, der Vorbereitung von Besprechungen sowie bei der Einhaltung von Tagesordnungen, Zeitplänen, Absprachen, Terminen und Zahlungen. Wenn man zu einer Besprechung oder einer Veranstaltung geht, an der viele Personen teilnehmen, tut man gut daran, etwas zu lesen mitzunehmen, denn bei vielen Besprechungen kommen die Teilnehmer bis zu einer Stunde zu spät. Dies heißt aber keineswegs, dass es nicht auch peruanische Geschäftsleute gibt, die auf die Minute pünktlich erscheinen.

Das deutsche Direkt-zur-Sache-kommen ist den Peruanern fremd und der erste Schritt zum geschäftlichen Misserfolg. Ähnlich wie andere Lateinamerikaner sind sie emotionaler als die Deutschen und persönliche Sympathien entscheiden mit über den geschäftlichen Erfolg. Wer beabsichtigt, langfristig in Peru tätig zu sein, hat Vorteile, wenn er einem exklusiven Klub beitritt. Das muss aber der „richtige" Klub sein. In solchen Clubs trifft man hochrangige Manager sowie Persönlichkeiten aus Politik und Wirtschaft. Die Nummer Eins, der „Club Nacional", ist bei Mitgliedschaften sehr restriktiv. Aber man kann sich jedoch als Ausländer von Mitgliedern einladen und mitnehmen lassen.

Beliebte Gesprächsthemen unter Geschäftspartnern sind Familie, Haus, Kinder, Fernsehen, Kino und Sport, vor allem Fußball und Golf. Peruaner sprechen gern über bedeutende Verwandte, die Schönheit ihres Landes und auch über die „gute alte Vergangenheit". Als Ausländer äußert man besser nicht, wen man alles kennt. Vielleicht wird ja der Genannte am folgenden Tag dem mit berühmt-berüchtigten Ex-Geheimdienstchef Vladimiro Montesinos in Verbindung gebracht, der die letzte Regierung um Riesensummen betrog und jetzt im Gefängnis sitzt. Mit Geschäftspartnern über die peruanische Wirtschaftspolitik zu sprechen ist kein Problem, solange man dabei sehr rücksichtsvoll ist und die Peruaner nicht durch zu harte oder arrogant hervorgebrachte Kritik verletzt. In jedem Fall sollte man sich nicht schlecht über Peru und peruanische Belange äußern. Bei nationalen und politischen Themen ist Vorsicht angesagt. Solche Themen werden zwar von Peruanern manchmal angesprochen, man sollte sich aber nicht inhaltlich dazu äußern, weil man vieles nicht richtig beurteilen kann und Urteile von Fremden viele Peruaner auch beleidigen. Peruaner mit internationalen Kontakten unterhalten sich gern über globale Themen. Sie kennen die aktuellen Entwicklungen in Deutschland und der Europäischen Union und sind an der Sichtweise ihrer deutschen Gesprächspartner sehr interessiert. Alle Peruaner betrachten peruanischen Pisco (Destillat aus dem Most kleiner reifer Trauben) als den besten. Wer chilenischen Pisco lobt, verletzt ihren Nationalstolz. Positive Äußerungen über die Erzfeinde Chile und Ecuador sollte man vermeiden, zumindest solange man die Haltung seines Gegenübers noch nicht einschätzen kann.

Im Allgemeinen investieren Peruaner mehr Zeit in den geselligen Teil einer Geschäftsbeziehung. Sie geben sich Mühe, dem ausländischen Gast peruanische Kultur und Küche nahe zu bringen. Umgekehrt erwarten sie dies auch bei einer Geschäftsreise nach Deutschland.

Bestechung

Bei Korruption und Bestechung gibt es kaum Unterschiede zu anderen Ländern. Einige deutsche Geschäftsleute sind niemals damit in Berührung gekommen. Andere haben langfristig mehr Erfolg, wenn sie „gut verpackte" Aufforderungen zur Bestechung konsequent überhören.

Sicherheit

Was die Sicherheit betrifft, so ist die Bewegungsfreiheit zwar im Vergleich mit Deutschland eingeschränkt (es ist angebracht, öfter das eigene Auto oder ein Taxi zu nehmen und nicht zu Fuß zu gehen), die ungehemmte Gewaltkriminalität wie in Brasilien, Venezuela und Kolumbien gibt es in Peru aber nicht. Zu den üblichen **Vorsichtsmaßnahmen** gehört auch, seinen Reichtum nicht zu deutlich zu zeigen und im Straßenbild nicht als *gringo* zu erscheinen. Charakteristisch für Peru ist, dass gefährliche und ungefährliche Gegenden oft direkt nebeneinander liegen. Das trifft auch für die Distrikte Miraflores und San Isidro zu, in denen die meisten Firmen ihren Sitz haben und wo die großen Hotels sich befinden. Wenn man sich diesbezüglich nicht so genau auskennt, sollte man peruanische Geschäftsleute nach Details und um Rat fragen.

Geschäftsfrauen

Peruanische Frauen besetzen zahlreiche Führungspositionen, zum Beispiel im Bankwesen, aber auch in der öffentlichen Verwaltung und in der Politik. Es gibt eine große Anzahl erfolgreicher Frauen in Peru. Allerdings finden sich im Top-Management kaum Frauen. Aus diesem Grund sind peruanische Unternehmer zunächst überrascht, wenn sie mit einer Frau allein verhandeln sollen. Unterschiede im Umgang gibt es aber nicht. Hartes Auftreten kann für eine Geschäftsfrau jedoch tödlich für ihr Fortkommen sein. Die fachlichen und sozialen Kompetenzen der Frauen in hohen Positionen werden von männlichen Managern **anerkannt und geschätzt.** Meist gehören die Frauen der Oberschicht an und genießen schon aufgrund ihrer sozialen Herkunft ein hohes Ansehen. Peruanische und ausländische Managerinnen werden schnell in verschiedenste Unternehmerkreise aufgenommen und sind gern gesehene Gäste, Teilnehmer oder Referentinnen auf wichtigen Wirtschaftsveranstaltungen.

› Die Forderung nach Ruhe bei der Arbeit ist vielen Peruanern fremd

Peruanisches Personal

Bei der Suche nach einem Vertreter vor Ort oder bei der Einstellung von peruanischem Personal sollte man auf die guten **Kontakte deutscher Organisationen** wie der Deutsch-Peruanischen Industrie- und Handelskammer, alteingesessener deutscher Unternehmer oder Lehrer an deutschen Schulen zurückgreifen. Peruaner, die eine deutsche Schule besucht und in Deutschland studiert oder gearbeitet haben, sprechen nicht nur die Sprache, sie sind auch mit Mentalität und Unternehmenskultur vertraut.

Auf Arbeitszeugnisse sollte man sich nicht verlassen. Normalerweise enthalten solche Zeugnisse auch wenig Information über die beruflichen und sozialen Fähigkeiten einer Person. Eingereichte Lebensläufe sind mitunter so lang, dass zeitliche Gründe es nicht erlauben, sie für die Vorauswahl zu verwenden. Bei einer **Stellenausschreibung** kann man aber darauf hinweisen, dass nur Bewerber berücksichtigt werden, deren Lebenslauf eine bestimmte Seitenzahl nicht überschreitet. Angaben zu **sprachlichen Fähigkeiten** sollte man immer überprüfen, weil manchen Peruanern eine realistische Selbsteinschätzung schwer fällt. Empfehlungen sowie die Einholung von Referenzen sind beliebte Auswahlkriterien. Von ehemaligen Arbeitgebern und Professoren bekommt man in der Regel ehrliche und präzise Auskünfte. In Peru verfügen übrigens alle angesehenen Uni-

094pu Foto: ah

versitäten über eine **Absolventendatenbank,** aus der sie spezifische Stellenprofile bedienen. Dieser Service ist normalerweise kostenlos. In Peru gibt es eine Vielzahl fachlich hervorragend ausgebildeter Personen, insbesondere für das mittlere Management. Die Berufsausbildung außerhalb der Universitäten ist allerdings mit der Ausnahme weniger angesehener Institute schwach ausgebildet und die Qualifikation dementsprechend schlecht. Vorsicht ist geboten bei Bewerbern, die viel versprechen oder sich allzu unterwürfig geben.

Wer peruanische Mitarbeiter beschäftigt, sollte eine **klare Hierarchie** festlegen, von der nicht abgewichen wird. Irritationen in der Rangordnung sind schädlich. Viele Peruaner fühlen sich in starken Hierarchien wohl. Dabei sind Titel wichtig. Ärzte und Rechtsanwälte werden generell mit *„doctor"* angeredet, unabhängig davon, ob sie promoviert haben, Ingenieure mit *„ingeniero"*. Das Hierarchiedenken kann dazu führen, dass **Umgangston und Kommunikation** von Autorität und Unterordnung stark geprägt sind. Deshalb ist es nicht immer leicht, das volle Vertrauen seiner Mitarbeiter zu gewinnen. Ein weicher Führungsstil, seltene Kontrollen und zu viel Nachsicht werden von manchen peruanischen Arbeitnehmern missverstanden oder ausgenutzt und sind der Leistungsbereitschaft abträglich. Peruanische Angestellte respektieren und schätzen strenge Vorgesetzte. Aber sie tolerieren es nicht, wenn ihre Fehler zu heftig oder zu direkt kritisiert werden. Sie fühlen sich dann bloßgestellt und behindern möglicherweise langfristig eine gute Zusammenarbeit. Umso bedeutsamer ist es, stets wach und **sensibel für die Probleme seiner Mitarbeiter** zu sein, insbesondere wenn finanzielle Probleme sie belasten. In solchen Situationen ist es angebracht, die Angelegenheit anzusprechen und nach einer gemeinsamen Lösung zu suchen, zum Beispiel indem man einen zurückzuzahlenden Vorschuss anbietet. Hilft man Mitarbeitern in solchen Situationen nicht, kann es passieren, dass sie aus purer Not Geld unterschlagen. Man sollte aber wegen der niedrigen Einkommen und den vielfältigen Notsituationen (zum Beispiel Operation eines Familienmitgliedes, Zahlungen für eine teure Berufsausbildung) sehr genau abwägen, ob man einem Angestellten Geld oder den Büroschlüssel anvertraut.

Viele Peruaner schätzen **deutsche Chefs** und haben hohe Erwartungen an sie. Deutschen Vorgesetzten trauen sie herausragende Führungsqualitäten und einen gerechten Umgang mit Angestellten zu. Bei so viel Vorschusslorbeeren kommt es darauf an, ob und wie ein deutscher Manager sich die überaus positiven Vorurteile im Arbeitsalltag zunutze macht.

Was macht Peru für deutsche Geschäftsleute attraktiv?

Wenngleich bürokratische Hürden, die geringe Ausbildung vieler Peruaner und die schlecht funktionierende Justiz ausländische Investitionen stark behindern können, gibt es auch eine Reihe von Faktoren, die Peru als Markt überaus attraktiv machen. Dabei sind die Herzlichkeit und die Freundlichkeit der Menschen keineswegs zu unterschätzen, ebenso wenig die Toleranz und Offenheit gegenüber Ausländern und die Aufgeschlossenheit gegenüber Neuem. All dies macht für deutsche Unternehmer den dauerhaften oder temporären Aufenthalt in Peru sehr angenehm. Als Ausländer kann man sich in Peru viele Freiheiten erlauben und sogar in viele Fettnäpfchen treten, ohne dass daraus Nachteile erwachsen. Peruaner haben viel Verständnis für Menschen aus anderen Kulturen mit anderen Verhaltensweisen. Ausländischen Geschäftsleuten verzeihen sie gern, wenn diese die peruanischen Gepflogenheiten am Anfang nicht so gut kennen. Geschäftsleuten, die mit einer sich ständig verändernden Situation umgehen können, bietet der peruanische Markt große Vorteile. Peru ist ein Wachstumsmarkt und der Aufholbedarf in der technischen Entwicklung bietet ausländischen Unternehmern vielfältige Möglichkeiten. In Peru zu investieren kann eine echte Herausforderung darstellen, die hohe Risiken birgt, die aber mit vielen Chancen verbunden sind.

< Der Deutsche Pavillion auf der peruanischen Industriegütermesse „Feria Internacional der Pacifico“

PUENTE
CHIO

Anhang

⊠ Spielende Kinder im Amazonastiefland (204pu Foto: lg)

Glossar

- *Achiote:* Bixa orellana (Gewürz)
- *Adivinación:* rituelles Diagnoseverfahren mit Kokablättern, Maiskörnern u. a.
- *Agua de socorro:* Nottaufe
- *Aguaruna:* Volk im Amazonastiefland
- *Aguatero:* Händler, der in Armensiedlungen Wasser verkauft
- *Ahijado:* Patenkind
- *Aire:* spanisch: „Wind", kulturspezifische Erkrankung
- *a la criolla:* unkonventionelle typisch peruanische Vorgehensweise
- *Alcatráz:* afroperuanischer Tanz
- *Algarrobina:* Sirup des Johannisbrotbaums *(Algarrobo),* Bezeichnung für den daraus zubereiteten Cocktail
- *Algarrobo:* Baum an der nordperuanischen Küste, aus dem Sirup und eine Art Honig gewonnen werden; er wird auch *Warango* genannt
- *Altumisayoq:* andiner Priester mit höchster Kompetenz
- *Amante:* Geliebte
- *Ambulante:* Straßenhändler
- *Amuesha:* Volk im Amazonastiefland
- *Animu waqay:* Ritual, bei dem die Seele eines Kranken in dessen Körper zurückgeführt werden soll
- *AP:* Acción Popular (politische Partei)
- *APRA:* Alianza Popular Revolucionaria Americana (politische Partei)
- *Apu:* Berggott
- *Arroz zambito:* durch besondere Zuckerung braun gefärbter Milchreispudding
- *Asentamiento Humano:* spanisch für „menschliche Siedlung", Bezeichnung für Armenviertel
- *Asháninika:* Volk im Amazonastiefland
- *Ausangate:* 6384 m hoher Berg südwestlich von Cusco, der gleichzeitig als ein Berggott gilt
- *Ayahuasca* (Quechua): in einigen Regionen im Schamanismus eingesetztes halluzinogenes Gebräu aus einer Liane, wörtl. „Liane der Toten"
- *Aymara:* indigene Sprache im Altiplano/Andenhochland
- Ayni*:* quechua für Reziprozität, gegenseitige Hilfe
- *Bautizo:* christliche Taufe
- *Boca suelta:* loses Mundwerk
- *Brujo:* spanisch für Hexer
- *Cajón:* traditionelles peruanisches Musikinstrument, ein Holzkasten, von dem auf ihm sitzenden Percussionist als Trommel verwendet

- *Calzonazo:* Mann, der sich seiner Partnerin gegenüber nicht durchsetzen kann (span. für Riesenunterhose)
- *Cambio 90:* „Wandel 1990" (politische Partei)
- *Cancha:* geröstete Maiskörner
- *Canción criolla:* kreolisches Lied (afroeuropäisch geprägte typische Liedform in der Küstenregion)
- *Cañakuy:* huanca-quechua: Austausch der Trauer (Ritual sechs Monate nach dem Tod eines Menschen)
- *Casa de cita:* Bordell
- *Casero* (weibl. *casera*): Stammkunde und Stammverkäufer
- *Castellano:* Spanisch
- *Ceja de Selva:* „Augenbraue des Dschungels", östliche Andenabhänge
- *Ceviche:* Gericht aus rohem mit Limettensaft verfeinertem Fisch
- Chacra: Acker, Feld
- *Champan:* Sekt oder Perlwein
- *Chaqitaqlla:* Grabstock für die Feldarbeit
- *Charapa:* Mensch aus dem Tiefland, im Unterschied zu *chuncho* nicht abschätzig gemeint
- *Chela:* 1) Kurzform des Namens „Graciela", 2) helles Bier
- *Chelita:* Verkleinerungsform von Chela
- *Chicha:* 1) Maisbier, 2) Tanz (Mischform aus andinem Huayno und kolumbianischer Cumbia)
- *Chichodromo:* auf Chicha spezialisiertes Tanzlokal
- *Chifa:* 1) peruanisches Chinarestaurant, 2) chinesisches Essen peruanischer Prägung
- *Chino:* Mensch mit „Schlitzaugen"
- *Chipi:* Leibgardist des Inka
- *Cholo:* Mensch, der sowohl in einer andinen als auch in einer urbanen Kultur zu Hause ist (kultureller Mischling)
- *Cholito:* Verkleinerungsform von Cholo
- *Chuño:* mittels Frost- und Sonneneinwirkung haltbar gemachte Kartoffel
- *Chuncho:* umgangssprachliche, in der Regel abschätzige Bezeichnung für indigende Bewohner im Amazonastiefland
- *Cimarron:* Anführer geflohener afrikanischer Sklaven
- *Colono:* andiner Siedler im Amazonastiefland
- *Comadre:* Mutter eines Patenkindes
- *Combi:* Kleinbus im Nahverkehr
- *Compadre:* Vater eines Patenkindes
- *Comunidad Campesina:* Bauerngemeinde im Andenhochland
- *Comunidad Nativa:* spanisch für „Eingeborenengemeinde" im Amazonastiefland

- *Contrabando:* Schmuggel
- *Conviviente:* spanisch, wörtlich: „Mitlebende(r)", Lebensgefährte
- *Corralito* (spanisch, wörtl. „Laufställchen"): Umgarnung des idealen Heiratskandidaten
- *Costa:* spanisch für Küste
- *Criollo:* Kreole, ursprünglich: 1) in Lateinamerika geborener Spanier, heute: 2) Mensch mit afroeuropäischer Kultur, 3) schlauer gerissener Mensch
- *Curandero:* spanisch für Heiler mit umfangreichem Ritualwissen
- *Curioso:* spanisch für Heilkundiger mit geringem Ritualwissen
- *Cuy:* Cavia tschudii (Meerschweinchen), in Peru als Haustier gezüchtet und wesentlicher Bestandteil der peruanischen Küche
- *Desalojo:* gewaltsame Ausquartierung
- *Despacho:* Opferpäckchen, das alle Leckerbissen enthält, nach denen eine Gottheit verlangt
- *Despedida de solteros:* „Verabschiedung der Ledigen", Zeremonie die der Hochzeit vorausgeht
- *Devoto:* frommer Anhänger, der anlässlich des Festes eines von ihm besonders verehrten Heiligen hohe Ausgaben tätigt für Tänze, Musik, Kleider für den Heiligen, Verpflegung der Gäste
- *Diablada:* Tanz aus dem Altiplano, bei dem die verschiedensten andinen Teufel auftreten
- *Discoteca de ambiente:* Schwulenkneipe
- *Discoteca high:* Diskothek der Oberschicht
- *Empleada:* Hausangestellte, Dienstmädchen
- *Espírtu:* spanisch für Seele und Lebenskraft eines Menschen
- *Festejo:* afroperuanischer Tanz
- *Fiestas Patrias:* der peruanische Nationalfeiertag am 28. Juli
- *FREDEMO:* „Frente Democrático" (politisches Bündnis)
- *Fujichoque:* von Staatspräsident *Fujimori* durchgeführtes liberales Schockprogramm
- *Gamarra:* riesiges textiles Produktions- und Verkaufsareal im Zentrum von Lima
- *Gentil:* Vorfahre, der angesichts der Eroberung durch die Spanier vorzog, zu sterben bzw. sich unter der Erde zu verstecken. Als der eigentliche Eigentümer des Bodens verlangt er noch heute Opfer als Gegenleistung für die Überlassung/Nutzung der Äcker.
- *Guanakirma:* zu Stein gewordene Frau, die einen Gott um Wasser für ihre Pflanzen bat
- *Guano:* Düngemittel aus flüssigen phosphor- und stickstoffhaltigen Ablagerungen der Exkremente von Seevögeln

- *Hampiq:* quechua für Heiler
- *Herranza:* Tanzrhythmus, der üblicherweise bei Fruchtbarkeitsriten für Tiere gespielt wird
- *Huacatay:* Tagetes minuta (Küchenkraut)
- *Huachafo:* neureicher Snob
- *Huachiman:* privater Wächter (von englisch: watch man)
- *Huanca:* Volk im zentralperuanischen Andenhochland
- *Huarangal:* Baum der peruanischen Küste
- *Huayco:* Erdrutsch
- *Huaylarsh:* Erntetanz aus den zentralperuanischen Anden
- *Huayno:* in den Anden am weitesten verbreitete traditionelle Lied- und Tanzform
- *Huayrona:* dörfliches Versammlungshaus
- *Huayruro:* rotschwarze Frucht, die im Tiefland wächst und für Schmuckstücke sowie als Schutz gegen den bösen Blick verwendet wird
- *Huito:* Frucht des Amazonastieflandes, mit ihr färben die indigenen Frauen ihre Haare und zeichnen dekorative Muster auf die Gesichter
- *Huitoto:* Volk im Tiefland, das am Amazonas lebt
- *Humita:* Maispastete
- *Indígena:* Indigene/r
- *Inicial:* Kindergarten-Vorschule
- *Israelita:* Anhänger einer in Peru entstandenen christlichen Glaubengemeinschaft
- *Izquierda Unida:* Vereinigte Linke (Parteienbündnis)
- *Jerga:* Gassensprache
- *Juane:* typisches Gericht im Amazonastiefland
- *Juerga:* lärmendes Vergnügen
- *Khipu:* Knotenschrift der Inka
- *Kiwicha:* Amaranthus caudatus, Amarant
- *Koka:* Erythroxylon coca (gedeiht im Tiefland) und Erythroxylon truxiliense (gedeiht in den internandinen Tälern des Departements La Libertad)
- *Kontaktlose:* Indigene, die sich gegen den Kontakt zur westlichen Zivilisation entscheiden
- *Kuraka:* lokaler Stammesfürst im Inkareich
- *Landó:* afroperuanischer Tanz
- *Layqa:* quechua für Hexer
- *Lustrabotas:* Schuhputzer (wörtl.: „jemand, der die Stiefel blank putzt")
- *Maca:* Lepidium meyenii (Knollenfrucht aus den Anden, die Widerstandskraft und Stressresistenz erhöht; sie wird in Peru industriell zu Tabletten verarbeitet)

- *Machismo:* Ideologie, die an eine natürliche Vorherrschaft des Mannes glaubt
- *Machista:* Anhänger des Machismo
- *Madre soltera:* ledige Mutter
- *Madrina:* Patentante
- *Mal de ojo:* Erkrankung am bösen Blick
- *Mamacha:* liebevolle Anrede der Muttergottes
- *Mancharisqa:* quechua für Schreckenskrankheit
- *Marica:* abschätziger Ausdruck für „Schwuler"
- *Marimonio masivo:* Massenhochzeit (organisieren die Rathäuser für Paare, die eine Einzelhochzeit nicht finanzieren können)
- *Marinera:* peruanischer Paartanz, der indigene, europäische und afrikanische Elemente vereint
- *Masato:* alkoholisches Getränk aus fermentiertem Maniok
- *Mashua:* Tropaeolum tuberosum (Knollenfrucht)
- *Matsiguenka:* Volk im Amazonastiefland
- *Mitmaqkuna:* Umgesiedelte des Inkareiches
- *Maych'a:* quechua für Pflanzenheilkundiger
- *Mayordomo:* traditioneller Machtinhaber bei einem religiösen Fest
- *Mazamorra morada:* 1) peruanisches Dessert aus violettem Mais mit Früchten, 2) Eigenbezeichnung der Afroperuanerinnen
- *Micro/Microbus:* Kleinbus im öffentlichen Nahverkehr
- *Microempresa:* Kleinstunternehmen
- *Minka:* Gemeinschaftsarbeit
- *Mote:* gekochte große Maiskörner
- *Moraya:* durch Frost- und Sonneneinwirkung haltbar gemachte Kartoffel
- *Movimiento Libertad:* „Bewegung Freiheit" (politische Bewegung)
- *Movimiento Revolucionario Tupac Amaru:* „Revolutionäre Bewegung Tupac Amaru", nicht mehr aktive linke Guerilla-Gruppe
- *Muchacha:* Hausangestellte, Dienstmädchen
- *Nativo:* Indigener aus dem Amazonastiefland
- *Nueva Mayoría:* „Neue Mehrheit" (politische Partei)
- *Ñusta:* Inkaprinzessin
- *Oca:* Oxalis tuberosa (Knollenfrucht)
- *Ojo:* spanisch für „Auge": durch bösen Blick hervorgerufene kulturspezifische Krankheit
- *Olluco:* Ullucus tuberosus (Knollenfrucht)
- *Pachamama:* Göttin Erde
- *Pachaq hap'isqan:* quechua für „von der Erde ergriffen", kulturspezifische Erkrankung

- *Pachmanca:* Zubereitung von Fleisch oder Kartoffeln im Erdofen
- *Padrino:* Patenonkel
- *Pago a la tierra:* spanisch für „Zahlung an die Erde": Opfer, um Gottheiten zu beschwichtigen
- *Pallar:* Mondbohne
- *Palenque:* Fluchtburg der entflohenen Sklaven aus Afrika
- *Pampamisayoq:* andiner Priester mit begrenzter Kompetenz
- *Pandero:* privates System der gegenseitigen Kreditvergabe unter den Nachkommen chinesischer Einwanderer
- *Paneton:* Panettone, aus Mailand stammender Weihnachtskuchen, der bei einer peruanischen Weihnachtsmahlzeit nicht fehlen darf
- *Papa:* peruanische Bezeichnung der Kartoffel
- *Paqo:* quechua für Priester, Heilkundiger
- *Pariapunko:* Gottheit, die im Hinterland von Lima für Regen und Quellwasser zuständig ist
- *Parrillada:* Grillfest
- *Partera/partera tradicional:* Hebamme mit volksmedizinischen Kenntnissen
- *Patachi:* kräftige Suppe mit geschältem Mais
- *Patria* (Spanisch): Vaterland
- *Pedir la mano:* um die Hand (einer jungen Frau) anhalten
- *Peña:* Tanzlokal mit folkloristischer Show, Live Bands, peruanischen und lateinamerikanischen Rhythmen
- *Peón:* Tagelöhner
- *Pequeña empresa:* Kleinunternehmen
- *Perú possible:* „Peru ist möglich" (politische Partei)
- *Picaflor:* 1) Kolibri, 2) Mann, der gern an vielen Frauen „nascht"
- *Pichache:* huanca-quechua für Waschen der Kleider eines Verstorbenen
- *Piropo:* im Vorübergehen ausgesprochenes Kompliment für eine Frau
- *Pisco:* Destillat aus dem Most kleiner reifer Weintrauben
- *Pisco Sour:* peruanischer Cocktail, bei dem *Pisco* Hauptbestandteil ist. Dieser Cocktail darf bei keinem Empfang fehlen.
- *Pishtaku:* Fett sammelnder Menschenschlachter
- *Pituco:* sich vornehm gebender, albern wirkender Mensch
- *Plan Colombia:* US-Plan zur Drogenbekämpfung
- *Primaria:* Grundschule
- *Provinciano:* Mensch aus dem Landesinnern
- *Pueblo Joven:* „junges Dorf", Bezeichnung der linken Militärregierung für frisch gegründete Elendsviertel
- *PyME:* pequeña y mediana empresa: kleine und mittlere Unternehmen
- *Quechua:* Nationalsprache der Inka

- *Quinceañera:* fünfzehnjähriges Mädchen
- *Quinceañero:* Geburtstagsfeier eines fünfzehnjährigen Mädchens
- *Quinua:* Chenopodium quinoa (Reismelde)
- *Qoyllur Rit'i:* „Sternglanzschnee"; Christuserscheinung in den peruanischen Anden, auf die das größte religiöse Fest im Süden Perus zurückgeht
- *Retablo:* kunsthandwerkliche Darstellungen von Szenen aus der Bibel und dem Leben von Heiligen, die von den Spaniern zur Missionierung benutzt wurden
- *Roal:* oberster Gott im Volksglauben der südperuanischen Anden
- *Sacar la vuelta:* Betrügen des Lebensgefährten
- *Saco largo:* Mann, der sich seiner Lebensgefährtin gegenüber nicht durchsetzen kann
- *Salsodromo:* auf Salsa spezialisiertes Tanzlokal
- *Santiago:* 1) Heiliger (Sankt Jacobus); 2) Tanz aus den zentralperuanischen Anden
- *Saylla:* afroandiner Tanz aus der Altiplano-Region
- *Secundaria:* Sekundarschule
- *Selva:* Dschungel
- *Sendero Luminoso:* „Leuchtender Pfad": kommunistische Guerilla mit maoistischer Ideologie, die in den 1980er- und 1990er-Jahren aktiv war
- *Serrano:* Mensch aus den Anden
- *Shaman:* Schamane
- *Sicuri:* Tanz aus dem Altiplano, bei dem nur Instrumente aus vorspanischer Zeit gespielt werden
- *Sierra:* Gebirgsland
- *Sinchi:* Mitglied einer Spezialeinheit zur Terrorismusbekämpfung
- *Sorroche:* Höhenkrankheit
- *Susto:* spanisch für Schreckenskrankheit
- *SUTEP:* „Sindicato Unitario de Trabajadores en la Educación del Perú"; die peruanische Lehrergewerkschaft, in der die kommunistische Partei „Patria Roja" die Macht hat
- *Tacacho:* Gericht des Amazonastiefland mit geräucherten grünen Bananen
- *Tamal:* in Pflanzenblättern gekochter, mit Fleisch, Käse oder Kräutern gefüllter Maisteig
- *Tanomashi:* privates System der gegenseitigen Kreditvergabe unter den Nachkommen der japanischen Einwanderer
- *Tawanku:* Form des Zusammenlebens von zwei Paaren bei den Aymara

- *Taxi cholo:* peruanisches Motorradtaxi
- *Technocumbia:* moderner peruanischer Tanzrhythmus
- *Temblor:* ein Erzittern, schwächer als ein Erdbeben
- *Tramite:* amtliche Erledigung
- *Tramitador:* Person, die gegen Bezahlung Behördengänge erledigt
- *Tsunami:* 1) durch ein Seebeben ausgelöste hohe Wellen, 2) der spektakuläre und völlig überraschende Wahlsieg des japanischstämmigen Agraringenieurs *Alberto Fujimori*
- *Tuntuna:* afroandiner Tanz aus der Altiplano-Region
- *Ukuku:* andiner Bärmensch
- *Vals:* afroperuanisch überprägter europäisch-lateinamerikanischer Walzer
- *Velorio:* Totenwache
- *Villancico:* von der iberischen Halbinsel stammende Liedform aus dem 18. Jh., mit der ab dem 20. Jh. Weihnachtslieder bezeichnet wurden.
  In Peru: traditionelle Weihnachtslieder
- *Virgen:* Jungfrau Maria
- *Virgencita:* kleine Jungfrau Maria (besonders liebevolle Bezeichnung)
- *Wamani:* Berggott
- *Warango:* Johannisbrotbaum, auch *Algarrobo* genannt
- *Warmichakuy:* Zeremonie im Andenhochland, die dem Zusammenleben von Lebenspartnern vorausging
- *Wawa wasi* (Quechua, wörtl. „Haus des Kindes"): Hort für die Kinder armer Eltern
- *Wayra:* quechua für „Wind"
- *Wayrasqa:* durch den Wind verursachte kulturspezifische Krankheit
- *Yuca:* Maniok (Manihot esculenta)
- *Zambo:* Mensch mit dunkler Haut, der afrikanischer Abstammung ist
- *Zorro:* Spanisch, übersetzt „Fuchs"; im Andenhochland wird damit auch der Freund eines heiratswilligen Mannes bezeichnet, der stellvertretend für diesen um die Hand einer jungen Frau anhält

Literaturtipps

Sachbücher

- *Cotler, Julio:* **Der Fall Peru,** Wuppertal 1971
- *Flores Galindo, Alberto:* **Buscando un Inca,** Lima 1987
- *Lindig, Wolfgang* u. *Mark Münzel:* **Die Indianer,** München 1987
- *Müller, Thomas* u. *Helga Müller-Herbon:* **Kinder der Mitte. Die Q'ero-Indianer,** Merten-Bornheim 1986
- *Oertzen, Eleonore von:* **Peru,** Beck'sche Reihe, München 1988
- *Vargas Llosa, Mario:* **La utopía arcaica – José María Arguedas y las ficciones del indigenismo,** Mexiko 1996
- *Westphal, Wilfried:* **Unter den Schwingen des Kondor,** München 1985

Belletristik

Leider sind viele der hier empfohlenen Titel nur noch antiquarisch erhältlich – aber die Suche lohnt sich!

- *Alegría, Ciro:* **Die goldene Schlange,** Manesse, Zürich, 1971. Geschichte über die Folgen des Goldabbaus im peruanischen Amazonastiefland.
- *Alegría, Ciro:* **Die hungrigen Hunde,** Suhrkamp, Frankfurt/M. 1978. Roman über die indigene Bevölkerung auf den Ländereien der Großgrundbesitzer im nordperuanischen Bergland.
- *Arguedas, José María:* **Die tiefen Flüsse,** Suhrkamp, Frankfurt/M. 1980. Einfühlungsame Geschichte über Gegensätze und Gemeinsamkeiten von „Indios“, „Mestizen“ und „Herren“.
- *Arguedas, José María:* **Yawar Fiesta,** Horizonte, Lima 1982. Geschichte um ein andines Fest, bei dem ein Kampf zwischen Stier und Kondor ausgetragen wird, wobei die Eingriffe der urbanen Kultur in das Leben der indigenen Bevölkerung deutlich werden.
- *Avendaño, Angel:* **Historias en Mesa Pelada,** Antarki, Lima 1982. Roman über die Bauernaufstände im Tal der Convención bei Cusco.
- *Bryce Echenique, Alfredo:* **Eine Welt für Julius,** Suhrkamp, Frankfurt/M. 2002. Geschichte um einen Jungen aus der peruanischen Oberschicht, über die Glanzzeit des limensischen Großbürgertums und die von schroffen Gegensätzen zerklüftete peruanische Gesellschaft.

- *Condori Mamani, Gregorio:* **Sie wollen nur, dass man ihnen dient,** Suhrkamp, Frankfurt/M. 1985. Autobiografie des gleichnamigen Lastenträgers.
- *Salas Guevara, Federico:* **Manuel Felipe – el Español,** Lima 1998. Traurige, dramatische Liebesgeschichte einer jungen indigenen Frau in der Kolonialzeit.
- *Scorza, Manuel:* **Trommelwind für Rancas. Eine Ballade,** Suhrkamp, Frankfurt/M. 1975. Erzählung über die Allianz zwischen einem peruanischen Bergbaukonzern und der peruanischen Oligarchie sowie über die ersten Bauernaufstände.
- *Tristan, Flora:* **Pérégrinations d'une paria,** Québec 2004. Reisebericht und Autobiografie von *Flora Tristán,* die sich 1833 in Frankreich nach Peru einschiffte.
- *Tola, Raúl:* **Heridas privadas,** Lima 2002. Zusammenhängende Kurzgeschichten, die alle in Lima spielen.
- *Vargas Llosa, Mario:* **Die Stadt der Hunde,** Suhrkamp, Frankfurt/M. 1980. Roman über die Militärschule *Leoncio Prado* in Lima.
- *Vargas Llosa, Mario:* **Der Fisch im Wasser,** Suhrkamp, Frankfurt/M. 1995. Bericht über die Erfahrungen *Vargas Llosas* im Wahlkampf.
- *Vargas Llosa, Mario:* **Tante Julia und der Schreibkünstler.** Suhrkamp, Frankfurt/M. 2012 (neu übersetzt von *Thomas Brovot*). Eine autobiografische Novelle, die die unterschiedlichen sozialen Schichten in Lima Mitte des 19. Jahrhunderts hervorragend beschreibt.

Quellenangaben

- *Altamirano, Teofilo:* Liderazgo y organización de provincias en Lima Metropolitana, Pontificia Universidad Católica del Perú, Lima 2000
- *Asociación Peruano-Japonesa:* Centenario de la Imigración Japonesa 1899–1999, Lima 2000
- *Castro Ventura, Maritza:* Potajes peruanos. In: PerúInfo 10/1997
- *Chauvin, Lucien:* Abgestürzter Messias. In: POONAL 214/215 v. 18.10.1995
- *Coral, Karen:* Lenguas Amazónicas del Perú. In: El Dorado 07-09/1997
- *Cotler, Julio* u. *Romeo Grompone:* El Fujimorismo, Instituto de Estudios Peruanos, Lima 2000
- *Degregori, Carlos Iván:* Comunidades locales y transnacionales, Instituto de Estudios Peruanos, Lima 2003
- *De Soto, Hernando:* El otro sendero, Lima 1989

- *Durand, Francisco:* La mano invisible en el Estado, Friedrich Ebert Stiftung, Lima 2006
- *El Comercio* v. 20.07.2005: Abierto rechazo de la población a la corrupción
- *El Comercio* v. 31.07.2005: Aumenta el número de detenidos por violación de menores
- *El Comercio* v. 15.08.2005: Normas preventivas a la desaparición de menores. 10 reglas de oro
- *El País* v. 19.10.2006: Suiza devuelve fondos robados por los tiranos
- *Flores Galindo, Albero:* Buscando un Inca, Lima 1988
- *Francke, Marfil:* Género, clase y étnia: la trensa de la dominación, DESCO, Lima 1990
- *Franke, Wolfgang:* Nutzpflanzenkunde, Stuttgart 1980
- *Fröschle, Hartmut:* Die Deutschen in Lateinamerika, Tübingen u. Basel 1979
- *Gesellschaft für bedrohte Völker:* Dossier Öl und Minderheiten. Beispiel Peru
- *Gesellschaft für Technische Zusammenarbeit:* Kartoffelwelt, Karriere einer Knolle, Eschborn 2008
- *Golte, Jürgen:* La ciudad de los Reyes. In: Iberoamerikanisches Archiv 17, Berlin 1991
- *Guaman Poma de Ayala, Felipe:* Nueva Crónica y buen gobierno, Mexiko 1987
- *Haferkamp, Rose-Anne* u. *Annette Holzapfel:* Auf der Suche nach dem besseren Leben. Migranten aus Peru, Unkel am Rhein 1995
- *Hampe Martinez, Teodoro:* Historia del Perú, Barcelona 2000
- *Hampe Martinez, Teodoro:* Und dinámica de integración social: Inmigrantes europeos y norteamericanos en Lima (siglo XIX). In: Iberoamerikanisches Archiv 17, Berlin 1991
- *Hanns Seidel Stiftung:* Quartalsbereicht Peru, Januar–März 2009
- *Henkel, Knut:* Vom Kuli zum Arbeitgeber. In: Neue Züricher Zeitung vom 02.08.2004
- *Holzapfel, Annette:* Gesundheit und Krankheit in San Pedro de Casta, Peru, Köln 1983 (unveröffentlichte Magisterarbeit)
- *Inca Garcilaso de la Vega:* Comentarios Reales de los Incas, Lima n.d.
- *Kapila, Sachin* u. *Alonso Zarzar:* Machiguenga. History Booklet, hrsg. v. Shell Prospecting and Development Peru, Lima 1998
- *Läufer, Anke:* Rassismus, ethnische Stereotype und nationale Identität in Peru, Münster 2000
- *Leidel, Steffen:* Billigjob: Kanonenfutter. In: Die Zeit v. 10.04.2008

- *Lindig, Wolfang* u. *Mark Münzel:* Die Indianer, München 1981
- *Malpica, Carlos:* El Poder Económico del Perú, Lima 1989
- *Marggraff, Katrin:* Aproximación a la identidad Matsiguenka a partir de las influencias externas, Lima 2005
- *Masson, Peter:* Consideraciones acerca de un nuevo movimiento religioso: los Israelitas del Nuevo Pacto Universal. In: Iberoamerikanisches Archiv 17, Berlin 1991
- *Matos Mar, José:* Desborde Popular y crisis del Estado, Instituto de Estudios Peruanos, Lima 1984
- *Ministerio de Educación:* Cifras de la Educación 1998–2003, Lima 2004
- *Ministerio de Educación:* Indicadores de la Educación Peru 2004, Lima 2005
- *Müller, Thomas* u. *Helga Müller-Heron:* Kinder der Mitte. Die Q'ero-Indianer, Bornheim-Merten 1986
- *Neck, Karin:* Bilanz nach einem Jahr Parteiengesetz in Peru, Konrad-Adenauer-Stiftung, Lima 2004
- *Neira, Hugo:* El Mal Peruano, Lima 2001
- *Ohl, Julia:* Die Ökonomie der Matsiguenka im Nationalpark Peru. Tourismus als Chance für nachhaltige Entwicklung, Greifswald 2004
- *Pontificia Universidad Católica del Perú / Instituto de Opinion Pública:* Estado de la Opinión Pública, Marzo de 2010, Lima 2010
- *Rummenhöller, Klaus:* Vom Kautschukboom zum Goldrausch, Bonn, 1985
- *Schäfer, Manfred:* Die Asháninga im peruanischen Tiefland. In: Gesellschaft für bedrohte Völker: Unsere Zukunft ist Eure Zukunft. Indianer heute, Hamburg 1992
- *Trathemberg, Leon:* Demografía Judía del Perú, Lima 1988
- *Tuesta Soldevilla, Fernando:* Perú político en cifras. Friedrich-Ebert-Stiftung, Lima 1994
- *Universidad de Lima:* Grupo de Opinión de la Universidad de Lima, Barómetro Electoral, Marzo de 2010, Lima 2010
- *Ziemendorff, Stefan:* Der Totenkult von Chachapoyas. In: PeruBusiness 5–6/2000, hrsg. v. d. AHK Peru

PRAXIS – für jedes Thema der richtige Ratgeber

Wer weiß schon, wie man sich Vulkanen nähert, Höhlen sicher erkundet, ein Kanu steuert, seine Flugangst überwindet – oder einfach nur Flüge, Unterkunft und Mietwagen am cleversten bucht? Die erfahrenen Autoren der Reihe PRAXIS vermitteln in jedem Band eine Fülle nützlicher Informationen und praktischer Tipps für alle Themen rund um Urlaub und Freizeit.

Hier eine kleine Auswahl:

- Fliegen ohne Angst
- Kanu-Handbuch
- Maya-Kultur erleben
- Orientierung mit Kompass und GPS
- Panamericana – Mit dem Auto von Mittel- nach Südamerika
- Paragliding Handbuch
- Radreisen Basishandbuch
- Langzeitreisen – Auslandsaufenthalte gekonnt organisieren
- Respektvoll reisen
- Schutz vor Gewalt und Kriminalität unterwegs
- Selbstdiagnose und Behandlung unterwegs
- Transsib – von Moskau nach Peking
- Wann wohin reisen?
- Was kriecht und krabbelt in den Tropen?

Weitere Titel siehe Programmübersicht und unter www.reise-know-how.de.

Jeder Titel 144–176 Seiten, reich illustriert, handliches Taschenformat 10,5 x 17 cm, Glossar, Register und Griffmarken zur schnellen Orientierung

Reise Know-How Verlag, Bielefeld

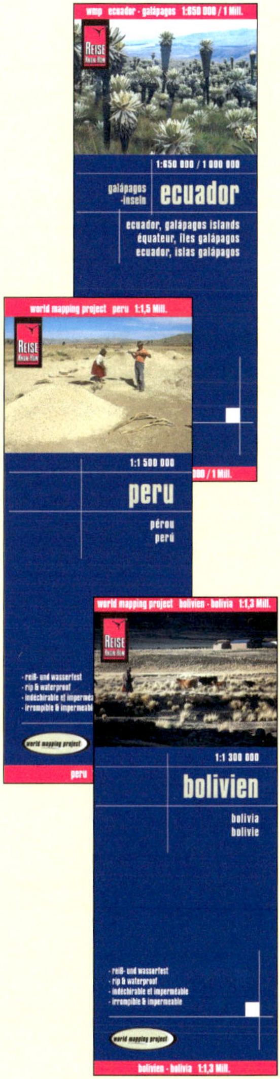
wmp ecuador · galápagos 1:650 000 / 1 Mill.
1:650 000 / 1 000 000
galápagos -inseln
ecuador
ecuador, galápagos islands
équateur, îles galápagos
ecuador, islas galápagos
world mapping project peru 1:1,5 Mill.
1:1 500 000
peru
pérou
perú
world mapping project bolivien · bolivia 1:1,3 Mill.
1:1 300 000
bolivien
bolivia
bolivie
- reiß- und wasserfest
- rip & waterproof
- indéchirable et imperméable
- irrompible & impermeable
bolivien · bolivia 1:1,3 Mill.

Register

A

B

C

D

E

F

G

L

M

N

O

P

Q

R

S

Peru

Perus Departamentos
(mit Hauptstädten)

T

U

V

W

Z

205pu Foto: mw

Die Autorin

Annette Holzapfel ist Ethnologin und Culture Communication Skills Trainerin. Sie lebte 21 Jahre lang in Peru, von 1981 bis 2002. Dort erforschte sie die Lebensituationen und Kulturtraditionen der Menschen intensiv, indem sie selbst lange in abgelegenen Andendörfern und städtischen Armenvierteln zubrachte.

Darüber hinaus arbeitete sie im peruanischen Gesundheitssektor und als Dozentin einer Universität in Lima, gab die Zeitschrift der Deutsch-Peruanischen Industrie und Handelskammer heraus und organisierte Veranstaltungen für peruanische Unternehmen. Regelmäßige Besuche, Vorträge und der Kontakt zu ihren Freunden halten die Beziehung zu Peru seit ihrer Rückkehr nach Deutschland lebendig.

0
200 km
©Reise Know-How 2013
OLUMBIEN
BRASILIEN
Peru
Japura
Amazonas
Putumayo
Iquitos
Coballococha
Leticia
Tabatinga
Yavari
Benjamin Constant
Cruzeiro do Sul
A C R E
Santa Rosa
Rio Branco
Assis Brasil
Brasileia
Cobija
Iñapari
Iberia
Humaitá
Pôrto Velho
Guajará-Mirin
R O N D Ô N I A
Sepahua
Manu-
N.P.
Río de las Piedras
Fitzcarrald
Manu
Madre de Dios
Puerto Maldonado
Quillabamba
Pilcopata
Machupicchu
Quincemil
Urubamba
Cusco
Urcos
Abancay
Sicuani
BOLIVIEN
Trinidad
Yauri
Puquio
Cailloma
Cotahuasi
Juliaca
Colca
Canyon
Chivay
Puno
Lago Titicaca
Copacabana
Chuquibamba
Aplao
Juli
Arequipa
LA PAZ
Atico
Cochabamba
Camaná
Mollendo
Moquegua
Oruro
Ilo
Tacna
I K
Arica
SUCRE